Mätressen der Weltgeschichte

Hermann Schreiber

Mätressen
DER WELTGESCHICHTE

Weltbild

Genehmigte Lizenzausgabe für Verlagsgruppe Weltbild GmbH,
Steinerne Furt, 86167 Augsburg
Copyright © 1967 by Autor – und AVA GmbH,
München-Breitbrunn, Germany
Umschlaggestaltung: Studio Höpfner-Thoma, München
Umschlagmotiv: AKG, Berlin
Gesamtherstellung: Clausen & Bosse GmbH,
Birkstraße 10, 25917 Leck
Printed in Germany
ISBN 3-8289-0537-4

2006 2005 2004 2003
Die letzte Jahreszahl gibt die aktuelle Lizenzausgabe an.

Alle Rechte vorbehalten.
Einkaufen im Internet: *www.weltbild.de*

Inhaltsübersicht

Vorwort

I
Giftmischerei und Liebe – ein medicäischer Auftakt

II
Zwischen Woodstock und Whitehall

III
Die große Zeit der Mätressen

IV
Ein vielgeliebter König

V
Sächsischer Liebeszauber

VI
Liebe am Zarenhof

VII
Die intriganten Gräfinnen

VIII
Tanz in die Weltgeschichte

IX
Die Freundinnen der Diktatoren

Anhang

Aus Briefen, die Friedrich der Große als Kronprinz schrieb:

5. Februar 1732 an den Minister Grumbkow

... der Brief des Königs war sehr gnädig, aber er enthielt den Punkt von der verfluchten Prinzessin von Bevern. Ich habe mit aller Unterwürfigkeit geantwortet, und habe gesagt, daß der König in allem meinen Gehorsam erkennen solle, und daß er, da er es für angemessen halte, daß ich diese häßliche Kreatur sehe, er ja dann selber urteilen könnte, ob sie mir paßt oder nicht ...

Ich beklage diese arme Person; denn sie wird eine unglückliche Prinzessin mehr in der Welt sein ...

11. Februar 1732 an Grumbkow

... lieber will ich Hahnrei oder der gehorsame Knecht meiner Zukünftigen werden, als eine Närrin heiraten, die mich durch ihre Albernheiten ärgert, und die ich mich schämen muß, andere Leute sehen zu lassen. Ich bitte Sie, sich in diesem Sinne zu bemühen, denn wenn man so wie ich die Romanheldinnen verabscheut, so fürchtet man die spröde Tugend: die schlechteste Berliner Hure wäre mir lieber als eine Heilige, der ein halbes Dutzend Frömmler an der Schürze hängen. Wenn es nur noch möglich ist, ihr etwas Bildung zu geben! Ich bezweifle es ...

18. Februar 1732 an Grumbkow

... wenn die Prinzessin nicht angenehm ist, und wenn sie dumm ist, so werde ich sie niemals nehmen ... Denn ich will mich nicht für immer unglücklich machen ... Meiner Schwester hat man in ihrem Arrest die Wahl zwischen drei Prinzen gelassen, und mich will man zu einer bestimmten Prinzessin zwingen ... Ich bitte Sie um der Wunden Christi willen, sorgen Sie doch dafür, daß man mich nicht zu *einer* Person zwingt ...

19. Februar 1732 an seinen Vater

Ich habe heute die Gnade gehabt, meines allergnädigsten Vaters Brief zu empfangen, und ist mir lieb, daß mein allergnädigster Vater von der Prinzessin zufrieden ist. Sie mag sein, wie sie will, so werde ich jederzeit meines allergnädigsten Vaters Befehle nachleben ... und erwarte in allerunterthänigster Submission meines allergnädigsten Vaters weitere Ordre ...

Vorwort

Als die Nachricht vom Tode Napoleons London erreichte, stürzte ein Minister König Georgs IV. in das Arbeitszimmer Seiner Majestät und meldete atemlos: »Ihr schlimmster Feind, Sire, ist soeben gestorben.«

»Was Sie nicht sagen!« antwortete der König interessiert, »meine Frau ist tot?«

Nur wenige königliche Ehen verliefen so katastrophal wie die Georgs IV. mit Karoline von Braunschweig, und nur wenige Monarchen äußerten sich so unverblümt über ihr Ehe-Unglück wie dieser begabte, aber verkommene Herrscher, dessen Hauptvorzug es war, nie einem Skandal ausgewichen zu sein. Aber wir dürfen mit Sicherheit annehmen, daß es die fast stets aus dynastischen oder politischen Gründen geschlossenen Ehen regierender Fürsten gewesen sind, die in diesen scheinbar Auserwählten den Wunsch weckten, wirklich zu lieben und die geliebte Frau auch stets an der Seite zu haben, so wie es die Untertanen halten konnten.

Die Liebesheirat, die – von Leibeigenen abgesehen – so gut wie jedem freistand, war dem vielbeneideten Monarchen unmöglich gemacht oder doch jahrhundertelang ungemein erschwert. Die Mätresse ist zunächst kein Luxus, sondern der Versuch, sich dieses bürgerliche Glück ebenfalls zu sichern. Die freien Verhältnisse mit Mätressen brachten es oft auf sechs, acht, zehn Jahre Dauer oder noch länger und hielten damit fester als so manche bürgerliche Ehe; die Bindungen an Mätressen überstanden meistens die sogenannten *amours passagères,* die flüchtigen Verhältnisse, und versorgten in der Regel den König mit einer viel gesünderen Nachkommenschaft als die legitimen Ehen. Es gibt in den europäischen Dynastien Fälle, daß sämtliche legitimen Kinder schwere Erb- und Degenerationsschäden aufwiesen, während die von dem gleichen Monarchen mit einer Mätresse gezeugten natürlichen Nachkommen wahre Prachtexemplare an Gesundheit und geistigen Fähigkeiten waren. In beinahe jeder Generation der europäischen Fürstenhäuser im sechzehnten, siebzehnten, achtzehnten und neunzehnten Jahrhundert finden wir wasserköpfige Prinzen, die mit acht Jahren noch nicht gehen oder sprechen konnten, und in jeder Generation stehen neben ihnen natürliche Söhne, die das Jahrhundert erleuchten, wie der Maréchal de Saxe (Augusts des Starken Sohn mit der Königsmarck), der Herzog von Berwick (Jakobs II. Sohn mit Sarah Churchill), der hochbegabte und schöne Herzog von Monmouth (Karls II. Sohn mit Lucy Walters) und viele andere.

Während die legitimen Nachkommen nur zu oft begierig auf den Tod des Vaters warteten oder, wie im Fall etwa Heinrichs II. von England, diesen sogar selbst herbeiführten, blieben die natürlichen Söhne, da sie ohnedies keinen Herrschaftsanspruch hatten, meist treu an der Seite der Monarchen, und eben jener Heinrich zum Beispiel hauchte sein Leben in den Armen eines Mannes aus, den ihm eine Mätresse, ja vielleicht sogar eine einfache Londoner Straßendirne, geboren hatte und der seines Vaters treuester Freund blieb.

Läßt sich das alles noch einigermaßen erklären, weil die Könige schließlich unter Dutzenden oder Hunderten hübscher Hofdamen wählen konnten und Schönheit ohne Gesundheit stets selten war, so weicht der Boden der Verallgemeinerungen gleich unter unseren Füßen, wenn wir aus der Liaison des Monarchen selbst Gesetze oder auch nur Prinzipien abzuleiten versuchen. Denn die Mätressen wurden, zum Unterschied von den oft aufgezwungenen Gemahlinnen, in der Regel ja geliebt, und in der Liebe war und ist alles möglich.

Natürlich waren die meisten schön; aber es gab auch so häßliche, daß der betreffende König verdächtigt wurde, er lasse sich seine Mätressen von seinen Beichtvätern aussuchen. Natürlich hatten die meisten Geist, weil sie ohne diesen schon im Vorfeld der Intrigen hängengeblieben und über die ersten Nächte nicht zu einer lukrativen Dauerbindung vorgestoßen wären. Aber es gab auch manches niedliche Dummchen, das sich jahrelang in der Sympathie des Monarchen behaupten konnte, weil eben alle sechs Grübchen genau dort saßen, wo Majestät es wünschte. Es gab Mätressen, die den legitimen Gattinnen erbitterte Schlachten lieferten, aber auch sehr viele, die sie zu Freundinnen gewannen; es gab Mätressen, die regierten, und Königinnen, die dem Gatten Mätressen gestatteten, um selbst ungehindert regieren zu können.

Keine Mätresse hat ihren Monarchen je so betrogen, wie es manche Gemahlinnen trotz ihrer hohen Geburt und vornehmen Erziehung getan haben; auch hatten sie stets mehr Geschmack, selbst wenn sie sich fallenließen, als die mannstollen Königinnen, die in der Ausschweifung dilettierten. Und sehr viel, was man ihnen anlastete, war weniger ihre Schuld als die ihrer königlichen Freunde und Gebieter, etwa wenn ein König seine Geliebte nackt porträtieren ließ und das Bild seiner Gemahlin sandte, oder wenn er sich mit seiner Königin über Schlafzimmerdetails seiner Mätressenerlebnisse unterhielt. Aber wir müssen zugeben, daß die Vielfalt des weiblichen Geschlechts selbst in der kleinen Schar dieser ungekrönten Geliebten noch so deutlich zutage tritt, daß sich ein typisches Verhalten der Mätressen nicht in dem Maße erkennen ließ wie auf der nächsttieferen Stufe der Liebe-Geld-Beziehung, im Falle der Dirnen.

Während nämlich bei der Kurtisane wie bei der Dirne die Liebe praktisch nicht in Erscheinung tritt und ihre Beziehung zum Mann also sachlich und damit konstant geschlechtsbezogen bleibt, haben die meisten Mätressen ihrem Monarchen zumindest aufrichtige Freundschaft, sehr oft aber auch echte und tiefe Neigung entgegengebracht. Einige der großen Mätressen gehören zweifellos auch zu den großen Liebenden: Fair Rosamond, Bianca Capello, Louise de la Vallière, Anna Mons, die Lubomirska und noch manche andere. Diese Liebe ist nicht typisch, aber so häufig, daß man sie nicht als Ausnahme bezeichnen kann, und sie verändert naturgemäß das Verhalten der Mätresse ganz wesentlich im Vergleich mit jenen anderen, die Luxus, Macht, Geltung und andere Sekundärwerte aus ihrer Beziehung zu gewinnen suchen. Erst als Mütter handeln sie wieder alle ähnlich: Jede, auch wenn sie materiell so desinteressiert war wie zum Beispiel die charaktervolle Romans oder die leichtfertige Nelly Gwynn, kämpft um die Legitimierung ihrer Nachkommenschaft. Sie waren bereit, als Konkubinen zu leben, sich von der Kanzel herab beleidigen, auf den Straßen und in Pamphleten schmähen zu lassen; ihre Kinder aber sollten Grafen und Herzöge mit wohlklingenden Namen werden...

Und in diesem Augenblick, da sie etwas wollen, was sich in die einfache und uralte Mann-Frau-Beziehung nicht so ohne weiteres einbeziehen läßt und was auch mit einem Röllchen Goldstücke aus der Privatschatulle nicht zu regeln ist, wird so manches Mätressenschicksal unversehens tragisch. Die Liebenden werden zu Müttern, denen man die Kinder wegnimmt, die Bescheidenen werden zu Fordernden, die dem König auf die Nerven fallen, die Schönen bekommen den scharfen Zug, den die Sorgen und das Nachdenken auch in das Gesicht der Frau zeichnen.

Und das ist es, was die Mätresse vom Günstling unterscheidet und über ihn erhebt: daß sie Frau bleibt, Mutter wird und ihren Kindern oft genau das opfert, was sie sich um den Preis eines lebenslangen Kampfes erwarb; daß sie in dem Augenblick, da sich ihr weiblicher Lebenskreis vollendet, sehr oft ihre Freiheit wiedergewinnt, auch innerlich unabhängig wird und in den natürlichen Rhythmus ihres Lebens zurückkehrt, während der Günstling so gut wie stets in dem Zauberkreis des Hofes und der Macht wie gebannt verharrt, aufsteigt oder untergeht, nie aber verzichtet.

Die Verurteilung der Mätresse und ihre moralische Abwertung gehören einer vergangenen Zeit an, wie die Mätresse selbst. Es interessiert uns heute nicht sonderlich, daß die Zeitgenossen über diese oder jene galante Gräfin die Nase rümpften. Nur um die Monarchen richtig zu beurteilen, die sich jene Mätressen hielten, möchten wir zum Schluß daran erinnern, daß Beziehungen dieser Art selbst von strengen und frommen Frauen wie etwa Maria Theresia von Österreich nicht als Ehebruch gewertet wurden.

Die Mätresse war eine Institution; sie war nicht nur eine private Wunschlösung für den Fürsten, sondern wurde sehr oft auch gewählt, um dem Hof mehr Glanz zu verleihen, um ihn zu einem Musenhof zu machen, wie er um eine häßliche, muffige und beschränkte Prinzessin eben auch dann nicht entstehen konnte, wenn diese Königin geworden war.

Die Mätresse, vor allem die offizielle, die Favoritin, die *maitresse en titre*, hatte die Funktion übernommen, den König darüber zu trösten, daß ihm eine Liebesheirat verwehrt worden war. Die Mätresse war Folge und Voraussetzung dieser dynastischen Ehen, und sie war doch etwas ganz anderes als eine zweite Frau: eine Ergänzung der ersten, eine Komplettierung und, wenn diese erste gestorben war, sehr oft jener Ersatz, der die Nachkommenschaft aus der ersten legitimen Ehe vor unliebsamer Konkurrenz aus späteren Ehen schützte.

Als Georg II. am Totenbett seiner klugen Caroline, einer geborenen Prinzessin von Ansbach saß, war die Hauptsorge der sterbenden Königin, was wohl aus ihrem geist- und hilflosen Gatten werden sollte, und sie empfahl ihm, sich recht bald wieder zu verheiraten. Georg II. aber hatte Caroline viel zu sehr geliebt: »Mich wieder verheiraten? Niemals!« rief er entrüstet und setzte schluchzend hinzu: »Ich werde mir eben Mätressen halten.«

Es war zweifellos ein Gedanke, der in diesem Augenblick beide Gatten tröstete...

Brouage, im April 1967 L. B.

I

GIFTMISCHEREI UND LIEBE – EIN MEDICÄISCHER
AUFTAKT

Lange bevor Paris sich den Ruf erwarb, eine besonders sündige Stadt zu sein, galt Venedig als eine Art orientalischen Sündenpfuhls auf dem Boden des christlichen Europa. Während die Hafenorte des christlichen Spanien Pforten des Paradieses waren, aus denen die Seefahrer ihrer katholischen Majestäten in die eben entdeckte neue Welt segelten, hatte Venedig zu allen Zeiten eine besonders intime Verbindung mit dem Orient besessen und selbst in der Zeit der Kreuzzüge, da Europa sich zu einem heiligen Krieg geeinigt hatte, nicht ganz von dem einträglichen Handel mit Alexandrien lassen können.

Auch aus anderen Gründen war die Lagunenstadt vielen ein Dorn im Auge. Es gab dort keinen König oder Fürsten; die Häupter der Stadt wurden gewählt, nicht durch legitime Erbfolge bestimmt, und ein bis zweimal im Jahr fanden auf verschiedenen Plätzen der Lagunenstadt sogar Sklavenmärkte statt, wo sich begüterte Venezianer Knaben und Mädchen aus der Türkei, dem Kaukasus oder Arabien für Preise kaufen konnten, die zwischen fünfzehn und achtzig Golddukaten lagen. Selbst ein Doge, der siebzigjährige Pietro Mocenigo, hatte auf diese Weise zwei junge Türkinnen erstanden, die seine alten Tage verschönten...

Sklavenmarkt in Venedig

Es ging also ziemlich frei zu in der alten Republik, die ihre Gäste schonte und die Atmosphäre für Händlergespräche nicht dadurch abkühlen wollte, daß die Fleischessünden allzu heftig verfolgt wurden. Skandale gab es eigentlich nur dann, wenn eine der großen Familien, eine jener Sippen, aus denen die Räte und die Dogen hervorgingen, vergaß, was sie ihrem Namen und der Republik schulde. Das war erstaunlich selten der Fall; 1482 hatte Bernardino Correr versucht, einem schönen Jüngling Gewalt anzutun. Zwei Jahre darauf hatte sich Antonio Loredano, venezianischer Gesandter in Rom, der Sodomie schuldig gemacht, und 1491 legte man dem Patrizier Marcus Balbi ein ähnliches Verbrechen an Mönchen von Santa Anna di Castello zur Last. Aber all diese Untaten waren vergessen, als 1526 der Patrizier Andrea Michiel die reiche Kurtisane Cornelia Griffo heiratete.

In manchen der Paläste, deren Stufen zum Canale Grande hinabführen, sah man schon damals das Ende der Republik kommen. Beim Licht der Wachskerzen – kein vornehmer Venezianer brannte je Talglichter – flüsterten die alten Familien vom Unheil des Sittenverfalls und beklagten den Niedergang der Serenissima, der mächtigen, glänzenden Stadt, die nun, nach der Entdeckung Amerikas, fernab von den Linien des Weltverkehrs am Ende einer langen Meeresbucht lag und nur noch nach Osten blickte.

Der schlimmste Schimpf aber stand der Lagunenstadt noch bevor: Ein Florentiner geringer Herkunft, ein Handlungsgehilfe namens Piero Buonaventuri, hatte die Tochter eines venezianischen Patriziers geschwängert, ja mehr als das: er hatte sie aus dem Palast der Eltern entführt und sich auf der Flucht mit ihr trauen lassen!

Bianca Capello Das Mädchen hieß Bianca und war 1548 als Tochter des reichen und angesehenen Bartolomeo Capello zur Welt gekommen. Als zwanzig Jahre zuvor eine Frau die Tür eines Capello mit Pech beschmiert hatte, um ihn zu schmähen, wurde sie auf zehn Jahre aus Venedig verbannt. Als Bianca heranwuchs und immer schöner wurde, durfte ihr Vater sich die stolzesten Gedanken über den künftigen Schwiegersohn machen und von einer glückhaften Verbindung träumen, die zwei mächtige Familien zu einer Sippe zusammenschließen würde. Aber Bianca war nicht nur jung und schön, sondern auch verspielt und in den Hirngespinsten befangen, die ihr französische und spanische Ritterromane eingaben. Sie blickte oft lange, viel zu lange, aus den schmalen, hohen Fenstern des väterlichen Palastes auf die Kanäle und die Brücken hinunter, in die Gondeln und die Boote und auf das bunte Treiben der großen Handelsstadt. Sie sah die dunkelhäutigen Schiffer in grellen Seidengewändern, sie sah junge Männer mit Dolchen und Degen, sie sann ihnen allen nach in der Einsamkeit ihres hohen, kühlen Gemachs, bis der Tag kam, an dem einer auf sie zutrat.

Sie erschrak und sah sich hilfesuchend nach der Magd um, die zwei Schritte hinter ihr mit dem schweren Einkaufskorb ging. Der junge Mann war wie einer der Fremden aus dem Orient gekleidet, ganz in rosenfarbene Seide, aber er sprach das schöne Italienisch der Toscana und stellte sich als Sproß der Familie Salviati vor, eines Bankhauses, dessen Namen jeder kannte, auch Bianca Capello.

Ein Florentiner aus dem Orient

Es war seltsam und ein wenig beängstigend, solch einen Traumprinzen nun lebendig neben sich zu haben. Wenn er auf sie einsprach und den Arm um sie legte, wünschte Bianca sich die stillen Stunden am hohen Fenster zurück, wo sie aus sicherer Entfernung schauen und grübeln konnte. Saß sie dann aber wieder allein in der kühlen Mädchenstube, so war es Piero Salviati, nach dem sie sich sehnte.

Es gehört zu den Wundern Venedigs, daß in dieser Stadt mit den Inselklöstern und der besten Geheimpolizei, den fürchterlichsten Kerkern und der besten Verwaltung die heimliche Liebe doch so üppig gedieh und so lange unbeachtet bleiben konnte wie in kaum einer anderen Stadt jener Zeit. In Nürnberg oder Augsburg, in Madrid oder Straßburg wären sie längst entdeckt worden, die Patriziertochter und der verkleidete Kommis. In Venedig aber glitten sie halbe Nächte lang lautlos durch die Kanäle, und die Gondolieri, die sie fuhren, schwiegen wie das Grab, weil sie alle von den Liebenden lebten,

17

von den späten Besuchern der Klöster und den vor Morgengrauen heimkehrenden vermummten Ehefrauen.

Als Bianca fühlte, daß sie ein Kind trug, wußte sie auch, daß sie für das nächtliche Glück würde bezahlen müssen, denn in der Stadt der elftausend Dirnen galt es als Verbrechen – nicht nur als Schande – wenn unverheiratete junge Leute einander angehörten. Und weil es ein Verbrechen war und nicht bloß ein Mißgeschick, wagte Bianca auch nicht, sich ihren Eltern zu eröffnen. Ihre Mutter, eine geborene Morosini und noch reicher als ihr Vater, hätte für Bianca ebensowenig Verständnis gehabt wie Bartolomeo Capello, der Mann, den dieser Fehltritt seiner Tochter aufs Fürchterlichste bloßstellte.

Flucht nach Florenz

Also flohen Piero und Bianca. Ein Onkel und eine Magd halfen ihnen, das wenige Gepäck war schnell im Boot. Man brauchte nicht weit zu fliehen in jenen Tagen, die Grenzen der Republik Venedig reichten nur wenige Meilen ins Land hinein, zumindest im Südwesten, wo Bianca und Piero ihr Heil suchten: in der Richtung, in der die Stadt Florenz lag.

Um wenigstens als Mann und Frau auftreten zu können, um nicht in jedem Gasthof scheel angesehen zu werden und ein Papier zu besitzen, hatten sie sich schon zu Beginn der Flucht, bald nachdem sie venezianisches Gebiet verlassen hatten, einem Priester vorgestellt und gebeten, daß er sie traue. Dabei hatte Bianca den richtigen Namen des Geliebten erfahren: Piero Buonaventuri, und sich sagen müssen, daß der Mann, den sie liebte, sie vom ersten Augenblick an belogen hatte.

In Venedig war man nicht untätig geblieben. Die Republik handelte schnell, wenn sie in ihrer Ehre gekränkt war. Der Hohe Rat trat zusammen und fällte ein hartes Urteil, auf das vor allem ein Verwandter Biancas, der Kardinal Grimani, Patriarch von Aquileja, hingearbeitet hatte. Die beiden Beschützer der jungen Leute, die Magd und der Onkel Pieros, wurden zu lebenslanger Haft in den Kerkern der Republik verurteilt, Piero Buonaventuri aber zum Tode. Zugleich setzte der Rat eine Kopfprämie von zweitausend Dukaten aus, tausend aus dem

Staatsschatz, tausend aus dem Vermögen Bartolomeo Capellos, und diese zweitausend Goldstücke waren vielleicht die furchtbarste Gefahr für Bianca und Piero. Es war mehr Geld, als sich irgend jemand von den kleinen Leuten – ein Barkenführer, Wirt oder Maultiertreiber – in seinem ganzen Leben mit harter Arbeit verdienen konnte. Es war in jenen Zeiten des hohen Geldwertes wie ein Feengeschenk, und das wollten sich viele verdienen.

Daß die beiden Liebenden der allgemeinen Jagd entgingen, verdankten sie nur der Verschlagenheit Pieros, die Bianca in diesem Fall zum ersten Mal zugute kam. Mit Bewunderung und Grauen entdeckte sie den Abenteurer in ihrem wortgewandten Gatten, und sie begann zu ahnen, daß ihr Leben fortan unter ganz anderen Gesetzen stehen würde als ihre behütete Kindheit. Die Träume von der Ferne und vom Abenteuer waren unversehens Wirklichkeit geworden; das dunkle Treiben in den engen Kanälen, das Gebalge auf den Brücken und Plätzen, die Geheimnisse von der Riva Sciavoni, das alles war nicht mehr draußen vor dem Palast, sondern ganz nah, es griff nach ihr mit vielen Häscherarmen.

Da sich die Legende der Bianca Capello, ihrer Flucht, ja ihres ganzen Lebens bemächtigt hat, gibt es auch eine zweite, romantischere Version dieser Geschehnisse. Nach ihr habe Bianca das Vaterhaus allnächtlich durch ein kleines Gartenpförtchen verlassen, das sie einmal aufschloß, als sie unbemerkt an den Schlüssel gelangen konnte, und dann stets nur anlehnte, um im Morgengrauen unbemerkt heimkehren zu können. Eines Tages aber habe ein Bäckerjunge die angelehnte kleine Türe bemerkt und sie – damit kein Dieb in das Haus der Capellos eindringen könne – ins Schloß gedrückt. Als wenige Minuten später Bianca durch das Pförtchen in den Garten schlüpfen wollte, war es zu und rührte sich nicht, und sie mußte sich noch im gleichen Augenblick zur Flucht mit Piero entschließen. In einem Heuboot versteckt seien die beiden auf dem Canale di Fusina aus der Stadt gelangt...

Romantische Legende

Sicher ist, daß das hohe Kopfgeld Piero wie Bianca zwang, manchen Haken zu schlagen. Zwischen Bologna und Florenz mußten sie den Appenin überqueren, und hätte sich nicht immer wieder ein hilfreicher Schäfer gefunden, der sie wegen der Schönheit der jungen Frau in seine Hütte aufnahm, so wären sie in dem kargen und rauhen Bergland wohl zugrunde gegangen.

In Florenz, wo man die Republik Venedig nicht liebte, waren sie fürs erste in Sicherheit. Häscher des Dogen durften sich am Arno nicht blicken lassen, aber vor den Bravi, vor gedungenen Mördern, fürchteten die beiden sich so sehr, daß sie es kaum wagten, die kleine Wohnung von Pieros Eltern zu verlassen.

Es mag eine bittere Enttäuschung für Bianca gewesen sein. Die Straße, in der die Buonaventuri lebten, hieß zwar Via Larga und war auch immerhin so breit, daß ein Wagen durchfahren konnte; aber die Behausung selbst war eng, Pieros Mutter war gelähmt und konnte sich aus ihrem Stuhl nicht erheben, und als das junge Paar eintraf, wurde die Magd entlassen, weil einfach nicht Raum für fünf Menschen gewesen wäre. Bianca hatte also die ganze Hausarbeit zu leisten, und die Patriziertochter aus Venedig verwandelte sich in die Magd der Buonaventuri.

Prinz Francesco

Eines Tages jedoch, als sie, vom Geschrei der Menge angelockt, ans Fenster trat, sah sie einen kleinen, aber prächtigen Zug durch die Via Larga kommen: Francesco, den ältesten Sohn des Herzogs, mit seinem Gefolge. Und auch Francesco, wie es der Zufall will, blickte auf und sah eine junge rotblonde Frau am Fenster stehen, im leichten Hauskleid, das ihren schönen Wuchs und die Weiße der Haut erkennen ließ.

Bianca dachte schon nicht mehr an die Blicke des Prinzen, als sie etwa eine Woche später in der Kirche von einer vornehmen Dame angesprochen wurde, von einer Marchesa Mondragon, deren Gatte Hauslehrer und Mentor des Prinzen Francesco war. Eine Einladung ins Haus der Mondragon unweit der Kirche Santa Maria Novella folgte, und Bianca beichtete dort ihr ganzes Abenteuer, das in Florenz ohnedies kein Geheimnis mehr war.

Vielleicht war es bei Bianca zunächst nur der Wunsch, den Schutz ihrer Regierung zu erlangen, der sie die Verbindung zu dem Prinzen suchen ließ. Jedenfalls versprachen die Mondragon, daß man auf diplomatischem Weg versuchen werde, die Verfolgung der beiden einstellen zu lassen. Von seiten des Prinzen aber lag zweifellos von Anfang an das Verlangen vor, die unbekannte Schöne näher kennenzulernen, und zumindest er war gewiß nicht überrascht, als er sie eines Tages im Hause Mondragon traf.

Im ersten Augenblick erschrak Bianca. Der Mann, der ihr unversehens gegenüberstand, war weder so jung noch so hübsch wie ihr leichtfertiger Piero, ja man hätte ihn beinahe häßlich nennen können mit der starken Nase und dem viel zu breiten Mund. Begann er aber zu sprechen, dann war das alles wie ausgelöscht. Seine großen Augen belebten das Gesicht, und was er sagte, klang wie aus einer anderen Welt.

Porträt des Prinzen

Bianca soll sich gegen die Versuchung gewehrt haben, soll aus dem Haus der Mondragon in die winzige Wohnung der Buonaventuri geflohen sein und ihren Gatten um Schutz gebeten haben, weil ihre Tugend in Gefahr sei. Wir vermögen es nicht zu glauben. Der Prinz trat in einem Augenblick in ihr Leben, da sie von Piero schon enttäuscht war. Sie hatte seine vielen Lügen durchschaut, und sie hatte erkannt, daß ihr Leben darin bestehen würde, ihre kleine Tochter aufzuziehen und die alten Buonaventuri zu pflegen; viele Freuden waren in der Via Larga nicht zu erwarten.

Der Prinz hingegen war ein vielleicht nicht schöner, aber mit glänzenden Geistesgaben ausgestatteter Mann, an Kunst und Wissenschaft brennend interessiert und überdies sehr reich, weil die Medicäer ihre Herkunft nie vergessen hatten, sondern auch als Herrscher von Florenz stets weiter ihre Handelsgeschäfte betrieben. Zudem war Francescos Vater Cosimo I. früh gealtert; er vergnügte sich mit einem hübschen Mädchen, der kleinen

Albizzi, und überließ ein Gutteil der Regierungsgeschäfte seinem Sohn. Man brauchte nicht den wachen Verstand der Venezianerin zu haben, um die Chance zu wittern, die in einer Verbindung mit Francesco di Medici schlummerte...

Wir dürfen also annehmen, daß Bianca Capello den Prinzen und Thronfolger nicht allzulange schmachten ließ. »Francesco gelang es, aus seiner eigenen Person, Bianca und Piero Buonaventuri das zu bilden, was die Italiener *un triangolo equilatero* nennen«, sagt Stendhal befriedigt, und die drei mögen ebenso zufrieden gewesen sein, da auch Piero das Leben in Not und Angst satt hatte und gern die gutbezahlte Stellung eines Garderobenkämmerers annahm, die Francesco ihm anbot.

Die Schwester des Kaisers

Die Verzeihung der Republik Venedig war allerdings nicht so schnell zu erlangen; man zeigte sich dort auch auf die vorsichtigen Demarchen des Prinzen hin ziemlich schwerhörig, und mit dem ganzen politischen Gewicht der Toscana durfte Francesco sich noch nicht hinter diese Affäre stellen: Sein Vater Cosimo bereitete nämlich eben eine diplomatische Heirat für den Thronfolger vor, eine Verbindung, die für die schnell aufgestiegenen Mediciäer eine große Ehre bedeutete. Kaiser Maximilian II. war bereit, seine Schwester Johanna dem florentinischen Prinzen zur Frau zu geben; das bedeutete mehr, als die von Cosimo mühsam erreichte Erhebung zum Großherzog durch den Papst und die Bestätigung dieser Rangerhöhung durch den Kaiser.

Bianca war erst ein Jahr die Geliebte des Prinzen, als diese politische Heirat zustande kam, und der Anblick der Braut dürfte genügt haben, sie über ihr künftiges Schicksal zu beruhigen. Die Habsburgerin war zwar nicht älter als Bianca, aber bar jeden Reizes, wobei ihr kleiner Buckel nicht so schlimm gewesen wäre wie ihr mürrisches, zu melancholischen Ausbrüchen neigendes Wesen. Unter dem freundlichen Himmel der Arnostadt und neben der schönen Venezianerin, die geistvoll, fröhlich und unbefangen sinnlich war, mußte die legitime Gattin des jungen Fürsten düster und abstoßend wirken.

An Kummer gewöhnt und mit dem politischen Instinkt der Habsburger ausgestattet, unternahm Johanna so gut wie nichts gegen Bianca Capello; es war ihr offenbar klar, daß die echte Liebesbindung zwischen Francesco und der Venezianerin nicht zu erschüttern war. Nur gelegentlich kam ein böses Wort von den Lippen der Unglücklichen, und 1578 starb sie, nach dreizehn Jahren einer freudlosen Ehe, in der Fremde und unter Menschen, die ihr stets fremd geblieben waren.

Da ihr einziger Sohn schon mit fünf Jahren starb, hatte Francesco aus dieser von seinem Vater so sehr gepriesenen Verbindung keinen Thronerben und mußte gewärtigen, daß nach seinem Tod die Herrschaft an seinen jüngeren Bruder, den Kardinal Ferdinand Medici fallen würde, der in Rom lebte. Das Verhältnis der Brüder war ausgesprochen schlecht, denn während der Jüngste, Pietro – da er ohnedies keine Thronchance hatte – sich hemmungslosen Ausschweifungen ergab (und seine Frau Eleonora, als sie ihrerseits sich einen Geliebten nahm, kurzerhand umbrachte), rivalisierte der Mittlere, Ferdinand, ständig mit dem Ältesten.

Bruderzwist im Hause Medici

Cosimo, der Vater, sah das Unglück, das für sein Haus in diesem Bruderzwist lag, aber er war schon zu schwach, noch etwas dagegen zu tun. Krank und wehrlos, in seinem Rollstuhl dem Gezänk der zweiten Gemahlin Camilla Marelli ausgeliefert, die ihn oft zu Tränen reizte, fiel er schon in seinen letzten Lebensjahren aus und konnte den Streit zwischen seinen älteren Söhnen nicht schlichten. Bianca hingegen versuchte es immer wieder, als ahnte sie schon, welches Unglück ihr noch von Ferdinand kommen sollte; sie bat für ihn, wenn er von seinem reichen Bruder Geld begehrte, weil ihm selbst seine Kardinalseinkünfte nicht reichten, und verhinderte mehr als einmal den offenen Bruch. Zugleich aber sann sie verzweifelt auf ein Mittel, Francesco zu einem Thronerben zu verhelfen.

Francesco hatte Kinder gezeugt und sie selbst hatte Piero Buonaventuri ein Mädchen geboren. Dennoch wollte sich für den Herzog und seine Geliebte kein Kindersegen einstellen.

23

Bianca sah, daß Francesco sich Feinde machte. Gleich nach dem Tod seines Vaters setzte er die Marelli in einem Kloster auf Lebenszeit gefangen und hatte nun den Clan der Witwe ebenso gegen sich wie den eigenen Bruder Ferdinand. Nur ein Thronfolger konnte die Lage festigen, das allgemeine Vertrauen in die Herrschaft der Medici wiederherstellen und – Bianca Capellos Platz an der Seite des jungen Fürsten sichern.

*Vorge-
täuschte
Schwan-
gerschaft*

Darum tat Bianca, was ihr das Volk von Florenz und die Nachwelt nie verziehen haben: Sie täuschte eine Schwangerschaft vor, kaufte einen Knaben, schickte im entscheidenden Augenblick alle aus dem Zimmer, die nicht mit im Komplott waren, und präsentierte dem vor Freude halb irren Geliebten das fremde Kind als den ersehnten Thronfolger.

Während der Fürst den kleinen Antonio sogleich legitimierte und ihm für Hunderttausende von Dukaten eine Grafschaft im Neapolitanischen kaufte, verwischte Bianca ebenso kunstvoll wie rücksichtslos die Spuren des Verbrechens – wie man annehmen muß, durch neue Verbrechen in ihrem Sold. Die Mütter, mit denen sie über den Kinderkauf verhandelt hatte, ehe der richtige Knabe gefunden war, verschwanden auf ebenso geheimnisvolle Weise wie die natürliche Mutter des kleinen Antonio. Die Hebamme, die alles wußte, ahnte die Gefahr und floh aus Florenz, wurde aber in einem Hohlweg von Mördern gestellt. Im Sterben verriet sie, was sie wußte, und einer der Bravi kannte die Adresse, wo für dieses Geheimnis am meisten Geld zu holen war: Er ging nach Rom zu Fernando Medici.

Obwohl sich diese Vorwürfe nie beweisen ließen, verdunkeln sie doch das Bild der schönen Venezianerin, die ihrem Geliebten durch ein Vierteljahrhundert treu zur Seite stand und ebenso klug wie gewandt seine Interessen wahrnahm. Die Schuld ist nicht zu leugnen, das Idealbild des rotblonden Mädchens mit der weißen Haut, das sich seinem Prinzen hingab, ist in den blutigen Tragödien der Medicäer zerronnen. Bianca Capello ist längst kein Kind mehr, sondern die beneidete und verleumdete, gehaßte und geschmähte Geliebte eines Renaissancefürsten, die sich ihrer Haut wehrt, und das Jahrhundert, in dem sie lebt, ist die große dunkle Zeit des Gifts und der Dolche, der gedungenen Mörder und der unbestraften Verbrechen.

Hat man nicht ihren Mann, den leichtfertigen Piero Buonaventuri, nachts erstochen, ohne daß der Herzog nach den Mördern suchen ließ? Ist nicht Isabella dei Medici, Francescos schönste Schwester, von ihrem Gatten, dem Herzog von Bracciano, in ein Landhaus gelockt worden, wo er ihr während eines Kusses eine Schlinge um den Hals legte – eine Schlinge, die vier Knechte dann emporzogen, bis die Ärmste starb? Ließ nicht derselbe Paolo Orsini, Herzog von Bracciano, auch Francesco Peretti ermorden, um dessen junge Gemahlin, die schöne Vittoria Accoromboni heiraten zu können? Und wird nicht auch Vittoria noch sterben, unter der Hand eines Mörders, der mit dem Dolch nach ihrem Herzen tastet und verlangt, sie solle ihm sagen, wenn er es getroffen habe?

Die vielen Morde

Es waren diese blutigen Händel, die das Haus Orsini noch um eine Generation eher untergehen ließen, als sie die Macht und Bedeutung der Medici brachen. Es war das Morden im großen Stil, mit vierzig Bravi, die man auf eine einzige junge Frau ansetzte, weil jeder Dolch in ganz Italien zu kaufen war. Und Bianca Capello hatte nicht die Festigkeit gehabt, sich aus diesem Treiben herauszuhalten; warum sollte sie, die Verfemte, als einzige rein bleiben?

Francesco verlor sie durch all das nicht. Er kämpfte mit der gleichen Rücksichtslosigkeit um seinen Thron und stellt uns das seltsame Doppelbild eines Fürsten vor Augen, der neben all diesen Untaten die *Accademia della Crusca* zur Reinigung der italienischen Sprache und die Gemäldegalerie der Uffizien gründete, der sich in naturwissenschaftliche Forschungen vergrub wie sein Zeitgenosse Rudolf II. und zugleich an der Seite seiner strahlenden Geliebten die rauschendsten Feste feierte. »Trotz seiner Tyrannei«, schreibt George Frederick Young, »war im Vergleich mit anderen Ländern Toscanas Los glücklich zu nennen: Während England und Spanien ihre See-

Gründung der Uffizien

schlachten schlugen, Frankreich von innerem Zwist zerrissen war, die Niederlande aus tausend Wunden bluteten, legte Florenz in allem Frieden den Grundstein für seine herrliche Gemäldegalerie.«

Bianca Capello wurde kurz nach dem Tod der Johanna aus Österreich zunächst heimlich, später dann offiziell die zweite Gemahlin des Großherzogs. Venedig konnte keine Herzogin durch Häscher suchen lassen, verzieh der Flüchtigen und erhob sie sogar zur »Tochter der Republik«, eine Ehre, die auch Caterina Cornaro, Fürstin von Cypern und Dichterfürstin von Asolino, zuteil geworden war. Nur Fernando Medici blieb unversöhnlich, der Mann, der schon in seinem vierzehnten Lebensjahr Kardinal geworden war und dennoch nie vergessen konnte, daß sein älterer Bruder den Thron geerbt hatte.

Die Uhren des Papstes

Fernando war intelligent, ränkesüchtig und entschlossen. Bis heute erzählt man sich den Streich, den er dem harten Papst Sixtus V. spielte, als dieser Fernandos Freund, den Kardinal Farnese, hinrichten lassen wollte: Fernando brachte es zuwege, daß in der letzten Nacht des Verurteilten alle Uhren im Vatikan um eine Stunde vorgingen. Als er sich Sixtus zu Füßen warf, um Gnade für den Freund zu erbitten, blickte der Papst auf die Uhr, sagte sich, daß die Begnadigung ohnedies zu spät käme, und unterzeichnete, worauf Fernando zur Engelsburg eilte und Farnese eben noch retten konnte.

Solch ein Mann war kein ungefährlicher Gegner. Er hatte Francesco die harte Behandlung der Marelli nicht verziehen, und er war zur Hochzeit seines Bruders mit Bianca Capello nicht nach Florenz gekommen. Erst Jahre später, 1587, als Bianca nicht mehr weit von ihrem vierzigsten Lebensjahr entfernt war, gelang es ihr, Fernando nach Florenz zu ziehen. Der allzeit geldbedürftige Kardinal zeigte sich gegen eine Erhöhung der Apanage zu einer Art Friedensschluß mit dem Bruder bereit.

In Poggio a Caiano, dem herrlich gelegenen Landsitz, den schon Lorenzo der Prächtige erbaut hatte, feierten die Brüder den wiedergewonnenen Familienfrieden mit Jagden und Festen. Am 10. Oktober kehrte Francesco krank von der Jagd heim. Er hatte auf einer feuchten Rasenbank geruht und sich ein Fieber zugezogen, dem er neun Tage später erlag. Auch Bianca hatte zu fiebern begonnen, und als man ihr den Tod des Gatten mitteilte, überlebte sie die Nachricht nur um wenige Stunden. Fernando Kardinal Medici, den das Fieber nicht erfaßt hatte, wurde Großherzog, da das untergeschobene Kind gegen den Mann, der alles wußte, keine Thronchance hatte.

Im Volk, das Francesco und Bianca so oft geschmäht hatte, verbreitete sich angesichts des doppelten Todes mit Windeseile das Gerücht von einem Giftmord. Die Frage, wem er nützen konnte, war allzuleicht zu beantworten, das Gift der Borgia noch unvergessen. Die Leichenöffnung, von Fernando angeordnet und überwacht, hatte Tod durch Malaria ergeben; aber die Florentiner waren nun einmal entschlossen, den Tod des Liebespaares auf weniger harmlose Weise zu erklären. Bianca – der man auch im Tod nichts Gutes nachsagen wollte – habe Fernando vergiften wollen, indem sie seine Lieblingsspeise, eine Fleischtorte, bereitete und mit Arsenik versetzte. Der Kardinal, aus Rom an manche Gefahren gewöhnt, habe jedoch einen Ring besessen, dessen Stein durch Verfärbung das Gift verriet*. Er habe sich daraufhin geweigert, sich als erster zu bedienen, Francesco, nichtsahnend und gekränkt ob solchen Mißtrauens, habe von der vergifteten Torte gegessen, und Bianca, um sich nicht zu verraten, ebenfalls. Da sie das Gift kannte, habe sie auf ein Gegengift vertraut, der Kardinal jedoch habe keinen Arzt, sondern nur einen Priester in die Villa gelassen, so daß die beiden elend zugrunde gingen.

Der Ring des Kardinals

Die etwas gewundene Tragödie zeigt, daß es auch die Legende nicht leicht hatte, den Hergang des Giftmordes zu erklären, und die Wissenschaft ist heute von dieser Theorie, die bis vor kurzem die allgemein anerkannte Version darstellte,

---

* Die Existenz eines Arsen anzeigenden Minerals wird von Pharmakologen bezweifelt.

auch ziemlich einhellig abgerückt. Die medizinischen Möglichkeiten der Zeit schließen den schnellen Tod an einer heftigen fiebrigen Infektion nicht aus, und der Kardinal, mochte er auch den Tod des Bruders gewünscht haben, hätte sicherlich nicht in einer so auffälligen, ihn allein beschuldigenden Weise gemordet.

Francesco wurde mit großem Gepränge begraben, für Bianca Capello hatte das reiche Florenz jedoch nur ein Leichentuch und ein Massengrab übrig: Fernando haßte die Frau, die ihm nicht zu schlecht war, seine Geldbitten zu unterstützen, noch über den Tod hinaus und soll dem Baumeister Buontalenti, der nach dem Bestattungsort für die Venezianerin fragte, geantwortet haben: »Begrabe sie, wo du willst, unter uns Medicäern hat sie jedenfalls nichts zu suchen.«

Bianca Capello war zum zweitenmal heimatlos geworden, aber die Stadt, die ihr das Grab verweigerte, mußte ihr widerwillig doch schenken, was viel mehr ist als die reichste Gruft: die Unsterblichkeit...

Giulia Gonzaga

Die vielgeschmähte und schließlich doch zur tragischen Heldin gewordene Bianca Capello hat eine Schwester verwandten Schicksals in Giulia Gonzaga. Sie lebte ein halbes Jahrhundert vor der Venezianerin, wurde, solange sie lebte, als die schönste Frau Italiens, ja der ganzen Welt gepriesen und galt als ein Muster an Bildung und Tugend, obwohl sie jahrelang die Geliebte eines Kardinals war. Mit allen Widersprüchen dieses Lebens und mit dem Untergang ihres Ruhms in den Verfolgungen durch die Inquisition ist die schöne Giulia als große Frauengestalt der Renaissance nicht minder bezeichnend als Bianca Capello; in der Reihe der großen Mätressen aber steht sie wohl obenan, denn keine hat wie sie gezeigt, was man aus einem Leben selbst dann noch machen kann, wenn ein nicht legitimiertes Liebesverhältnis es tragisch akzentuiert.

Das erst vor hundert Jahren zu einem Reich zusammengeschlossene Italien hat eine für den Fremden komplizierte Geschichte; sie wird aber überraschend reizvoll, wenn man sich die großen Familien des Landes als Leitfäden wählt und erkennt, wie ihnen bestimmte Städte und Landschaften zugeordnet sind, wie sich bestimmte Begegnungen und Verflechtungen immer wieder vollziehen, ob es sich nun um die Sforza in Mailand, die Medici in Florenz, die Montefeltro in Urbino oder die Este in Ferrara handelt.

Die Gonzaga von Mantua sind in diesem genealogisch-geographischen Spektrum nicht die leuchtendste Farbe. Sie waren weder mächtig noch reich, und sie mußten sehr vorsichtig zwischen den beiden großen Mächten, zwischen Frankreich und dem Heiligen Römischen Reich Deutscher Nation lavieren, wollten sie ihre kleine Herrschaft behalten. Solange der energische und prächtige François I. von Frankreich die Oberhand zu haben schien, hatte Lodovico Gonzaga, Fürst von Sabbionetta und Gazzuolo, sich an diesen König gehalten und gehofft, die französischen Siege würden ihm das Ländchen von Casalmaggiore zurückbringen, das die kaisertreuen Sforza den Gonzaga einst abgenommen hatten. Aber in der vielgenannten Schlacht von Pavia siegte der Kaiser über Franz I., und die Gonzaga mußten schleunigst das Lager wechseln, wenn sie Herzöge bleiben wollten.

Giulia war in diesem Schicksalsjahr erst zwölf Jahre alt und doch nur noch ein Jahr von ihrer Verheiratung entfernt. Sie muß schon als Mädchen sehr schön gewesen sein, denn die Gonzaga konnten für sie eine außerordentlich günstige Heirat anbahnen und obendrein noch an der Mitgift sparen. Vespasiano Colonna, Sohn des großen Condottiere Prospero Colonna, war zwar häßlich, von vielen Nächten im Feldlager halb gelähmt und in einem Kriegerleben völlig verbraucht, obwohl er erst vierundzwanzig Jahre zählte. Aber dieser klapprig und krank wirkende Gatte war einer der reichsten Junggesellen Italiens, denn nichts brachte in jenen Zeiten soviel ein, wie häufiger und rechtzeitiger Seitenwechsel in den vielen Fehden und Kriegen.

Als Giulia ihn heiratete, eine halb erblühte Jungfrau mit

Ein reicher Junggeselle

sorgfältigster Erziehung, aber ohne Weltkenntnis, versuchte sie sich klarzumachen, daß sie zwar einen häßlichen, frühgealterten Gemahl erhalten, fortan aber eine der reichsten Frauen Italiens sein werde, und tatsächlich ließ sich die Liste der Besitztümer des Hauses Colonna abbeten wie ein tröstlicher Rosenkranz:

Der Besitz der Colonna

Da waren die Herrschaften Fondi und Traetto an der alten Via Appia, schöne und reiche Landstriche, die vor den Colonna den Grafen de l'Aquila und den Caetani gehört hatten; in der Campagna rings um Rom besaßen die Colonna ausgedehnte Güter und Grundstücke von vielen Quadratmeilen, und zwischen Mantua und Modena gehörten ihnen die Grafschaften Carpi und Novi. Im Jahr bezog Vespasiano Colonna allein aus seinem Besitz 40 000 Dukaten, zwanzigmal soviel, als man für ein standesgemäßes Leben mit Dienerschaft und Gästen im Jahr brauchte.

Giulia brachte in die Ehe, daß sie einem regierenden Hause entstammte, daß sie jung und wunderschön war; Vespasiano brachte den Ruhm des Namens Colonna und seinen Reichtum. Man war etwa quitt, weswegen die Mitgift mit zwölftausend Dukaten, die obendrein in drei Jahresraten gezahlt werden sollten, ziemlich geringfügig ausfiel. Giulias Bruder Pirro, der bald darauf Kardinal wurde, hatte die Verhandlungen in Rom geführt und die Eheschließung auf den September 1526 angesetzt.

Mitten in kriegerischen Wirren, in denen die Colonna auf seiten des Kaisers standen, Pirro Gonzaga und sein Bruder Luigi aber Papst Clemens VII. beistanden, heiratete Giulia, und die von Söldnergeschrei und Plünderungsängsten erfüllten Tage ließen sie vergessen, wie traurig es sei, daß sie noch nie geliebt hatte und nun nie mehr lieben durfte. Sie war noch nicht vierzehn, und mit der Kindheit schien auch das Leben zu Ende zu gehen.

Von ihrem Gatten sah sie nicht viel. Nur unmittelbar nach der Hochzeit widmete er ihr einige wenige Tage, um sie in das befestigte Schloß der Colonna nach Fondi zu bringen, dann eilte er wieder zu den Waffen. Ähnlich stand es um ihre Brüder. Gian Francesco, genannt Cagnino, war der Älteste, zum Thronfolger ausersehen und weilte in Sabbionetta; Pirro, der Jüngste, teilte als Prälat zeitweise die Gefangenschaft des Papstes in der berannten Engelsburg und starb wenige Jahre darauf als Kardinal und Bischof von Modena. Und Luigi? Er war nicht nur Giulias Lieblingsbruder, sondern der Liebling ganz Italiens. Als Mann so schön wie Giulia als Frau, war er obendrein ungemein kräftig, kühn, abenteuerlustig, dazu ein geschickter Diplomat und als rechter *Uomo universale* seiner Zeit auch noch ein begabter Poet, der in den verlorenen Stunden langer Belagerungen feingliedrige Sonette schrieb. Kaiser Karl V. liebte Luigi Gonzaga, seit dieser in Madrid den stärksten Mann Spaniens, einen gefürchteten maurischen Einzelkämpfer, vor der versammelten Hofgesellschaft besiegt hatte; sogar nach England hatte Karl den Gonzaga mitgenommen, den man nach all diesen Wundertaten nun Rodomonte nannte, um ihn Heinrich VIII. vorzuführen.

Aber wenige Jahre darauf war all dieser Glanz erloschen. Pirro starb, der unbezwingliche Rodomonte wurde nach der Eroberung des Städtchens Vicovaro von einem Scharfschützen der Orsini aus dem Hinterhalt getötet, und noch vor ihm war Giulias Gemahl Vespasiano Colonna nach nur zwei Ehejahren zu Grabe getragen worden. Man starb früh und schnell in einer Zeit, in der gegen Fieber und Seuchen, aber auch gegen simple Erkältungen oder Darmstörungen noch keine tauglichen Mittel zur Verfügung standen, und die dauernden Fehden taten ein übriges. Mochten die Söldner auch ihre Haut schonen, Feldschlachten vermeiden und mit ihren schlechten Waffen oft danebenschießen, die Anführer waren doch jedem Anschlag preisgegeben.

Rodomonte stirbt

Vespasiano hatte seine Pflicht gegenüber dem Kaiser höher eingeschätzt als die gegenüber seiner Ehefrau; ganz Italien raunte, daß die schöne Giulia Gonzaga, beim Tode ihres Gatten noch nicht sechzehn Jahre alt, eine jungfräuliche Witwe sei. Was sie offenbar besser geheimgehalten hatte als diese Tatsache war die nicht minder wichtige letztwillige Verfügung Vespasianos: Er entschädigte seine junge Gemahlin für die entgangenen Liebesfreuden dadurch, daß er sie zur Alleinerbin einsetzte; nur wenn sie sich wieder verheiratete, sollte sie gegen die Rückerstattung ihrer Mitgift die unermeßlichen Güter der Colonna an seine Tochter aus erster Ehe herausgeben, an Isabella Colonna, die etwa so alt war wie ihre Stiefmutter Giulia Gonzaga...

Da in dem Testament auch die Mitgift für Isabella festgesetzt war und mit 50 000 Dukaten alles Übliche bei weitem überstieg, hatte Giulia kraft ihrer mütterlichen Gewalt schnell und heimlich Isabella mit Rodomonte verheiratet, die Stieftochter mit dem Lieblingsbruder. Luigi, genannt Rodomonte, für den ohnedies alle Mädchenherzen schlugen, brauchte man der jungen Isabella nicht erst einzureden, sie war überglücklich. Wütend war ob dieser schnellen Trauung mit der hohen Mitgift nur einer: Papst Clemens VII., der die reiche Erbin gern einem seiner Neffen gegeben hätte, dem hübschen und geistvollen Ippolito Medici, Thronanwärter von Florenz.

Neffen und Söhne

Was die Päpste jener Epoche alles ins Werk setzten, wenn es um ihre Neffen oder gar um einen Neffen und außerdem um 50 000 Dukaten ging, vermag sich heute niemand mehr vorzustellen, und es gab eigentlich nur eines, was ihnen näher stand: ihre Söhne. Um seinen Sohn Alessandro auf den Thron von Florenz zu bringen, machte Clemens VII. jenen Neffen, der Isabella hätte heiraten sollen, zum Kardinal. Ippolito, so hieß der Jüngling, kam damit zwar für den Thron nicht mehr in Frage, aber auch nicht mehr für die Ehe, und Giulia Gonzaga konnte wieder ruhig schlafen.

Als bald darauf auch Rodomonte starb, waren Giulia und Isabella gleichaltrige und gleichermaßen vermögende Witwen, reiche Frauen oder eigentlich reiche Mädchen, denn sie waren noch nicht einmal zwanzig. Das war zweifellos kein alltägliches

Schicksal, und die Stadt Fondi, in der die beiden lebten, wurde im ganzen italienischen Land, aber noch darüber hinaus berühmt. Kardinal Ippolito, jener Medici, der Isabella hätte heiraten sollen, stellte sich als einer der ersten Besucher in Fondi ein und verliebte sich – in die Stiefmutter der ihm einst Zugedachten, in die schöne Giulia. Dichter und Maler strebten an den Musenhof, der zwischen Via Appia und Mittelmeer so malerisch lag und durch die Schönheit der gastfreundlichen Herrinnen eine einzigartige Anziehungskraft erhielt. Ja selbst in der anderen Hälfte der Welt, bei den Mohren, wie man damals sagte, im islamischen Orient, hatte sich durch Seefahrer die Kunde von der schönsten Frau Italiens verbreitet, die auf einem meernahen Schloß lebe, und die Piraten des Sultans schworen sich, daß sie dieses schöne Christenweib ihrem Herrn zu Füßen legen würden.

Giulias Herz aber schlug nur für Ippolito Medici, den jungen, eleganten Kardinal und kühnen Kriegsmann, von dessen prächtiger Hofhaltung in Rom alle Welt sprach. Zwar war Ippolito kein ganz echter Medici, sondern ein unehelicher Sproß Herzog Giulianos, Duc de Nemours. Aber die Hauptlinie der Medicäer hatte damals keinen legitimen Fortsetzer, auch Alessandro, Sohn Papst Clemens' VII., war ein unehelicher Medici, und wenn man die beiden verglich, dann mußte man sich sagen, daß der Herzog in der Wahl der Konkubine glücklicher gewesen war als der Papst: Ippolito war schön und klug, ein Mann von höchsten Gaben, gewinnendem Wesen, besten Umgangsformen und mit einem leidenschaftlichen Interesse für Kunst und Wissenschaft. Er übersetzte Vergil in italienische Verse, förderte Dichter und Maler, hielt eine bestaunte Menagerie, kurz war ein Mensch auf der Höhe seiner Zeit.

Ippolito Medici

Alessandro hingegen bezeichnete durch seine Herrschaft die dunkelsten Jahre in der Geschichte von Florenz. Seine Zeitgenossen, die in Pamphleten kein Blatt vor den Mund nahmen, nannten ihn »eine Kreatur, die selbst Roms verbrecherischster Epoche noch zur Schande gereicht hätte« und behaupteten, er sei »in seinen Ausschweifungen maßlos wie eine Bestie«. Thomas Adolphus Trollope schreibt in seiner vierbändigen Geschichte von Florenz: »Die Bildnisse dieses Unholds in der florentinischen Galerie zeigen deutlich, welch niedrigen Schlages er war (!). Seine eng zusammengedrängten Züge, die niedrige Stirn, der gemeine Gesichtsausdruck haben keinerlei Gemeinsamkeit mit dem Geschlecht der Medici. Sein Leben war ein einziger Lasterrausch, die Werkzeuge seines zügellosen Willens entstammten dem Abschaum der Menschheit.«

Hat ihn dennoch ein Medici, nämlich Clemens VII., in die Welt gesetzt, so hat schließlich ein anderer Medici, Lorenzino, durch sein Attentat auf Alessandro dies wieder gutgemacht und Florenz von diesem Mann befreit.

Eine schöne junge Frau, die das Schicksal um ihre Ehe betrogen hatte, und ein hochbegabter junger Fürst, der Thron und Waffenruhm entsagen mußte, um sich den Kardinalspurpur zu verdienen, wurden in Fondi das romantische Liebespaar der Epoche. Hundert Kilometer, heute eine Autostunde, waren damals eine nicht beträchtliche Entfernung; dennoch lebte der Kardinal ebensogut und ebensooft in dem kleinen Städtchen am Fuß der Berge wie in seinem Palast am Campo Marzio in Rom. Mußte er einmal Italien verlassen, so durfte Giulia sicher sein, daß er unverwandt an sie denke, und einmal sandte er sogar aus Ungarn einen Maler, der ihn begleitet hatte – Meister Sebastiano del Piombo – mit vier Mann Begleitung nach Fondi, er möge Giulia malen, wie sie eben sei, und das Bild dann nach Ungarn zu Ippolito bringen.

Woher kam das Geld?

Es war die Zeit der großzügigen Verrücktheiten. Woher all das Geld kam, das in den vielen Kriegen und in dem prächtigen Leben verbraucht wurde, dürfte für die Finanzminister unserer Tage ein Rätsel sein; die Industrie existierte so gut wie gar nicht, das Gewerbe war nur mäßig besteuert, die Bevölkerungszahlen waren wegen der immer wiederkehrenden Seuchen gering. Ein paar große Familien widmeten sich einem jungen Erwerbszweig, dem Fernhandel, und erzielten so große Gewinne, daß auch ihre Beschützer ein Gutteil abbekamen, und im übrigen war es die einzigartige Einheit von Kirche und Staat, wie sie im päpstlichen Herrschaftsbereich verwirklicht war, die Clemens VII. und seinen Kardinälen ein von ganz Europa bestauntes Wohlleben ermöglichte.

Ippolito legte all dies Giulia zu Füßen, und sie lächelte nur über seine Ideen, einmal einen Bären mitzubringen, ein anderesmal ihr einen jungen Sklaven zu schenken und bei jedem Ritt nach Fondi seine ganze prunkvolle Schar maurischer Diener mitzuführen, die stets bis an die Zähne bewaffnet waren.

Ippolito wußte, warum er sich schützte; er hatte viele Beweise dafür, daß Alessandro, der herzogliche Vetter, ihm nach dem Leben trachte. Aber es war nicht Ippolito, sondern Giulia, die zuerst in tödliche Gefahr geriet.

Als sie zweiundzwanzig Jahre zählte und zu einer Schönheit erblüht war, die Dutzende von Poeten besangen, ging von ihr, eben weil sie keinen Gemahl hatte, eine Anziehungskraft aus, die spätere, nüchterne Epochen kaum nachzuempfinden vermögen. Giulia war zu einem Schmuckstück des Abendlandes geworden, ein Kleinod aus einer vornehmen Familie, das ein geistlicher Kavalier, der zugleich Kommandeur der päpstlichen Truppen war, wie seinen Augapfel hütete. Es konnte nicht ausbleiben, daß solch ein Schatz den großen Gegner der Christenheit reizte, den Sultan in Konstantinopel, der mit seinen Raubschiffen das Mittelmeer beherrschte und Tausende von Christensklaven nach seiner Peitsche tanzen ließ.

In einer schwülen Sommernacht des Jahres 1534 geschah es, daß ein alter Diener in Giulias Schlafgemach eindrang, sie aus dem Bett riß, wie sie war, und mit ihr über das Dach zur alten Burg und von dort in den Wald entfloh, wo sich die beiden verloren. Chaireddin Barbarossa, ein griechischer Überläufer, Piratenkapitän und nun Generaladmiral des Sultans und Bei von Tunis, war mit seiner Flotte in Unteritalien eingefallen. Schutzlos waren die langen Küsten den Seeräubern preisgegeben, die man Sarazenen nannte, und trotz der fünfhundert

Piraten in Fondi

Wachttürme zwischen Messina und Ostia war Giulia völlig unvorbereitet überfallen worden.

Das schönste Weib der Christenheit

Dabei war es vom ersten Augenblick an Chaireddins Absicht gewesen, das schönste Weib der Christenheit für den Harem seines Sultans gefangenzunehmen. Er hatte sich in Messina, Procida und Gaëta nicht lange aufgehalten, sondern eine Elitetruppe in dem Fischerdörfchen Speralonga an Land gesetzt, von wo aus die Piraten in lautlosem Marsch von nur drei Stunden plötzlich vor Fondi anlangten und die überraschte Stadt blitzschnell eroberten. Das Entführungskommando war schon in den unteren Räumen, als Giulia erst erwachte. Sie begriff kaum, was der Diener ihr zurief, und sah erst Stunden später, als sie im Wald zu verweilen wagte, die kleine Stadt zu ihren Füßen in Flammen aufgehen.

Zwei Tage irrte sie durch das Dickicht, nackt und ohne Nahrung, wagte sich niemandem zu zeigen, ja nicht einmal zu rufen, weil ihr nun klar war, daß dieser Angriff der Sarazenen ihr gegolten hatte und daß man sie jagte. Ippolito hatte, als die Nachricht von dem Überfall nach Rom gelangte, an päpstlichen Soldaten nur mitgenommen, was zur Hand und beritten war, dazu seine maurische Garde, und war wie der Wind nach Fondi geritten. In der Stadt fand er nur rauchende Trümmer, leergeplünderte Häuser, die alten Leute abgeschlachtet, die Männer und jungen Frauen ebenso wie Knaben und Mädchen in die Sklaverei verschleppt. Die Herrin von Fondi, Giulia Gonzaga, hätten die Piraten nicht gefunden, meldete ihm das Gerücht, daher auch ihr besinnungsloses Wüten gegen die übrige Einwohnerschaft.

Kardinal Ippolito, damals fünfundzwanzig Jahre alt, machte sich auf, Giulia zu suchen, und die Phantasie der italienischen Poeten und Geschichtenerzähler hat sich keiner Szene liebevoller angenommen als der Begegnung des jungen kriegerischen Kirchenfürsten mit der nackten Giulia. Denn gerade sie war stets ein Muster an Sittsamkeit gewesen, hatte nur schwarze Kleider getragen, obwohl ihr Gatte seit Jahren tot war, und stand so sehr im Ruf der Schamhaftigkeit, daß die Legende ihr die Ermordung des alten Dieners andichtet, weil er sie in der Sarazenennacht unbekleidet gesehen habe.

Nun, für die beiden Liebenden wird die Sensation nicht darin gelegen haben, sondern im Glück des Wiederfindens nach so großer Gefahr. Immerhin erreichte Ippolito, der Giulia seinen Mantel um die Schultern warf, daß sie fortan auf die schwarzen Kleider verzichtete und sich kleidete, wie es einer jungen Fürstin in den prachtliebenden Zeiten der Renaissance zukam.

Ein Jahr darauf, abermals im Hochsommer, schlug das Schicksal schon wieder zu, diesmal aber traf es. Die allgemeine Lage hatte sich für Ippolito unversehens verschlechtert, als Clemens VII., der Medicäerpapst, starb und Paul III. Papst wurde. Ippolito war nun kein Papstneffe mehr, sondern ein junger Kardinal, der in den Augen Pauls viel zuviel Macht, Einfluß und Vermögen besaß. Denn um Ippolito sammelten sich die Gegner seines Vetters Alessandro, dessen Schreckensregiment in Florenz zu einer starken Emigration guter Köpfe geführt hatte. Ippolito Medici stand also zwischen zwei Gegnern, einem heimlichen und einem offenen, und als im Mai 1535 sein Privatsekretär Berni vergiftet wurde, wußte er, daß Alessandro vor keinem Verbrechen zurückscheuen würde, um das Haupt der Opposition gegen seine Regierung zu vernichten.

Am 2. August 1535 erkrankte Ippolito in Fondi an einem Malaria-Anfall. Die Tage hohen Fiebers benützte sein von Alessandro bestochener Haushofmeister Andrea dazu, ihm eine vergiftete Hühnersuppe zu reichen. Ippolito aß sie, erkannte aber gleich darauf, daß er Gift zu sich genommen hatte und sandte einen treuen Diener zu Papst Paul, der als einziger im Besitz eines hochwirksamen Gegengiftes, des sogenannten *Olio de Caravita* war. Papst Paul III. aber verweigerte die Hilfe; ihm kam Ippolitos Tod nur zu gelegen, er ließ dem Gift seinen Lauf.

Paul III. behält sein Öl

Nach tagelangen Qualen starb Ippolito in den Armen Giulias am 10. September 1535. Giulia war nun abermals ohne

Beschützer und mit dreiundzwanzig Jahren zum zweitenmal Witwe. Paul III. sandte ein Kondolenzschreiben nach Fondi und lud zugleich seine Neffen zu sich, um den Besitz an Pfründen und Einkünften des reichen Kardinals Medici unter sie zu verteilen.

Von diesem Tag an scheint Giulia überzeugt gewesen zu sein, daß das Leben ihr nichts mehr zu bieten habe. Sie entzweite sich mit ihrer Stieftochter Isabella Colonna, mußte das große Vermögen herausgeben, das ihr alter Gemahl ihr vermacht hatte, und ziemlich kümmerlich von einer Rente leben, die auszuzahlen Isabella verurteilt worden war. Die Rente kam aber nur stockend und oft nicht in der vereinbarten Höhe, so daß Giulia, die Frau, die so viele Männer begehrten, Wohnung in einem Kloster nahm. Das bedeutete nicht, daß sie Nonne wurde. In den Jahrhunderten der Unselbständigkeit der Frau war diese Form der Existenz für allein gebliebene Damen praktisch die einzig mögliche, wenn sie sich nicht Verwandten ausliefern wollten.

Pater Juan de Valdes

Einsamkeit und Enttäuschung führten Giulia Gonzaga noch einmal mit einem Mann zusammen, mit dem Reformprediger und von der Kirche als Ketzer verfolgten Pater Juan de Valdes. Es war eine jener Seelenfreundschaften, in der beide Teile sich einbilden, ihre Körper betrügen zu können. Die dämonische Intelligenz des Spaniers und Giulias verzückte Verehrung des eindrucksvollen Mannes ließen ein Band besonderer Intensität entstehen. Giulia fand Trost eben in der Gefahr, Ablenkung von ihrer Unerfülltheit eben im Kampf gegen Papsttum und Inquisition, obwohl diese gerade in Neapel, wo Giulia nun lebte, besonders mächtig war.

Dichter, Dichterinnen, Theologen und Denker umgaben Giulia und Juan de Valdes noch einmal. Der Musenhof von Neapel war nicht so fröhlich-diesseitig wie jener von Fondi, dem der strahlende Ippolito präsidierte, aber Giulia mag dennoch bisweilen gelacht haben, etwa wenn die kleine, vollbusige Laura Terracina zum Entsetzen ihres eifersüchtigen Gatten den brillantengeschmückten Hosenbandorden zur Schau stellte, den ihr König Eduard VI. von England, ein Verehrer ihrer Kunst, zugesandt hatte.

1540 starb auch Valdes. Zum drittenmal war Giulia ihrer Stütze beraubt, eines Mannes, den sie nicht lieben durfte, der ihr aber doch ein Halt gewesen war. Bald nach seinem Tod setzte die Verfolgung seiner Jünger ein. Einige starben auf dem Scheiterhaufen, andere mußten fliehen, Freunde und Diener Giulias wurden eingekerkert. Ein Vierteljahrhundert lebte sie noch im Kloster Francesco delle Monache zu Neapel, belauert, doch ohne Angst und auf alles gefaßt. Aber die Inquisition wagte sich an eine Gonzaga doch nicht heran. Erst als sie im März 1566 gestorben war, loderte der Haß offen empor. Ihre Briefschaften wurden beschlagnahmt, andere heimlich geraubt und ihre Korrespondenten vor das Tribunal geschleppt. Ihr Leichnam wurde auf Befehl Papst Pius' V. aus der Kirchengruft entfernt und in ein Massengrab geworfen wie jener der Bianca Capello...

Wenige Jahre nach dem blutigen Seeräuberüberfall auf Fondi, Terracina und Itri, der dem Raub der Giulia Gonzaga galt, holte sich Chaireddin Barbarossa, der Schrecken des Mittelmeeres, doch noch eine der schönen Italienerinnen. Er segelte mit seinem Geschwader die Küsten Kalabriens entlang, um Wasser und Proviant für die lange Seereise nach Frankreich aufzunehmen. Seine Soldaten aber raubten und plünderten gewohnheitsmäßig auch auf eigene Faust, und plötzlich fielen aus der Festung von Reggio einige Schüsse, und schwere Kanonenkugeln jagten die Plünderer auseinander.

Chaireddins Brautfahrt

Chaireddin tobte. Trotz der Vorstellungen des Kapitäns Polin, den König Franz I. als Verbindungsmann zu Chaireddin geschickt hatte, ließ der Kapudan-Pascha Belagerungsartillerie an Land bringen, die schwersten Stücke einbetten und schoß binnen weniger Stunden die Festung sturmreif. Das war keineswegs geplant gewesen; die Flotte sollte vielmehr Frankreich gegen den Kaiser zu Hilfe eilen. Aber es war, als hätte der achtzigjährige Admiral des Sultans geahnt, daß hier in Reggio sein Leben noch eine letzte Wendung nehmen sollte, ehe es erlosch: Aus der Festung brachte man ihm Don Gaëtano, den Kommandanten, und dessen Familie, in der Chaireddins Blick sogleich durch ein blondes Mädchen von großer Schönheit gebannt wurde.

Sie war seine Gefangene; er hätte nach türkischem Brauch den Vater schinden und pfählen lassen können und die Frauen als Sklavinnen zu sich nehmen, aber er tat nichts von alledem. Er bat Don Gaëtano um die Hand seiner Tochter, heiratete sie auf der Stelle, nachdem sie zum Islam übergetreten war, und beschenkte den Schwiegervater nicht nur mit dessen verwirktem Leben, sondern auch noch mit allerlei Schätzen, von denen böse Zungen allerdings behaupteten, sie seien in Italien nicht ganz unbekannt gewesen.

Die schöne Bionda

Die schöne *Bionda*, vielleicht normannischem Stamm entsprossen und Nachfahrin jener Ritter, die zehn Generationen zuvor mit Robert Guiscard ins Land gekommen waren, scheint den imposanten Alten ein wenig geliebt zu haben. Sie machte ihn glücklich in den langen Nächten auf See, während Chaireddin an der vor Schreck erstarrten Tiberstadt vorbeifuhr und dann auf Marseille zuhielt, den Franzosen seine Komplimente machte und seiner jungen Gemahlin zur Freude eine richtige große Belagerung und Beschießung begann, um das kaiserliche Nizza einzunehmen.

Für Chaireddin Barbarossa war es die Hochzeitsfahrt und das Geknalle vor Nizza das Feuerwerk dazu; dennoch hatten die Franzosen Wein in ihren Fässern und die Türken Pulver, und der Kapudan-Pascha soll von der Kriegskunst der abendländischen Großmächte keinen sonderlich günstigen Eindruck gewonnen haben. Es war um jene Zeit in Frankreich eben schon so ähnlich wie in Italien, wo die Feldherren in den Belagerungsgräben Sonette dichteten und die Reisigen und Söldner lieber Karten spielten als die Spieße fällten. In der Rückschau ein imponierendes Konglomerat kriegerischer Jahreszahlen, muß die Renaissance in Italien und in Frankreich dennoch eine Zeit einigermaßen erträglichen Lebens gewesen sein. Die Päpste hatten es sich in Avignon nicht schlechter ergehen lassen als in Rom, und die Könige aus dem Hause Valois hatten nicht mehr den Ehrgeiz, heiliggesprochen zu werden wie jener Ludwig, der die Dirnen aus Paris vertrieben und sein Leben schließlich auf einem Kreuzzug ausgehaucht hatte.

Italienische Künstler und ihre französischen Schüler hatten rings um Paris und in den Tälern von Loire und Cher ein paar Schlösser von so einzigartiger Schönheit entstehen lassen, daß sie noch heute zu den Wundern des schlösserreichen französischen Landes zählen, und Franz I., der seine Rüstung so sträflich vernachlässigte, steckte um so mehr Geld in Bauten wie Fontainebleau oder Rambouillet oder wandte es an die Damen, die diese Schlösser mit ihrer Schönheit schmückten.

Die auffallendste Erscheinung unter ihnen war um die Zeit dieser Kriege im Süden eine nicht mehr ganz junge Witwe, eine Frau, die wie Giulia Gonzaga in ihrer Kleidung und ihrer Haltung offensichtlich um ihren Gatten trauerte und nur nach und nach ein paar weiße Facetten in das Schwarz ihrer Gewänder setzte, und die dennoch als die Schönste aller Damen galt: Diane de Poitiers, Witwe des vornehmen Herrn Louis de Brézé, Comte de Maulevrier, Groß-Seneschall der Normandie, Enkel König Karls VII. und der schönen Agnes Sorel.

Diane de Poitiers

Die Schönheit jener herrlichen Geliebten, die ganz Frankreich *la dame de beauté* genannt hatte, war allerdings nicht bis auf den Enkel gekommen. Der Seneschall war, als er die fünfzehnjährige Diane, Tochter einer altadeligen Familie aus der Dauphiné zur Frau nahm, nach heutigen Begriffen ein Greis, obendrein bucklig und geradezu abstoßend. Insofern also war das Schicksal des schönen Mädchens in den Grundzügen dem der Giulia Gonzaga sehr ähnlich, in manchen Einzelheiten zunächst aber noch härter. Aber Diane war ganz anders veranlagt als die tiefere, seelisch zartere Italienerin. Sie war in merkwürdiger Weise jenem mythischen Wesen ähnlich geworden, dessen Namen sie trug, jener großen Jägerin, die wie eine Schutzgöttin über dieses heidnische Leben, über diese wahrhafte Renaissance-Frau im Schoße eines christlichen Königreiches wachte.

Mit sechs Jahren saß sie schon zu Pferd und ritt die Jagden mit, die ihr Vater Jean de Poitiers, Sire de Saint-Vallier, veranstaltete. Und in ihrer Ehe mit dem mehr als vierzig Jahre älteren Groß-Seneschall blieben die Jagden, das Leben im Wald und mit den Tieren, weiter ihr größtes, wenn auch nicht einziges Vergnügen. In keinem ihrer Briefe beklagt sie sich über ihre Ehe; ihr Gatte war meist in einem der Feldlager oder bei Hofe, sie zog die beiden Kinder auf, die sie ihm geboren hatte.

Dennoch ist die schöne Jägerin, von deren schlankem Körper und weißer Haut man bei Hofe noch nicht viel gesehen hatte, schon in jener Phase ihres Lebens in eine der großen Affären des Königreiches verstrickt. Der Konnetabel de Bourbon, Frankreichs berühmter Feldherr, hatte wie hundert Jahre nach ihm Wallenstein auf eigene Faust Politik gemacht und mit Frankreichs Feinden, dem Kaiser und dem englischen König, hochverräterische Unterhandlungen angeknüpft. Dianes Vater, ein Freund des Konnetabel, war mit im Komplott und wurde darum 1523 zum Tode verurteilt.

Rätsel um einen Opfergang

Seit Victor Hugos Schauerdrama mit dem galligen Titel *Le Roi s'amuse* ist die Welt davon überzeugt, daß die (historische) Begnadigung des Herrn von Poitiers, die in letzter Minute mittels klassischer Attribute wie schaumbedecktem Pferd und atemlosem Boten erfolgte, nur dadurch zustande kam, daß sich die schöne Diane für ihren Vater opferte und dem vergnügungssüchtigen König ergab. Hugo hat das Motiv nicht aus der Luft gegriffen; schon Zeitgenossen wie der Chronist Nicolas Versoris, Advokat in Paris, und der gutunterrichtete Brantôme machen Andeutungen in dieser Richtung, ja Brantôme drückt sich sogar ziemlich drastisch aus und verschweigt mit Rücksicht auf Mitlebende nur die Namen:

»Jay ouy parler d'un grand seigneur, qui ayant esté jugé d'avoir la teste tranchée, si qu'estant dejà sur l'eschafault sa grâce sucvint, que sa fille, qui estoit des plus belles, avoit obtenue, et descendant de l'eschafault, il ne dit autre chose, sinon: Dieu sauve le bon con de ma fille, qui m'a si bien sauvé!«

Der Fall war so bekannt, daß niemand lange zu rätseln brauchte, wer jener Grandseigneur sei, der, zur Enthauptung verurteilt, schon auf dem Hochgericht stand, als seine Tochter, eine der Schönsten des Landes, seine Begnadigung erreichte. Und wenn der Vater Dianens sich auch als Sire de Saint-Vallier über die Meriten seiner Tochter vielleicht nicht so landsknechtsmäßig geäußert hatte, wie es uns Brantôme glauben machen will, so ist ihm ein erleichterter Fluch doch zuzutrauen, und er mag der Sünde seiner Tochter kaum viel Nachdenken gewidmet haben. Nur daß sie bei dieser Gelegenheit ihre Jungfernschaft geopfert habe, ist zweifellos eine Legende, denn als ihr Vater in jene Lage geriet, hatte sie als Ehefrau von dreiundzwanzig Lenzen schon zwei gesunde Kinder.

Das Zeugnis Brantômes

Wir dürfen ergänzen, daß eine andere als jene äußerste Notwendigkeit kaum imstande gewesen wäre, die junge und schöne Frau, deren Vorliebe für tägliche kalte Bäder ebenso bekannt war wie ihre Abneigung gegen Krankheit, in das Bett eines Monarchen zu bringen, der sich schon als Jüngling eine bösartige Geschlechtskrankheit zugezogen hatte. Die kühlen, reinen Bäche ihrer neuen Heimat, der Normandie, scheinen jedoch auch diesem Gift überlegen gewesen zu sein: Diane de Poitiers blieb, auch nach der Begegnung mit dem König, ein Wunder an Gesundheit und körperlicher Leistungsfähigkeit, und der Ruf ihrer Schönheit verbreitete sich in ganz Frankreich.

Da Victor Hugo der romantischen Zutaten zweifellos zu viele anrührte, bemühen sich derzeit einige Großmeister der *Petite Histoire*, das Kind mit dem Bade auszuschütten und Dianens Intervention zugunsten ihres Vaters zu leugnen. Erst recht leugnen sie natürlich, daß Diane jenen Preis dafür bezahlte, an den Franz I. zweifellos sogleich dachte, als er die schöne Frau vor sich sah. Es geht offensichtlich darum, Diane von François I., dem anerkannten Oberlüstling unter den Valoisherrschern, reinzuwaschen und ihr nur Heinrich II. in den Schoß zu legen, der ihr Kind hätte sein können. Wie sollten auch in einem an schönen Frauen so reichen Land wie Frankreich zwei Könige sich in ein und dieselbe Mätresse teilen müssen!

Wir bleiben dennoch bei unserer Version. Sie entwürdigt nicht Diane (denn was eine Tochter für ihren Vater zu tun bereit ist, geht schließlich nur sie an), sondern allenfalls den König, aber an dem ist nicht mehr viel zu entwürdigen.- auf eine Mätresse mehr oder weniger kommt es bei ihm zweifellos nicht an. Obendrein liegen Briefe von Dianens Vater vor, in denen er sie um weitere Hilfe bittet, und seine Aussage in einem Verhör, daß sich seine Tochter an den König selbst gewandt habe, um die Begnadigung zu erlangen. Diane de Poitiers war also bei Franz I., und als sie ging, war ihr Vater gerettet.

Geliebte zweier Könige

Hätte sie sich nicht ihrem Vater eröffnet, hätte er nicht in seiner Freude den kernigen Ausspruch getan, den uns Brantôme überliefert, dann allerdings wäre wohl kaum etwas bekanntgeworden, und alles folgende bliebe unverständlich: Die offensichtliche Intimität vor allem, die zwischen François und Diane jahrelang herrscht und die ihn eine Bitte aussprechen läßt, wie solch ein Mann sie nur einer Geliebten oder ehemals Geliebten gegenüber äußern konnte, die Bitte, sich seines Sorgenkindes, des jüngeren Sohnes Henri anzunehmen, der damals noch nicht Dauphin war.

Auch am Beginn dieser zweiten Verbindung Dianens, die den späteren Heinrich II. ein Leben lang beherrschen sollte, steht eine jener merkwürdigen historischen Legenden, die, wenn sie überhaupt erfunden sind, sich im Lauf der Jahrhunderte der nüchternen Wahrheit unendlich überlegen gezeigt haben. König Franz I. war in der mörderischen Schlacht bei Pavia nicht nur geschlagen worden, sondern auch selbst in Gefangenschaft geraten, und war in Spanien über ein Jahr lang eingekerkert. Im März 1526 erst kam er nach drückenden Zusagen frei, mußte aber seine beiden Söhne als Geiseln stellen, und der verwaiste Hof bewegte sich in einem traurigen Zug durch ganz Frankreich nach Süden, um an der Grenze mit Spanien die Prinzen François und Henri gegen ihren Vater auszutauschen.

Während die Damen des Hofes sich um den neunjährigen Dauphin bemühten und ihm die Trennung schmackhaft zu machen suchten, zog Diane de Poitiers den etwas verstört abseits stehenden siebenjährigen Henri an sich und gab ihm mit einer weichen mütterlichen Umarmung einen guten Abschiedskuß auf die Stirn, der den Knaben getröstet ziehen ließ. Henri hatte nicht vergessen, wer die schlanke schöne Dame von damals gerade sechsundzwanzig Jahren gewesen war; Umarmung und Kuß hatten in der Fremde in ihm weitergewirkt, und als die Prinzen freigelassen wurden, war es Diane de Poitiers, der sich sogleich das Herz des Jünglings zuwandte.

Henri hat es nicht vergessen

Henri und Diane waren, trotz eines Altersunterschieds von beinahe zwanzig Jahren, einander also längst nicht mehr fremd, als König Franz die schöne Frau bat, den etwas schwierigen Jungmann unter ihre Fittiche zu nehmen. Er sei wild, ungestüm, geistig zuwenig regsam und oft ohne jeden Lebensmut.

»Vertrauen Sie mir«, soll Diane geantwortet haben, »ich werde ihn zu meinem Ritter machen.«

Sie war nicht die Königin und sie war nicht die *maitresse en titre*, und dennoch gab sie bei Hof den Ton an, was undenkbar wäre, wenn sie sich tatsächlich dem König verweigert hätte. Vielleicht lag die intensivste Phase in der Beziehung zwischen dem König und der schönen Witwe schon zurück, vielleicht bestanden überhaupt nur noch freundschaftliche Beziehungen. Aber daß sie mehr Einfluß hatte als irgendeine andere Dame, ja mehr als die spätere Königin, eine etwas klein geratene Italienerin von vergleichsweise geringer Herkunft mit Parvenu-

Allüren und uneleganten Bewegungen, das beweisen so gut wie alle Dokumente der Zeit.

Die strenge Mode jener Jahre war von der Witwe des Groß-Seneschalls lanciert; *sie* war es gewesen, die das Schwarz-Weiß der modellierenden Roben erfunden hatte, Kleider, die in ihrer Schlichtheit durch das tiefe Dekolleté verblüfften, das nur tragen konnte, wer so schöne Brüste hatte wie Diane de Poitiers. Sie war aber auch das erklärte Lieblingsmodell der Künstler, und am Hof des kunstsinnigen ersten Valois hatte das sehr viel zu sagen.

Wäre Diane nur von Heinrich II. gehalten gewesen, der den Thron bestieg, als sie siebenundvierzig Jahre zählte, nie hätte sie jene Herrschaft über Geschmack und Stil eines halben Jahrhunderts auszuüben vermocht, wie ihn uns die Bildwerke eines Goujon, die Gemälde Clouets, des Primaticcio und seiner Schule, aber auch die Dichtungen eines Pontus de Thyard, Olivier de Magny, Mellin de Saint-Gelais und vieler anderer beweisen. Diane, die schlanke Jägerin, ist in dieser Kunst das Symbol der französischen Renaissance schlechthin geworden, sie ist eine Art Leitmotiv, das immer wiederkehrt, und ihre Schönheit prägt das Ideal zumindest zweier Generationen.

Leitbild eines Jahrhunderts

Zum Unterschied von allen anderen Damen, deren Porträts und höfliche Nachbildungen auf uns gekommen sind, wird Diane de Poitiers so gut wie stets völlig nackt dargestellt, nur gelegentlich verhüllt ein leichter Faltenwurf Brust und Schoß. Schultern und Schenkel aber sind immer sichtbar, die Schultern und Arme gleißend in jener ewigen Lockung, die Aktäons Untergang wurde, die Schenkel kühl und schlank, beinahe nymphenhaft. Goujon legt ihr gelegentlich Windspiele zu Füßen oder läßt sie den runden Arm um den Hals eines Hirsches schlingen, Primaticcio gesellt ihr ganze Schwärme nackter Nymphen, die sich in einem heidnischen Gewirr der Schenkel und Gewoge der Brüste um die Göttin drängen.

Die Sinnenfreude dieser Aufzüge paßte zu Franz I. zweifellos besser als zu dem düsteren Henri, der nur durch den frühen

Tod des älteren Bruders unversehens zu Thronfolgerehren kam. Franz, der Spötter und Frauenjäger, der ein Schloß nach dem anderen baute und zum Schmerz der Pariser so selten in den dunklen Gemächern des Louvre weilte, schuf in Fontainebleau jene erotisierte Prachtkulisse, die zu diesen Mänadenzügen und Nymphenscharen und der manisch-permanenten Nacktheit der göttlichen Jägerin am besten gepaßt hätte. Diane de Poitiers aber gerierte sich nicht nur als Jägerin, sondern jagte von Kind auf mit Leidenschaft. Ihr war es kein Spiel, kein nobles Vergnügen, sondern für sie war es das Leben selbst, wenn sie mit Pferden und Meute hinter dem Rotwild herhetzte, und darum waren die gelichteten Waldungen von Fontainebleau und Barbizon ihr zu zahm. Sie zog die weiten Wälder und Wiesen zwischen Cher und Loire vor und baute sich, beraten von Philibert de l'Orme, im Euretal eines der reizendsten Schlösser der französischen Renaissance – Anet. Das Portal, der linke Flügel und die Kapelle haben sich bis heute erhalten und glücklicherweise auch die Reliefs, mit denen Jean Goujon die Kapelle schmückte, ein durchaus heidnisches Bild- und Rankenwerk an einem Gotteshaus.

Neben Anet war Chenonceau Lieblingsaufenthalt der großen Jägerin, eines der berühmtesten und am häufigsten abgebildeten aller französischen Schlösser. Den unverwechselbaren Reiz seiner den Fluß Cher überspannenden zweistöckigen Galerie verdankt es eben der Jagdleidenschaft der Diane de Poitiers: Ursprünglich bestand das Schloß nämlich nur aus dem etwas engen Pavillon, den sich der normannische Steuereinnehmer Bohier hatte erbauen lassen. Um sich das große Waldgebiet jenseits des Flusses mühelos zu erschließen, befahl Diane ihrem Leibbaumeister Philibert de l'Orme den Bau dieser sechzig Meter langen, fünfbogigen Brücke mit zwei Stockwerken von Gängen und Gemächern, ohne die man sich Chenonceau heute gar nicht mehr vorstellen könnte.

Schloß Chenonceau

Noch heute ist der kleine Ort ein Zentrum vielleicht nicht mehr der Parforcejagden, aber der Jagd-Gastronomie; die Lebenslust der Renaissance, getönt und gesteigert durch die noblen Interieurs, tritt uns nirgendwo eindrucksvoller entgegen als in dieser einzigartigen Schöpfung, in der noch heute all die Geister zu schweben scheinen, die Brantôme für uns beschworen hat.

Es wäre aber eine idyllische Verzeichnung, wollten wir die schöne Frau nur als Jägerin und Geliebte, mütterliche Freundin und Grande Dame der Renaissance ansehen und ihre lange Herrschaft als ein Wunder hinnehmen; denn all diese Komponenten könnten es doch nur unzureichend oder nur für den Wundergläubigen begründen. Eine Frau, von der die Gesandten schrieben, sie »führe das Spiel«, sie »halte den König an der Leine wie ihre Meute«, obwohl sie die Fünfzig bereits überschritten habe, kann trotz unzweifelhafter Jugendlichkeit, unzweifelhaft erhaltener Schönheit, Schlankheit und Gesundheit, ohne scharfen Verstand und ohne kräftige Verbündete nicht über König und Land geherrscht haben.

Die Herzogin von Étampes

Diane war klüger als jene anderen, die den Glanz suchten und nach Ehren gierten. Sie suchte und fand die Macht, die hinter allen Mächten steht – den Reichtum – und beherrschte dadurch Ratgeber und Parteien. Daß sie an irdischen Gütern hing, zeigte sich in dem Augenblick, als Madame d'Étampes durch den Tod Franz I. schutzlos geworden war. Anne de Pisseleu, Duchesse d'Étampes, war durch Geist und Schönheit wohl die Frau, an der jener vielliebende König am meisten gehangen hatte. Aber sie hatte in der Rivalität mit Diane schwerwiegende Fehler begangen. Sie hatte behauptet, in dem Jahr geboren worden zu sein, in dem Diane (die sie stets nur »la Vieille«, die Alte nannte) geheiratet habe. Das stimmte nicht. Diane erblickte am letzten Tag des fünfzehnten Jahrhunderts das Licht der Welt, Anne de Pisseleu acht Jahre darauf. Und die ehrgeizige Herzogin hatte bei der Konferenz von Aigues-Mortes französische Staatsgeheimnisse an Kaiser Karl V. verkauft. Dieser zweite Fehler gab Diane Gelegenheit, die Herzogin für den ersten büßen zu lassen: Sie wurde verbannt, und ein Teil ihres

Besitzes fiel Diane de Poitiers zu, der Favoritin des neuen Herrschers.

Viel ertragreicher aber war Dianens Gedanke, sich vom König all jene Ländereien schenken zu lassen, die im Augenblick keinen Besitzer hatten oder deren Besitzfrage ungeklärt war. Philippe Erlanger schätzt den Wert dieser in ganz Frankreich verstreuten Gebäude und Grundstücke auf umgerechnet dreihundert Millionen DM.

Ein Geschenk von 300 Millionen

Um es Anne de Pisseleu gleichzutun, brauchte Diane aber noch ein Herzogtum. Es wurde aus dem Valentinois (den ehemaligen Ländereien des Cesare Borgia) und dem Diois zusammengebracht, und die Groß-Seneschallin war nunmehr Dame Diane de Poitiers, Duchesse de Valentinois. (Der von Ludwig XII. für den Papstsohn geschaffene Titel ging unter Ludwig XIII. an das Fürstenhaus von Monaco über, das ihn noch heute führt.)

Das Meisterstück an Diplomatie und ein wahres Genie der Macht enthüllt sich uns im Zusammenleben der Mätresse mit der Königin, also Dianens mit Katharina von Medici. Gewiß hat der König das Seine dazugetan, daß die beiden Damen im Guten miteinander auszukommen suchten; aber daß Diane die Kinder aufzog, daß die Rivalinnen im gleichen Zimmer schliefen – zumindest zeitweise – und daß es nie offenen Streit, sondern stets nur *einen* vergrößerten Haushalt gab, das war angesichts der impulsiven und gelegentlich heftigen Natur der Königin gewiß das Verdienst der kühlen Seneschallin, die schon so früh lernen mußte, sich zu beherrschen.

Gab es Krisen, so erfuhren nur wenige davon, und man mußte schon das feine Ohr Brantômes besitzen, um mehr einzufangen als Gerüchte.

»Einmal«, so schreibt er, »hatte die Königin sich von einer ihrer Hofdamen bereden lassen, Löcher in eine Wand zu bohren, um zu sehen, was denn ihr Mann mit jener schönen Witwe treibe, und welches Leben und Wetter zwischen den beiden herrsche. Aber sie und die Hofdame gewahrten trotz aller Neu-

Das Guckloch

gierde nichts als Schönes: sie sahen jene Witwe, eine Dame von großer Schönheit, bald nackt und bald im Hemde, und mußten sich sagen, daß sie einen frischen und anziehenden Körper mit sehr weißer Haut habe. Sie sahen, wie sie den König liebkoste, allerlei verliebten Unsinn mit ihm trieb, und daß sich die beiden auch einmal auf dem dicken Teppich vergnügten, weil es dort nicht so heiß war wie in dem tiefen Bett. Als die Königin dies alles gesehen hatte, überkam sie große Traurigkeit; sie weinte und stöhnte und gestand ihrer Vertrauten, daß es ganz anders sei, wenn der König sich ihr nähere. Erst, als die andere ihr gut zusprach und sie tröstete, sagte sie etwas gefaßter: ›Ich habe den Fehler begangen, Dinge erfahren zu wollen, die zu wissen nicht guttut. Ich selbst bin schuld an allen Schmerzen, die ich leide.‹ Sie hörte aber nicht auf, durch die Löcher zu starren, sooft sie alle in jenem Schlosse weilten.«

Diane gibt ein Schauspiel Es läßt sich kaum eine bezeichnendere Szene denken und wohl auch kein tieferer Gegensatz, als er sich hier offenbart. Die französische Aristokratin, gewöhnt, ihren Leib in Erz, in Medaillons oder von der Malerleinwand tausendfach gespiegelt zu sehen, gibt sorglos und selbstsicher in ihrer überlegenen Schönheit das Schauspiel, das die untersetzte Italienerin treffen muß wie ein Basiliskenblick. Die Enkelin Pietro II., des Unglücklichen, die Nichte des durch Gift gemordeten Kardinals Ippolito Medici, begann an diesem anderen Gift dahinzusiechen, das sie selbst sich bereitet hatte. Die Rolle der Familie Medici in Frankreich war nicht glücklich, und die Söhne der Katharina wurden Frankreichs unglücklichste Könige.

Diane de Poitiers überlebte ihren um achtzehn Jahre jüngeren Herzkönig, weil dieser, trotz aller Warnungen der berühmtesten Astrologen, in das Duell mit Gabriel Montgomery gegangen war, ein Turnierspiel, in dem der Hauptmann der schottischen Garde das Unglück hatte, dem König mit der Lanze ein Auge auszustechen.

Sieben Jahre, bis 1566, lebte Diane allein, eine große Mätresse ohne Beschützer, eine der reichsten Frauen Frankreichs.

Daß Katharina, die einflußreiche gewordene Mutter der Könige, dennoch nichts gegen sie vermochte, daß sie ihr nicht einmal Chenonceau einfach wegnehmen konnte, sondern Chaumont dafür geben mußte, das zeigt uns, daß Diane de Poitiers mehr war als die meisten Monarchenfreundinnen. Sie herrschte weiter, auch ohne ihren König, und starb im gleichen Jahr wie Giulia Gonzaga. Frankreich und Italien verloren ihre schönsten Frauen im Abstand weniger Monate, und es war den Sängern, den Poeten und den Malern, als hätte die Welt sich verdüstert.

Tod der Schönsten

II

VON WOODSTOCK NACH WHITEHALL

Franz I. von Frankreich hatte, solange er lebte, einen anderen König bewundert, vielleicht beneidet, auf jeden Fall aber als einen Geistesverwandten angesehen: Heinrich VIII. von England. Heinrichs Tod am 28. Januar 1547 wurde in Frankreich in den ersten Februartagen bekannt, als Franz schon die tödliche Krankheit in sich erwachen fühlte, und es gibt Stimmen aus seiner Umgebung, die der Nachricht vom Tod des großen Freundes einen Teil der Schuld an dem schnellen Kräfteverfall des französischen Königs beimessen, der Heinrich VIII. schon im März desselben Jahres nachfolgte.

In der Bilanz seines Lebens, diesen drei Jahrzehnte währenden Kämpfen um Frankreichs Machtstellung in Italien, die doch nicht zu halten war, mußte sich Franz gesagt haben, daß Heinrich VIII. auf seiner Insel in ganz anderem Maße sein eigener Herr gewesen sei als jeder andere europäische Monarch. Der schmale Meeresarm, im Mittelalter noch so seicht, daß man bei Ebbe die Kanalinseln zu Fuß erreichen konnte, genügte seltsamerweise, selbst die geistige Macht der Kirche zu hemmen, die Franz I. soviel zu schaffen gemacht hatte. Heinrich VIII. hatte seinen Mätressen keine Schlösser bauen und keine Ländereien schenken müssen – er hatte sie geheiratet, weil er es wagen durfte, sich bei jeder starken Neigung von seiner angetrauten Gemahlin frei zu machen.

Mit der Trennung von Anna von Aragonien, die man ihm

Heinrich VIII.

schon aufgezwungen hatte, als er erst zwölf Jahre zählte, hatte Heinrich Europa und der Kurie Gesprächsstoff gegeben; drei Jahre später, 1536, ließ er die schöne Anna Boleyn wegen angeblicher Untreue enthaupten und vermählte sich schon elf Tage nach diesem befohlenen Justizmord mit der jungen Hofdame Johanna Seymour.

Verschreckt verfolgten die großen Familien des Kontinents das weitere Leben dieses Gewaltmenschen, den frühen Tod der Seymour, die Scheidung von Anna von Kleve, die Hinrichtung der Catherine Howard und Heinrichs sechste Ehe mit Catherine Parr, die ihn schließlich überlebte. England, seit Wilhelms des Eroberers Invasion eine Pflanzstätte französisch-normannischen Geistes, schien zu den blutigen Methoden seiner sächsischen Epoche zurückgekehrt zu sein...

Fair Rosamond Und doch hatten die königlichen Liebesgeschichten selbst auf der nebelumwallten britischen Insel mit einem ganz zarten Liebesidyll begonnen, einer Romanze im Schatten alter Klostermauern, im Schutz eines dichten Waldes, mit heimlicher Liebe, heimlicher Ehe und einem Streit der Königinnen beinahe wie im Nibelungenlied. Diese frühe Geschichte, die ihre reine Melodie seltsamerweise durch acht Jahrhunderte unverfälscht erhalten hat, ist die von der Liebe zwischen König Heinrich II. aus dem Hause Plantagenet und der schönen Rosamunde, englisch *Fair Rosamond* geheißen.

Ihre Zeit ist uns sehr fern und das England des zwölften Jahrhunderts zudem ein Staat schwieriger Übergänge, die für den Kontinentaleuropäer mangels ähnlicher Phasen in der eigenen Geschichte eine zusätzliche Distanz schaffen. Die Insel war seit hundert Jahren von normannischen Rittern erobert und besetzt. Die sächsischen Barone waren entmachtet und enteignet, die französischen Herren hatten die besten Besitzungen untereinander aufgeteilt, benützten die Güter auf der Insel aber in erster Linie als Geldquellen und Mannschaftslieferanten für ihre kriegerischen Unternehmungen, die sie meist nach Frankreich führten. Es war eine seltsame Doppelexistenz zwischen England und der französischen Heimat, durch die Frankreich auch zur Mutter der britischen Kultur wurde, denn die Barone nahmen sich von den friedlichen oder kriegerischen Besuchen auf dem Kontinent Lehrer und Sänger, Sekretäre und hübsche Gespielinnen mit nach England, das für manchen noch wie ein Verbannungsort wirkte.

Zwischen französischem und englischem Geist, zwischen eigener Königsmacht und erheiratetem französischem Besitz stand auch Heinrich II., Sohn des Grafen Gottfried Plantagenet von Anjou und somit von Geburt schon Herr der schönsten Landschaften Frankreichs: der Touraine, in der all die prächtigen Schlösser entstanden, auf denen später der Glanz der Valois liegen würde, des Herzogtums Maine und einiger Teile des Berry. Und Alienor von Aquitanien, die in zweiter Ehe diesen Heinrich heiratete, brachte ihm noch das Poitou, die Auvergne, das Périgord und andere Landschaften zu, so daß ein britischer König über ein Drittel Frankreichs gebot.

Sehr viel war also anders als im späteren, eigenständigen, auf seiner Insel und am Rande Europas seine Sonderart entwickelnden England, und darum ist auch die Geschichte von Heinrich und Rosamunde nie ganz Historie geworden, sondern immer Stoff der Troubadoure geblieben, und einer der berühmtesten von ihnen, der abenteuernde Sänger Peire Vidal, soll selbst in sie hineingezogen worden sein.

Die verbürgten Daten sind denn auch dürftig genug. Es gab im England des zwölften Jahrhunderts noch nicht viele jener hurtigen Federn, die uns aus späteren Epochen so viel Einzelheiten überlieferten. Eines aber wurde doch geschrieben, die Grabschrift Rosamundes im Nonnenkloster von Godstow, unweit Oxford, eine Grabschrift von einzigartiger Bosheit, so wie kein Mann über eine Frau schreiben konnte:

Gehässige Grabschrift

Hic jacet in tumba
Rosa mundi, non rosa munda
Non redolet, sed olet
Quod redolere solet

Hier liegt im Grabe, schrieben die erbosten Nonnen, die Rose der Welt: keine reine Rose – es duftet nicht, sondern stinkt, was sonst zu duften pflegt.

Mit ihrem vollen Namen hieß sie Rosamond Clifford und war die Tochter des Lords Walter Clifford, der sie in das Kloster, eines der vornehmsten Englands, gegeben hatte, um ihr einige Bildung beibringen zu lassen. Nonne wurde Rosamunde jedoch nicht, und es ist nicht einmal sicher, ob sie zunächst wußte, daß der Ritter, den sie liebte und dem sie Kinder gebar, König von England war. Viel Sünde und Gestank ist folglich in ihrem Lebenslauf, in der Liebe zu einem einzigen Mann, einem Leben in der Verborgenheit mit endlosem Warten und spärlichen Freuden, beim besten Willen nicht zu entdecken. Aber die Kirche war zu jenen Zeiten auf die Könige im allgemeinen und auf den zweiten Heinrich, den Mörder Thomas Beckets, im besonderen nicht gut zu sprechen, und so kam es denn wohl zu dieser Grabschrift.

Englands Volk hat der Gerechtigkeit die Ehre gegeben, und die Legende von Fair Rosamond hat sich der lateinischen Verunglimpfung als weit überlegen erwiesen. Doch nicht nur das: Sie zeigt in all den seither verstrichenen Jahrhunderten einen so festen Kern, daß man geneigt ist, eine starke mündliche Tradition in diesem literarisch so regsamen Bezirk, im Raum um Oxford, als Keimzelle der Legende anzunehmen und als Ergänzung des dürftigen Faktenbündels zu akzeptieren.

Das Bad im Glyme

Rosamunde also war Schülerin der Nonnen von Godstow; es mag kurz nach 1150 gewesen sein, die Äbtissin hieß Agathe, der König Stephan. An einem warmen Sommertag, wie sie schon damals in England nicht allzuhäufig waren, trennte sich Rosamunde von ihren Mitschülerinnen, die unter der Obhut einiger Nonnen am Ufer des Flusses Glyme spazierengingen, und suchte jene Bucht auf, in der sie gelegentlich heimlich zu baden pflegte. Als sie eben ins Wasser waten wollte, brach aus dem Wald ein Hirsch hervor, stürmte auf das Mädchen zu, und Rosamunde sah keinen anderen Fluchtweg, als in den Fluß hinauszuschwimmen. Die Strömung riß sie fort, sie geriet in Lebensgefahr und wäre ertrunken, hätte nicht eine Gruppe ritterlicher Jäger am anderen Ufer den Vorfall beobachtet. Einer – wie leicht zu erraten, war es Heinrich, späterer König von England – warf sich ins Wasser, schwamm auf das Mädchen zu und brachte es an Land.

Obwohl die Nonnen und die Schülerinnen am Klosterufer zusammenliefen und um die Herausgabe Rosamundes baten, vermochten sich die Herren von ihrer schönen und, wie man sich vorstellen muß, unbekleideten Beute nicht so schnell zu trennen. Die Äbtissin erhielt Nachricht, daß Rosamunde ins Kloster zurückkehren werde, sobald sie gesund gepflegt sei, aber nicht eher.

Heinrich, damals noch minderjährig, begann das schöne blonde Mädchen, dessen Hilflosigkeit ihn gleich gerührt hatte, zu lieben und hielt an dieser Liebe fest, solange sie lebte. Ob er ihr die Ehe versprach oder gar in heimlicher Ehe ihr Mann wurde, wie die Legende behauptet, ist historisch gesehen nicht sehr wichtig, denn er war noch minderjährig und fühlte sich offensichtlich in rechtlicher Hinsicht ungebunden, da er 1152 die elf Jahre ältere Alienor von Aquitanien, geschiedene Gemahlin König Ludwigs VII. von Frankreich, heiratete. Wahrscheinlich ist aber, daß Rosamond Clifford sich als seine Frau fühlte, ihm treu anhing und ihm im Lauf der Jahre mindestens zwei Söhne schenkte, die später von sich reden machten: der eine, Wilhelm Langschwert, als Krieger, der andere, Gottfried, als Bischof von Lincoln und Staatsmann.

Die böse Königin

Allerdings sind die Überlieferungen aus dem zwölften Jahrhundert sehr unsicher; im Fall der natürlichen Söhne des Königs Heinrich ist dadurch der seltsame Fall eingetreten, daß man den Vater eindeutig zu ermitteln imstande war, daß jedoch die Mutter mitunter diskutiert wird. Fest steht aus der Geschichte dieses großen Königs, der gegen so viele Schwierigkeiten anzukämpfen hatte, aber das eine: Während seine legitimen Söhne aus der Ehe mit Alienor von Aquitanien sich gegen ihn erhoben und ihn bis an sein Lebensende zu aufreibenden Kämpfen zwangen, standen seine natürlichen Söhne ihm treu zur Seite, und der treueste war Geoffrey, jener Gottfried, den er nach der einen Überlieferung von Rosamunde, nach einer anderen von einer einfachen Londoner Straßendirne empfangen haben soll (im welchen Fall allerdings auch der Vater unsicher wäre).

Geoffrey war in der schweren letzten Zeit Heinrichs stets bei seinem Vater. Gerald von Wales, der uns die letzten Stunden Heinrichs II. geschildert hat, erzählt, daß der König, wenn er aus seinen Delirien erwachte, nur Geoffrey erkannte, ihm stammelnd versprach, ihn zum Erzbischof von York zu machen und ihm einen Ring mit einem sehr wertvollen Saphir schenkte.

Tod Heinrichs II.

Diese Treue Geoffreys verdient um so mehr Beachtung, als Heinrich in seiner Todesstunde keinerlei priesterlichen Beistand hatte, vielleicht weil die anderen Prälaten Geoffrey als Bischof von Lincoln nicht für voll nahmen, er war schließlich unehelicher Geburt, und der Papst hatte eine besondere Dispens erteilen müssen, ehe Geoffrey geweiht werden konnte. Selbst die Diener verrieten ihren Herrn und plünderten ihn, als er sich in der Todeskrankheit nicht mehr wehren konnte, bis auf das Hemd aus, so daß der Ritter William Trihan, der die Leiche seines Königs so fand, sie schnell mit seinem kurzen Sommermantel bedeckte.

Englands Volk hat diesen König trotz seiner Härte, seiner Fehler und seines Unglücks stets mehr geliebt als die glänzende und reiche Königin, die er ins Land gebracht hatte. Obwohl auch Heinrich II. gebürtiger Franzose war, empfand das Inselvolk ihn als Briten, während Alienor stets die Fremde blieb. *Fair Rosamond*, die schöne Rosamunde aus dem Kloster von Godstow, wurde für die Engländer die eigentliche, die heimliche, die wirklich geliebte Gemahlin Heinrichs II.

Die heimliche Ehe der beiden müßte, wenn sie je geschlossen wurde, vor 1152, dem Jahr der Heirat mit Alienor, zustande gekommen sein.

Am dritten Tag, vor Cliffords Schloß
In abendlicher Stunde,
Hebt König Heinrich auf sein Roß
Die schöne Rosamunde.
Vom Priester gestern war die Braut
Dem Ritter *Woodstock* angetraut –
So nannte sich der König.

So zumindest sagt es Theodor Fontane in seinem Romanzenzyklus. Woodstock ist ein altes, heute verschwundenes Schloß, unweit Oxford an einem Platz gelegen, wo der Überlieferung nach schon König Alfred der Große, der vielleicht größte Herrscher der Briten, residierte. Heinrich II. hat auf alten Fundamenten, deren Anlage niemand genau ergründete und deren viele Gänge leer und unvermauert blieben, sein Waldschloß errichtet, in dem er sehr oft mit seinen Vertrauten zusammenkam. 1175 tagte hier sein Großer Rat und danach noch mehrfach; auch das berühmte Forstgesetz *(Assize of Forests)* des Königs wurde hier formuliert und beschlossen. Es bestimmte, daß Waldfrevel aller Art künftig nicht mehr mit Geld-, sondern mit schweren Leibesstrafen wie Entmannung oder Blendung geahndet werden würde.

In der Phantasie der Briten erhielt Woodstock aber noch eine andere Rolle. Das alte Schloß wurde jener Ort, an dem König Heinrich, der oft außer Landes war, seine Geliebte oder heimliche Gattin mit ihren Kindern vor der Königin verbarg, denn soviel wußte er von Alienor und ihrem früheren Leben: Sie würde vor keiner Untat zurückschrecken, um das Mädchen zu strafen, das es gewagt hatte, sich zwischen König und Königin zu stellen.

Aber an einem Hof konnte solch eine Beziehung des Königs doch nicht verborgen bleiben; er ritt ja nie ganz allein nach Woodstock, und wenn das Schloß noch so weitläufig und die labyrinthischen Gänge noch so unübersichtlich waren, einige Knechte schwätzten doch von einer schönen und stillen blonden Frau, die mit zwei Knaben in verborgenen Gemächern hauste

Schloß Woodstock

und vom König so oft besucht werde, wie er es nur anstellen konnte.

Alienor schlägt zu

Im Mai 1174, als Heinrich das Pfingstfest in Poitiers feierte und dann die Kämpfe gegen seinen rebellischen Sohn Richard wieder aufnahm, war Rosamunde in Woodstock unter dem Schutz einiger weniger treuen Freunde und eines halben Dutzends von Soldaten zurückgeblieben. Bei ihr weilten nur der Troubadour Peire Vidal, der Narr Gobbo, dessen Späße sie in der Einsamkeit belustigten, und ihre Kammerfrau Margarete. Diesen Zeitpunkt hatte – der Überlieferung nach – Königin Alienor für ihren Schlag gegen die Nebenbuhlerin gewählt. Ihr Werkzeug war Oliphant von Ugglethred, ein Mann, der von Alienor schon soviel wußte, daß es auf diese neue Untat nicht mehr ankam. Aber während es die Briten nicht sonderlich interessierte, daß Alienor ihren frommen Gemahl mit dem tapferen Grafen Raimond von Toulouse und danach sogar mit einem Sarazenenfürsten betrogen hatte, verziehen ihr die Engländer den Anschlag auf Rosamunde nie, und die Legende kann sich denn auch nicht genug darin tun, die Grausamkeit der Königin auszumalen.

Oliphant hatte den Weg ausgekundschaftet, hätte sich aber in dem Gängelabyrinth dennoch verirrt, wäre nicht Rosamunde, die vor den Eindringlingen floh, der Wollknäuel ihrer Strickerei zu Boden gefallen. Der Faden führte die Verfolger zu den verborgenen Gemächern, wo Alienor die Wehrlose vor die Wahl stellte, einen Becher Gift zu trinken oder von der Hand der Reisigen zu sterben.

Nach einer anderen Version sei Alienor nicht selbst nach Woodstock geritten, sondern habe lediglich einige Ritter entsandt, die Rosamunde zwar nicht töteten, sie aber vergewaltigten, so daß sie vor Abscheu und Verzweiflung beschloß, Heinrich niemals mehr anzugehören, und ins Kloster ging.

Das Ende bei Fontane

Theodor Fontane wählte ein Ende, das durch keine Überlieferung gestützt ist: Alienor besticht einen Boten, den der König vor dem Ausritt nach Frankreich nach Woodstock senden wollte, und sät durch falsche Wahrsagereien einer Hexe weitere Zweifel in das Herz der Einsamen, so daß Rosamunde sich betrogen und vergessen glaubt und den Tod in einem kleinen Waldsee sucht.

Rosamundens Tod und die Gefangenschaft, die Heinrich II. über Alienor verhängte, fallen vermutlich in dasselbe Jahr 1174, und wenn Heinrich seine Gemahlin auch eher wegen ihrer Konspiration mit den aufrührerischen Söhnen einsperren ließ als wegen jenes Mordes, über den keine sicheren Zeugnisse vorliegen, so mußte die Koinzidenz dieser beiden wichtigen Ereignisse – Tod der Geliebten, Haftbeginn der Königin – doch die Legende stützen, die Alienor mit dem Sterben Rosamundens in Zusammenhang bringt. Daß Heinrich seine Geliebte als gefährdet empfand, kann als sicher gelten; er nahm sie nicht an den Hof, wie andere Herrscher es mit ihren Mätressen taten, er hielt sie verborgen, er fürchtete die Rache der Königin und traute ihr ein Verbrechen zu.

Rosamunde wurde im Kloster Godstow begraben, erst in der Gruft unter dem Altar, dann an einem stilleren Platz, den ihr Sohn Geoffrey innerhalb der Klosterkirche für sie bestimmte.

Ganz Godstow aber war schon vor mehr als hundert Jahren, als Theodor Fontane den Ort besuchte, an dem sich das Kloster erhoben hatte, nur noch ein Ruinenfeld, ja nicht einmal das: »Die ganze Stätte ist nur ein Grasplatz noch, um den sich, mal hoch, mal niedrig, eine Feldsteinmauer zieht; aber jene *eine* Stelle, von der es heißt, daß es die Zellenwand der schönen Rosamunde war, hat ihr entsprechendes Erinnerungszeichen gefunden, und durch Stein und Mörtel hindurch seine Wurzel schlagend, erhebt sich ein wilder Rosenstrauch hoch in die Luft.«

Ein wenig von dieser poetisch getönten Sympathie, die das alte England der Geliebten eines Plantagenet entgegenbrachte, ist auch auf das unglückliche Haus Stuart übergegangen, obwohl seine Mitglieder nicht zu den großen Königen Englands

Das Haus Stuart

zählen. Es scheint beinahe, als habe die berühmte britische Fairness Kraftnaturen wie Heinrich VIII. oder harte Erfolgstypen wie die erste Elisabeth stets als Menschen aufgefaßt, denen man nicht zu helfen braucht, während der unglückliche, von seinem Sohn ums Leben gebrachte Heinrich II. ebenso an das Mitgefühl des Volkes appellierte wie Maria Stuart oder Karl I., der so gefaßt zum Richtblock schritt, daß er mit dem Henker noch eine kleine private Absprache traf: Er wolle ihm selbst das Zeichen zum Zuschlagen geben!

Könige und Prätendenten
Sie waren keine großen Könige, vielleicht auch zu sehr *continental*, wofür sie allerdings wenig konnten: Sowohl Karl II. wie Jakob II. mußten viele Jahre im Exil leben, und die nach ihnen kommenden männlichen Stuarts brachten es nicht einmal mehr zu kurzen Regierungszeiten, sondern mußten sich mit den Ehrungen zufriedengeben, die ihnen einzelne katholische Mächte und der Papst zuteil werden ließen. Aber sie waren alle faszinierende Menschen, in ihren Vorzügen und Fehlern wirkliche Sprossen einer großen tragischen Familie der europäischen Geschichte, die eigentlich farbigen Erscheinungen auf dem Hintergrund der angelsächsischen Monotonie: Jakob I. mit seinem beinahe religiösen Hexenglauben, Karl II. in seinen Ausschweifungen, Jakob II. halb Admiral, halb Kirchenstreiter, der jüngere Prätendent als grandiose Verwirklichung Don Quichotes, ein Weltmann von der traurigen Gestalt, der in seinem Gefolge so absurde Figuren mitführte wie den Grafen von Saint-Germain.

Englische Extreme
Zu einem Buch wüchse dieses kleine Tableau, vermehrte man es um die Schicksale der unehelichen Kinder, die diese Stuarts in die Welt setzten, allen voran Karl II., aber dichtauf gefolgt von seinem Bruder Jakob II., wobei Karl die hübschesten und Jakob die häßlichsten Mätressen hatte, die Englands Unsittengeschichte verzeichnet. (Und hübsch wie häßlich sind als Extreme in England sehr viel weiter voneinander entfernt als irgendeine kontinentale Erinnerung an Frauen dies für möglich halten würde.)

Karl II. stand 1649, als sein Vater hingerichtet wurde, im neunzehnten Lebensjahr und vernahm die düstere Nachricht im holländischen Exil. Bald darauf als König ausgerufen, mußte der junge Fürst sich in jedem Städtchen seines Königreichs wortreiche Belehrungen über die Pflichten eines Königs anhören, entrann bei Worcester mit einer Handvoll von Begleitern dem Schicksal seines Vaters, floh nach Frankreich und kehrte erst nach Cromwells Tod 1660 nach England zurück.

Karl II.

Nach allem, was er erlebt hatte und was so gar nicht dem Dasein eines Königs entsprach, tat Karl sich fortan wenig Zwang an. Das Parlament machte ihm die neue königliche Existenz wesentlich schwerer als zum Beispiel seinem großen Zeitgenossen, Ludwig XIV. von Frankreich. Karl hatte zunächst 400 000, später 800 000 Pfund jährlich zur Verfügung, aus denen er aber den Zinsendienst für drei Millionen Pfund Schulden aus der Exilszeit bestreiten mußte, und so waren denn die ersten Bemühungen des Königs beinahe zwangsläufig darauf gerichtet, sich mit seinen finanziellen Wünschen gegen das Parlament durchzusetzen.

Das brachte ihm sogleich schlechte Noten bei allen Historikern ein (»die den Stuarts eigene Verblendung«... »hat nie seine Herrscheraufgabe in vollem Ernst erfaßt«), hatte aber zumindest den Erfolg, daß er sich nun *eine* hübsche Mätresse leisten konnte. Sie war nicht die erste, denn Karl war, als er seinen festlichen Einzug in London hielt, auf den Tag genau dreißig Jahre alt, und kurz zuvor hatte ihm Lucy Walters »ein waliser Fräulein von sehr zweifelhaftem Ruf« einen Sohn namens Jakob geboren, den späteren Herzog von Monmouth, Ritter des Hosenbandordens, Kanzler der Universität Cambridge und doppelten Rebell, den Jakob II. (sein Onkel) am 25. Juli 1685 hinrichten ließ. Immerhin ein beachtlicher Lebenslauf für einen Bastard, wie man damals sagte und dabei nur zu oft vergaß, daß die ganze Insel 1066 von einem Bastard, nämlich von Wilhelm, natürlichem Sohn Roberts des Teufels, erobert worden war.

Abschied von Lucy Walters

Als zurückgerufener König gab Karl II. sich mit Lucy Walters offenbar nicht mehr viel ab; seine Beziehung zu ihr soll 1651 geendet haben. Ihre Nachfolgerin war dem jungen Monarchen von bedeutenden Kennern empfohlen worden. Sie hieß Barbara, war eine Tochter des irischen Viscounts Grandisson und schon früh Roger Palmer, dem späteren Earl of Castlemaine, angetraut worden. Mit der Großzügigkeit, die manche schöne Irin gerade in Liebesdingen bewiesen hat, verwehrte sie sich dennoch nicht, als der junge Churchill um ihre Gunst warb. Es war der erste Sieg des später so berühmten Feldherrn, der unter dem Namen eines Herzogs von Marlborough bekannter ist. Der Dramatiker William Wycherley gab danach an sie weiter, was er während seiner französischen Jahre bei Madame Montansier gelernt hatte: Witz, *savoir vivre* und *savoir aimer*, und obwohl sie nun eigentlich reif für den König gewesen wäre, schob sie noch schnell einige weniger berühmte Liebhaber ein, ehe sie ihren Einzug in Whitehall hielt.

Barbara Palmer

Daß Karl II. schon seine erste Londoner Nacht mit ihr verbracht habe, ist eine Legende. Bald darauf aber wurde die eben zwanzigjährige hübsche und geistvolle Gräfin zu einem Mittelpunkt jener Kreise, die dem Lordkanzler Clarendon feindlich gesinnt waren. Barbara Palmer war angesichts dieser konspiratorischen Aktivität wohl doch mehr als »ein gutmütiges, aber höchst leichtsinniges und ausschweifendes, geradezu liederliches Weib«, wie Altmeister Bülau sich ausdrückt. Dadurch, daß sie den fähigen Clarendon bekämpfte und den Herzog von Arlington favorisierte, der später eine Hauptstütze des unbeliebten Cabal-Ministeriums wurde, machte sie ihren weiblichen Einfluß auch politisch geltend. Sie legte in ihrer langen Herrschaft (1660–67) den Grund zu einigen entscheidenden Fehlern Karls II. Der französische Gesandte ging bei ihr ein und aus, und ihre Sympathien für eine katholische, also unpopuläre Politik waren offenkundig.

Auch als sie nicht mehr die sogenannte *Maitresse en titre* war, verfügte sie noch über bedeutenden politischen Einfluß und besaß das Ohr des Königs bis etwa 1670. Manche Zeitgenossen behaupten sogar, ihre negativen Einwirkungen auf den König hätten erst aufgehört, als die Herzogin von Cleveland, wie sie seit 1670 hieß, durch Louise de Kéroualle, Herzogin von Portsmouth, ersetzt worden sei.

Nach ihrer völligen Entmachtung tröstete sie sich, obwohl Hofdame der Königin, ziemlich ungeniert mit anderen Liebhabern, sie war ja noch kaum dreißig Jahre alt, und ging 1677 dann nach Frankreich, in das Land ihrer Neigungen. Hatte sie in London mit den französischen Gesandten intrigiert, so war es in Paris der britische Botschafter, den sie umgarnte. Er hieß Ralph Montagu, und Karl nahm ihm diese Nachfolge bei der einstigen Geliebten so übel, daß er ihn von diesem beliebtesten aller diplomatischen Posten abberief...

Die vielseitige Gräfin hatte in Whitehall Zeit gefunden, ihrem König einige Kinder zu gebären. Schon ihr erstes, eine Tochter, galt als Kind Karls II., was für den Grafen Castlemaine sicherlich eine peinliche Überraschung war. Später wurde seine Vaterschaft gar nicht mehr in Erwägung gezogen, und ihre Söhne strebten mit äußerst wohlklingenden Adelsprädikaten in die Welt hinaus. Als Kuriosum verdient erwähnt zu werden, daß es ihr dritter Sohn, Heinrich Fitzroy Herzog von Grafton, war, der den entscheidenden Beitrag zur Niederwerfung jenes Aufstands leistete, den der Herzog von Monmouth angezettelt hatte. Zwei illegitime Stuarts, einer von Lucy Walters und einer von Barbara Palmer, standen einander also mit der Waffe in der Hand gegenüber.

Zwei illegitime Stuarts

Da Karl II. auch bei seiner Rückberufung nach England noch ein junger Mann war und vielversprechende geistige Anlagen zeigte, hofften seine Getreuen noch immer auf eine Wendung zum Guten, das heißt zu einem königlichen Leben ohne sonderliche Skandale und Verschwendungen. »Karl II. hatte sich in frühen Jahren einer sexuellen Ungebundenheit hingegeben, die sich in der Fremde noch eher Schranken zog als nach der Rückkehr nach England«, sagt Leopold von Ranke in seiner vornehmen Ausdrucksweise. »Man hoffte, er werde diesem Treiben absagen, wenn er sich nur erst verheiratet habe. Seine Vermählung mit der Infantin Katharina *(von Portugal)* wurde im Mai 1662 zu Portsmouth unter dem Segen der anglikanischen Kirche, wie früher der katholischen, vollzogen.«

Frauen für Karl II.
Die Hoffnungen, die sich an diese Ehe knüpften, wären nur berechtigt gewesen, wenn man Karl II. eine wirklich hübsche und reizvolle Frau von starker Persönlichkeit ausgesucht hätte. Die kleine Infantin war nicht gerade häßlich, aber still, ohne jegliche Ausstrahlung und in ihren geistigen Interessen so beschränkt, daß sie nicht einmal Französisch, geschweige denn Englisch erlernte. Es gehört zu der Tragik dieses Monarchen, daß vorher noch eine andere Ehe im Gespräch gewesen war, nämlich die Verbindung mit einer der attraktiven Nichten des mächtigen Kardinals Mazarin. Politisch wäre diese Heirat, trotz des baldigen Todes des Kardinals, wegen der weitreichenden Verbindungen und Verschwisterungen der Familie Mancini kaum weniger nützlich gewesen als die portugiesische Lösung. Menschlich aber hätte sie einen großen Vorteil für Karl bedeutet, denn Hortense Mancini, die erste Kandidatin (neben die nur zeitweise auch Marie Mancini trat), war die hübscheste unter allen fünf Töchtern der Hieronyma; sie war nicht so groß und ein wenig knochig geraten wie Marie, aber auch nicht so üppig wie Olympia, die Mutter des Prinzen Eugen, sondern ein schlankes, damals eben sechzehnjähriges Mädchen von wunderbarer körperlicher Harmonie, mit einer nicht zu großen, aber schön geformten Brust, reichen blonden Haaren und jenem anschmiegsamen Wesen, das der Franzose *câline* nennt und das dem alten Kardinal seine letzten Lebensjahre versüßte. Aber Mazarin selbst war gegen diese Heirat, weil er – obwohl der heimliche Gatte der Königin Anna – seine offizielle Stellung nicht als zureichende Basis für dynastische Ehen ansah*

* Erst lange nach Mazarins Tod kam die erste dieser Verbindungen zustande, als Jakob II., Nachfolger Karls II. auf dem englischen Thron, sich in zweiter Ehe mit Maria von Modena vermählte, einer Tochter der Laure Mancini aus ihrer Ehe mit Alfonso d'Este, Herzog von Modena.

und darum auch Ludwig XIV. gehindert hatte, Marie Mancini zu heiraten.

Nichts hinderte also Karl II., »auf die Predigt das Theater folgen« zu lassen, wie Ranke es ausdrückt; es war jedenfalls eine kollektive, den ganzen Hof und die ganze Gesellschaft erfassende Reaktion auf die puritanischen Züge der Cromwell-Zeit, und der König ging seinen Untertanen als schlechtes Beispiel voran. Denn so berechtigt auch die Überwindung dieser lebensfeindlichen, die Entwicklung einer ganzen Nation hemmenden Sündenriecherei war, wie sie der anglikanische Puritanismus zur Herrschaft gebracht hatte, so kann es doch keinen Zweifel darüber geben, daß Karl und seine Freunde weit über das Ziel einer gesunden Emanzipation hinausschossen – und daran waren nicht nur die Frauen schuld...

Das Grundübel waren nicht die großen und die kleinen Mätressen, die überall um Freunde werbende Lady Castlemaine, die flüchtigen Verbindungen zur Green, zur Shannon oder zu der Schauspielerin Mary Davis, sondern die orgiastische Entwicklung, die der ganze Freundeskreis um die Lady und den König nahm. Es war eine Entwicklung, in der auch die homoerotische Komponente nicht fehlte, so daß die ganze Gesellschaft und ihre Symposien bald jene Phantasien vorwegnehmend verwirklichten, die der Marquis de Sade hundert Jahre später zu seinen *Journées de Sodome* komponieren sollte.

Obwohl der Komödiendichter William Wycherley, ein sehr schöner Mann, seinen Anteil an diesem Treiben hatte, war nicht er es, der das Schlüsselstück dazu verfaßte, sondern ein adeliger Außenseiter, John Wilmot, Earl of Rochester, »das Entzücken sowohl als auch das Wunder der Männer, der sanfte Liebling und Gegenstand der Vernarrtheit der Frauen« (Wolseley). Über Rochester ist viel, aber wenig Verläßliches geschrieben worden, und mancher, der ihn nicht ausdrücklich nannte, scheint an ihn gedacht zu haben, wie etwa Franz Blei in seiner Dichtung vom *Bestraften Wollüstling*. Sicher ist, daß

John Wilmot, Earl of Rochester

der Earl einer der geistvollsten Männer Englands war und diese Gaben auch immer wieder ins Spiel brachte, wenn seine Person und seine Ausschweifungen den König zur Abwechslung einmal anwiderten. Karl liebte seine Gesellschaft mehr als ihn selbst, und vielen anderen war Rochester ebenso unentbehrlich, dem Herzog von Buckingham zum Beispiel, der im Verein mit ihm sein ganzes unermeßliches Vermögen verschleuderte und geschlechtskrank, als halber Idiot, zugrunde ging. Robert Wolseley, einem weiteren Verehrer, blieb es vorbehalten, Rochesters Tragödien mit wahren Lobeshymnen einzuleiten.

Rochester hat von sich selbst behauptet (und andere haben es bestätigt), daß es in seinem Leben eine fünf Jahre währende Phase gab, in der er niemals wirklich nüchtern genannt werden konnte. Er stand ständig unter Alkoholeinfluß, was wiederum seinen sexuellen Appetit dermaßen steigerte, daß er sich in dieser Zeit nichts zu versagen vermochte, was seine Begierde reizte; keine Rechtfertigung, aber immerhin eine Erklärung für seine hemmungslose Bisexualität.

Rochesters Streiche

Seine Streiche sind Legion, und wenn sie glimpflich abgingen, blieb es bei bloßen Gewalttakten. Immer wieder aber gab es auch Tote: Einmal drang Rochester, als altes Weib verkleidet, in das Haus eines geizigen Reichen, der eine bekannt hübsche Frau hatte, und entführte diese. Der Mann erhängte sich, als er erfuhr, zu welchen Zwecken seine Gattin geraubt worden war, Rochester und Buckingham aber fanden, daß es »ein köstlicher Spaß« gewesen sei. Ein anderes Mal machten die beiden Kumpane Lord Shrewsbury seine Frau abspenstig; von der Liebestechnik verstanden sie ja genug, um einer anständigen Frau schon in der ersten Nacht den Kopf völlig zu verdrehen. Es kam zum Duell, Shrewsbury wurde richtiggehend »durch und durch gestoßen« (Samuel Pepys) und die junge Witwe drückte den Mörder, ihren Liebhaber, an die Brust, obwohl er noch das blutbefleckte Hemd trug. »Nur Verletzte« gab es, als Rochester und Buckingham einen Gasthof überfielen, weil sie wußten, daß darin eben eine große Gesellschaft tafelte. Die Männer wurden gefesselt und durften zusehen, wie die Frauen und Mädchen unter Späßen, Saufen und Gelächter entkleidet und auf den Tischen vergewaltigt wurden.

Die Strafen, die Karl in solchen Fällen verhängte, bestanden in Verweisung vom Hofe (die meist schon bald wieder zurückgenommen wurde), oder in kurzer Haft im Tower, wo Rochester sich jede Erleichterung zu verschaffen wußte.

Um die Sade-Parallele vollständig zu machen, schrieb Rochester unentwegt, ebenso wie der göttliche Marquis, nur daß es bei ihm nicht jene philosophisch-verruchte Prosa war, die inzwischen die Welt erobert hat, sondern Gedichte und Stücke von so vordergründiger Obszönität, daß eben diese es war, die sich der Verbreitung und damit dem Dichterruhm Rochesters in den Weg stellte. Denn in ihrem stofflichen Gehalt wären die Werke dieses geistreichen Hofmannes zweifellos der Beachtung zumindest durch die Sittengeschichtler würdig.

Sade-Parallele

Rochester verfügte über einen treuen Diener, dem er eine Uniform und eine ehrfurchtgebietende Muskete besorgt hatte, so daß der Brave, als Schildwache verkleidet, unverdächtig überall stehen konnte, wo Rochester interessante Neuigkeiten witterte. Die Herzöge und Grafen kümmerten sich um diese strammstehenden Bauernsöhne nämlich ebensowenig wie die galanten Damen, und der Diener hatte darum nach jedem Wache-Abend eine Menge zu berichten. Rochester sammelte, zog sich dann auf eines seiner Landgüter zurück und fabrizierte dort seine Satiren und Stücke, wobei er gegen sich selbst genauso rauh vorging wie gegen seine Zeitgenossen: In *The Debauchee* schildert er ohne Beschönigung seine eigenen Ausschweifungen, in *The Disappointment* gibt er wohl die ausführlichste und peinlichste Schilderung der Impotenz mitten in einem kunstvoll angebahnten Liebesabenteuer, über die Englands an Pornographien nicht eben arme Literatur verfügt.

Bekannter als diese Schöpfungen wurde allerdings Rochesters Drama *Sodom or the Quintessence of Debauchery* By E. of R. Written for the royal company of whoremasters (Sodom

Sodom

oder die Quintessenz der Ausschweifungen, von E. of R. geschrieben für die königliche Kumpanei der Hurenböcke), ein Titel, der ebensowenig zu erraten übrigläßt wie das Werk selbst, dessen Hauptfehler seine nüchterne Überdeutlichkeit ist. Es mißfällt, weil – wie der gewiß nicht engherzige Hyppolite Taine es ausdrückte – »nichts widerlicher ist als eine frostige Obszönität«.

In den fünf Akten dieses mit Prologen und Epilogen höchst anspruchsvoll aufgemachten pornographischen Dramas ist Karl II. in der sehr durchsichtigen Maske des Bolloxinion, Königs von Sodom, die Hauptfigur, und gibt in einigen Ansprachen, die an Drastik nicht mehr zu übertreffen sind, die Liebe (oder was er eben dafür hält) an seinem Hofe völlig frei; jeder möge ihr in jeglicher Gestalt frönen. Die unverhüllte Aufforderung zur Päderastie erhält in diesem Zusammenhang sogar einen frauenfeindlichen Beigeschmack, so daß man den Earl von Rochester gelegentlich für einen Homosexuellen gehalten hat; seine Abenteuer aber beweisen, daß er ganz einfach ein ausschweifender Mensch war, der eben jedem Genuß nachjagte.

Die Königin von Sodom

Cuntigratia, die liebeshungrige Königin von Sodom, ist natürlich kein Porträt der armen portugiesischen Infantin, sondern viel eher eine Schilderung der wahren Königin dieser Orgien, der Gräfin von Castlemaine. Wenn man dem Earl of Rochester glauben will, ergibt sich das Bild einer schönen Frau, die nicht bloß eine Hedonistin, sondern mit einem krankhaften sexuellen Appetit ausgezeichnet war. Macaulay nennt sie »das verschwenderischste, herrschsüchtigste und schamloseste unter den gesunkenen Weibern«, aber die Maler wetteiferten in farbenprächtigen Konterfeis, so daß wir sie auch in zärtlicheren Schilderungen als den zornigen Worten des großen Macaulay besitzen. Sie hatte ein gefälliges rundes Lärvchen, beinahe ein Kindergesicht, das für einen Lüstling von hohen Graden wie Karl II. naturgemäß einen permanent aufreizenden Gegensatz zu ihrer attestierten Schamlosigkeit bildete. Ihre Augen waren von tiefem Blau, ihr Haar rotbraun, die gesamte Ercheinung von einem unvergleichlichen Schmelz.

Sie war so schnell entflammt, daß Karl II. nicht annehmen konnte, sie würde ihm treu bleiben. Ihr Liebhaber Churchill überredete in einer Phase des Überdrusses einen Freund, an seiner Stelle zu dem Rendezvous mit der Gräfin zu gehen. Der Freund – es war ein Lord Dover – wurde gut instruiert, und es kam zu einer bezeichnenden Szene, die uns die gutunterrichtete Mrs. Manley in ihren Memoiren folgendermaßen schildert:

»Die Herzogin *(von Cleveland – Gräfin Castlemaine)* sollte den folgenden Tag nach Tisch zu dem Grafen kommen, und vor Verlangen, bei ihm zu sein, aß sie kaum richtig zu Mittag und war auf die Minute pünktlich. Weil man sie erwartete, hatte man nach der Gewohnheit alle Domestiken beiseite geschafft, und nur einen zu Hause gelassen, der um diese Heimlichkeiten ohnedies wußte. Dieser sagte der Herzogin, als sie eintraf, der Graf sei aus dem Bade müde nach Hause gekommen und habe sich im Kabinett schlafen gelegt. Die Herzogin begab sich sogleich zu ihm. Die Fenster waren geschlossen, die Vorhänge zugezogen; dennoch erblickte die Herzogin auf dem Ruhebett einen Mann, der nichts auf dem Leib hatte, als einen leichten Schlafrock. Obwohl sie keineswegs sicher war, Churchill vor sich zu haben, machte sie keinerlei Umstände...«

Der müde Graf

Die Herzogin von Cleveland, Nymphomanin mit einem Kindergesicht, mußte, nach wiederholten Zerwürfnissen und Phasen kurzer Rückkehr an die Macht, um 1670 endgültig einer anderen weichen, der Französin Louise de Kéroualle, späteren Herzogin von Portsmouth. John Evelyn sagt in seinem berühmten *Diary* von ihr, sie habe *a baby face;* Karl II. ist also dem von ihm bevorzugten Typ treu geblieben. Während aber Evelyn den Eindruck einer gewissen Einfalt gewinnt, sagt Macauly, daß »ihre sanften und kindlichen Züge noch lieblicher wurden durch französische Lebendigkeit«, und in ihrer Lebensführung deutet manches auf kräftige Standesvorurteile, aber nichts auf Naivität oder gar Beschränktheit hin.

Louise de Kéroualle

Louise de Kéroualle war schon in jungen Jahren in das Gefolge von Karls Schwester Henriette aufgenommen worden, die als unglückliche Gattin Monsieurs, des homosexuell veranlagten Herzog von Orléans, somit Schwägerin Ludwigs XIV. und die ungekrönte Königin des Versailler Hofes geworden war. Von der hübschen und geistvollen, sehr damenhaften und ungemein beliebten Henriette hatte die Kéroualle jedenfalls alles lernen können, was Karl II. liebte, und als Henriette 1670 zu Friedensverhandlungen nach Dover reiste, war Louise de Kéroualle in ihrem Gefolge.

Die hübsche Einundzwanzigjährige fiel Karl II. sogleich auf, wurde elf Monate darauf, im Oktober 1671, zur offiziellen Mätresse erklärt und vom Sonnenkönig dazu beglückwünscht. Sie schenkte am 29. 7. 1672 Karl II. einen Sohn Charles Lennox, den ersten der Herzöge von Richmond, die in den folgenden Generationen beträchtlichen Kriegsruhm erworben haben.

Louise de Kéroualle nach Dover zu senden, war ein geschickter Schachzug jenes Landes, in dem man schon seit geraumer Zeit über die politischen Möglichkeiten schöner Frauen Bescheid wußte. Frankreichs Einfluß auf Karl II. war in dem Augenblick gefährdet gewesen, da die Herzogin von Cleveland in Ungnade fiel, und es ist durchaus möglich, daß sich Ludwig XIV. selbst die Mühe machte, unter den Schönen von Versailles ein neues Babyface für den stürmischen Stuart auszusuchen.

Jedenfalls war es wiederum der französische Botschafter – er hieß nun Charles Colbert de Croissy – der mit Hilfe der neuen Mätresse und des Herzogs von Arlington Karl II. zu einer Politik im Sinne Frankreichs zu bewegen suchte. Bei Karl selbst fanden sie auch wenige Widerstände. Die junge, hervorragend erzogene, gebildete und attraktive Französin gab dem Hof, der unter den Orgien der Cleveland und des Earl of Rochester beträchtlich verwildert war, neuen Glanz und jene Vornehmheit, die damals jenseits des Kanals noch keineswegs eingebürgert war. Auch mancher oberflächliche Beobachter ließ sich täuschen, so daß einige Historiker zu der Ansicht gelangten, Louise de Kéroualle sei »diejenige unter allen Mätressen Karls II., die es am ersten verdiente, von ihm geliebt zu werden« (Bülau).

Bedenklicher war schon der Luxus, mit dem sie sich umgab und den ihre Launen immer wieder zu steigern wünschten. Ihre Gemächer waren auf ihren Wunsch und auf Befehl des Königs »dreimal niedergerissen und dreimal neu gebaut worden, um ihre Laune zu befriedigen. Selbst das Feuergerät bestand aus massivem Silber. Mehrere schöne Gemälde, die eigentlich der Königin gehörten, waren in die Wohnung der Mätresse gehängt worden. Die Seitentische waren mit reich gearbeitetem Silbergeschirr besetzt. In den Nischen standen Schreibkästchen, wahre Meisterwerke japanischer Kunst. Auf den frisch von den Pariser Webstühlen gekommenen Bildteppichen waren in Farben, welche die englische Tapisserie nie erreichen konnte, Vögel mit prächtigem Gefieder, Landschaften, Jagdpartien, die herrliche Terrasse von Saint-Germain, die Statuen und Springbrunnen von Versailles zu sehen. Inmitten dieses durch Schuld und Schande erkauften Glanzes überließ sich das unglückliche Weib einer Agonie des Kummers, die, um ihr Gerechtigkeit widerfahren zu lassen, nicht völlig selbstsüchtig war« (Macaulay).

Die chinesischen Kaiser des frühen Mittelalters pflegten stets einige ihrer vielen Töchter an die Häuptlinge räuberischer Nomadenstämme zu verheiraten, um die Westgrenze des großen Reiches auf diese billige Weise zu sichern. So wie diese kleinen verwöhnten Prinzessinnen, die aus dem Kaiserpalast in das Nomadenzelt verpflanzt worden waren, mochte die elegante Hofdame aus Versailles sich in Whitehall zunächst gefühlt haben. Vielleicht empfand sie sich tatsächlich als ein nach England geschicktes Opfer, und man kann ihr glauben, daß der Hof dieser bisexuellen Lüstlinge, an dem auch einige hochkarätige Lesbierinnen ihr Unwesen trieben, ihr zunächst manchen Schauer einflößte.

Sehnsucht nach Versailles

Dennoch hat ihr Auftritt in London, ihr Schönheits- und Erinnerungskult, ihr rücksichtsloser Luxus und ihre Arroganz auch den Charakter einer Exhibition, in deren Mittelpunkt natürlich sie selbst mit ihrer Schönheit stand. Nicht nur ihre Gemächer waren, wie Evelyn sagt, zehnmal so schön wie die der Königin; auch Louise selbst, seit 1673 Herzogin von Portsmouth, machte kein Hehl aus jenen Vorzügen, mit denen sie die übrigen Damen überstrahlte:

»Indem ich Seiner Majestät durch die Galerie folgte«, berichtet Evelyn, »ging ich mit seinen wenigen Begleitern in das Ankleidezimmer der Herzogin von Portsmouth, das neben ihrem Schlafzimmer lag. Sie stand dort in einem nichts verhüllenden Negligé so, wie sie aus dem Bett gestiegen war, umgeben von Seiner Majestät und den Galanen, während die Zofen sie kämmten...«

Miss Stewart

Damit hatte sie sich jedenfalls schnell akklimatisiert, denn jene Exhibitionen waren es, durch die Miss Stewart, eine sehr hübsche Hofdame, sich zwischen die Cleveland und die Kéroualle hatte einschieben können. Die Herzogin von Cleveland hatte, wenn sie von den Männern genug hatte oder wenn sie unbefriedigt geblieben war, die Gewohnheit angenommen, mit dem leichtsinnigen Fräulein ins Bett zu gehen. Als Karl II. die beiden Damen einmal überraschte, dämpfte die rücksichtslose Cleveland seinen Zorn dadurch, daß sie die Decken zurückschlug und ihm die nackte Stewart zeigte, womit Karl – wie sich zeigen sollte: nicht nur für den Augenblick – abgelenkt war. Die Stewart war eine jener Frauen, die von ihrer eigenen Schönheit nicht nur überzeugt, sondern geradezu in sich selbst verliebt sind, und diese Folie hatte einen Grad erreicht, daß die *Galans*, wie Evelyn den Kreis der königstreuen Lebemänner nennt, dies weidlich auszunützen begannen.

»Man kann nicht leugnen«, schreibt Anthony Graf Hamilton in den *Memoiren des Grafen Grammont*, »daß dieses Wesen ein allerliebstes Gesichtchen hat. Seit der Hof unterwegs ist, habe ich tausend Gelegenheiten gehabt, sie zu sehen, die ich zuvor nicht hatte. Ihr wißt, daß das Badenegligé den Damen jegliche Gelegenheit bietet, ihre Reize zu zeigen, ohne den Anstand zu verletzen. Miß Stewart ist nun von ihrer Überlegenheit so überzeugt, daß man nur eine andere Dame am Hofe wegen ihres schönen Beines oder Armes zu loben braucht, um sie gleich zu augenscheinlicher Demonstration zu veranlassen; ja mit einiger Gewandtheit wäre es nicht allzuschwer, sie, ohne daß sie den Braten riecht, zur vollen Nacktheit zu treiben.«

Hatte sich die Herzogin von Portsmouth somit auch glücklich auf den besonderen Ton dieses Hofes eingestellt, so vermochte sie dennoch nicht, sich die Sympathien der Briten zu erringen. Inmitten der frankophilen Hofgesellschaft spielte es nur eine geringe Rolle, daß sie katholisch war, sich immerzu nach Versailles sehnte, mit dem französischen Gesandten und einer ganzen Menge katholischer Geistlicher und Beichtväter Umgang hatte. Das Volk von London aber haßte diese neue, über den Kanal gekommene Mätresse wegen ihrer Arroganz, ihrer fremden Religion und wegen der Ausgaben, zu denen sie den König veranlaßte. Die Londoner hielten es aus Stolz auf ihre hübschen Landeskinder und aus angeborener Sparsamkeit mit den *Loves of the Theatre*, mit jenen meist kurzerhand wieder fallengelassenen Geliebten, die sich Karl II. aus der Welt des Londoner Theaters zu holen pflegte.

Die *chronique scandaleuse* nennt einige Namen; wirklich berühmt und zu einer großen Mätresse wurde jedoch nur die unvergleichliche Nell Gwynn, die große, unbezwingbare Gegenspielerin der Französin, das Kind aus London, das stets die Lacher auf seiner Seite hatte und das Herz des Königs vielleicht mehr besaß als jede andere vorher.

Nell Gwynn

Obwohl sie 1650 geboren, also ein Jahr jünger war als die vornehme Louise, blickte Nell Gwynn auf ungleich reichere Liebeserfahrungen zurück. Ihre Mutter war Fischhändlerin, und die kleine Nell (Eleanor) hatte so lange Fische verkaufen müssen, bis sich herausstellte, daß sie hübsch genug sei, der vornehmen Welt im *Royal Theatre* Orangen anzubieten. Wie man von Rochester und anderen weiß, blieb es selten bei diesem unschuldigen Handel; die Herren Käufer verlangte nach ganz anderen Früchten als jenen, die Nell in ihrem Korb feilbot, und so begab sie sich denn, um nichts halb zu tun, bald darauf in die Obhut von Mother Ross, einer der schlimmsten Kupplerinnen von London.

Vom Bordell auf die Bühne

Dort, in dem Bordell, in dem sie auch wohnte, erhielt sie den ersten Unterricht ihres Lebens und lernte neben den unmittelbaren Erfordernissen ihres neuen Metiers auch Lesen und Schreiben, ein wenig Rechnen und Singen. Unter ihren ersten Liebhabern waren zwei Schauspieler, und einer von ihnen, Charles Hart, ließ sie auf seine Kosten für die Bühne ausbilden.

Nell Gwynn debütierte 1665, also mit fünfzehn Jahren, in Drydens *Kaiser von Indien*, und Dryden (der ihr jahrelang ein treuer Freund blieb) war es auch, der ihr immer bessere, wirkungsvollere Rollen zuschanzte und ihr schließlich jenen Epilog auf den Leib schrieb, der ihr Glück machte. Diese Epiloge bestanden aus nicht mehr zweideutig zu nennenden Versen, und das Publikum genoß es besonders, wenn hübsche junge Mädchen all diese Schlüpfrigkeiten, ja Obszönitäten hersagen mußten. Dazu hatte man Nell Gwynn, die ein kleines, süßes Persönchen war, einen großen Hut aufgesetzt, und nicht nur das Publikum raste vor Begeisterung: Karl II. sah sie auf der Bühne und nahm sie gleich mit...

Das war 1671; Nell Gwynn war genauso alt, wie Louise de Kéroualle an dem Schicksalstag von Dover gewesen war, und der König der raschen Entschlüsse blieb fortan bei diesen beiden so gegensätzlichen Twens. Nell Gwynn, die ihn zu beruhigen trachtete, wenn ihr Vorleben ihn allzusehr beschäftigte, versicherte dem König gern, er sei der zweite Karl und ihr dritter Kerl. Aber da hatte sie zweifellos nur die ganz großen Liebschaften gezählt. Daß sie die Täuschung durchhielt, beweist ihr schauspielerisches Talent, von dem auch anspruchsvolle Zeitgenossen begeistert waren.

Samuel Pepys, dessen herrliche Tagebücher leider weder deutsch noch französisch in befriedigenden Editionen vorliegen, notierte nach ihrem Auftritt in Drydens *Jungfräulicher Königin* begeistert: »In diesem Stück gibt es die komische Rolle des Florinel, von der ich nie erwarten darf, sie je wieder so gut gespielt zu sehen wie von Nell Gwynn, und zwar sowohl im ersten Teil, wo sie als weiblicher Wildfang auftritt, als auch im zweiten, wo sie in einer Hosenrolle den jungen Stutzer spielt. Sie gibt Haltung und Manieren eines jungen Fants so großartig wieder, daß sie darin kein anderer Schauspieler übertreffen könnte.«

Da die Londoner wußten, daß die Theaterliebchen den König nicht viel kosteten und daß auch die populäre kleine Nelly ihre Ansprüche in Grenzen hielt, verübelte ihr niemand die an sich unbeliebte Position einer königlichen Mätresse, ja im Gegenteil: Die Untertanen Karls halfen Nelly so gut sie konnten in ihrem Kampf gegen »die Fremde«, »die Katholische«. Als einmal die Hofkarosse, in der Nell Gwynn durch London rollte, mit Steinen beworfen wurde, weil die Londoner glaubten, die Herzogin von Portsmouth vor sich zu haben, brauchte Nell nur ihr Köpfchen zum Wagenfenster herauszustrecken und zu rufen: »Ihr irrt euch, ich bin die *protestantische* Hure«, und schon jubelte man ihr zu.

Duell der Damen

Als ein französischer Prinz starb und die Kéroualle ihrer angeblichen Verwandtschaft wegen tiefschwarz einherging, wartete Nell Gwynn ein paar Wochen bis zur nächsten Todesnachricht, die aus dem fernen Asien kam und das Ableben eines Tatarenkhans meldete. Nun trug sie schwarz, und wenn man sie fragte, um wen sie traure, erklärte sie, wegen jenes Khans mit dem gleichen Recht Trauer zu tragen wie die Herzogin von Portsmouth für den französischen Prinzen.

Die Urteile über Nell Gwynn gehen begreiflicherweise weit auseinander; man muß Humor, Toleranz und Sinn für ursprüngliche Qualität haben, um mit ihr zu sympathisieren, und sogar Karl II. fühlte sich außerstande, ihr einen Adelstitel zu geben. Lediglich der Sohn, den sie ihm 1670 gebar, erhielt den wohlklingenden Namen Charles Beauclair, Herzog von

Saint-Albans. Während Bülau sie kurz »ein munteres, aber gemeines Weib« nennt, scheint uns Madame de Sévigné in einem ihrer berühmten Briefe ein zutreffendes Bild zu geben, wenn sie sagt: »Die Herzogin von Portsmouth konnte nicht voraussehen, daß ihr eine Schauspielerin solche Schwierigkeiten machen würde. Inzwischen ist jene Actrice so stolz geworden wie die Herzogin selbst. Sie beleidigt sie, schneidet ihr Gesichter, raubt ihr häufig den Fürsten und rühmt sich jedesmal, wenn er ihr den Vorzug gibt. Sie ist jung, indiskret, wild und von fröhlicher Gemütsart. Sie singt, tanzt und spielt ihre Rollen mit besonderer Anmut. Sie hat vom König einen Sohn und hofft, ihn anerkannt zu sehen. Von der Herzogin sagt sie: Diese Person behauptet, sie sei eine Frau von Stande und mit den ersten Familien in Frankreich verwandt; wenn dem so ist, warum erniedrigt sie sich zur Kurtisane? Sie sollte vor Scham vergehen. Was mich betrifft, so ist es mein Beruf. Ich will nichts Besseres sein...«

Tod Karls II.   Karl II. brachte es zuwege, eineinhalb Jahrzehnte lang zwischen diesen so gegensätzlichen Frauen zu leben, ja mit ihnen beiden eine beinahe ununterbrochene Intimität aufrechtzuerhalten, und bewies damit wieder, daß die Stuarts von den Frauen stets wesentlich mehr verstanden als vom Regieren selbst. Als er starb, behielt er die in diesen Jahren geübte Diplomatie noch in seinen letzten Augenblicken bei, indem er kunstvoll verwischte, wem seine letzten Worte denn nun gegolten hätten, und seine Vermächtnisse für die beiden Mätressen mit einem Wort an die Königin beschloß. Während er aber die Herzogin von Portsmouth seinem Bruder und Nachfolger Jakob in ziemlich offiziellen Worten empfahl und die Bitte um Verzeihung an die Königin ebenfalls eine unumgängliche Formel war, tragen die Worte für Nell Gwynn den Stempel echten und herzlichen Gefühls: Karl II. sagte auf dem Totenbett, nach dem Zeugnis von Bischof Burnet, *Let not poor Nelly starve* – »Laßt die arme Nelly nicht in Not geraten«.

Das Vermächtnis war nicht schwer zu erfüllen, denn Nell

Gwynn starb schon 1687, mit siebenunddreißig Jahren, nur zwei Jahre nach ihrem König. Die Herzogin von Portsmouth, von Ludwig XIV. überdies zur Herzogin von Aubigné gemacht, kehrte nach Frankreich zurück und wurde sechsundachtzig Jahre alt. Das war Alters genug, um von Voltaire noch besucht und gepriesen zu werden, war aber ein entschieden zu langes Leben für ihr Vermögen. So viel Geld sie von Karl II. auch erhalten hatte – allein im Jahre 1677 sollen es nicht weniger als 27500 Pfund des damals hohen Geldwertes gewesen sein –, so geriet sie auf ihrem zum Herzogtum erhobenen herrschaftlichen Landsitz Aubigné schließlich so tief in die Schulden, daß die französische Krone sie durch eine Reihe von Sonderverfügungen gegen ihre Gläubiger schützen mußte. Derlei tun Staaten aber bekanntlich nicht für alt gewordene Schönheiten, sondern allenfalls für erfolgreiche Geheimagenten...

Damit neigte sich für England nicht nur die Zeit der schönen Mätressen ihrem Ende zu, sondern auch die Herrschaftsperiode der Stuarts. Jakob II., der letzte Mann aus diesem Geschlecht, der den englischen Thron faktisch innehatte, bevorzugte nämlich so häßliche Freundinnen, daß sein Bruder Karl einmal behauptet hatte, sie seien ihm von seinen Beichtvätern ausgesucht worden und als Buße gedacht. Tatsächlich war Jakob II. sehr fromm und zugleich ein echter Wollüstling, wenn man dieses Rapprochement wagen darf; jedenfalls versöhnte er durch die Häßlichkeit seiner Mätressen das Volk insofern, als nun wenigstens niemand mehr den König beneidete.

Die Zeit der häßlichen Mätressen

In seiner Sorge um den Fortbestand des Geschlechts hatte Jakob II. in seinem letzten Regierungsjahr, wo er doch tatsächlich andere Sorgen hatte, eine merkwürdige Komödie in Szene gesetzt. Seine Gemahlin, Maria von Modena, hatte ihm schon einige Kinder geboren, die sich jedoch alle als nicht lebensfähig erwiesen. Die geheimnisvollen Vorkehrungen am Ende ihrer neuerlichen Schwangerschaft nährten die Gerüchte, daß eine Kindesunterschiebung geplant sei. Sie scheint unterblieben zu sein, als sich herausstellte, das Kind der Königin sei ein Knabe und leidlich kräftig, aber die Gerüchte, daß Jakob III. (genannt »der ältere Prätendent«, weil er nie auf den Thron kam) kein echter Stuart sei, hielten sich bis in seine Mannesjahre, in denen die Ähnlichkeit mit Jakob II. überzeugend durchbrach. Alle Zweifel beseitigend, schrieb 1740 der Dichter Gray aus Florenz an einen Freund:

Porträt des Prätendenten

»Er persönlich *(der Prätendent)* ist ein magerer, schlecht gewachsener Mann, außerordentlich lang und linkisch, der nicht vielversprechend aussieht. Er gleicht König Jakob II. außerordentlich und hat im hohen Grade das Aussehen und den Blick eines Idioten, besonders wenn er lacht oder betet; das erstere geschieht selten, das andere unausgesetzt.«

Weder der ältere Prätendent noch sein hübscher, von einer polnischen Prinzessin geborener Sohn »Bonnie prince Charlie« vermochten sich neben ihren vergeblichen Invasionsversuchen noch kostspielige Mätressen zu leisten und mußten nehmen, was mit den Unterstützungen aus Frankreich, Spanien und dem Vatikan eben zu haben war. Darum ist die letzte große Mätresse der Stuarts paradoxerweise nicht die Geliebte eines Mannes, sondern die einer Frau gewesen. Königin Anna, zu fromm, um sich einer Günstlingswirtschaft in die Arme zu werfen, wie sie die Zarinnen gedeihen ließen, stand während des größten Teils ihrer Regierungszeit unter dem Einfluß der strengen, schönen und hochintelligenten Sarah Jennings, seit 1678 Gemahlin des John Churchill, der als Herzog von Marlborough zu den größten Feldherren seiner Epoche gezählt werden muß.

Sarah Jennings

Sarah Jennings hatte sich ihre ersten Erfahrungen schon am Liebeshof Karls II. erworben – John Churchill war ja einer der ersten Liebhaber der mächtigen Herzogin von Cleveland gewesen – und muß mit angesehen haben, wie sich ihre Freundin Hobart durch eine Liebschaft mit der kleinen Temple über unglückliche und allzu strapaziöse Männerbeziehungen hinwegtröstete. Die Verbindung zwischen Königin Anna und Sarah Jennings wurde zu einer der berühmtesten ihrer Art, und wenn

Katharina II. und die Fürstin Daschkoff die Welt noch stärker beschäftigt haben, dann lag das nur daran, daß es sich eben um zwei ungleich bedeutendere Frauen handelte.

Um sich auch brieflich hemmungslos angehören zu können, nannte die Jennings ihre Königin »Meine geliebte, angebetete Mrs. Morley«, und die Königin antwortete einer angeblichen Mrs. Freeman: »Ich bin so ganz und gar die Ihre, daß – wenn man mir die ganze Welt geben würde – ich nicht glücklich sein könnte ohne ihre Liebe.«

Bald nach diesen Zeilen, die Anna noch als Prinzessin geschrieben hatte, bestieg sie den Thron und mußte sehen, daß Sarah Jennings, nicht sie selbst, dem Hof vorstand, und daß Sarahs Mann, der zugegebenermaßen geniale Feldherr und große Diplomat, Englands Politik machte. Trotz mancher Eifersüchteleien vermochte sich Anna jedoch erst dann von der Geliebten zu trennen, als diese so unvorsichtig war, ihr eines Tages eine neue Kammerfrau zu empfehlen, ein sanftes, schönes Mädchen namens Abigail Hill. In ihr fand Anna den insgeheim gesuchten Ersatz für die herrschsüchtige Herzogin, und bei Abigail Hill konnte sie auch sicher sein, daß es nur um die Gefühle, nicht um Interessen ging.

Ersatz für Sarah

Sarah Jennings, die das Vermögen und das Einkommen ihres Mannes systematisch gesteigert hatte, durfte sich noch einer großen Schenkung erfreuen: Die alte Herrschaft Woodstock, Schauplatz des tragischen Idylls der schönen Rosamunde, wurde vom Parlament dem Herzog von Marlborough, Sieger in vielen blutigen Schlachten, als Dank der Nation übereignet. Aber schon am Ende desselben Krieges, um das Jahr 1708, zeigte sich die neue Bindung der Königin an die hübsche Kammerfrau stärker als die alte und gewohnte Unterwerfung unter Sarah Jennings. Und wer nun etwa geglaubt hätte, der Ruhm eines Feldherrn sei all diesem Weibergezänk überlegen, der hätte nur bewiesen, daß er die geheimen Mechanismen der höfischen Welt nicht kennt: Das Herzogspaar, seine Schwiegersöhne und der ganze Clan fielen in Ungnade, Sarah ging mit ihrem Mann

81

nach Frankreich und kehrte erst nach Annas Tod wieder nach England zurück, ja sogar die Regierungsgewalt in England wechselte – sie ging von den Whigs an die Tories über.

Ludwig XIV., in dessen letzte Lebensjahre all diese Intrigen fielen, tat was er konnte, um Anna zu beruhigen, und sandte ihr nach dem Friedensschluß von Utrecht nicht weniger als 2500 Flaschen Sekt. Aber es scheint, daß dies doch etwas zuviel war, denn die Königin starb noch vor dem Spender am 1. August 1714.

III

DIE GROSSE ZEIT DER MÄTRESSEN

Die sonnige Charente, Frankreichs Cognac-Region, geht gegen Nordwesten in einsames Küstenland über. Hinter ausgedehnten Salzsümpfen und flachen Lagunen ducken sich winzige Orte ohne erkennbares Leben, aber die stillste dieser kleinen Städte ist zugleich die berühmteste: Brouage, etwa auf halbem Wege zwischen dem Austernstädtchen Marennes und Moëze mit seinem unvergeßlichen Friedhof gelegen, ein paar Dutzend niedriger Stadthäuser in einem Geviert übermächtiger Mauern.

Der Tourist unserer Tage wird sich vergeblich fragen, welche Schätze hier durch Befestigungen geschützt werden sollten, deren Unzerstörbarkeit auch der Laie erkennt. Hier sind nicht nur Steine aufeinander getürmt, hier haben Festungsbauer mit mittelalterlichem Geschmack, also lange vor dem großen Vauban, ihre Steinbauten durch Eisenstangen ineinander verkeilt und versenkt, und zweifellos wird sich hier noch jahrhundertelang kein Stein rühren – vor allem, weil niemand mehr Interesse daran hat.

Vergessenes Brouage

Der Hafen im Schutz der Ile d'Oléron hatte einst seine große Zeit wie Dordrecht, wie Brügge und viele andere, die heute vom alten Ruhm zehren. Sie alle aber sind ungleich lebendiger geblieben als Brouage, das Städtchen, in dem nur noch hundert Menschen leben (wovon, weiß niemand), und das in seinem flachen Nebelland so still und abgeschieden daliegt, als sei es das Wunschgebilde eines Einsamkeitssuchers, nicht eine tatsächlich gewordene und gewachsene Stadt, aus der einst Samuel de Champlain auszog, um Kanada für Frankreich zu erobern.

In diesem Mauergeviert von vierhundert mal vierhundert Metern endete die kurze Geschichte der Liebe zwischen Marie Mancini und Ludwig XIV. Hier, in Brouage, hat sie um ihren König geweint, den sie nicht heiraten durfte, und hier, im abgelegenen Brouage, hat Ludwig XIV. Station auf der Rückreise von Spanien gemacht, auf der Rückkehr von der Brautfahrt. Als er Marie nicht mehr vorfand, ging er am Meer entlang und weinte einen ganzen Abend, weigerte sich, das Bett aufzusuchen, »seufzte und klagte eine Nacht lang und war tags darauf kaum zu bewegen, sein Zimmer zu verlassen«. Das geschah am 29. Juni 1660, und es war das Ende der ersten und der größten, manche sagen auch der einzigen Liebe, zu der Ludwig XIV., der später zu so strahlender Größe aufgestiegene Monarch, fähig gewesen ist.

Familie Mazarini

Ehe es soweit kommen konnte, mußte ein junger geistlicher Sekretär namens Giulio Mazarini, aus dem Abruzzenstädtchen Pescina gebürtig, als Begleiter eines Kardinals zu den Friedensverhandlungen zwischen Frankreich und Spanien reisen und dort die Aufmerksamkeit eines anderen Kardinals, nämlich Richelieus, erregen. Mazarini, vom Vater her Sizilianer, wurde 1634 Nuntius in Paris, trat bald aus dem päpstlichen Dienst in den Frankreichs und wurde durch Richelieu nicht nur schon mit neununddreißig Jahren Kardinal (ohne je die Weihen empfangen zu haben), sondern auch designierter Nachfolger des großen Staatsmanns. Aus Giulio Mazarini wurde in knapp einem Dutzend von Jahren Frankreichs Premierminister, der Kardinal Mazarin.

Mazarin war nicht der erste Italiener, der in Frankreich sein Glück machte. Seit König Franz I. sich ganze Scharen italienischer Künstler aus Italien hatte senden lassen, um seinen Schlössern den vollen Glanz der Renaissance zu geben, seit zwei

Königinnen aus dem Hause Medici in Paris regiert hatten, waren die Italiener häufige, wenn auch nicht gern gesehene Gäste. Concini und die Galigai hatten sogar schon eine Machtstellung eingenommen, die man mit der später von Mazarin errungenen Position vergleichen konnte, und Mazarin war Zeit seines Lebens nie ganz frei von der Furcht, daß der junge König, der neben ihm heranwuchs, mit ihm eines Tages genauso verfahren würde wie Ludwig XIII. es fast noch als Knabe mit dem Abenteurer, Giftmischer und Betrüger Concini getan hatte.

Sosehr dieser Vergleich sich auch aufdrängt, sowenig stimmt er doch. Denn wenn auch Mazarin so ungeheure Reichtümer aufgehäuft hatte, daß dies zweifellos nicht mit rechten Dingen zugegangen sein konnte; wenn man auch wußte, daß Mazarin nie etwas umsonst tat und an allem zu verdienen pflegte, so hatte Frankreich selbst sich doch gewandelt. Das Frankreich *nach* Richelieu war nicht mehr das gleiche Staatswesen wie *vor* diesem großen Erneuerer, und Mazarin war schließlich, bei aller Geldgier, allem Geiz und aller Verschlagenheit doch ein Staatsmann, kein simpler Abenteurer. Es gilt heute auch – nicht zuletzt durch das Zeugnis der Liselotte von der Pfalz – als so gut wie sicher, daß der Kardinal und Anna von Österreich heimlich geheiratet hatten, und gegen solch einen Bund war der junge vierzehnte Ludwig eben nicht stark genug.

Kardinal Mazarin

Der hübsche weiche Jüngling, der sich so gut zu benehmen verstand, hatte nichts von der eigenbrötlerischen Kraft Ludwigs XIII. Wie sollte er auch...

Diesem Louis XIV. etwas wegzunehmen, was er liebte, war zunächst noch sehr einfach. Königin Anna oder der Kardinal sagten einfach nein, und dann kam Louis gewiß nicht auf den Gedanken, daß ja eigentlich er der König sei, daß Anna von Österreich ihre letzten Lebensjahre recht gut in einem Kloster verbringen könne und daß Mazarin angesichts der ergaunerten Millionen überall luxuriös leben würde, ohne sich dem Willen

Wandlungen eines Königs

des jungen Königs hemmend in den Weg zu stellen. Aber dieser Wille war eben noch nicht da, und Louis hatte, wenn man zeitgenössischen Berichten glauben darf, etwa ebensoviel Angst wie Anna von Österreich vor dem Zeitpunkt, da er die kompliziert gewordene französische Politik plötzlich ohne die kundige Hilfe des Kardinals Mazarin leiten sollte.

Marie Mancini

Der Mensch, der Louis vielleicht dennoch dazu gebracht hätte, sich gegen Mazarin zu stellen und schon mit neunzehn Jahren die Zügel der Herrschaft selbst in die Hand zu nehmen, war ein Mädchen, eine hübsche dunkle Italienerin aus dem gleichen Stall wie der Kardinal (denn die Mazarini waren tatsächlich Stallmeister der Colonna gewesen). Sie hieß Marie Mancini, war am 28. August 1639 in Rom zur Welt gekommen und wurde zunächst gegen Schwestern und Basen zurückgesetzt, denn sie galt als häßlich. Aber während die hübschen Nichten des Kardinals sich im Vordergrund schnell verbrauchten und bald jeder Pariser Höfling wußte, was von Olympia und Hortense Mancini zu halten sei, wuchs Marie beinahe unbeachtet zu einem Menschenwesen von großer persönlicher Ausstrahlung heran. Ihre dunklen Augen lachten nicht nur, sondern verstanden auch zu sprechen, ihre Gestalt war ein wenig eckig, aber graziös, und sie selbst entschieden tiefer veranlagt als Olympia. Maria interessierte sich früh für Dichtung, vor allem für das große Drama; sie las Corneille und rezitierte gern, und während ihre Schwestern im geselligen Kreis um den König weilten, hingen Marie und ihr Lieblingsbruder Philippe oft stundenlang Träumen nach.

Sieben hübsche Nichten

Die sieben vielbesprochenen Nichten des Kardinals könnten mit ihren Schicksalen leicht allein ein Buch füllen. Da waren zunächst die beiden, die von der Kardinals-Schwester Laura Martinozzi abstammten: Anne-Marie heiratete einen Prinzen Conti, Laure Alfonso d'Este, Herzog von Modena. Auf die fünf anderen, Töchter der Hieronyma Mazarini, verehelichten Mancini, warteten nicht ganz so großartige Partien, doch größerer historischer Ruhm:

Laure Mancini heiratete einen Herzog von Mercœur, starb aber schon mit zweiundzwanzig Jahren. Olympia Mancini heiratete den Herzog von Carignan-Savoyen, Grafen von Soissons, und wurde die Mutter des Feldherrn Eugen von Savoyen. Hortense, die Blondine, das Schmeichelkätzchen, die in ihrer anschmiegsamen Art dem alternden Kardinal der liebste Umgang wurde, hatte in Armand de la Porte, Marquis de la Meilleraye zwar den bei weitem dümmsten Mann – einen bigotten Erotomanen, der seine sexuelle Unfähigkeit an den männlichen Gliedern aller Statuen rächte –, aber eben dieser Mann erbte den Titel eines Herzogs von Mazarin und den Großteil des ungeheuren Vermögens, das der Kardinal angehäuft hatte. Es gab dann noch eine siebente, kleinste Nichte, sie hieß Marie-Anne und bekam Maurice de la Tour, Herzog von Bouillon, und unsere Marie Mancini, das Aschenbrödel, das Mädchen, das immer wieder beiseite geschoben wurde, wenn die prangende Olympia oder die hübsche Hortense vorgezeigt werden sollten.

Einmal schob man sie bei solch einer Gelegenheit durch die falsche Türe. Sie geriet in ein Gemach in der Suite der Königin Anna, in dem ein schlanker junger Mann an einem Fenster lehnte und sich offensichtlich genauso beiseite geschoben fühlte wie die kleine Marie Mancini. Dieser junge Mann machte eine artige Verbeugung, zog Marie zum Licht und sagte: »Ich bin der König... aber daraus brauchen Sie sich nichts zu machen, Mademoiselle, niemand macht sich hier etwas daraus.«

Die falsche Türe

Diese Begegnung war der Anfang von sehr viel Glück und sehr vielen Tränen, und es fragt sich, wer mehr davon vergoß, denn der spätere Sonnenkönig weinte damals noch viel und oft. Das hatte ihn nicht gehindert, sich schon ein wenig nach den Frauen umzusehen. Die erste war Caton la Borgnesse, eine schlanke, einäugige Magd, von der als bezeichnende Besonderheit berichtet wird, daß sie sich sehr sauber hielt. Die Fräulein vom Hofe scheinen darin nicht immer dem Geschmack des empfindlichen Königs entsprochen zu haben. Caton jedenfalls, die immer nach frischer Wäsche duftete und von Louis kein langes Schmachten verlangte, wurde in einer der vielen Kammern des großen Louvre-Palastes die erste, und Louis hat es ihr nie vergessen: In der Pariser Häuser-Chronik erscheinen zwei große Wohnhäuser als ihr Eigentum.

Die schöne Olympia

Dabei konnte es natürlich nicht bleiben. Olympia Mancini war zu einer Schönheit ersten Ranges herangewachsen, ihre Schultern, ihre Arme hatten sich gerundet, und die Jugendgespielin des Monarchen hatte sich gleichsam über Nacht als begehrenswert herausgestellt. Noch während er seine traulichen Gespräche mit Marie führte und mit ihr träumte, lag er mit offenen Augen in den weichen Armen Olympias. Das war nun etwas ganz anderes als die verstohlene Liebe in halbdunklen Kammern. Olympia wußte, wie schön sie war, und sie hatte den gleichen Zug zur Exhibition in sich, wie wir ihn später auch an Marie und am stärksten an Hortense bemerken, von der die schaudernden Bürgerinnen des kleinen Chambéry schließlich den Eindruck gewannen, sie trüge Kleider überhaupt nur gezwungenermaßen. Olympia also zierte sich nicht, sie hatte beide Augen, sie scheute nicht das Licht und übte nur eben soviel Zurückhaltung als nötig war, um dem bereits bestimmten Gatten aus Savoyen nicht als angestochene Frucht zu erscheinen. Um so berauschender aber war das Spiel der Formen, der Farben, der Lichter und der Zärtlichkeit, mit dem sie den jungen König vergessen ließ, daß sie ihn nicht völlig, nicht bedingungslos erhören dürfe.

Mazarin sah, was Olympia trieb; er sah, wie verstört der junge Monarch aus den Armen der prangenden Schönen zu Marie zurückkehrte, und er verheiratete Olympia nun sehr schnell. Sie wäre imstande gewesen, von Louis ein Kind zu empfangen, und welche Scherereien hätte das bedeutet in dem Augenblick, da Anna und Mazarin als pflichtbewußtes Elternpaar eben nach einer standesgemäßen Braut für Ludwig Umschau hielten.

Königliche Brautschau

Die erste, die heranreiste und sich betrachten ließ, war eine Prinzessin aus Savoyen. Die hübschen Kardinals-Nichten waren während der ganzen Brautschau bei Louis und machten sich über das dunkelhäutige, sichtlich degenerierte Geschöpf aus dem Bergstaat weidlich lustig. Marie Mancini erzählte Louis in einer vertrauten Stunde, die Savoyardin habe einen Buckel, worauf Louis tags darauf den Rücken der Ärmsten zu sehen verlangte und ihn mit gerunzelten Brauen ausgiebig inspizierte.

In Savoyen tat man alles, um über den Wasserkopf, den dunklen Teint und den vielleicht tatsächlich ein wenig höckerigen Rücken der armen Prinzessin hinwegzuhelfen. Man expedierte in aller Eile sogar einen Prinzen, der bereit war, gegen die Mitgift einer einzigen Festung Hortense Mancini, immerhin keine Prinzessin von Geblüt, sondern lediglich die Nichte eines Parvenus, in sein Bett zu ziehen. Aber Mazarin war längst besser informiert. Ein geheimnisvoller Spanier trieb sich in seinem Gefolge herum, und damit war Savoyen uninteressant geworden: Die Infantin, die Traumhochzeit, von der Anna für ihren Sohn immer geschwärmt hatte, begann sich als Möglichkeit, wenn auch noch nicht als Wirklichkeit am Horizont abzuzeichnen. Mazarin erklärte den Savoyarden trocken, daß er seine Nichten nicht mit französischen Festungen ausstatten könne, die Prinzessin bedeckte ihren Rücken, Louis wandte sich Marie Mancini zu, und Königin Anna begann die langwierigen Verhandlungen um die Zusage einer anderen Wasserkopf-Prinzessin, der kleinen Infantin Maria-Theresia.

Mazarin wußte zu genau, welche Rolle seine Nichten bei den Verhandlungen mit Savoyen gespielt hatten, und wollte sich das spanische Spiel nicht verderben lassen. Marie und Hortense mußten ins Exil, zuerst nach La Rochelle, später nach Brouage. Es scheint, daß Brouage, die winzige Festung inmitten der weiten Salzsümpfe, von Marie freiwillig gewählt wurde. Sie litt unter der Trennung von Louis, sie wollte nicht in einem großen Hafen wie La Rochelle amüsiert dahinleben; darum suchte die schwärmerische Zwanzigjährige die einsamen Spaziergänge vor den Wällen von Brouage und auf seinem winzigen Fried-

Exil Brouage

hof, das leise Klirren der Schiffsmodelle, die in der alten Kirche von der Decke hingen, und die stumme Zwiesprache der Schifferhäuser in den wenigen Gassen.

In Bordeaux sollten Infantin und König einander gegenübertreten, und die Reise dorthin führte durch die Charente. Ludwig, der tagtäglich staubbedeckte und verschwitzte Kuriere mit seinen Briefen an Marie gesandt hatte, vermochte sich einen kleinen Vorsprung vor dem schwerfällig reisenden Hof zu verschaffen und verabredete sich mit Marie in Saint-Jean-d'Angély, einem fröhlichen Städtchen wenige Meilen östlich von Brouage. Dort machten sich die Liebenden unsichtbar, bis Anna mit ihrem Hofstaat herankam. Olympia Mancini gehörte ebenfalls zum Gefolge, aber Ludwig würdigte die Schöne keines Blickes mehr. Solange man in Saint-Jean-d'Angély rastete, gab es für ihn nur Marie Mancini.

Aber den Gang der Ereignisse aufzuhalten, wagte Ludwig doch nicht. Flüsterte Marie ihm auch zu: »Denk an deinen Vater! Ruf die Wachen zusammen, laß Onkel Mazarin verhaften, du wirst sehen, sie tun es!«, so sagte Ludwig sich doch, daß solch ein Affront gegen die Infantin, eine Revolte praktisch gegen sie und gegen die spanische Heirat, ihm zwar die geliebte Marie Mancini einbringen würde, aber mit größter Wahrscheinlichkeit auch einen neuen Krieg gegen Spanien.

Eine reizlose Infantin

Also zog er nach Bordeaux, empfing stumm das zwergenhafte, immerzu blödsinnig lächelnde Geschöpf, das man ihm gleichsam als wichtigste Bestimmung eines Friedensvertrages zur Gemahlin verordnet hatte, und langweilte sich im übrigen grauenhaft. Bordeaux war ebensowenig nach seinem Geschmack wie die Spanier und die reizlose Infantin, die obendrein miserabel Französisch sprach.

Zu gleichen Zeit tobte Marie Mancini in La Rochelle und in Brouage, je nach Launen, gegen Louis, gegen Mazarin und gegen sich selbst, am meisten aber gegen das Schicksal, das sie als eine Gespielin des Königs ausersehen hatte, obwohl sie nach ihrer Herkunft nie Königin von Frankreich werden konnte.

In ihrem Schmerz machte sie es dem listigen Kardinal leicht. Mazarin war schon mit ganz anderen Widersachern fertig geworden, und an Marie Mancini war eigentlich nur gefährlich, daß sie doch ein gutes Viertel Mazarini-Blut in den Adern hatte. Jeder Brief Mazarins befestigte Marie in der Annahme, Louis sei ohne Widerstreben in die spanische Heirat gegangen, freunde sich mit der Infantin an, denke gar nicht mehr an Marie.

Das weckte ihren Trotz. Sie wollte nicht die Sitzengelassene sein und abseits des Weges in einer tristen Kleinstadt einsam trauern, während der Hochzeitszug den Weg nach Paris nahm. Das war wiederum mehr Unterwerfung und Demut, als man von einer Mancini erwarten durfte. In Briefen voll Zorn und Ungestüm bat sie ihren Onkel, ihr einen Gatten zu suchen; sie wollte noch vor Ludwig verheiratet sein.

Der Kardinal als Heiratsvermittler

Mazarin brauchte diese Briefe nur Ludwig vorzulesen, um das Spiel in Bordeaux zu gewinnen. Gatten für eine Nichte zu finden, die der mächtigste Minister Europas protegierte, war dann ein Kinderspiel. In Maries Fall mußte freilich etwas Vorsicht walten. Der zarte Chevalier de Lorraine hätte ja sehr gerne Marie Mancini geehelicht, ja sogar sein bankrotter Vater, der Herzog von Lothringen, begehrte die Hand der Zwanzigjährigen, und war er auch fünfzig, so war er dafür wenigstens nicht homosexuell wie sein Sohn. Aber die Herren de Lorraine waren dem Hof zu nahe. Eine Mancini neben der häßlichen Infantin, das hieße dem vierzehnten Ludwig sogleich eine heimliche Königin geben, eine Königin, die sich früher oder später an Onkel Giulio rächen würde. Nein, Marie, die gefährliche Nichte, mußte weit weg, mußte fort aus Frankreich...

Für den Augenblick freilich war die Gefahr gering, denn der König, der im Frühjahr nicht abermals die weite Reise machen wollte, hatte beschlossen, den Winter in der milden Provence zuzubringen und seiner Braut dann im März entgegenzuziehen. Paris war also ohne König, war frei für die gefährliche Marie Mancini, die man mit Louis XIV. nicht mehr in einer

Stadt wissen wollte. Nach dem Herbst in den Einöden von Brouage zogen die Schwestern Mancini langsam, wie man damals eben reiste, über Poitiers und Orléans auf die Hauptstadt zu. Nur eine, Olympia, blieb im Süden. Sie war verheiratet und zugleich entschlossen, sich mit der Rolle einer Mätresse zu begnügen. Dagegen hatte niemand etwas einzuwenden, also durfte sie den milden Provence-Winter mit Louis verbringen und ihm noch einmal alle Freuden der Liebe schenken, ehe die kleine Infantin ihn zur ehelichen Pflicht rufen würde.

Aber selbst Olympia konnte Ludwig nicht den Vergessenstrunk beibringen. Sie, die bald unter den großen Mischkünstlerinnen des Hofes genannt werden und in der *Affaire des Poisons* nachhaltig kompromittiert sein würde, war außerstande, Ludwig etwas anderes zu bieten als ihren weichen Körper und die Glut der Abruzzenahnen, die den zarten Sohn des spröden dreizehnten Ludwig immer wieder erschreckte. Wie anders war da Marie! Wie behutsam verstand sie seinen Arm um ihre Schulter zu legen, wie lauschte sie, wenn er sprach, nie zu grell, nie zu früh, nie zu lange lachend, eine zweite Seele, kaum ein zweiter Leib!

Nächte mit Olympia

Als für Ludwig alles vorbei war, die Hochzeit und die vielen Nächte mit Olympia, im Sommer 1661 also, reiste der junge König endlich nach Paris zurück. Und abermals schlug er einen Haken wie auf der Reise nach Süden im vergangenen Jahr. Niemand begriff ihn. Marie Mancini weilte doch längst nicht mehr in Brouage, das mußte der König schließlich wissen. Aber Louis schwieg eigensinnig. Er ritt tatsächlich in die winzige Stadt, in das Häusergeviert zwischen den allzu wuchtigen Wällen. Die paar hundert Menschen von Brouage begriffen nicht mehr, was es mit ihrem Städtchen auf sich haben sollte und wie es kam, daß es seit einem Jahr unversehens den Glanz wieder anzuziehen schien, der es so lange gemieden hatte.

Louis hatte nur wenig Begleitung mit sich genommen; den Kundigen fiel auf, daß er nur Menschen um sich hatte, die Marie Mancini liebten, und daß er sich so gut wie ausschließlich mit Philippe Mancini unterhielt, dem Lieblingsbruder Maries. Mit ihm ging er um die Wälle, und schließlich machte sich der König ganz allein auf, durch die Salzlagunen zum Meer hinaus. Am schwarzen Ebbestrand ging er lange hin, die Junisonne lag auf dicken Tangbündeln, das Meer glitzerte weit draußen. Als er zurückkam, sah Philippe Mancini, daß der König geweint hatte. Es war das letztemal; Marie hatte verloren.

Aber in jenen Zeiten, im großen Jahrhundert Frankreichs, endete eine Geschichte immer nur dort, wo die nächste begann. Das Idyll war zu Ende, die Liebesgeschichte hatte sich in den salzigen Dünen von Brouage verlaufen ohne richtigen Höhepunkt, zumindest ohne jede andere Dramatik als die einiger königlicher Tränen. Was für Marie folgte, war das alte Märchen von der Schönen und dem Tier, das sich im alten Europa öfter begab, als man meinen möchte. *La Belle:* Marie Mancini, *la Bête:* Lorenzo Colonna, Connetable von Neapel, Herr einiger Herzogtümer, kein Souverän zwar, aber doch eine glänzende Partie, wenn man bedachte, daß Maries Großvater noch Stallmeister in dem weitläufigen Palast am Fuß des Quirinals gewesen war.

La Belle et la Bête

Es kann sein, daß Marie Mancini das alles nicht wußte. Ihr Onkel hatte während der Friedensverhandlungen mit Spanien einen Onkel Lorenzos in der Nähe gehabt; die Colonna hatten ja gute spanische Beziehungen, sie galten sogar als Protektionskinder der spanischen Krone, seit ein Colonna Papst gewesen war. Seit jenem Martin V. fühlten sie sich als Roms erste Familie, seit den beiden großen Dichtern ihres Namens, dem Kardinal Pompeo und der Marchesa Vittoria Colonna, waren sie auch sicher, etwas für die Ewigkeit getan zu haben, ganz zu schweigen von den 1362 Gemälden ihrer berühmten Sammlung.

Herrin dieser Schätze zu sein, als Italienerin an die Spitze dieser Familie zu gelangen, hätte ein schönes Schicksal sein können. Aber nicht nur Marie, auch Onkel Giulio, der es ihr zubereitet hatte, wußte ganz genau, daß gerade in den italienischen Adelspalästen die Fassade alles war und das Innere eine Welt, in der die Frauen nichts zu sagen hatten. Nirgendwo in Frankreich hätte eine Frau von den Gaben und der Energie Marie Mancinis das Schicksal erleiden müssen, das unter der marmornen Despotie der Familie Colonna ihrer harrte.

Stürmische Hochzeit

Natürlich war der Anfang alles andere denn kühl und feierlich. Ein Colonna, der einer Mancini entgegentrat, war zunächst einmal ein schöner und starker Mann und bewies dies der Zwanzigjährigen auf der langen Reise von Turin bis Rom mit einer Inbrunst, die durchaus nicht verurteilt wurde. Die Hochzeitszeremonie war noch nicht so ganz vollzogen, ein paar Kardinäle fehlten noch mit ihrem Segen zum vollständigen Colonna-Ritual, aber Lorenzo hatte sogleich erklärt, nicht mehr länger warten zu wollen, und so war es denn geschehen. Der Herzog hatte verwundert festgestellt, daß er kein Königsliebchen, sondern ein Mädchen in den Armen halte, und Marie hatte ebenso verblüfft erkannt, daß Corneille offenbar nur eine ganz bestimmte Seite der Liebe beschrieben, sehr viele andere Dinge aber zweifellos gar nicht gewußt hatte. Die Überraschung auf beiden Seiten mag für ein paar Reisewochen den Charakter von Liebe angenommen haben, und in dem großen Palast mit den herrlichen Gärten, in denen die Trümmer alter Thermenbauten malerisch zu heidnischer Lebensweise einluden, hielt sich dieses glückliche Gefühl, zu einem anderen Leben erwacht zu sein, noch eine ganze Weile.

Bruder Philippe

Das sinnliche Heidentum der Mancini, wie es Olympia so sorglos affichierte, kam nun auch in Marie zum Durchbruch, und die Festesstimmung erreichte ihren Höhepunkt, als der geliebte Bruder Philippe, nun Herzog von Nevers, in Rom eintraf. Arglos, wie man es bei einem Colonna nie erwarten würde, überließ Lorenzo die Geschwister sich selbst und einander. Man berichtete ihm zwar, daß sie sich eine Schilfhütte gebaut hatten, um ungestört am Tiber baden zu können, und daß Philippe sehr viel Zärtlichkeit für Marie empfinde. Lorenzo kam auch eines Morgens in Maries Gemach, fand sie nackt und Philippe in ihrer Nähe. Aber der gewandte Mancini inszenierte sogleich eine heitere Balgerei und brachte die gefürchtete Bestie, den dunkelhäutigen Herzog, soweit, daß er ihm die nackte Schwester hielt, weil sie sich nicht küssen lassen wollte...

Weniger Glück hatte Marie mit anderen römischen Familien und anderen Besuchen aus Frankreich. Die Rivalität zwischen den Colonna und den Chigi, einer reich gewordenen Bankiersfamilie, überforderte ihr diplomatisches Vermögen ebenso wie die Affären, die der Chevalier de Lorraine, der nicht von ihr lassen wollte, in Rom anzettelte.

Als eines Tages Hortense zu Besuch in Rom weilte, der Herzog aber eines seiner Landgüter besichtigte, fühlten die Schwestern sich stark genug, Rom den Rücken zu kehren und ihr Heil wieder in Frankreich zu suchen. Mit dieser unvorbereiteten Flucht, einer Verzweiflungstat, bei der die hübschen Schwestern in Männerkleidern zu Fuß dem Meer zustrebten, ging der zweite Abschnitt im Leben der Marie Mancini zu Ende; das Märchen war ausgeträumt, die Märchenprinzessin verwandelte sich, so jung sie war, in eine Abenteurerin. *Flucht aus Rom*

Die Schiffer setzten sie nach neuntägiger Fahrt in La Ciotat an Land, und die merkwürdige Reise der beiden Schönen durch das südliche Frankreich, etwa auf der späteren Route Napoléon, beweist uns in den Memoiren, die Hortense wie Marie hinterließen, daß Frankreich doch noch ein recht galantes Land war. Mochte der König auch Krieg führen, mochten die Montespan und Colbert ihm gleichermaßen in den Ohren liegen, die beiden italienischen Intrigantinnen doch einfach zu ignorieren, Louis XIV. sandte dennoch Kavaliere und ganze Säcke mit Goldstücken, seine Gouverneure offerierten ihre Paläste, und die heikle Marie besichtigte ein Kloster um das andere, ob es auch würdig sei, ihr als Wartchäuschen für die neuerliche Begegnung mit dem König zu dienen.

Aber schließlich zeigte sich doch, daß Ludwig an der einen Montespan mehr als genug hatte und sich eine zweite unbequeme Mätresse nicht aufzuladen gedachte. Zudem arbeitete die Marquise mit der Umsicht eines Festungs-Strategen. Entsandte der König Kavaliere, die dem Reiz der Mancini sogleich erlagen, so sandte sie Prälaten, die gegen Versuchungen dieser Art längst gefeit waren. Versuchte der König, durch Geld zu besänftigen, so verstand die Montespan, die Mancini-Geschwister gegeneinander aufzuwiegeln. Philippe, dem Marie nie hatte widerstehen können, nahm seine Schwester zunächst mit nach Nevers – damit war sie schon ein Stück von Paris weg – und überredete sie zu einer Reise nach Lyon. Von Lyon ging es weiter nach Süden, Paris rückte immer weiter in die Ferne, Italien immer näher.

Drei Schwestern

Man brauchte nicht mehr davon zu sprechen, von diesem schweren und doch leichten, von diesem leichtsinnigen und zugleich schwermütigen Frauenleben, wenn es nicht so typisch wäre, wenn die drei Schwestern Olympia, Marie und Hortense nicht Schlüsselfiguren ihrer Zeit genannt werden müßten. Die schönste Älteste als Verworfenste, Intrigantin, Mörderin, Geliebte aller, die sie haben wollten und die sie haben wollte; die Zarteste, Blondeste, Wildeste, Hortense, die einst Karl II. von England begehrte, als Beispiel für den Raum, den dieses Jahrhundert gelegentlich einer schönen Frau noch gönnte. Nicht gerade in Paris zwar, aber doch in Chambéry, der schon damals reizvollen kleinen Residenz, wo Hortense nicht nur ihrem Herzog den Kopf verdrehte, sondern auch sonst genau das tat, was ihr gefiel, von den Bädern im See bis zu den Turnübungen am Strand mit einem schönen Berbersklaven, den sie liebte, weil ihre Haut nie so weiß aussah wie auf dem Hintergrund dieses männlichen Brauntons.

Und Marie? Die Entwurzelte, die den einen Mann, den König nicht hatte für sich haben können, die nein gesagt hatte, als nur noch der Platz einer Geliebten frei war, sie war eigentlich der Mensch, mit dem dieses siebzehnte Jahrhundert der großen Intrigantinnen am wenigsten anzufangen wußte. Der mächtige Onkel war längst tot, er war noch im Jahr der Colonna-Ehe gestorben; der Mancini-Clan war zerfallen, noch ehe er wirklich zur europäischen Institution hatte werden können. Sie lebte von dem Ruf ihrer ersten romantischen Liebe; sie reiste als schöne junge Frau, die sie noch bis zu ihrem vierzigsten Jahr blieb, durch ein Europa, dessen Souveräne andere Sorgen hatten, und suchte, was ihr niemand geben konnte: die Versöhnung mit den Fehlern ihres eigenen Lebensentwurfs. Immer von Freunden und Beziehungen abhängig, nie wirklich die Emanzipierte, die sie zu sein glaubte, vermochte sie nicht, wie es ein Mann getan hätte, noch einmal zu beginnen. Rief sie nicht Karl II., der zügellose Stuart, nach London, weil er eine der berühmten Nichten des großen Kardinals für alle Demütigungen büßen lassen wollte, die Mazarin dem jungen Exilierten auferlegt hatte? Boten nicht spanische Freunde Landhäuser und verschwiegene Patios der Frau, die den großen Ludwig, den mächtigen Nachbarn, geliebt hatte?

Auf der eigensinnigen Suche nach dem Klosterfrieden und in der panischen Angst vor den vielen Turmverliesen der mächtigen Familie Colonna pilgerte Marie Mancini ihr Leben zu Ende, die einzige tiefveranlagte Frau aus dieser fröhlich-selbstsüchtigen Sippe, die einzige Unglückliche unter einem Dutzend Männern und Frauen, die nie zurückgeblickt hatten, weil die Abruzzen eben kein allzu erfreulicher Anblick waren.

Der Weg Ludwigs XIV. hatte sich früh für immer von dem Lebensweg Marie Mancinis getrennt, aber es fehlt heute nicht an Stimmen ernsthafter Historiker, die dem Mädchen, das zur Zeit der Begegnung mit dem Monarchen zweifellos reifer war als er, zwei wesentliche Verdienste an diesem Königsleben zubilligen. Das erste ist Marie Mancinis gütige und günstige Einwirkung auf Ludwig während einer schweren fiebrigen Erkrankung, die ihn im Juni 1658, nach der Eroberung von Dünkirchen, im Feldlager überfallen hatte. Er mußte nach Calais gebracht werden und delirierte tagelang. Ganz Frankreich betete für ihn, und am 29. Juni ging es ihm so schlecht, daß ihm die Sterbesakramente gereicht wurden.

Fazit einer Begegnung

Anna von Österreich, die Königinmutter, begann sich schon für ihren zweiten Sohn zu interessieren, an dem ihr bis dahin nicht allzuviel gelegen war; die Ärzte gaben Ludwig auf, und der Schwerkranke lag bisweilen stundenlang allein auf seinem Bett. In diesen Tagen hohen Fiebers tauchte vor ihm immer wieder das Gesicht eines großen Mädchens auf, ein Gesicht, das fassungslosen Schmerz verriet, das Gesicht eines Mädchens, dem die Tränen über die Wangen liefen. Das war Marie Mancini, und ihre Liebe leuchtete aus ihren dunklen Augen. Es kam dann zwar auch ein Arzt hinzu, mit dem Ludwig bis dahin noch nicht zu tun gehabt hatte, der einen besonders kräftigen Heiltrank verabreichte. Aber der König wie der Hof waren sicher, daß die Heilung und die schließliche völlige Genesung das Werk der damals achtzehnjährigen Marie Mancini gewesen seien.

Liebe und Stolz

Die zweite, mehr seelische Einwirkung will man darin erkennen, daß Marie Mancini dem sanften und fügsamen Monarchen die ersten Widerstände gegen Mazarin eingegeben habe. Sie erst habe seinen kritischen Blick für die Person und die Handlungsweise des Kardinals geschärft. »Noch als Ludwig XIV. zwanzig Jahre alt war, mußte man an ihm eine kindliche Unterwürfigkeit gegenüber seiner Mutter und Mazarin feststellen«, schreibt Amedée Renée in ihrem Buch über die Nichten Mazarins. »Nichts an ihm ließ den künftigen Herrn und Herrscher erkennen. Er wohnte den Sitzungen des Kronrats sichtlich gelangweilt bei und zeigte deutlich, daß er die Last der Geschäfte lieber anderen überließ. Erst Marie Mancini erweckte in Louis XIV. den noch schlummernden Stolz; erst sie ließ vor seinen Ohren das Wort *Ruhm* erklingen, und sie erst sprach ihm von dem Glück, selbst Befehle zu erteilen. War es nun der natürliche Stolz einer Liebenden oder Berechnung, sie jedenfalls wollte, daß der Held ihres Herzens seine Krone auf würdige Weise trage.«

Es ist angesichts dieser starken und tiefen Einflüsse nicht sehr verwunderlich, daß Ludwig XIV. nach einigen *amours passagères* eine festere und länger währende Bindung abermals mit einem Mädchen von der weichen und schmachtenden, den Geliebten vergötternden Art einging, mit der gefühlvollen Louise de La Vallière. Mochte sie auch äußerlich mit dem dunklen, bizarren und leidenschaftlichen Reiz der Italienerin wenig gemein haben, so entsprachen Inbrunst und Unbedingtheit ihrer Zuneigung zu Ludwig doch dem, was der junge, sich selbst noch suchende Monarch inmitten eines rauschenden Hoflebens am meisten brauchte.

Marie Mancini und Louise de La Vallière sind die beiden Geliebten des jugendlichen Königs, die Frauen, die mit ihrer Liebe das nachholten, was an dem scheuen, in großen, dunklen Räumen allzuoft allein gelassenen Knaben versäumt worden war. Das volle Licht des königlichen Tages, Stolz, Sicherheit, Glanz und Selbstgefühl aber brachte ihm erst die »große« Mätresse, die Frau, die von 1668 bis 1680, während der glanzvollen Jahre des Aufstiegs, neben Ludwig XIV. stand: *La royale Montespan.*

Die Aufgabe, die ihrer harrte, war durch das entscheidungsreiche Jahr 1661 ziemlich deutlich umrissen worden. In diesem Jahr hatte Ludwig die kleine unschöne, beschränkte und unverwandt ihrem spanischen Beichtvater ergebene Infantin Marie-Thérèse heimgeführt; in diesem Jahr war Mazarin gestorben, und Ludwig hatte zum Erstaunen aller befohlen, daß künftig kein amtliches Schriftstück, und sei es auch nur ein Paß, ohne sein Wissen die königlichen Kanzleien verlassen dürfe. (Ein Befehl, der so überraschend kam, daß ihn die Königinmutter als einen guten Scherz des Sohnes zärtlich belächelte.) In diesem Jahr hatte aber auch »Monsieur«, der Bruder des Königs, Henriette von England zur Frau genommen, die zwar durch einen winzigen Körperfehler etwas entstellte, durch ihren Geist, ihre Anmut und ihre Bildung aber die Damenwelt von Paris sogleich überragende Schwester des englischen Königs Karl II.

Ludwig, der sich in ehrlicher Selbsterkenntnis einen Igno-

Der Tod Mazarins

ranten nannte, war von seiner hübschen, dem Liebesgenuß ergebenen Mutter nur sehr flüchtig unterrichtet worden. Ohne die Bekanntschaft mit den munteren, geistig regsamen und relativ gebildeten Nichten Mazarins hätte sein Mangel an Bildung geradezu peinliche Formen behalten. Dank Olympia und Marie Mancini sprach Ludwig wenigstens italienisch neben seiner Muttersprache und hatte vage Vorstellungen vom Reich des Geistes und der Künste empfangen. Darum wohl wuchs ihm Henriette von England ans Herz, obgleich er im allgemeinen eine begründete Scheu vor klugen und gebildeten Frauen hatte, und es war den kundigen Beobachtern der Hofgesellschaft klar, daß die sanfte de La Vallière eine Nachfolgerin von anderer Couleur haben würde. Die Ära der Schäferinnen und der Idyllen war zu Ende; die nächste Frau, die an die Seite des Königs treten wollte, würde sich an Geist und Charme mit Henriette von England zu messen haben.

Solche Gaben ließen sich nicht erlernen, waren aber in den gesunden Familien des alten französischen Landadels nicht sonderlich selten. Man lebte immerhin seit den Tagen der ersten Valois schon seigneurial zwischen Wäldern, Wiesen und Flußläufen in freundlichen Renaissanceschlössern, ließ die Kinder nicht mehr von finsteren Mönchen aufziehen, sondern von Gelehrten und Dichtern unterweisen, und scheute sich auch nicht, sie gelegentlich auf eine Reise mitzunehmen.

Der Clan Mortemart

Gabriel de Rochechouart, Marquis (und später Herzog) von Mortemart, Lussac und Vivonne, Fürst von Tonnay-Charente usw. war einer der glänzendsten Herren des Poitou und stand im westlichen Frankreich an Noblesse nur sehr wenigen Familien nach. Er hatte eine schöne Frau, Diane de Grandseigne, aus ebenfalls angesehener alter Familie, galt viel bei Hof und hätte auch als reich bezeichnet werden können, wäre er nicht bis ins hohe Alter ein allzu galanter, sein Vermögen den Amouren opfernder Grandseigneur geblieben. Seinen Kindern scheint es dennoch an nichts gefehlt zu haben als allenfalls an der Mitgift.

Die Töchter kamen als Schülerinnen in das Marienkloster der alten Römerstadt Saintes (des Schicksal Ludwigs verharrte lange auf engem Raum: Brouage, Saint-Jean-d'Angély und Saintes liegen nahe beisammen). Mindestens ebenso bildete sie aber die herrliche Landschaft um das Schloß ihres Vaters, das noch junge Flüßchen Vienne, die weiten Wiesen, auf denen sie die Pferde tummeln konnten, Park, Teich, Gartenhäuser, eine Märchenwelt für ein Rudel Kinder.

Françoise-Athenaïs war im Herbst 1640 zur Welt gekommen und somit etwas jünger als Marie Mancini. 1653 bis 59 war sie in Saintes unterrichtet worden, mit achtzehn Jahren wurde sie als Hoffräulein ausgewählt und ging bald darauf nach Paris. Sie erregte sogleich Aufsehen, das läßt sich an einem Hof, an dem soviel geschrieben, gedichtet und gesungen wurde, auch nach Jahrhunderten noch verfolgen. Die galanten Poeme und die sachkundigen Kommentare ihres ersten Auftretens stimmen darin überein, daß sie blond und blauäugig war, einen prachtvollen, aber nicht üppigen, sondern eher engelsgleichen Wuchs hatte und eine schmale Nase von antiker Schönheit. Der Mund war klein, der Blick sanft, wiewohl gelegentlich von einem Feuer belebt, das den Geist der Demoiselle aus dem Poitou bereits ahnen ließ, die Haut von so auffallender Reinheit, daß Françoise schon dadurch die anderen Damen überstrahlte.

Die Kindheit der Montespan

Mit gleicher Einmütigkeit äußern sich die zeitgenössischen Beobachter auch über das Betragen der Novizin: es sei züchtig und zurückhaltend gewesen. Jahrelang gab es nicht den geringsten Klatsch über die neue Schönheit im Kreis der Hofdamen, und über die *Maitresse en titre*, das Fräulein de La Vallière, soll Françoise mit frommem Augenaufschlag geäußert haben:

»Sollte das Unglück es wollen, daß ich einmal in eine ähnliche Lage käme, ich würde mich gewiß für den Rest meines Lebens vor allen Blicken verbergen.«

Und dieses fromme, von einer gottesfürchtigen Mutter und

schlichten Klosterschwestern der Saintonge erzogene Geschöpf sollte schon wenige Monate nach diesen Worten zu verbrecherischen Praktiken gegriffen haben, um den Platz der Louise de La Vallière einzunehmen?

Es gibt nicht viele unter den großen Mätressen, deren Charakterbild in der Beurteilung der Historiker in dem Maße zwischen den Extremen schwankt, wie dies bei Françoise-Athenaïs Marquise de Montespan der Fall ist. Hat Maurice Rat recht, wenn er sie so beschreibt? »Diese sieghafte Schönheit war die prächtigste Propagandistin des französischen Geschmacks, französischen Geistes und französischer Kunst! Durch ihre eigene Prachtliebe und ihren Einfluß auf die Neigungen des Monarchen verkörperte sie in unübertrefflicher Weise den Glanz dieses großen französischen Jahrhunderts.« Kann man ein Urteil wie dieses aufrechterhalten angesichts einer dickleibigen Materialsammlung über die »*Années criminelles de la Montespan*«, wie Paul Emard und Suzanne Fournier sie vorlegten, wobei sie noch vorsichtig behaupteten, »nicht alle zunächst grotesken, später aber abscheulichen Handlungen aufzuzeichnen, mit denen die Marquise schon begann, noch ehe sie das Bett des Königs teilte, und die schließlich in der bekannten Affäre des Poisons endeten«.

Eine rätselhafte Ehe

Ehe dieses große Rätsel die Zeitgenossen zu beschäftigen begann, verblüffte die strahlende Blondine aus dem Hause Mortemart die Hofgesellschaft durch eine merkwürdige Eheschließung. Sie gab ihr Jawort einem bis zum Hals verschuldeten Tunichtgut und Schürzenjäger, Louis-Henri de Pardeilhan de Gondrin, Marquis de Montespan et d'Antin.

In diesem Fall aber findet das Unbegreifliche noch eine Erklärung. Die Schöne war nämlich verlobt gewesen; der Marquis de Noirmoutier entstammte nicht nur derselben Landschaft wie sie, sondern war nach Familie und Ruf auch ein durchaus ebenbürtiger Partner. Was niemand vorhersehen konnte, war die Duell-Affäre, in die der Marquis verwickelt wurde. Er trug zwar nur eine Verwundung davon, aber da dem Adel Teilnahme an

Duellen bei Todesstrafe verboten war – ein Gesetz, das auf den Kardinal Richelieu zurückging und von Ludwig XIV. streng gehandhabt wurde – mußte Noirmoutier Frankreich verlassen. Er nahm Offiziersdienste auf der iberischen Halbinsel und fiel wenige Jahre darauf unter fremder Fahne.

Verlobt gewesen zu sein und plötzlich ohne Verlobten dazustehen war eine Situation, wie sie die schöne Françoise wirklich nicht nötig hatte. Der junge Marquis de Montespan war der Bruder des einzigen Toten in der Duell-Affäre, hatte also ebensoviel verloren wie Françoise, war zugleich aber nun eine bessere Partie als vordem, so daß der Ehekontrakt verhältnismäßig schnell, im Januar 1663, geschlossen wurde. Was sein Zustandekommen begünstigte, war wohl auch der Umstand, daß Françoise trotz vornehmster Abkunft keine glänzende Partie genannt werden konnte; ihr galanter Vater hatte nämlich kaum weniger Schulden als ihr galanter Bräutigam, und so einigten sich denn die Familien auf einen etwas merkwürdigen Kontrakt.

Alle Summen, die den jungen Leuten zugesagt wurden, blieben praktisch auf dem Papier, die Mitgift wie die Morgengabe waren im Grunde nur Verheißungen auf das dereinstige Erbgut. Ausbezahlt wurden nur verhältnismäßig bescheidene Renten, insgesamt 22 500 Livres jährlich (der Kaufkraft nach rund achtzigtausend Mark, die für ein Leben bei Hof kaum genügten).

Mitgift auf dem Papier

Während Monsieur de Montespan in dieser Lage kaum viel anderes tun konnte, als weitere Schulden zu machen, gebar ihm seine Gemahlin die ersten Kinder und entstieg dem Kindbett jedesmal mit noch größerer Schönheit, noch üppigeren Reizen. Sie schien nun auch über die Rolle einer königlichen Mätresse anders zu denken als vorher, denn sie ließ sich spätestens im Herbst 1666 mit ein paar verdächtigen Figuren, herabgekommenen Intellektuellen und gescheiterten Liebesdienerinnen, ein. Diese hatten einen jener magischen Zirkel gegründet, die eigentlich zu allen Zeiten von vermögenden Leichtgläubigen lebten, und den Intrigantinnen des Hofes ihre Dienste offeriert. Jahre später, als all diese Praktiken aktenkundig wurden, fand sich auch der Wunsch, den die Marquise de Montespan schon damals den magischen Mächten unverhüllt vorgelegt haben soll: Louise de La Vallière, die *Maitresse en titre*, möge in Ungnade fallen, die Königin verstoßen werden und sie, die schöne Montespan, selbst zur Königin aufrücken. Das klang schon einigermaßen anders als die züchtigen Verdammungsurteile, die das hochgeborene Fräulein bei seiner Ankunft am Hofe vorgebracht hatte, und es klingt leider auch wesentlich aufrichtiger...

Louise de La Vallière

Im Frühjahr 1667 fügte es sich, daß Ludwig, nach damaliger Sitte in Gesellschaft des Hofes, ins Feld aufbrach. Es ging gegen die spanischen Niederlande, die Entfernungen waren also nicht sehr groß, aber da Louise de La Vallière guter Hoffnung war, wurde dennoch beschlossen, sie zu Hause zu lassen. Auffälliger war der reiche Trost, den der König ihr spendete: das große Besitztum Vaujours (im heutigen Departement Seine-et-Oise, bei Pontoise), dessen Wert damals auf 800 000 Livres geschätzt und von Ludwig obendrein mit dem Herzogstitel verknüpft wurde.

Das sah ganz nach einem Abschied aus. Ungewöhnlich war auch, daß Ludwig die kleine Königin mit ins Feldlager nahm, obwohl er ihre Gesellschaft doch sonst nicht sonderlich schätzte. Nicht alle erkannten, daß Marie-Thérèse nur mitmußte, damit auch ihr Damenflor auf unverdächtige Weise mitgenommen werden konnte – und in diesem wiederum, als die eigentliche Ursache der ganzen komplizierten Veranstaltung, die strahlende Marquise de Montespan. Schon im vergangenen Winter war sie die Königin aller Feste in Versailles gewesen...

Sieg durch Magie?

Die Magie hatte also schon erste Früchte getragen. Die Ungnade der Louise de La Vallière war bald ein offenes Geheimnis, und im Hochsommer desselben Jahres berichteten die Gesandten an ihre Regierungen, daß Ludwig XIV. ebenso emsig wie zärtlich an der Seite der Marquise de Montespan weile.

Die am besten Unterrichteten wollten allerdings wissen, daß sie sich dem König schon in den ersten Junitagen ergeben habe, als man noch in Flandern weilte. Da Schlafgelegenheiten rar waren, habe die Montespan gemeinsam mit Madame de Heudicourt in einem großen flämischen Bauernbett schlafen müssen; die gefällige Heudicourt habe damals Nacht für Nacht ihren vorgewärmten Platz Seiner Majestät überlassen...

Mit Rücksicht auf die Königin, aber auch auf die hochschwangere Louise de La Vallière, hielten Ludwig und Françoise ihren Liebesbund länger geheim, als dies in Versailles sonst üblich war. Erst 1668 wurde die Liaison offiziell, erst 1669 gebar die Montespan dem König das erste Kind. Bis 1678 sollten ihm noch sechs weitere folgen; insgesamt waren es vier Mädchen und drei Knaben.

Der Marquis de Montespan aber, die einzige bizarre Figur in diesem allzu höflich geregelten Spiel, erzählte jedem, der es hören wollte, daß er sein heimatliches Schloß nur noch durch das große Tor betreten könne: die Hörner auf seinem Kopfe seien zu hoch. Er tat auch sonst keineswegs das, was der König von den wohlerzogenen Gatten seiner Mätressen erwarten durfte. Er lehnte das Geld ab, das man ihm bot – wie böse Chronisten behaupten, weil es zuwenig war. Er schrieb Briefe an Bischöfe und sogar an den Papst, um sich über die doppelt ehebrecherische Verbindung zwischen Louis XIV. und Françoise-Athenaïs de Montespan zu beklagen, und er versuchte sogar, seinen einflußreichsten Verwandten, den Erzbischof von Sens, vor seinen Karren zu spannen.

Der Marquis spielt nicht mit

Aber Françoise gab stets heimlich ein paar Rollen Goldstücke dazu, wenn ihr Gatte einen bösen Brief des Königs erhielt; der König beauftragte seinen Gesandten in Rom, vom Papst Verständnis für die singuläre Situation zu erbitten, und dem Erzbischof von Sens wurde bedeutet, seine eigene galante Vergangenheit sei dermaßen bekannt, daß er sich im eigensten Interesse ruhig verhalten sollte. Andernfalls würde man sich fragen müssen, ob es überhaupt gerechtfertigt sei, daß die Erzbischöfe von Sens im nobelsten Pariser Wohnviertel, im Marais, ein weitläufiges Palais unterhielten...

Aber damit waren noch nicht alle Wolken zerstreut, die das Glück des Königs und seiner neuen Mätresse überschatten konnten. Denn die Marquise war keine jener von ungefähr aufgetauchten, nur durch Schönheit und Wuchs auffallenden Damen, wie sie jedes Land seinem König schenkt. Sie war eine Mortemart, sie war geistreich, ehrgeizig und so etwas wie das Haupt einer Partei.

Colbert contra Louvois

Denn unter Ludwig XIV. gab es zwei Lager, die man nicht Regierung und Opposition oder Kardinal und Fronde nennen konnte, sondern die trotz allen Gegeneinander-Intrigierens gemeinsam dem König dienten und von diesem in sorgfältig gewahrter Parität vermahnt oder ausgezeichnet wurden. Die eine Partei war die Colberts mit Sohn und Bruder, die andere Louvois', der sein Amt ebenfalls vom Vater übernommen hatte. Der Herr der Finanzen und der Schöpfer der französischen Armee standen in einem ebenso natürlichen Gegensatz wie Colberts Verpflichtung zur Sparsamkeit und des Königs lebenslanges und ungebrochenes Interesse an Versailles. Obwohl deutsche Nachschlagewerke Louvois bescheinigen, er sei »ein Mensch ohne Herz, ohne Gefühl, zynisch, aus innerer Neigung gewalttätig und brutal« gewesen, war *er* es letztlich, der den Sieg in diesem Zweikampf davontrug. Colbert fiel bekanntlich in Ungnade, und Ludwig hat seinem treuen Diener und genialen Minister selbst dann nicht verziehen, als man ihm zuflüsterte, Colbert liege auf dem Sterbebett.

Viele Jahre lang aber war es Colbert, der den größeren Einfluß hatte, und das kam daher, daß die Mortemarts, an ihrer Spitze Ludwigs glänzende Mätresse, sich zu Fürsprechern der Colberts gemacht hatten. Immer wieder war es die Marquise de Montespan, die bei Ludwigs Schwanken zwischen den wichtigsten Ministern den Ausschlag zugunsten Colberts gab; sie glaubte an Colberts bitteres Wort, daß Louvois Frankreich nur ruinieren wolle, weil Colbert es zu retten versuche, und sie wußte, daß Louvois, jung, rücksichtslos und machtgierig, sie mit allen Mitteln bekämpfte.

Soviel muß man wissen, um die komplizierte und weitverzweigte Gift-Affäre in ihren politischen Auswirkungen beurteilen zu können. Denn es ging ja nicht nur um simplen Mord; viel interessanter war in diesem Fall, wer ermordet wurde und wer mordete. Die kleine Gruppe der berufsmäßigen Giftmischer und Hexenmeister war für Colbert wie für Louvois völlig unwichtig. Sie bestand aus gescheiterten Existenzen oder Kriminellen, und man schickte sie zu Dutzenden aufs Schaffott oder auf den Scheiterhaufen; aber erst, nachdem auf der Folter jene Geständnisse aus ihnen herausgeholt worden waren, aus denen die eigentliche Affäre ihre Brisanz gewann.

Die Giftmorde

Eines ungeklärt-plötzlichen Todes, der zu Verdächtigungen Anlaß gab, waren gestorben: 1670 Madame, die Schwägerin Ludwigs XIV., die reizende Henriette von England; 1672 der hochbegabte Außenminister Hugues de Lionne, Marquis de Berny; 1673 der Graf von Soissons, Gatte Olympia Mancinis; 1675 der Herzog von Savoyen, Protektor und Liebhaber Hortense Mancinis; 1681 die strahlend schöne, gesunde Mademoiselle de Fontanges, ein Mädchen von zweiundzwanzig Lenzen, dem Ludwig XIV. eben seine Gunst zugewandt hatte...

Die alte Frage des *Cui bono* erbrachte in all diesen Fällen schnell Antwort, schließlich waren es ja keine gleichgültigen Personen, die ermordet worden waren, es waren auch keine Raubmorde. Henriette von England war dem Liebhaber Monsieurs, dem Chevalier de Lorraine, im Wege gewesen; der dümmliche Graf von Soissons hatte seine ausschweifende Gemahlin Olympia behindert usw.

Natürlich waren diese Nutznießer damit noch nicht überführt, aber die Folterknechte unter Louvois wußten nun, nach welchen Namen sie die Verhafteten, die kleinen bezahlten Subjekte, immer wieder zu fragen hatten. Die gewünschten Antworten waren fixiert, und es war nur noch eine Frage der Folterkunst, ob sie auch tatsächlich ausgesprochen wurden.

Erzwungene Aussagen

Das sind die Argumente, die im allgemeinen für die Unschuld der Montespan vorgebracht werden: Louvois habe seine einflußreiche Gegnerin diskreditieren oder stürzen wollen und belastende Aussagen gegen sie erpreßt.

Für eine faktische Schuld der Montespan sprechen jedoch nicht nur diese Aussagen selbst, die man unter Umständen beiseite schieben könnte, sondern die Tendenz Ludwigs, unter allen Umständen einen europäischen Skandal zu vermeiden. Er war in den achtziger Jahren des siebzehnten Jahrhunderts auf dem Höhepunkt seiner Macht; ganz Europa blickte auf ihn, viele Gegner in den bekriegten und besiegten Ländern warteten nur darauf, daß der Sonnenkönig und das so schnell aufgestiegene Frankreich sich eine Blöße geben würden.

Ludwig hat darum von Anfang an die Politik der Vertuschung befohlen. In der Gift-Affäre Brinvilliers war der oberste Steuereinnehmer des französischen Klerus, Monsieur Reich de Penautier, des Giftmordes an seinem Vorgänger Saint-Laurent de Hanivel so gut wie überführt worden. Aber man hatte nicht *ihn* gerichtet, sondern sein williges Werkzeug, die Brinvilliers. Penautier war nur in die Provinz gegangen, hatte sich still verhalten und ist 1711 dann friedlich gestorben.

Befohlene Flucht

Auch bei der Giftmord-Affäre, die den Hof unmittelbar betraf und deren Werkzeug die Voisin war, entfernte Ludwig zunächst die Hauptbelastete, seine einstige Geliebte Olympia Mancini; er ermöglichte, ja befahl ihr die Flucht und rettete damit nicht nur sie, sondern auch seinen eigenen engsten Kreis. Daraus läßt sich zwingend schließen, daß La Reynie – der Polizeichef von Paris – strikten Auftrag erhielt, Materialien gegen die Montespan zu kaschieren. Während aber Olympia Mancini, von ihrer Schuld wie von Furien gehetzt, durch Europa reiste, zeitweise in Hamburg lebte, für Österreich spionierte und schließlich halbvergessen in Brüssel starb, blieb die Marquise de Montespan stets in Frankreich. Sie floh nicht, sie wurde nicht verhört und zog sich ohne Überstürzung nach und nach aus dem Hofleben zurück, als ihre Schönheit welkte, ihr Leibesumfang immer gewaltiger wurde und der König oft Wochen verstreichen ließ, ohne sie mit seinem Besuch zu beehren.

Es war das übliche Ende einer Mätressen-Laufbahn, keineswegs unrühmlich, denn alle ihre Kinder von Ludwig XIV. waren legitimiert worden, keineswegs überraschend, denn Ludwig wandte sich ja nicht nur von ihr ab, sondern von seinem ganzen heidnisch-fröhlichen Liebesleben, um sich mit Madame de Maintenon, der Witwe des Dichters Scarron, über ernsthafte, ja religiöse Fragen zu besprechen.

Mit großer Vorsicht läßt sich dennoch sagen, daß die Marquise de Montespan, da sie sich schon einmal der Magie verschrieben hatte, zwar nicht gerade zum Giftmord Zuflucht nahm, um sich in ihrer Position zu halten; aber wer den Mord *in effigie*, die Wachspuppen-Beschwörung und Schlimmeres in Kauf nimmt, um Mätresse des Königs zu werden, der scheut auch vor anderen Ritualen nicht zurück, wenn es Jahre später darum geht, Mätresse zu *bleiben*. Daß die schöne Montespan sich nackt auf einen Altar legte, um auf ihrem Leib eine Schwarze Messe zelebrieren zu lassen, ist ihr ohne weiteres zuzutrauen. Es tat weniger weh und war gewiß nicht kostspieliger als jene kosmetischen Operationen, denen sich heutzutage Tausende begüterter Damen unterziehen. Daß sie von den zwei Messe-Ritualen das vorzog, bei dem der Priester ein Kind tötete (und nicht das andere, bei dem sie sich dem Priester hätte hingeben müssen), das war für eine reiche Schönheit ein vergleichsweise angenehmer, wenn auch krimineller Ausweg. Und die Bonbons, die sie durch ihre Kammerfrau dem König beibringen ließ, waren zweifellos nicht vergiftet, sondern enthielten lediglich aphrodisische Substanzen (die freilich in größeren Mengen ebenfalls gefährlich werden konnten). Ludwig zu töten, hätte den sofortigen Sturz der Montespan und vielleicht sogar den Verlust ihres Vermögens zur Folge gehabt; ein Mord aus Rache, etwa weil Ludwig sich anderen, jüngeren Frauen zuwandte, war ebensowenig ihr Genre. Dazu war die Frau aus dem Hause Mortemart viel zu intelligent und beherrscht. Sie wollte, daß

Die schwarzen Messen

Louis sie wieder besuche, sie wollte, daß er wieder, wie einst, eine ganze Nacht bei ihr verbringe und sie ihm von alten Zeiten erzählen könne. Alles, was sie erreichte, war aber, daß Ludwig sich der Kammerfrau zuwandte, die ihm die Bonbons präsentiert hatte...

Mord an der Fontanges?
Der König freilich scheint von der Schuld seiner Mätresse überzeugt gewesen zu sein, sonst hätte er nicht die Autopsie der Fontanges verboten (die schließlich dann doch durchgeführt wurde und schwere Zerstörungen im Bereich einer Lunge und der Leber ergab, wie sie bei einem so jungen Menschen aus unverdächtigen Krankheiten nicht erklärt werden konnten). Er war aber auch vorsichtig und scheint die Frau, die ihm in so vielem überlegen war, gefürchtet zu haben. Als ein König, der nie übereilt entschied, der alles überlegte und sich nie scheute, eine Entscheidung zu vertagen, taktierte er auch gegen die Montespan mit größter Behutsamkeit. Fast sieht es so aus, als wollte er in erster Linie seine Haut retten, dazu seinen Ruf und den Ruf des Hofes. Und um sicher zu sein, daß nicht die nächste zu ähnlichen Praktiken greife, wählte er sich eine Fromme, die dennoch klug genug war, ihn zu unterhalten...

In den ersten Jahren des achtzehnten Jahrhunderts erfüllte sich das Schicksal des großen Königs und der schönen Frau, die sich – trotz allem – bis zu ihrem letzten Augenblick als seine heimliche Gemahlin angesehen hatte.

Im Jahr 1679 hatte Ludwig aufgehört, die Marquise de Montespan zur Teilnahme an den Festlichkeiten des Hofes einzuladen. Im Jahr darauf erwarb sie aus dem Besitz der Herzöge von Feuillade das Schloß Oiron. Um es bezahlen zu können, sandte sie Ludwig eine Perlenkette zu, die er ihr einst geschenkt hatte, und er ließ ihr dafür jene 100 000 Livres überreichen, die auf den Gesamtpreis der Besitzung, 300 000 Livres, noch fehlten.

Da sie stets fromm geblieben war und obendrein manches zu bereuen hatte, war dem Schloß ein Armenspital angegliedert worden, das sie aus der königlichen Rente unterhielt. Man darf

ihr glauben, daß diese Armen mehr verloren als sie, als 1707
– nicht aus Bosheit, sondern wegen der völligen Zerrüttung der
Staatsfinanzen – diese Rente von 100 000 auf 36 000 Livres
gekürzt wurde.

Schwerer traf sie der Tod ihrer Schwester Marie-Madeleine,
die dank ihrer Fürsprache Äbtissin des vornehmen Klosters
Fontevrault geworden war und damit eine Würde erlangt
hatte, die bis dahin Prinzessinnen von Geblüt vorbehalten gewesen war. In Fontevrault und bei ihrer jüngsten Schwester,
einer Frau von großen Geistesgaben und hervorragenden Charaktereigenschaften, hatte die Marquise vor allem im Alter oft
Zuflucht, Trost und Beruhigung gefunden.

Im Mai 1707 hatte die Marquise so deutliche Todesahnungen, daß sie mit bemerkenswerter Umsicht ihre Angelegenheiten ordnete. Sie bezahlte alle Pensionen, die sie Dienern und
Vertrauten ausgesetzt hatte, für zwei Jahre, gab reiche Spenden
und machte sich in das Bad Bourbon l'Archambault auf, dessen
Quellen damals zu den berühmtesten Frankreichs zählten.
Schon bald nach der Ankunft und dem Beginn der Kur stellten
sich Ohnmachten ein; ihr Zustand verschlechterte sich sehr
schnell, und am 17. Mai verschied sie in Gegenwart ihres ältesten Sohnes, des späteren Herzogs von Antin. Der Graf von
Toulouse, eines der Kinder, die sie von Ludwig XIV. empfangen hatte, eilte zu Pferd an das Sterbebett, kam aber zu spät.

Das Ende der Montespan

Während dieser Sohn unter dem Todesfall so sehr litt, daß er
sich lange Zeit nicht in der Öffentlichkeit zeigte, kümmerte sich
d'Antin nicht einmal um die Bestattung, und selbst Ludwig XIV., den eine indiskrete Hofdame über seine Gefühle befragte, behauptete allen Ernstes, daß die Marquise de Montespan für ihn schon gestorben sei, als sie den Hof verlassen habe.

Allerdings hatte der König zu diesem Zeitpunkt schon eine
ganze Reihe anderer Sorgen. Gegen die hervorragenden Feldherren der Österreicher und Briten waren Siege nicht mehr zu
erringen; das Land war ausgeblutet, er selbst ein rüstiger Siebziger, aber doch auch dem Tode nahe. Dieser trat Ludwig so

plötzlich an wie die schöne Marquise: Am 12. August 1715 waren die ersten Schmerzen im linken Bein aufgetreten, eine Woche darauf bestätigte sich der Verdacht auf Brand, am 26. August gaben die Ärzte ihren Patienten auf und die Höflinge begannen, den Mann zu umschwärmen, der als Neffe des Sterbenden für den minderjährigen Ludwig XV. regieren würde: den Herzog Philipp von Orléans.

Am 29. August nahm Ludwig XIV. unerwartet wieder Nahrung zu sich – zwei in Wein getauchte Biskuits –, das Vorzimmer des Herzogs von Orléans leerte sich so plötzlich, wie es sich gefüllt hatte, und Philipp, der geistvolle, aber leichtlebige Sohn unserer guten Liselotte von der Pfalz, sagte zu dem einzigen Besucher, der bei ihm geblieben war: »Sie werden sehen, Saint-Simon, wenn Seine Majestät jetzt noch zu Abend ißt, wird kein Mensch mich mehr kennen.«

Ein sympathischer Unhold

Was nun begann, ist die *Régence*, eine jener Perioden der französischen Geschichte, die jugendlichen Schülern stets nur mit allem Abscheu, ja mit Entsetzen und obendrein in möglichster Kürze nahegebracht wird. Daß der Regent nach den allzu vielen Kriegen seines Vorgängers Frieden einkehren ließ, daß er die Staatsschuld erheblich verringerte und gute Beziehungen zu einstigen Gegnern Frankreichs herstellte, verblaßt in der allgemeinen Wertung gegenüber seinem Privatleben, das allzugenau dem entsprach, das die meisten Männer, wenn auch uneingestanden, gerne führen würden.

Aber selbst wenn man dabei bleibt, den Herzog von Orléans als einen Unhold anzusehen, so muß man doch sagen, daß er nur einer von drei Männern war, die der Zeit und dem Pariser Leben dieser Jahre ihren Stempel aufdrückten. Die anderen beiden waren der Schotte John Law, dessen Finanzoperationen zu Bankrotten und Verlusten führten, und der Abbé Dubois, der böse Geist des Regenten als Minister und Ministerpräsident...

Unter den vielen Untugenden, die diese drei Männer miteinander verbanden, war auch ihre gemeinsame Vorliebe für eine entlaufene Nonne, eine Dame von kleinem Adel, die sich in Paris dann Madame de Tencin nannte. Die Geliebte des Regenten war sie nur kurz, denn er haßte es, wie er sagte, wenn Huren ihm im Bett von Geschäften erzählten; John Law störte dies schon weniger, und Dubois machte die Tencin durch Jahre zu seiner offiziellen Geliebten, so daß man die energische und auf eine besondere Weise skrupellose Frau mit einem gewissen Recht als *die* Mätresse der Régence bezeichnen kann.

Claudine Alexandrine Guérin, von freundlichen Nachschlagewerken als Marquise de Tencin bezeichnet, weil die *Femme de lettres* jener Zeit diesen Titel ebenso selbstverständlich führte wie der *Homme de lettres* den Abbé, kam 1681 auf dem Familiengut bei Grenoble zur Welt, einem hübschen und harmlosen Städtchen, in dem sich Schweiz und Frankreich mischen und das doch gleich zwei der großen Mätressen hervorbrachte: nach der Tencin noch die Romans.

Die Mätresse der Régence

Claudine war zweifellos die bedeutendere der beiden Grenobloises; das zeigte sich schon sehr früh, als es ihr gelang, aus eigener Energie das grausame Schicksal der jüngeren Kinder abzuwenden. Für diese stand nach damaligem Brauch nämlich weder Mitgift noch militärische Equipierung zur Verfügung, wenn die Familie nicht sehr begütert war, so daß die Mädchen ins Kloster gehen und die Jünglinge sich der Kirche anvertrauen mußten. Claudine war entschlossen, mehr zu werden als eine Nonne, und sie war außerdem entschlossen, ihren Lieblingsbruder Pierre weit über den bescheidenen Rang eines Abbés hinauszuheben, ob er nun wollte oder nicht.

Madame Guérin de Tencin, die Mutter, gewährte ihrer drängenden Tochter ein Jahr Frist, sich eine so gute Partie zu suchen, daß die Mitgift zu verantworten war. Claudines ältere Schwester hatte es schließlich mit einiger Koketterie auch geschafft, sich einen Gatten aus der Schicht der Steuereinnehmer zu angeln, und Claudine war mindestens ebenso hübsch und zweifellos intelligenter.

Wer nur ein Jahr Zeit hat, darf nicht lange fackeln. Claudine-Alexandrine Guérin de Tencin erschien auf dem ersten Ball der Saison in einem so stark dekolletierten Seidenkleid, daß ihre eigene Kühnheit ihr die Röte in die Wangen trieb und die Augen blitzen ließ; den Bürgern von Grenoble aber blieben die Mäuler offen. Unwiderstehlich angezogen von den so offenherzig dargebotenen Reizen der Siebzehnjährigen, näherte sich ein junger Offizier, der Vicomte de Chandennier aus dem noblen Clan der Rochechouart. Besuche in Tencin verliefen erfolgverheißend, weil die Guérins ihre Landarbeiter schnell in Livree gesteckt und im übrigen mehr Gärten als Gebäude gezeigt hatten, und Claudine war verlobt, ehe sie noch eine junge Dame genannt werden konnte.

Claudine im Kloster

Um das nachzuholen, ging sie ins Kloster. Wo sonst sollte man zu jener Zeit alles für das Leben Nötige lernen? Obwohl sie nur einige Monate blieb, fühlte der Vicomte sich gefoppt, hatte vielleicht auch Näheres über die Familie erfahren oder sich anderwärts engagiert. Jedenfalls zeigte es sich, daß nach der vorgesehenen Frist niemand da war, Claudine aus der Zelle zu holen, und da Mama Guérin angesichts der Schande und der Enttäuschung erst recht unnachgiebig blieb, mußte Claudine-Alexandrine die Gelübde ablegen und Nonne werden.

Das war im siebzehnten und achtzehnten Jahrhundert keineswegs mehr gleichbedeutend mit dem Lebendig-begraben-Sein zwischen mittelalterlich-dicken Mauern. Das Kloster war zu einer gesellschaftlichen Notwendigkeit geworden, wo Damen ohne Gatten, Töchter ohne Eltern, Vornehme ohne Vermögen und Friedensuchende ohne Demut neben den eigentlichen Nonnen erträglich dahinleben konnten. Manche junge Frau, die, plötzlich allein gelassen, Gaststätten oder Bahnhofshallen des zwanzigsten Jahrhunderts regelmäßig aufsuchen oder durchqueren muß, würde sich die Geborgenheit solch einer Welt wünschen, in der sie niemand belästigt, bedrängt, anstarrt oder anstreift.

Claudine aber war mit ihren achtzehn Jahren zu lebenshungrig und ehrgeizig, um die bescheidene Freiheit der Klosterexistenz, den freundlichen Sprechraum, die Spaziergänge mit Besuchern und die gemeinsamen Ausgänge als zureichend zu empfinden. Sie begann eine neue Liebschaft. Der Glückliche war ein Nachbar des Klosters Montfleury, ein junger und einigermaßen begüterter Herr namens Destouches, der nur eine Leiter an eine Mauer zu lehnen brauchte, um in der nächsten Minute seine Arme um die schöne Schwester Claudine legen zu können.

Als die Folgen sich einstellten, erwies sich Destouches als ein Mann von Ehre und bot an, Sœur Claudine zu entführen und sie in Savoyen oder in der Schweiz, also außerhalb der französischen Grenzen, zu seiner Frau zu machen. Aber Claudine hatte sich bereits für den Weg entschieden, der das meiste Aufsehen erregen mußte. Sie warf sich ihrem Bischof zu Füßen, wurde in ein anderes, noch milderes Kloster versetzt und konnte ihr Kind in dem Dorf Saint-Egrève bei Grenoble relativ unbemerkt zur Welt bringen.

Dieses Kind allein würde aus heutiger Sicht schon genügen, Claudine de Tencin berühmt zu machen. Es hatte alle Schicksale, die eine große Laufbahn verhießen: Auf die Aussetzung folgten Monate, in denen niemand wußte, wo es gepflegt wurde. Nach langer und verzweifelter Suche fand es Monsieur Destouches (die Mutter kümmerte sich überhaupt nicht um das Kind) und übereignete dem Würmchen ein kleines Gut. Von diesem erhielt der Knabe auch den Namen – da er weder Destouches noch de Tencin heißen sollte – und trat als Jean d'Alembert ins Leben.

d'Alemberts seltsame Geburt

Nach einer anderen Version – die Angelegenheit war schließlich geheimnisvoll genug – wurde das Kind nicht in einem Dorf bei Grenoble, sondern in Paris geboren und auch dort ausgesetzt, zu einem Zeitpunkt, da Destouches als Offizier in Westindien weilte und sich darum nicht gleich um das Neugeborene kümmern konnte.

Darin, daß Claudine ihr Kind aussetzte, stimmen alle Berichte überein, und d'Alembert selbst hat dies später wiederholt mit Bitterkeit bestätigt. Andererseits hat natürlich auch Christopher Herold recht, wenn er in seinem blendenden Essay über die Tencin sagt, »daß man ihr hauptsächlich vorwirft, sie sei unfähig gewesen, vorauszusehen, daß ihr kränkliches Kind eines Tages klassische Abhandlungen über die Mechanik... schreiben, gemeinsam mit Diderot eine Enzyklopädie herausgeben und mit Voltaire und Friedrich dem Großen verkehren würde. Die Nachwelt, die weit nachsichtiger gewesen wäre, hätte das Kind im Säuglingsalter das Zeitliche gesegnet, vergibt niemals einen solchen Mangel an Voraussicht.«

Das war aber nur einer von vielen Vorwürfen, die sich die geistvolle Frau in den nächsten Jahren verdienen sollte. Sie war zweifellos nicht sittenloser als Dutzende anderer hochgeborener Damen, die den Hof Ludwigs XIV. oder die Umgebung des Regenten geziert haben, aber sie war insofern ein rechtes Kind ihrer Zeit, als ihr die Heuchelei zu umständlich war. Die Régence war frech, offen, unverhüllt genauso schlecht wie das *Grand Siècle*, und diese Unverhülltheit schockierte viel mehr als die Fakten an sich.

Inzest in besten Kreisen

Mit Hilfe ihrer ältesten Schwester, die reich geheiratet hatte, etablierten sich der Abbé de Tencin und Claudine in Paris. Sie wohnten miteinander, was nicht ungewöhnlich war; sehr viele Geistliche ließen sich von ihrer Schwester den Haushalt führen. Weniger alltäglich war, daß sie auch miteinander schliefen, und daß zumindest Madame de Tencin (die eigentlich zeitlebens eine Mademoiselle blieb) sich zynisch zu diesem Inzest bekannte. Sie tat es, weil sie wußte, was heute vergessen ist: daß Marie Mancini ein Verhältnis mit ihrem Bruder Philippe hatte, daß der Fürst von Montbéliard einen seiner Söhne mit einer seiner Töchter verheiratet hatte, daß die Prinzessin von Württemberg ihren Sohn auch nachts nicht von ihrer Seite ließ usw. Andere Beispiele für diese Unbefangenheit gegenüber dem Inzest lieferten bald darauf Casanova, der einige glühende Nächte mit einer seiner Töchter schildert, und Madame de Récamier, die keusche Salonheldin des Empire, die sich allen ihren Anbetern verweigerte, um mit ihrem Vater schlafen zu können.

Pierre de Tencin kam allerdings nur dann zum Zug, wenn seine schöne Schwester ihre Gunst nicht gerade besser verwenden konnte. Es gab eine Menge einflußreicher Männer, die sich um sie bemühten, und andere, die sie zur Bewältigung der ungeheuren Arbeitsleistung heranzog, die sie sich vorgenommen hatte. Denn es war kein kleines Ding, ihren Bruder, der seine Geistesgaben richtig einschätzte und darum sehr bescheiden und wenig ehrgeizig war, zum Erzbischof, zum Kardinal und zum Premierminister zu machen (und so ganz gelang dies ja auch nicht, obwohl Madame de Tencin keine ihrer Waffen schonte).

Sind von der Tencin auch nur zwölf bis vierzehn Liebhaber mit Sicherheit bezeugt, während man Madame d'Averne zum Beispiel deren dreiundfünfzig nachwies, so beschränken wir uns doch auf die interessantesten Partner, auf jene, die ihr soweit überlegen waren, daß man sie als Mätresse und nicht den Mann als ihren Günstling ansehen muß.

Ziemlich am Beginn der Reihe stand der Regent. Das konnte kaum anders sein, denn Philipp von Orléans verwendete viel Zeit darauf, stets über das gesamte Damenangebot informiert zu sein, und ließ sich sogar neu aufgetauchte Straßenmädchen zuführen. Claudine de Tencin konnte ihm also nicht entgehen und stieß in einem Augenblick zu seinem Kreis, da die berühmten Soupers des Regenten ein wenig einförmig geworden waren. Man weiß, wie es dabei zuging: Waren die geladenen Herren und Damen versammelt, wurden die Türen geschlossen, und auch der Bote mit dringendsten Amtsnachrichten oder militärischen Depeschen hatte keinen Zutritt mehr. Die Runde brachte sich durch reichliches Trinken in Stimmung; man brüllte Witze, Zoten und bloße Beschimpfungen vor sich hin oder dem anderen in die Ohren, bis endlich alles *pêle-mêle* auf die Ruhebetten sank.

Die Soupers des Regenten

Das war in der Praxis heiterer, als es sich hier liest, weil nicht nur der Regent stets ein Mann von Geist blieb, sondern auch seine Gefährten keine bloßen Trunkenbolde waren, sondern gebildete Genußmenschen, die um die luststeigernden Wirkungen der Sprache sehr wohl wußten. Brancas, Canillac und zumindest noch Nocé waren Zyniker von philosophischem Format, und Damen wie die Tencin, Madame du Deffand oder die Herzogin von Berry standen ihnen darin nicht nach. Aber es war doch ein großer Erfolg, als Claudine de Tencin aus ihrer Klosterschlafsaal-Erfahrung lebende Bilder vorschlug. Damit war ein Vorwand gefunden, die hübschen Mädchen aus dem Personal der Oper heranzuziehen: die Schwestern Souris, die den hübschen Doppelsinn des Begriffes *les souris de l'Opéra* (Opernmäuschen, Ballettratten) lebendig verkörperten, die Tänzerinnen Roy und Emilie und andere.

Lebende Bilder

Die lebenden Bilder, das verstand sich, hatten zunächst biblischen Charakter. Eva, Bathseba, Esther, Susanne im Bade und andere Motive fehlten nie und bewiesen, wieviel erotische Anregung sich aus der Bibel ziehen ließ. Dann folgten Szenen zu libidinösen Versen Pietro Aretinos, und schließlich, als nach Wochen die ganze Gesellschaft bereit war, gemeinsame Sache zu machen, kam *Daphnis und Chloë*, wobei die weibliche Hauptrolle von Marie-Louise-Elisabeth, Duchesse de Berry, der Tochter des Regenten, in strahlender Nacktheit gegeben wurde. Die Pariser sangen

> Que notre régent et sa fille
> Commettent mainte peccadille,
> C'est un fait qui semble constant;
> Mais que par lui elle soit mère,
> Se peut-il que d'un même enfant,
> Il soit le grand-père et le père?

Während aber die Mutter des Regenten betrübt in einem ihrer berühmten Briefe feststellte, ihr Sohn liebe seine Tochter so sehr, daß dies zu Gerüchten Anlaß gebe, ließ Philipp von Orléans die hübschen Zeichnungen, die er von der nackten Chloë gemacht hatte, in Kupfer stechen, ja er signierte sogar die achtundzwanzig Gravuren...

Alle Freunde des Regenten sind sich in ihren Berichten über seine Soupers und anderen Ausschweifungen darüber einig, daß er Regierungsgeschäfte und Vergnügen auf das strengste trennte; nie wurden in diesem lockeren Kreis politische Ereignisse oder Vorhaben besprochen, niemand erhielt von Philipp Informationen.

Da die Tencin schnell reich werden wollte, waren die Soupers also verlorene Liebesmüh. Sie gab auf, als man ihr zuflüsterte, daß selbst die schöne Herzogin von Berry, die als eigene Tochter des Regenten die verbotenste aller Früchte war, Philipp von Orléans nicht das Geheimnis des Gefangenen mit der Eisernen Maske habe entreißen können, obwohl sie dazu allerlei hübsche Verrücktheiten in Szene gesetzt habe.

Der nächste Mann nach dem Regenten war vielleicht nicht dem Rang, sicherlich aber der Macht nach der Abbé Dubois, Apothekerssohn aus Brive-la-Gaillarde, der sich vom armen Hauslehrer bis zum Inhaber fetter Abteien emporgedient hatte. Dubois war mehr als doppelt so alt wie die Tencin; er war auch kein schöner Mann von angenehmen Umgangsformen wie der Regent, sondern ein Parvenu, der sich darauf noch etwas einbildete. Zum Unterschied von seinen adeligen Widersachern verfügte er über eine ungeheure Arbeitskraft und tat sich auch auf seine körperliche Leistungsfähigkeit einiges zugute. Es ist sicher, daß Claudine de Tencin in diesem Fall nicht mit ein paar biblischen Szenerien ihr Auslangen fand, sondern in den Jahren, in denen sie die Mätresse des einflußreichen Ministers war, tatsächlich alles erdulden mußte, was die verdorbene Phantasie dieses rachedurstigen Halunken einer Frau von Schönheit und Persönlichkeit nur abfordern konnte.

Abbé Dubois

Aber sie nahm es hin, denn sie und Dubois hatten gemeinsame Ziele. Er wie sie begehrten den Kardinalshut, er natürlich für sich, sie für ihren bescheidenen Bruder, der so gerne irgendwo Bischof geworden wäre. Es war, als hätte die entlaufene

Geschäft mit Hüten

Nonne sich diese Form der Revanche in den Kopf gesetzt; die zwei Männer, mit denen sie am häufigsten ins Bett gegangen war, mußten Kardinäle werden – und sie wurden es auch.

In hier wohl angebrachter Simplifizierung kann man sagen, daß die Widerstände gegen Tencins Kardinalshut in Frankreich lagen, wo jeder ihn, seine Herkunft, seine Schwester und schließlich auch seine Beschränktheit kannte, während die Widerstände gegen den Purpur für Dubois sich in Rom häuften, wo man seine Macht nicht fürchtete, seinen Ruf aber nur zu gut kannte. Es lag daher nahe, Tencin, der in Rom einige gute Beziehungen hatte, so lange als französischen Beauftragten zum Vatikan zu entsenden, bis er am Tiber die Wogen geglättet hatte und dafür dann von seiner Heimat als verdienstvoller Gesandter zum Kardinal vorgeschlagen werden konnte. Mit Hilfe eines machtlosen, aber in Kirchenkreisen noch immer anerkannten britischen Thronprätendenten und massiver französischer Einflußnahme auf die Wahl Innozenz' XIII. wurde Dubois 1721 tatsächlich Kardinal, starb aber weniger als zwei Jahre danach an einem Blasenabszeß.

Die Tencins, die für Dubois alles erreicht hatten, was er begehrte, fühlten sich durch diesen frühen Tod betrogen. Claudine arbeitete wie eine Besessene mit der Schar ihrer Liebhaber an neuen Intrigen, die Dubois ersetzen sollten, und sah ihren geliebten Bruder endlich tatsächlich zum Kardinal-Erzbischof der fern im Durance-Tal abgeschieden liegenden Diözese Embrun aufsteigen. Dann schob sie den längst zufriedenen Mann sogar noch an die Spitze einer kirchlichen Reinigungsbewegung gegen den Jansenismus. Der Vielgenannte wurde zwar nicht Kardinal-Ministerpräsident, wie es *de facto* Richelieu, Mazarin und Dubois gewesen waren, aber immerhin Minister ohne Portefeuille, so daß er heute als Kardinal und »homme d'état français« verzeichnet wird – eine beträchtliche Ehre für den kleinen Abbé aus der Umgebung von Grenoble.

Claudine freilich hatte sich mit diesem zermürbenden Kampf ein wenig übernommen. Ein reicher Liebhaber, dem sie große

Summen abgeluchst hatte, erschoß sich in ihrem Schlafzimmer. Sein Testament enthielt so schwere Beschuldigungen, daß Claudine zunächst in ein simples Gefängnis einziehen mußte, nach einiger Zeit allerdings in die Bastille hinüberwechseln konnte, wo sie im Garten spazierengehen und Besucher empfangen durfte wie im Kloster Montfleury. Bald darauf kehrte sie den Spieß um – an Verbindungen fehlte es ihr ja nicht – und kassierte aus Rache und zum Schadenersatz das gesamte Erbe jenes Selbstmörders, inbegriffen seinen Baron-Titel von der Ile de Ré, weswegen Claudine Guérin de Tencin fortan gelegentlich als Marquise angeredet wurde.

Sie war älter, kühler und klüger geworden, pflegte statt des Boudoirs nun mehr den Salon und zählte einige der besten Köpfe der Zeit zu ihren ständigen Gästen, Marivaux zum Beispiel, der viel von ihr zu berichten weiß, und Fontenelle, der alte Spötter, der sich gewiß nie Illusionen über Claudine gemacht hat. Als sie starb, reagierte er etwa so wie sie auf den Tod des Kardinals Dubois reagiert hatte; er sagte schnell gefaßt: »Nun werde ich also die Dienstagabende bei Madame Geoffrin zubringen müssen.« *Ein alter Spötter*

Leben und Sterben war eine Frage der Salons geworden, und die Bonmots, die man den Abgeschiedenen widmete, fielen nur um Nuancen liebenswürdiger aus als jene, die man Mitlebenden an den Kopf warf.

IV

DER VIELGELIEBTE KÖNIG

Die Bedeutung, die eine Mätresse für das Leben einer Nation erlangte, hing in der Regel weniger von ihren Vorzügen als von den Fehlern des Monarchen ab. Starke Herrscher wie Peter der Große oder Ludwig XIV., sehr pflichtbewußte und religiöse Monarchen wie die Habsburger oder sehr starke Intelligenzen wie Napoleon waren von ihren Mätressen selbst dann nur wenig beeinflußt, wenn diese selbst gebildet, interessiert und intelligent waren. Bei schwachen Herrschern, vor allem aber bei Königen, die sich für die Regierungsgeschäfte so gut wie gar nicht interessierten, hatten die Mätressen leichtes Spiel, und es kam dann zu jenem Weiberregiment, in dem so viele Chronisten das Unheil des Staates sehen – ohne zu bedenken, daß nicht die Frau das Unheil des Monarchen, sondern der Monarch das Unheil des Landes war.

Frauen haben zu allen Zeiten und in jeder Verbindung jenes Maß an Macht an sich gezogen, das der Mann ihnen überließ; das gilt für die Ehe genau wie für die Regierungsgeschäfte, und das ist, in einem Satz, auch die Erklärung für die starke Position eines aus dem Bürgertum aufgestiegenen hübschen Mädchens, das als Marquise de Pompadour vielleicht zu der historisch überzeugendsten Ausprägung der großen Mätresse geworden ist: Neben dem vierzehnten Ludwig hätte sie keine Rolle gespielt; an der rücksichtslosen Ausschweifung der Régence wäre sie mit ihrer schwachen Gesundheit zugrunde

Die Pompadour

gegangen; neben Ludwig XV. aber, einem Fürsten, den das Regieren so langweilte, daß er die Vorträge seiner Minister nur ausnahmsweise zu Ende anhörte und der ein Leben lang unterhalten sein wollte, neben solch einem Monarchen mußte eine hübsche und geistvolle, entschlossene und begabte Mätresse zu einer Art weiblichem Staatsminister werden.

Prophezeiungen

Unter diesen Umständen war es nicht ganz so schwierig, wie es heute scheinen will, einem schönen Mädchen mit den entsprechenden Gaben zu prophezeien, daß es einst Mätresse des Königs sein würde. Insbesondere unter Ludwig XV., der mindestens hundert Mädchen für kurze oder längere Zeit an sein Herz nahm und für den dauernd einige *Pourvoyeurs* tätig waren, konnte jeder Menschenkenner ohne sonderliches Risiko solche Prophezeiungen aussprechen, und es sind ja auch mindestens zwei erfüllte Prophezeiungen bekanntgeworden: jene, die Giacomo Casanova gegenüber Mademoiselle de Romans aussprach, und die allerdings erstaunlichere einer Madame Lebon, die der erst im zehnten Lebensjahr stehenden Jeanette Antonia Poisson um 1730 eine ähnliche Voraussage über ihren Aufstieg zur königlichen Mätresse machte.

Wenn die spätere Marquise de Pompadour jener Madame Lebon eine lebenslängliche Pension aussetzte, so geschah das allerdings nicht nur in Anerkennung ihrer prophetischen Gaben, sondern in der richtigen Erkenntnis, daß es erst diese Prophezeiung war, die Madame Poisson, die Mutter der kleinen Schönheit, dazu veranlaßt hatte, dem Kind eine diesem Ziel entsprechende Erziehung angedeihen zu lassen.

Herkunft einer großen Mätresse

Über ihre Herkunft wurde lange gerätselt; heute hat sich aber – weniger auf Grund von Dokumenten, als aus psychologischen Erwägungen – die Auffassung durchgesetzt, daß Jeanette die Tochter des Stallmeisters François Poisson und seiner Gattin war und nicht ein Kind, das diese zugegeben galante Dame von dem Steuerpächter Lenormant de Tournehem empfing. Poisson war nämlich ein etwas grobschlächtiger, aber energischer Mann, Unterschlagungen nicht abgeneigt (die ihn zeitweise zur Emigration zwangen) und zeitlebens seiner bürgerlichen Herkunft komplexlos treu, so wie ja auch Jeanette Antoinette Poisson noch als Marquise und inmitten der feinen Versailler Umgebung, zwar nicht so rüde wie ihr Vater, aber doch mit sichtlichem Vergnügen die adeligen Sensibilitäten verblüffte.

Jener Steuerpächter war jedoch zweifellos der Geliebte der hübschen Madame Poisson, zu deutsch Fisch, und konnte es ihr nicht gut abschlagen, als sie ihn um die Mittel anging, die für eine chancenreiche Erziehung der kleinen Jeanette Antoinette erforderlich waren. Denn Ludwig XV., ein Monarch ohne alle Fähigkeiten, stand in dem Ruf, der erste Kavalier seines Landes zu sein. Eben, weil er sich für nichts interessierte und die Arbeit nicht liebte, war von ihm keinerlei Effort, kein Versuch der Anpassung, kein Sich-Erwärmen für Bizarrerien zu erwarten. Man mußte es ihm so leicht wie möglich machen, und darum lernten in ganz Frankreich Dutzende, ja vielleicht Hunderte von Müttern ihre Töchter mit geradezu religiösem Eifer dazu an, dereinst in das große Bett des Vielgeliebten zu steigen, eine Tatsache, über die wir uns nicht allzusehr wundern sollten angesichts der zahllosen Familien, in denen die vergleichsweise nichtswürdige Karriere einer Film-Sexbombe mit gleicher Inbrunst erstrebt und vorbereitet wird.

Diese vornehme Erziehung war nach unseren Begriffen etwas einseitig; wir hatten schon Gelegenheit, bei den Damen Montespan und Tencin festzustellen, daß man als gebildete Frau auf der Höhe der Zeit gelten konnte, ohne doch die Orthographie einwandfrei zu beherrschen. Beide waren Opfer jener Klosterschwestern, die selbst nicht sicher in der französischen Rechtschreibung waren, und ähnlich erging es der späteren Marquise de Pompadour. Um so gründlicher und umfassender war jedoch die musische Erziehung, und die kleine Jeanette lernte nicht nur Klavierspielen und Tanzen, sondern auch Singen und Deklamieren, und kein Geringerer als Crébillon-Père, der Tragödiendichter also, nicht der galante Autor,

Bedeutung einer vornehmen Erziehung

125

führte sie in die Kunst der Rezitation, des Versesprechens ein, die damals als eine gesellschaftliche Tugend angesehen wurde. Obendrein empfing sie eine gute Ausbildung im Zeichnen und in den graphischen Grundtechniken und verfertigte manche hübsche Arbeit auf diesem Gebiet.

All das brauchte Jeanette vielleicht nicht so sehr für ihren König als für ihre Position. Hätte sie nur eine der vielen flüchtigen Amouren sein wollen, die der Monarch dann reich belohnte, so hätte es auch weniger getan. Aber sie hatte offenbar schon recht früh sehr präzise Vorstellungen von ihrer Laufbahn, und die Ehe, die sie noch sehr jung einging und die sie mit dem Steuerpächter d'Étioles verband, wurde von ihr stets nur als eine Art Rückversicherung verstanden. Étioles war, wie alle seine Kollegen, ein sehr reicher Mann, und sie konnte sich an seiner Seite jederzeit über königliche Ungnade trösten. Ihr Leben war allerdings so kurz, daß diese Phase, für die sie immerhin vorgesorgt hatte, gar nicht eintrat.

Porträt der Pompadour

Die junge Frau des Steuerpächters d'Étioles wird uns als groß und schlank, als eine zarte und kühle Schönheit geschildert. Ihre Bewegungen waren geschmeidig und elegant, ihr Gesicht eines jener vollkommenen Ovale, die damals dem Schönheitsbegriff entsprachen und das durch die großen, sprechenden Augen einen besonderen Reiz erhielt. Neben dem schöngeschnittenen Mund und den prachtvollen Zähnen sind es vor allem diese Augen, die in allen Schilderungen hervorgehoben werden; sie hatten ihren besonderen Ausdruck von scheinbar wechselnden Farbnuancen und erschienen bisweilen dunkelfunkelnd, schmachtend-blau oder gar rätselhaft-grau.

Noch hatte der König nicht sonderlich von ihr Notiz genommen; andere Damen standen zwischen ihm und ihr, und ihr Briefwechsel enthält peinlich-drängende Briefe an die Kammerdiener des fünfzehnten Ludwig, doch etwas für sie, für Madame d'Étioles zu tun. Es ist merkwürdig, derlei heute zu lesen; es ist ein Sich-Anbieten, das nur dadurch verständlich wird, daß es eben um einen König geht. Jeanne-Antoinette d'Étioles hatte – zweifellos nicht als einzige Dame des Hofes – ziemlich unverhüllt proklamiert, daß sie ihrem Gatten treu zu bleiben gedenke, es sei denn, der König wünsche es anders. Der Absolutismus schrieb eben auch auf diesem Gebiet seine eigenen Gesetze.

Sie wartete nicht nur, sondern arbeitete unverdrossen. Sie ließ sich einige jener Jagdkostüme schneidern, mit denen die geschmeidige Jugend stets die etablierten Damen ausgestochen hat, Meisterwerke an Geschmack und erotischer Erfindungsgabe, die schon den Pompadourstil vorausahnen lassen und den König jedesmal mehr aus der Fassung brachten, wenn er im Wald von Senart auf die Amazone stieß.

Die Absichten einer Dame so deutlich erkennen zu müssen, hätte den Regenten verstimmt; Ludwig XV. hingegen fühlte sich geschmeichelt, und das in einem Grade, daß seine augenblickliche Mätresse, Marie-Anne de Mailly, Herzogin von Chateauroux, der Übereifrigen die Teilnahme an den Hofjagden kurzerhand verbot.

Als die Herzogin 1744 in noch jungen Jahren starb, war der Weg plötzlich frei, und es kam sehr schnell zu einer ersten Nacht mit dem König. Madame d'Étioles hatte zu diesem Zeitpunkt schon etwa sieben Jahre lang Umgang mit zumindest einem Mann – ihrem Steuerpächter – gehabt und mußte ihre Natur kennen, die weder sehr feurig noch sehr sinnlich war, und sie wußte natürlich auch, wieviel gerade von dieser ersten Nacht abhing. Dennoch kam es nicht zu dem rauschhaften Erfolg, den sie sich in vielen Monaten des Wartens erträumt haben mochte: Ludwig XV. war – davor sind ja auch Könige nicht sicher – indisponiert; die heimlich zitternde hübsche Madame d'Étioles wartete in dem großen Bett in Versailles vergeblich auf die Huldigungen des Monarchen.

Königliche Indisposition

Da man sich an dem Liebeshof dieses Königs für nichts so sehr interessierte wie für die nächtlichen Ereignisse, wußte tags darauf das ganze Schloß, daß sich nichts ereignet hatte. Ein mondäner Verseschmied hatte auch schon ein Couplet auf die bürgerliche Dame parat, die das königliche Bett so unzureichend erwärmt hatte:

> Eh quoi! bourgeoise téméraire
> On dit qu'au roi tu as su plaire,
> Et qu'il a comblé ton espoir.
> Cesse d'employer ta finesse;
> Nous savons que le roi ce soir
> T'a voulu prouver sa tendresse
> Sans le pouvoir!

Immerhin hatte das, was Ludwig an diesem Abend des Unvermögens zu sehen bekam, ihn derart charmiert, daß er nach einigen Tagen der Beruhigung und Kräftigung einen zweiten Versuch wagte. Auch Jeanne-Antoinette hatte inzwischen ihr Gewissen erforscht und war sich darüber klargeworden, daß ein zweiter Mißerfolg alle Bemühungen, die mit Tanzmeistern, Klavierlehrern und Schauspielunterricht begonnen hatten, als verlorene Liebesmüh erscheinen lassen würde. In dem Bewußtsein, daß es nun um alles ging, besiegte sie ihre angeborene Kühle und regte den König »durch einige Gewagtheiten sehr speziellen Charakters« so nachhaltig an, daß Ludwig XV. mit sich selbst wieder zufrieden sein konnte.

Versailler Indiskretionen

Daß das eine wie das andere sogleich bekanntwurde, daß die hier nicht wiederzugebenden Details unverzüglich in Versailles herumgeflüstert wurden, nötigt nicht unbedingt zur Annahme jener verstohlenen Fensterchen, durch die wohl gelegentlich ein besorgter Kammerdiener nach dem Rechten sah. Zweifellos war es Madame d'Étioles selbst, die die ersten Andeutungen machte, und im übrigen hatte Ludwig XV., obwohl Kavalier von Ruf, die leidige Angewohnheit, seine Kammerdiener zu Vertrauten zu machen. Diskretion zählte offenbar nur unter etwa Gleichgestellten, innerhalb der Gesellschaft. So wie die Damen sich keineswegs vor Dienstboten genierten, sondern sich auf der Straße, wenn sie den Wagen eines Geschäftchens wegen verlassen mußten, von ihren Dienern die Röcke hochheben ließen, um sie nicht zu beschmutzen, hat auch Ludwig zuerst Binet (der übrigens mit der Pompadour verwandt war) und später Lebel immer wieder die intimsten Konfidenzen gemacht.

Noch war Jeanne nicht am Ziel. In dem großen Bett von Versailles hatten schließlich schon viele Damen Schönheit und Einfallsreichtum bewiesen, ohne darum doch gleich zu Mätressen zu avancieren. Es war mehr als wahrscheinlich, daß sie zu gelegentlichen Wiederholungen befohlen, im übrigen aber im Hintergrund bleiben würde. Da aber hatte Madame d'Étioles jene Idee, die offenbar noch mehr wert war als die *audaces d'un caractère special*, von denen uns Jean-Louis Giraud, genannt Soulavie, eben berichtete: Sie stellte sich als die von einem eifersüchtigen Gatten verfolgte Desdemona hin, behauptete Gefahr zu laufen, wenn sie nach diesen Ereignissen in Versailles nach Hause zurückkehrte, und appellierte damit an Ludwigs einzige Tugend, seine Ritterlichkeit.

Der Hilferuf der verfolgten Schönen ließ Ludwig nicht ungerührt und kam wohl auch im richtigen Augenblick. In der Überzeugung, daß es recht angenehm sein würde, Madame d'Étioles zur Hand zu haben, bat Ludwig sie, Wohnung in Versailles zu nehmen und ließ die Räume für sie herrichten, die von der verstorbenen Herzogin von Chateauroux, der letzten Mätresse, bewohnt worden waren.

Der Geniestreich der Pompadour

Das war für den Augenblick schon sehr viel, denn zumindest nach außen hin war Madame d'Étioles nun in die Position der Herzogin eingerückt. Sie selbst aber wußte, daß es in den nächsten Wochen und Monaten sehr, sehr viel zu tun geben würde. Sie war schließlich eine Bürgerliche und hatte, wie jede neue Mätresse, zunächst den ganzen Hof und obendrein den ganzen Adel gegen sich. Und ein wenig nachdenklich stimmte es sie auch, wie ihr Gatte die Sache wohl aufnehmen würde, war er doch zu jung, um zu resignieren, und zu reich, um eine solche Entwicklung wirtschaftlicher Vorteile wegen für günstig zu halten. Hier sprang ihr alter Mentor (und wie manche glauben Vater), der Steuerpächter de Tournehem, in die Bresche, nahm sich seinen Neffen vor und erklärte ihm in dürren Worten, daß er fortan mit einem goldenen Geweih herumlaufen oder aber sich still verhalten und die zweifelhafte Auszeichnung seiner Gemahlin gelassen hinnehmen könne.

Monsieur d'Étioles soll zunächst einer Ohnmacht nahe gewesen sein; dann aber habe er seine Pistolen zu sich gesteckt und sei nach Versailles aufgebrochen, so daß sein Onkel Gewalt anwenden mußte, um einen Königsmord zu verhindern. Es kostete einige Mühe, den jungen Mann, der in seine schöne Frau heftig verliebt war, zur Einsicht zu bringen und zunächst einmal auf eine lange Dienstreise zu schicken...

Während in Versailles wieder einmal gehämmert und gezimmert wurde, um einer neuen Schönheit den entsprechenden Rahmen zu geben, blieb Jeanne-Antoinette in Étioles und bereitete sich auf ihre Rolle als *Maitresse en titre* vor. Wie ernst sie ihre Aufgabe nahm, geht schon daraus hervor, daß sie sich Lehrer von besonderer Qualität zu verschaffen wußte. Der Herzog von Gontaut besuchte sie häufig und brachte oft einige Tage bei ihr zu. Er unterwies Jeanne in der Etikette, der personellen Situation, machte sie mit der ganzen Lage und mit den Gewohnheiten des Herrschers vertraut, mit denen des Dauphins und anderer wichtiger Persönlichkeiten. Der andere Lehrer war der Abbé de Bernis, Abkömmling einer nicht sonderlich begüterten, aber sehr vornehmen gräflichen Familie, deren Stammbaum bis ins frühe zwölfte Jahrhundert zurückreichte, so daß er das Kreuz der Domherren von Lyon tragen durfte.

Das Zeugnis des Abbés de Bernis

»Madame d'Étioles besaß alle Anmut, Frische und Heiterkeit der Jugend«, schreibt Bernis in seinen Memoiren, »sie tanzte, sang und spielte wunderbar Komödie; es fehlte ihr kein gesellschaftliches Talent. Sie liebte Kunst und Wissenschaft und hatte eine empfindsame und edle Seele...

Der König begab sich zur Armee, die Tournay belagerte, und nahm den Dauphin mit sich. Während seiner Abwesenheit war ich oft in Étioles. Außer mir hatte nur noch der Herzog von Gontaut dort Zutritt... Wir führten oft lange Gespräche. Ich riet ihr, Dichter und Schriftsteller unter ihren Schutz zu nehmen, da diese es auch gewesen waren, die Ludwig XIV. den Namen ›der Große‹ eingetragen hätten. Ich hatte nicht nötig, ihr zu sagen, sie solle die ehrenwerten Leute aufsuchen und lieben; dieser Grundsatz stand in ihrer Seele geschrieben.«

Bernis, so klug er war, hat offenbar nicht bemerkt, daß er sich damit selbst widerspricht; denn zwei Seiten vor dieser Stelle findet sich in seinen Memoiren die Bemerkung, er habe gezaudert, Madame d'Étioles seinen Besuch zu machen, weil ihm die Gesellschaft, die sie frequentierte, nicht paßte. Aber da er sich nun einmal entschlossen hat, über die Pompadour beinahe so viel Gutes zu sagen wie über sich selber, fährt der Abbé und spätere Kardinal im gleichen Tonfall fort:

»Der einzige Fehler, den ich damals an ihr entdeckte, war eine Eigenliebe, der man zu leicht schmeicheln und die man zu leicht verletzen konnte, sowie ein zu allgemeines Mißtrauen, das man leicht erregen, aber auch leicht zerstreuen konnte. Trotz dieser Entdeckung blieb ich aber entschlossen, ihr stets rücksichtslos die Wahrheit zu sagen. Ich bin oft Gefahr gelaufen, ihr dadurch zu mißfallen, aber ich bin dabei fest geblieben... Ich muß zu ihrem Lobe sagen, daß sie zwölf Jahre hindurch lieber meine bisweilen etwas harten Wahrheiten anhörte, als die Schmeicheleien anderer...

Ich sah den König täglich bei der Favoritin, aber erst nach drei Jahren geruhte er, das Wort an mich zu richten; so groß war die Schüchternheit des Monarchen Menschen gegenüber, an die er noch nicht gewöhnt war, besonders wenn sie in dem Rufe standen, geistreich und klug zu sein.«

Ein schüchterner Monarch

An Frauen gewöhnte Ludwig XV. sich offensichtlich schneller, denn bei der schönen Madame d'Étioles folgten die Ereignisse einander in raschem Rhythmus, und drei Jahre wären in der kurzen Lebenszeit dieser großen Mätresse tatsächlich eine zu lange Spanne gewesen. Allerdings konfrontierte sie den Monarchen auch nicht mit jenem Geist, den Bernis sich so offenherzig zubilligt, sondern mit weit angenehmeren Vorzügen, und sie blieb stets darauf bedacht, diese Reize noch zu steigern. In ihrer Besorgnis, den König zu verlieren, griff sie zu Mitteln, die ihren Freundinnen bei Hof bedenklich erschienen. Man geht wohl nicht fehl in der Annahme, daß sie der ehrgeizigen Mätresse von ihrer Mutter geraten worden waren, jener Madame Poisson, von der ein Vielwisser wie der Minister d'Argenson *expressis verbis* sagt, sie sei eine der berühmtesten Dirnen des Palais Royal gewesen.

Aphrodisische Diät
Solange es sich nur um Vanille in der Morgenschokolade, um Trüffel und Selleriesuppen handelte, blieb diese aphrodisische Diät gesundheitlich ziemlich harmlos; als Madame d'Étioles aber Zuflucht zu Pillen nahm, wie einst die Montespan, da glaubte ihre Kammerfrau nicht mehr länger zusehen zu dürfen und vertraute ihre Befürchtungen einer Freundin ihrer Herrin, der Herzogin von Brancas an.

»Tatsächlich«, erzählt die Kammerfrau, Madame du Hausset, in ihren Memoiren, »nahm die Herzogin nach der Toilette meine Madame beiseite und äußerte sich besorgt über ihre Gesundheit. Sie sagte ihr, daß sie sich mit mir unterhalten habe, und sprach Madame so lange gut zu, bis diese in Tränen ausbrach. Ich lief sogleich und schloß die Türen, dann kehrte ich zu den Damen zurück, um zu hören, was gesprochen wurde. ›Liebe Freundin‹, sagte Madame zu der Herzogin, ›was mich so verwirrt, ist die Furcht, den König zu verlieren, weil... ich ihm nicht mehr angenehm bin. Die Männer legen, wie Sie wohl auch wissen, auf gewisse Dinge sehr großen Wert, und ich habe nun einmal das Unglück eines sehr kühlen Temperaments. Darum nahm ich mir vor, einige Tage eine echauffierende Diät zu halten und nehme seit zwei Tagen außerdem dieses Mittel hier, von dem ich zu bemerken glaube, daß es mir sehr guttut...‹

Die Herzogin nahm die Droge, die auf dem Toilettentischchen stand, und warf sie in den Kamin, nachdem sie daran gerochen hatte. Dabei sagte sie nur ›Fi!‹

Madame war etwas verärgert. Sie sagte: ›Ich liebe es nicht,

wie ein Kind behandelt zu werden‹, begann gleich darauf aber wieder zu weinen und erzählte:

›Sie werden nicht glauben, was mir vor acht Tagen widerfahren ist. Unter dem Vorwand, ihm sei zu warm, verließ der König das Bett und legte sich auf das Kanapé. Dort brachte er die halbe Nacht zu. Er wird bald genug von mir haben und sich eine andere nehmen.‹

›Dadurch, daß Sie eine gesundheitsschädliche Diät befolgen und gefährliche Mittel einnehmen, werden Sie das nicht verhindern können‹, antwortete die Herzogin, ›trachten Sie, dem König Ihre Gesellschaft angenehm zu machen und seien Sie freundlich und sanft zu ihm, stoßen Sie ihn nie zurück und vertrauen Sie im übrigen auf die Wirkungen der Zeit: Die Ketten der Gewohnheit werden Sie und ihn für immer aneinanderbinden.‹

Darauf umarmten die Damen einander, Madame bat die Herzogin, Stillschweigen zu bewahren, und die stimulierenden Mittel kamen nicht mehr auf den Frühstückstisch.«

Jeanne wird Marquise

Krisen dieser Art mag es einige gegeben haben, aber wie man sieht, fehlte es der Mätresse nicht an guten Ratgebern, und der König erkannte bald, daß er hier neben der Geliebten auch eine Freundin gefunden hatte. Es dauerte nicht lange, und er machte die Tochter des Ehepaars Poisson zu einer Marquise de Pompadour mit einer Besitzung in Mittelfrankreich, die zwar nur 18 000 Livres im Jahr abwarf, der Bürgerlichen aber den ersehnten gesellschaftlichen Rang gab. Eine weitere Festigung ihrer Stellung brachten kluge Ratgeber wie Bernis und die zwar schlecht angeschriebene, aber energische Madame de Tencin, deren Kunst der Intrige für die frischgebackene Marquise bald unentbehrlich war. Später stieß noch Choiseul zu dieser Gruppe und wurde Nachfolger des Abbés Bernis als Außenminister. Er hatte sich der Marquise dadurch empfohlen, daß er ihr einen Brief zuspielte – das Dokument einer Intrige, die eine hübsche Dame von Rang, eine Verwandte Choiseuls, als Mätresse an die Stelle der Pompadour setzen sollte.

Eine Frau mit so viel Energie, Intelligenz und der Gabe der Menschenbehandlung war genau die Ergänzung, die Ludwig XV. brauchte. Im Gegensatz zu Heinrich IV. oder Ludwig XIV. war er nicht ritterlich-streng erzogen, sondern von vornherein zum Hofmann ausgebildet worden. Liebte er auch die Jagd, so war seine eigentliche Welt doch der kleine Kreis vertrauter Gesichter, in dem er dann auch viel, mühelos und geistvoll zu sprechen verstand. Vor Fremden, in ungewohnter Umgebung, gab er sich geheimnisvoll, mitunter bizarr, und improvisierte nicht ungefährliche Ansprachen.

Das Geheimnis einer Bindung

Bei der Marquise fand der König eine ihn sichernde Umgebung. Er, der seine Kinder liebte und im Grunde ein weicher und zärtlicher Mensch war, fühlte sich nirgends so wohl wie in dem beinahe bürgerlichen und familiären Kreis, den diese Frau ihm schuf, weswegen sie auch länger an seiner Seite blieb als die ersten Mätressen, größtenteils Töchter des Marquis de Nesle, die Ludwig nur durch ihre masculine Kraft angezogen hatten.

Aber Jeanne-Antoinette Poisson, Marquise de Pompadour, war und blieb trotz aller schönen Titel und trotz des großen Vermögens, das sie zusammenraffte, ein Mädchen aus dem Volk, und das Leben bei Hof, die Abwehr der Intrigen, die Beherrschung des Königs und die Führung der Politik nötigten sie zu einer dauernden Überanstrengung, der ihre Gesundheit schon bald nicht mehr gewachsen war. Seit etwa 1750 störte dies Ludwig, der sehr ängstlich war und nichts so sehr fürchtete wie die Ansteckung, weil er sich schon in jungen Jahren eine Geschlechtskrankheit geholt hatte; aber es war um diese Zeit schon so, wie die Herzogin von Brancas gesagt hatte: Ludwig brauchte die Pompadour; ihre Gesellschaft und Freundschaft waren ihm unentbehrlich, und so konnte sie ihre Position trotz der militärischen Mißerfolge, die ihre Politik widerlegten, im wesentlichen bis zu ihrem Tod am 15. April 1764 halten. Und diese Zeit, dieses letzte Dutzend Jahre, in dem sie nicht mehr seine Geliebte, aber nicht viel weniger als eine zweite Königin war, sind jene Zeitspanne, in der die Marquise sich tatsächlich als eine Frau von Format erwies und einen Begriff der Mätresse schuf, den nur ganz wenige Frauen so ausfüllen konnten wie sie.

Die Mittel, deren sie sich bediente, waren freilich nicht immer die feinsten. Man fühlt bei ihren Aktionen immer die Ratgeber durch, die *Roués* der Politik wie Bernis oder Choiseul, die zu allem entschlossene, eiskalte Madame de Tencin und die raffinierten Bankkreise, wie sie durch die Sippe der Pâris repräsentiert wurden. Diese von der Politik diktierte Unbedenklichkeit in der Wahl der Mittel ist der Schlüssel zu der sonst schwerverständlichen Zutreiberrolle, die diese schöne und geistvolle Frau auf sich nahm, als sei sie zeitlebens nichts anderes gewesen als eine Entremetteuse.

Man wüßte wahrscheinlich nicht viel über diese Seite ihres Wesens, diese Technik ihres Regiments, wären nicht die Erinnerungen ihrer Kammerfrau durch einen Zufall vor der Vernichtung gerettet worden. Sénac de Meilhan, ein höherer Verwaltungsbeamter, der auch einige Bücher veröffentlicht hatte, trat eines Tages bei seinem Freund Marigny ein, als dieser eben im Begriff war, alte Briefschaften und andere Papiere zu verbrennen. Sénac wußte, daß Marigny, von dem in der Öffentlichkeit sehr wenig gesprochen wurde, der leibliche Bruder der Marquise von Pompadour war (die ihrem Vater das Marquisat von Marigny verschafft hatte), sich aber auf diese Beziehung nie etwas zugute getan hatte, sondern durchaus rechtschaffen und bescheiden geblieben war. Sénac bat um Schonung wenigstens eines großen Pakets, das besonders viel zu enthalten schien.»Darin ist nichts anderes als das kaum lesbare Tagebuch einer Kammerfrau meiner Schwester«, antwortete der Marquis, »allzuoft wiedergekäuter Quatsch! Ins Feuer damit!« – »Ich bitte dennoch um Gnade dafür«, beharrte Sénac, »Sie wissen doch, wie sehr ich die Anekdoten liebe; ich finde bestimmt etwas Interessantes darin.«

Das später von dem Schotten Craufurd erstmals herausgegebene Tagebuch der Madame du Hausset enthält tatsächlich

Erinnerungen einer Kammerfrau

vieles, was man schon anderswo auch gelesen hatte, denn die Pompadour machte aus ihrem Leben ja weder ein Geheimnis, noch gab sie ihrer Umgebung Rätsel auf. Aber die Hausset lieferte zu einigen vieldiskutierten Punkten in der Lebensführung des Königs doch recht aufschlußreiche Einzelheiten. Seit ihrem Zeugnis ist es nicht mehr möglich, die Existenz des Hirschparks anzuzweifeln, und es ist auch völlig klar, daß die Marquise von Pompadour diesen für europäische Verhältnisse einzigartigen Harem minderjähriger Mätreßchen geduldet und gehütet hat, um den König erotisch zu beschäftigen und die Gefahrenquellen auszuschalten, die in der Bestallung einer neuen, einflußreichen *Maitresse en titre* vorhanden gewesen wären.

Der Hirschpark

Der *Parc aux Cerfs* war ein Viertel von Versailles, das seinen Namen dem Tiergehege verdankte, auf dessen Boden es entstand. Da man im großen Schloß von allen gesehen wurde und manchen anderen Unbequemlichkeiten ausgesetzt war, hatten sich seit etwa dem Jahre 1700 einige vermögende Höflinge im Städtchen Versailles kleine Privathäuser gekauft und für sich eingerichtet. Ihrem Beispiel folgte Ludwig XV., und man darf annehmen, daß er dies vor allem tat, um seinen kleinen Amouren unbeobachtet nachgehen zu können. In einem Haus, über dessen Lage man sich nicht völlig klar ist (eines der in Frage kommenden Gebäude existiert noch, 4, Rue Saint-Médéric), lebten jene Pensionärinnen, die Lebel und andere für den König ausgesucht hatten, unter der Fuchtel einer Oberin namens Bertrand. Der König besuchte die Mädchen, ohne sich ihnen zu erkennen zu geben, oder tat dies doch nur ausnahmsweise wie im Fall der schönen Louison O'Morphy, an der er zwei Jahre festhielt (vgl. *Das älteste Gewerbe* S. 229 ff.). Die übrigen hielten ihn für einen reichen polnischen Grafen aus dem Gefolge der Königin.

Viele mochten freilich ahnen, daß der ganze Apparat, die Oberin, die lange Gefangenschaft, die Nähe des Schlosses und der geheimnisvolle, dem Münzenporträt so ähnlich sehende

Herr zu einem bloßen Grafen doch wohl nicht paßten. Waren sie klug, so taten sie dennoch, als glaubten sie an die Legende, liebten ihren Grafen und wurden nach einiger Zeit mit zehn- bis zwölftausend Livres Mitgift an einen gutwilligen Landedelmann verheiratet. Als Damiens Ludwig XV. zu töten versuchte und ganz Paris von Gerüchten über das Attentat widerhallte, verriet sich eines der Mädchen, das den »Grafen« liebgewonnen und als König erkannt hatte, durch seine Angst um den Monarchen. Die Ärmste wurde – wie uns Madame du Hausset berichtet – sofort aus dem Hirschpark entfernt und in ein Irrenhaus gebracht.

Solche Zwischenfälle und die auffallend hohe Kindersterblichkeit bei Hirschpark-Geburten belasten die Marquise und natürlich auch den König schwer und lassen die Einrichtung dieses Serails selbst angesichts der lockeren Hofsitten als kriminell erscheinen. Die von manchen Historikern behaupteten Kindesentführungen für den Hirschpark, die Verhaftung widerwilliger Eltern und andere düstere Gerüchte rund um den Versailler Serail haben sich jedoch bisher nicht einwandfrei beweisen lassen. Fest steht lediglich, daß Ludwig sich dort regelmäßig auch an Kindern verging, an Mädchen, die noch so jung waren, daß Ludwig sie zu Gebeten anleitete und sich in einer seltsamen väterlich-libidinösen Zwitterrolle gefiel, die seinem unsicheren Wesen besonders entsprochen haben mag.

Ein Serail und viele Gerüchte

Im Gegensatz zu dem Regenten war der König ziemlich sorglos, was die Vermengung von Privatleben und Staatsgeschäften betraf. Madame du Hausset berichtet uns, daß er einmal im Hirschpark einen Brief liegenließ, den den König von Spanien an ihn gerichtet hatte, und einen anderen, der vom Abbé de Broglie stammte, dem Mann, der jahrelang des Königs eigene Geheimdiplomatie leitete. Wären die Insassinnen des Hirschparks nicht meist junge und kenntnislose Geschöpfe von oft beträchtlicher Naivität gewesen, so hätten solche Indiskretionen Frankreich zweifellos schaden können.

Mochte das Haus in der Rue Saint-Médéric noch so versteckt liegen, die Pariser bekamen Wind davon und bezeichneten unverblümt die Pompadour als *Maquerelle*, als Bordellmutter, die dem König jene Genüsse verschaffe, die sie selbst nicht mehr zu bieten in der Lage sei. Außerdem wurden ungeheure Summen genannt, die der Hirschpark kosten solle. Da er aber oft wochenlang leer stand und in den übrigen Zeiten außer Dominique Bertrand, der »Äbtissin«, meist nur zwei Pensionärinnen beherbergte, mögen die Ausgaben sich in Grenzen gehalten haben. Viel teurer war demgegenüber die Lebensführung der Marquise von Pompadour selbst. Sie soll alljährlich für sich und ihren Hofstaat eineinhalb Millionen Livres (ca. 400 000 DM) ausgegeben und sich daneben noch ein Vermögen an unbeweglichem Besitz erworben haben, das Zeitgenossen auf zwanzig Millionen Goldfrancs schätzten. Das waren Beträge, die ein beinahe pausenlos in Kriege verwickeltes Land wie Frankreich nicht ohne schwere Einbußen an militärischer Leistungsfähigkeit verlorengeben konnte.

Die Politik der Pompadour

Es ist natürlich leicht, aus der Rückschau zu urteilen, und es bleibt bei allem, was gegen die Pompadour gesagt wird, immer die Frage offen, ob dieser schwache König in anderen Händen Besseres geleistet hätte. Seine Grundfehler hätte gewiß keine andere Mätresse heilen können, seine Tendenz, die Minister stets einzeln zu konsultieren, gegeneinander auszuspielen, unzureichend zu informieren und hinter ihrem Rücken eine eigene königliche Geheimpolitik zu betreiben. Auf diese Weise mußte es in bewegten Zeiten wie dem achtzehnten Jahrhundert zu ungünstigen politischen Konstellationen kommen.

Während die eine Partei Frankreichs Zukunft in einer Auseinandersetzung mit England sah, um die kanadischen und amerikanischen Besitzungen zu halten, waren andere Kräfte (darunter die Marquise) für ein Engagement Frankreichs auf dem Kontinent. Da der König unentschieden war, zersplitterte Frankreich seine Kräfte, und der ungeheure und wertvolle überseeische Besitz ging ebenso verloren wie die einst ansehnliche europäische Machtposition.

Ganz Europa bemühte sich noch um die Gunst der Marquise von Pompadour, als die Gunst des Königs, zumindest was die Liebe selbst betraf, sich schon längst anderen Damen zugewendet hatte. Die sittenstrenge Maria Theresia, die in Wien keine alleinreisenden Damen duldete und darob selbst mit ihrem Sohn in Streit geriet, fand es nicht unter ihrer Würde, zärtlich-höfliche Briefe an die allmächtige Mätresse zu schreiben, und der elegante Kaunitz, der in Wien nicht einmal mit Schauspielerinnen verkehren durfte, weil dies die Kaiserin ärgerte, verwendete ein halbes Leben und all seine Diplomatenkunst darauf, mit der Tochter einer Frau von gelinde gesagt schlechtem Ruf und eines Defraudanten von bekannt schlechten Manieren im Guten auszukommen.

Nach alldem ist an ihren besonderen Fähigkeiten wohl kaum zu zweifeln, an einem starken Reiz, der von ihrer Persönlichkeit auch für jene ausging, die ihrem erotischen Fluidum unzugänglich waren oder es, wie der übersättigte König, nicht mehr empfanden. Ob sie, die immer um ihre Position zitternde alternde Mätresse, aber zu beneiden war, bleibt trotz allem Aufwand und allen Vermögens sehr zweifelhaft. Während sie die Minister abwehrte, von denen einige ihre unversöhnlichen Gegner blieben, stahlen sich die schönen Frauen mit einer Selbstverständlichkeit in die Privatgemächer des Königs, die Ludwig XV. beinahe als Erotomanen erscheinen läßt.

Der Graf Dufort de Cheverny bestätigt in seinen Memoiren, daß der König grundsätzlich jeden Brief beantwortete, den eine schöne Frau ihm schrieb, und daß solche Korrespondenzen fast stets mit einem zärtlichen Rendezvous endeten. Und natürlich schrieb der König auch selbst seine Briefchen. Nahm man sie an und öffnete man sie, dann gab es meist kein Zurück, weswegen eine hübsche junge Gräfin, die mit der Pompadour befreundet war, solch ein Königsbriefchen einmal einfach zu Boden fallen ließ und die Hände hinter dem Rücken verschränkte, so daß Ludwig wohl oder übel sich bücken und das Billet d'amour selbst aufheben mußte. Das aber waren die Aus-

Liebesbriefe am Hof Ludwigs XV.

nahmen, denn nur zu gut wußten alle Damen, daß der König selbst wenige Liebesnächte auf die großzügigste Weise zu honorieren pflegte.

Marie-Marguerite Adelaide de Builloud, Frau des Grafen de Séran, hatte auf diese Weise in kurzer Zeit und ohne irgendwelchen Schaden zu nehmen 100 000 Taler in bar und ein schönes Haus in Paris verdient, und einer anderen hatte eine einzige Nacht eine Kassette mit 4000 Goldstücken eingebracht – der jungen und schönen Witwe eines Steuerpächters, die sich eingebildet hatte, geistvoll genug zu sein, um den König für längere Zeit in ihren Bann zu schlagen. Der Graf von Chéverny erzählt ihr wenig bekanntes Abenteuer wie folgt:

Das Abenteuer der Madame P.

»In einem Gespräch mit Lebel eröffnete sich Madame P. diesem Vertrauten des Königs, und er versprach, seinen Herrn zu informieren. Acht Tage später näherte er sich ihr sehr geheimnisvoll und berichtete, der König sei bereit, ihr um Mitternacht in seinem Schlafzimmer eine Audienz zu gewähren und daß er, Lebel, sie in seiner Wohnung erwarten werde, die unter den Gemächern des Königs liege.

Am Abend entfernte sich die Dame, die viele Verehrer hatte, unter einem Vorwand von zu Hause und begab sich, aufs eleganteste gekleidet, nach Versailles. Sie hieß ihren Wagen warten und ließ sich in einer Sänfte zu Lebel tragen, der sie schon erwartete und die Träger wegschickte.

Nach einigen Komplimenten über ihre Schönheit und Pünktlichkeit sagte Lebel: ›Wir gehen jetzt gemeinsam hinauf in das Schlafzimmer des Königs; ich ziehe mich dann zurück, und Sie werden mich nur zu sehen bekommen, falls der König dies wünscht, das heißt beim Ende der Audienz. Der König betritt sein eigentliches Schlafzimmer stets allein; Sie werden ein ungestörtes Tête-à-tête mit ihm haben.‹

Madame P. wäre nach diesen Worten am liebsten wieder ausgerückt, aber sie war nun schon zu weit gegangen und ließ sich also in dem Zimmer nieder, in dem das Bett schon für den König bereitgemacht war.

Mitternacht verging, es schlug ein Uhr, aber der König kam nicht. Endlich, um viertel zwei, trat er ein und sagte: ›*Ah, vous voilà, Madame.* Ich habe nicht erwartet, eine so schöne Frau vorzufinden.‹

Das und was der König sonst noch sprach, kam ihm mit der größten Selbstverständlichkeit von den Lippen, und er tat sich auch sonst keinen Zwang an. Madame P. war bestürzt, ja beschämt, da sie schließlich gewöhnt war, mit Respekt behandelt zu werden; aber der Schritt vom Wege war nun einmal getan, und sie mußte gute Miene zum bösen Spiel machen. Sie wehrte sich also nicht, als der König sich alle Freiheiten herausnahm, nach denen ihm der Sinn stand, bis er schließlich sagte:

›Sie sind reizend, meine Liebe, und das in jeder Hinsicht. Ich gehe jetzt zum offiziellen Coucher und komme wieder, so schnell es geht. Sie können sich inzwischen schon ausziehen.‹

Die Dame, die einen so brüsken Vorgang nicht erwartet hatte, war auf das, was der König offensichtlich wollte, nicht vorbereitet und trug Kleider, mit denen sie – da sie eine Zofe gewöhnt war – allein kaum zurechtkam. Immerhin gelang es ihr, abzulegen, was sie auf dem Leibe hatte, und ins Bett zu schlüpfen, in dem sie sich vor ihrer eigenen Scham versteckte.

Inzwischen hatte auch der König das Coucher hinter sich gebracht, sich aus dem Staatsbett erhoben, das Kabinett durchquert und das eigentliche Schlafzimmer betreten. Lebel war schlafen gegangen. Der König ging in sein Ankleidezimmer und brachte dort eine volle Viertelstunde zu. Madame P. hat später erzählt, daß dies die fürchterlichste Viertelstunde ihres Lebens war. Endlich trat Ludwig ein und schlüpfte neben der Dame ins Bett.

›Madame‹, sagte er, ›ich muß Sie bitten, mich zu entschuldigen. Ich bin nicht mehr jung. Ich bin sicher, daß Sie alle Huldigungen verdienen, aber ein König ist nicht mehr Mann als irgendein anderer, und trotz der besten Absichten und des größten Begehrens ist es drei Uhr morgens. Wenn Sie das Tageslicht abwarten, könnte jemand Sie sehen. Die kurzen Tor-

Ein König 3 Uhr morgens

heiten sind die schönsten. Ich werde nie vergessen, was Sie für mich taten. Ziehen Sie sich jetzt wieder an, ich werde Sie selbst zu der Spiegeltüre in der Galerie bringen. Wachen stehen nur an den beiden Enden.‹

Die Dame war so verblüfft und so außer sich vor Scham und Reue, daß sie nicht antwortete, sondern aus dem Bett sprang und sich, so gut sie konnte, in größter Eile und Unordnung das Nötigste anzog. Der König geleitete sie hinaus...«

Madame P. mußte mitten in der Nacht ihre Träger wecken, mußte eine halbe Stunde an der Remise klopfen, ehe ihr Wagen bereit war, und kehrte in einer seelischen Verfassung nach Hause zurück, die sie ihr Leben lang nicht mehr vergaß.

Finanzierung des Liebeslebens

Eine kleine Gräfin, die ein Liebesbriefchen fallen läßt, eine schöne Dame aus der Provinz, die auf einen übermüdeten König trifft, das waren naturgemäß Glücksfälle für die Marquise von Pompadour, aber im ganzen wohl die Ausnahmen. Nach allem, was wir aus vielen Memoiren wissen, war die Versorgung Ludwigs XV. mit hübschen Mädchen und Frauen der bestorganisierte Zweig aller Hofdienste. Drei Steuereinnehmerstellen waren unter der Bedingung vergeben worden, daß die Hälfte der Erträge als Liebesgelder zur Verfügung stünden, und der einstige Barbier Lebel war als Vertrauter und Regisseur dieses für Ludwig wichtigsten Lebensbereiches in eine Position aufgerückt, über die zwar jeder Minister nur mit einem Nasenrümpfen sprach, die aber wesentlich größeren Einfluß garantierte als ein offizielles Portefeuille.

Die Romans

Über Lebel lief auch der Lebensweg der Mätresse, die zweifellos die schönste, vornehmste und dem Charakter nach wertvollste Frau unter all jenen war, die Ludwig XV. in seine Arme zog; sie war auch die einzige, der er die Ehre erwies, ihren Sohn zu legitimieren: Mademoiselle Anne Coupier de Romans. Sie stammte – wie Madame de Tencin – aus einer angesehenen Familie der Stadt Grenoble, in der ihre Verwandten und Vorfahren wiederholt dem Stadtparlament angehört hatten. Das

Horoskop, das die schöne Anne aus Grenoble nach Paris aufbrechen ließ, wurde nicht, wie im Falle der Marquise von Pompadour, von einer berufsmäßigen Wahrsagerin aufgestellt, sondern von einem gewandten Scharlatan, der nur die Anfangsgründe der Astrologie beherrschte, dafür aber um so mehr von den Frauen verstand: von Giacomo Casanova. Er hat damit neben der O'Morphy, an der Ludwig XV. beinahe drei Jahre lang festhielt, diesem König auch seine schönste Mätresse zugeführt, die Romans.

Casanova, das Kontakt-Genie, ging nach seiner Ankunft in Grenoble zunächst einmal in ein Konzert. »Die Gesellschaft«, schreibt er in seiner *Histoire de ma vie*, »war zahlreich, und es waren besonders viele Damen da; aber die einzige, die meine Blicke fesselte, war eine schöne Brünette von bescheidenem Wesen, sehr schönem Wuchs und sehr einfacher Toilette. Nachdem das reizende Gesicht ein einziges Mal einen bescheidenen Blick über mich hatte hingleiten lassen, sah sie mich nicht mehr an. In meiner Eitelkeit dachte ich zuerst, dies sei eine kokette List, um in mir den Wunsch nach ihrer Bekanntschaft zu wecken und um mir Zeit zu lassen, die edlen Linien ihres Profils und ihrer schönen Körperformen, die ihr schlichtes Kleid nicht verbarg, besser prüfen zu können. Erfolg gibt immer Zuversicht, und die Eitelkeit befindet sich stets in Einklang mit unseren Wünschen. Sofort warf ich mein Auge auf dieses Fräulein, als ob alle Frauen von Europa nur einen Serail bildeten, der zu meinem Vergnügen bestimmt wäre...«

Casanova in Grenoble

Die de Romans waren arm, aber sehr anständig. Casanovas Verführungskünsten waren sie ohne jegliche Abwehrmöglichkeit preisgegeben. Er stellte der schönen Anne und ihrer Tante seinen Wagen zur Verfügung, gab Gesellschaften für sie und mimte mit einiger Überzeugungskraft sogar den ernsthaften Bewerber. Er muß sich sehr intensiv mit ihr beschäftigt und sie wochenlang stürmisch begehrt haben, denn seine Beschreibung der Romans ist die lebendigste und beste, die wir von ihr besitzen, obwohl sie damals doch noch ein Mädchen unter vielen war und später, in Paris, eine umschwärmte Schönheit, die Hunderte bestaunten. Unter diesen allen war aber eben kein Casanova...

Porträt der Romans

»Das schöne junge Mädchen war damals siebzehn Jahre alt.* Ihre atlasweiche Haut war von einer blendenden Weiße, die durch ihr prachtvolles schwarzes Haar noch mehr hervorgehoben wurde. Die Züge ihres Gesichts waren vollkommen regelmäßig, ihre Wangen leicht gerötet; ihre schöngeschnittenen schwarzen Augen strahlten im lebhaftesten Glanz und waren zugleich unbeschreiblich sanft. Ihre Augenbrauen waren fein geschwungen; in ihrem kleinen Munde standen zwei Reihen ganz regelmäßiger Perlenzähne; auf ihren Lippen von zarter Rosenfarbe schwebte ein Lächeln voller Anmut und Schamhaftigkeit... Ihr Busen war wohlgeformt und nicht größer, als ein schöner Busen sein muß. Mode und Erziehung hatten sie daran gewöhnt, die Hälfte desselben mit der gleichen Unschuld sehen zu lassen, womit sie jedermann ihre weiße fleischige Hand sehen ließ...«

Mademoiselle de Romans war ganz ohne Zweifel eines jener grundanständigen Mädchen, denen selbst die natürliche Koketterie ihrer jungen Jahre schon als Sünde erschienen wäre; ja aus manchen Schilderungen Casanovas meint man eine gewisse Melancholie bei der Schönen erkennen zu können. Der Venezianer wurde durch all diese Schwierigkeiten natürlich nur zu besonderem Eifer angestachelt; er gab sich seriös, hofierte die Tante mindestens in dem Maß wie die Nichte und hatte schließlich auch Erfolg, weil Anne es als armes Mädchen einfach nicht wagen durfte, einen Weltmann von einigem Vermögen, als der Casanova in Grenoble auftrat, unfreundlich zu behandeln:

»Wir spazierten in dem hellen Mondschein«, berichtet Casa-

---

* Da sich C. im September 1760 in Grenoble aufhielt, wäre die Romans folglich um 1743 geboren. Nach anderen Quellen soll sie 1761 etwa zwanzig Jahre alt gewesen, nach wieder anderen sogar schon 1737 geboren worden sein.

nova weiter, »und ich führte die schöne Romans in einen Laubengang. Aber was ich auch sagen mochte, um sie zu verführen, all meine Mühe war vergebens. Ich hielt sie mit meinen Armen umschlungen und bedeckte sie mit den heißesten Küssen; aber ihr Mund gab mir nicht einen einzigen zurück, und ihre schönen Hände waren stärker als die meinen... Als ich schließlich dennoch durch Überraschung in den Vorhof des Tempels gelangte und mich in einer Stellung befand, die jeden Widerstand nutzlos gemacht haben würde, versteinerte sie mich plötzlich, indem sie in einem engelhaften Ton, dem kein zartfühlender Mann widerstehen kann, zu mir sagte: ›Ich bitte Sie, Monsieur, seien Sie mein Freund und richten Sie mich nicht zugrunde‹...«

Casanova, ganz Kavalier, kniete sogleich nieder, bat sie um Verzeihung und war eine Viertelstunde später glücklich, eine willfährige Wirtstochter zu finden, bei der er die von der schönen Romans angefachte Glut kühlen konnte. Und dennoch blieb letztlich er, der Libertin, Sieger über die ganze provinzielle Wohlanständigkeit, weil offenbar ganz Frankreich wie paralysiert auf den liebeshungrigen König starrte und keine Hemmungen mehr kannte, wenn die Chance winkte, eine Tochter oder Nichte im Bett des Monarchen unterzubringen:

»Gegen Mittag stand ich auf, und da ich mich frisch und munter fühlte, machte ich mich daran, das Horoskop fertigzustellen. Ich beschloß, der schönen Romans folgendes zu sagen: Das Glück erwarte sie in Paris. Sie werde dort die Geliebte ihres königlichen Herrn werden, aber der Herrscher müsse sie sehen, bevor sie das achtzehnte Lebensjahr erreicht habe... Um meiner Prophezeiung einen besonderen Anstrich von Wahrheit zu geben, erwähnte ich mehrere erstaunliche Ereignisse, die ihr bis zu ihrem damaligen Alter von siebzehn Jahren zugestoßen waren. Ich hatte diese von ihr selber oder von ihrer Tante vernommen, ohne mir anmerken zu lassen, daß ich auf ihr Gespräch achtete.

Mit Hilfe einer astronomischen Zahlentabelle und eines an-

Das Horoskop

deren alten Schmökers machte ich in sechs Stunden die Niederschrift und Abschrift eines Horoskops für Mademoiselle Anne Coupier de Romans... Ich hoffte, man würde mich bitten, das Juwel selbst nach Paris zu bringen, und ich wäre durchaus nicht abgeneigt gewesen, diese Bitte zu erfüllen... Ja ich habe mich damals wohl mit dem Gedanken getragen, daß aus diesem herrlichen Unternehmen irgendein großes Glück für mich entstehen müsse, denn ich zweifelte nicht daran, daß der Monarch sich auf den ersten Blick in sie verlieben würde... Einen beinahe göttlichen Anschein erhielt meine Prophezeiung dadurch, daß sie die Geburt eines Sohnes in Aussicht stellte...«

Es spricht für die Intelligenz des Mädchens, daß es bei der Diskussion um das Horoskop zunächst schwieg, dann aber Casanova beiseite nahm und ihn ernst fragte, was an seinem Geschreibsel denn dran sei. Der Venezianer blieb natürlich fest bei seinem Lügengebäude und erhärtete es schließlich dadurch, daß er das Geld für die Reise vorstreckte.

Die Regeln des galanten Spiels

Dennoch wäre die »Prophezeiung« wohl unerfüllt geblieben, hätte Mademoiselle de Romans nicht eine Tante in Paris gehabt, die sie schließlich besuchen konnte, ohne sich etwas zu vergeben. Diese Tante, eine Madame Vernier, hielt einen Spielsalon, dürfte also zur obersten Schicht der Halbwelt gezählt haben und verfügte über eine große Anzahl von Freunden. Alles weitere vollzog sich nach den Spielregeln, die Ludwig XV. durch seine eigene allzuleicht ansprechbare Natur sanktioniert hatte: Madame Vernier erhielt von befreundeter Seite einen Hinweis auf den nächsten günstigen Ausgang des Monarchen, Mademoiselle de Romans wurde auffällig gekleidet und gut postiert und der König obendrein (falls dies überhaupt notwendig war) diskret auf sie aufmerksam gemacht. Lebel scheint diesmal nicht von Anfang an im Komplott gewesen zu sein, denn Jeanne-Louise-Henriette Genet, spätere Madame Campan und Vorleserin der Marie Antoinette, schildert den ersten Kontakt mit glaubhaften Einzelheiten in ihren Memoiren folgendermaßen:

»Als der König an den Terrassen der Tuilerien hinging, bemerkte er einen Ritter vom Orden des Heiligen Ludwig in einem etwas altmodischen Kostüm und eine gutgekleidete Frau, zwischen denen an der Brüstung ein Mädchen von strahlender Schönheit stand; sie war offensichtlich für diesen Augenblick besonders herausgeputzt worden und trug einen Schal aus rosafarbenem Taft. Der König war frappiert gewesen, auf welche erkünstelte Weise die beiden ihn dem Mädchen gezeigt hatten« – mit anderen Worten: er durchschaute das Spiel – »und rief Lebel zu sich, kaum daß er nach Versailles zurückgekehrt war. Er befahl diesem Vertrauten, das Mädchen zu suchen, von dem er Lebel eine sehr genaue Beschreibung gab. Lebel verwahrte sich dagegen und erklärte, daß dies ein aussichtsloses Beginnen sei. ›Gestatten Sie, daß ich anderer Meinung bin‹, antwortete der König. ›Die Leute wohnen zweifellos in dem Viertel, das an die Tuilerien stößt. Sie sind zu Fuß gegangen und sicherlich nicht durch ganz Paris, dazu war das Mädchen zu sehr herausgeputzt. Außerdem sind sie arm. Das Kleid des Mädchens war neu, und ich möchte wetten, daß es eigens für diesen Tag angefertigt worden ist – nun aber wird sie es sicherlich den ganzen Sommer lang tragen, und da die Tuilerien sicherlich ihr Lieblingsspaziergang an Sonn- und Feiertagen sein werden, brauchen Sie sich nur an den Limonadenverkäufer von der Terrasse des Feuillans zu wenden...‹«

Ein König mit Spezialbegabung

Das plötzliche Erwachen der Intelligenz, ja subtilster Findigkeit in diesem sonst so uninteressierten Monarchen ist zweifellos der amüsanteste Zug der ganzen Erzählung, und tatsächlich hatte Ludwig sich nicht geirrt: Schon einen Monat darauf hatte Lebel die Vernier ausfindig gemacht und war schnell mit ihr einig geworden, Anne Coupier dem König vorzuführen. Daß sie gefiel, ist nach allem, was wir schon von ihr wissen, nicht verwunderlich; daß sie aber sehr schnell über die übrigen Mätreßchen hinauswuchs, mit denen die Pompadour und andere Ludwig versorgten, beweist doch, daß sie ihren Grundsätzen einigermaßen treu geblieben ist. Gewiß, sie hatte das Spiel ihrer Verwandten mitgemacht, sich im Blickfeld des Königs postiert, sich ihm vorführen lassen wie ein Stück Vieh. Kaum aber hatte er sich erklärt, da fand sie zu sich selbst zurück.

Der erste Zug ihres Stolzes, übereinstimmend von verschiedenen Zeitgenossen berichtet, war die Weigerung, in den Hirschpark einzuziehen. Zwar gab es auch dort Dienerschaft – der Äbtissin und den wenigen Mädchen standen drei oder vier Mägde und Knechte zur Verfügung – aber das war es wohl nicht. Sie wollte die Gleichstellung mit den *Passades* vermeiden, und es gelang ihr auch. »Die tatsächliche Unschuld der jungen Romans war zweifellos eines der Bande, die den König besonders an diese Mätresse fesselten«, schreibt Madame de Campan. Anne Coupier de Romans erhielt ein hübsches Haus in Passy, Kutschen, Dienerschaft und eine beträchtliche Apanage, und mehr als das: Die sonst so spröden, ja feindseligen Damen des Hofes von Versailles, die sich auch von den Neigungen des Königs oft nicht imponieren ließen, brachten dieser stillen, schönen Frau vom ersten Augenblick an ihre Sympathie, ja ihre Achtung entgegen und besuchten sie in Passy.

Die Prophezeiung erfüllt sich

Im Sommer 1761 trug die Romans bereits ein Kind von Ludwig. Als Casanova um diese Zeit in Paris eintraf, machte ihm die Marquise d'Urfé (eine einstige Geliebte des Regenten und bis ins Alter schöne Frau) ein Kompliment wegen des hübschen Mädchens, das er aus Grenoble nach Paris geschickt habe. »Der König betet sie an«, soll die Marquise gesagt haben, »und sie wird ihn binnen kurzem zum Vater machen. Ich habe ihr mit der Herzogin von Lauraguais in Passy einen Besuch gemacht.«

Wie man sieht, stimmen selbst die Details jener Niederschrift, die Casanova Jahrzehnte später im fernen Böhmerland gemacht hat, mit den Angaben des Chronisten Barbier oder der Madame de Campan überein, die doch stets in nächster Nähe der Geschehnisse blieben. Darum verdient auch das Gespräch Beachtung, das der Venezianer bei diesem Besuch im Haus der Frau Vernier mit Mademoiselle de Romans geführt hat:

»Am nächsten Morgen verfehlte ich natürlich nicht, pünktlich zu der von der schönen Romans angesetzten Stunde zu erscheinen ... Ich erwartete sie mit einem Herzklopfen, das mir bewies, daß die kleinen Gunstbezeigungen, die ich mir hatte verschaffen können, nicht genügt hatten, um das Feuer zu löschen, das sie in mir entfacht hatte. Als sie erschien, erfüllte ihr gesegneter Leib mich mit Ehrfurcht... sie aber dachte nicht daran, sich für achtungswürdiger zu halten als zu jener Zeit, da sie arm, aber ohne Makel in Grenoble gelebt hatte. Sie sagte mir dies in deutlichen Worten, nachdem sie mich herzlich umarmt hatte:

›Man hält mich für glücklich; alle Welt beneidet mich um mein Los. Aber kann man glücklich sein, wenn man seine Selbstachtung verloren hat? Seit sechs Monaten lächle ich nur mit den Mundwinkeln, während ich in Grenoble, als ich arm war und beinahe das Notwendigste entbehrte, mit offener Fröhlichkeit und ohne jeden Zwang lachte. Ich habe Diamanten und Spitzen, ein schönes, ja prächtiges Haus, Wagen und Pferde, einen schönen Garten, Dienerinnen, eine Gesellschaftsdame, die mich vielleicht verachtet – aber obwohl ich von den Damen des Hofes, die mich freundschaftlich besuchen, wie eine Prinzessin behandelt werde, vergeht kein Tag, an dem mir nicht irgendeine Kränkung zuteil würde... Ich liebe den König und fürchte stets, ihm zu mißfallen. Ich finde immer, er gibt mir zuviel für mich, und darum wage ich ihn für andere um nichts zu bitten... Ich habe monatlich hundert Louis Nadelgeld; diese verteile ich als Almosen und Geschenke, aber mit sparsamer Einteilung, um bis zum Ende des Monats zu reichen. In mir hat sich ein Gedanke festgesetzt, der ohne Zweifel falsch ist, mich aber wider meinen Willen beherrscht: Ich denke nämlich, der König liebt mich nur, weil ich ihn nicht belästige.‹«

Gedämpftes Glück in Passy

Die Ereignisse bewiesen, daß dieser Gedanke keineswegs so falsch war, wie die Romans sich einreden wollte. Ludwig war bequem und in mancher Hinsicht rücksichtslos. Von seinen zahlreichen unehelichen Kindern hörte man nie wieder etwas, weil er den Staatsschatz lieber mit den Kosten neuer Amouren als mit den Apanagen von Prinzen und Grafen belastete, und es muß die Romans einige Überredung gekostet haben, daß der König in ihrem Fall von diesem Grundsatz abging. Am 14. Januar 1762 erhielt der Geistliche, der die Taufe vornehmen sollte, ein Billett des Königs mit den Worten: »Der Herr Pfarrer von Chaillot wird dem Kind der Mademoiselle de Romans in der Taufe die Namen Louis-Aimé de Bourbon geben.«

Der Abbé de Bourbon

Louis-Aimé wurde dem König sehr ähnlich, und man berichtet, daß die Romans, so bescheiden sie selber war, für ihren Sohn Huldigungen wie für einen Dauphin forderte. Diese Liebe zu dem Kind und mancher üble Rat mögen sie dazu getrieben haben, von ihrem weisen Grundsatz abzugehen und von Ludwig gewiß nicht für sich, wohl aber für Louis-Aimé allerlei zu fordern. Sie blieb noch bis 1765 Geliebte des Königs, der sie »ma Grande«, »meine Große« nannte – wie er es ja stets mit den Großen hatte, von den fünf Töchtern des Marquis de Nesle angefangen, die ihn ebenso überragten wie die Marquise von Pompadour. Dann aber erkaltete Ludwig sichtlich, vielleicht auch unter den Einwirkungen einer neuen Leidenschaft, die ihn von der Romans ablenkte. Paris war jedenfalls sicher, daß Lebel seine Hand im Spiel hatte, als der König der Romans seine Gnade entzog.

Grausamkeiten gegen die Geliebte

Ungeklärt ist bis heute, warum er das Mädchen, das er einst so sehr liebte, später mit beinahe ausgesuchter Grausamkeit behandelte. Man nahm ihr das Kind weg, an dem sie mit der ganzen Unschuld ihrer Natur hing, und erzog es, ohne daß sie den Kleinen sehen durfte, und man gab ihr, nach einigen Jahren Klosterhaft, einen ungeliebten Mann in dem Marquis von Cavanac, den sie 1772 heiratete. Louis-Aimé de Bourbon, ihr Sohn, wurde ein Abbé von guten Geistesgaben, erlag aber schon mit fünfundzwanzig Jahren einer ansteckenden Krankheit.

In den Jahren, da Mademoiselle de Romans die Favoritin Ludwigs des XV. war, starb die Marquise de Pompadour. Daß die Romans ihre letzten Lebensjahre verbitterte, ist nicht anzunehmen; nach anfänglicher Unruhe, wie sie erklärlich war, weil Ludwig selten so geliebt hatte wie im Fall der Schönen aus Grenoble, war sich die kluge Marquise über den lauteren Charakter des Mädchens klargeworden und hatte keine Intrigen von dieser Seite her befürchtet.

In den Jahren 1761 bis 1765 hatte die Romans in der Gunst des Monarchen gestanden, das heißt, sie war, selbst wenn das früheste Geburtsjahr stimmt, erst achtundzwanzig Jahre alt und damit eine junge Frau, als sie in Ungnade fiel und ihr eigenes Leben wiederbegann. Jeanne-Antoinette Poisson, Marquise de Pompadour war, als sie am 15. April 1764 starb, auch noch eine Frau in der Blüte der Jahre, eine gepflegte Vierzigerin, die allerdings nie sehr gesund gewesen war und sich mehr hätte schonen sollen, als dies bei ihrem aufreibenden Leben möglich war. Sie starb, inmitten luxuriösesten Wohlstands, an der Armeleutekrankheit Tuberkulose, die noch in ihren letzten Lebenstagen ein Pariser Arzt dadurch heilen wollte, daß er ihr schwere Steine zu heben und im Zimmer hin und her zu laufen empfahl.

Tod der Pompadour

Hätte es eines Beweises für die ungeminderte Bedeutung der Marquise für Frankreichs politisches Leben bedurft, so erbrachten ihn die Stunden ihres Todes, in denen kein Minister von der Seite des Königs zu weichen wagte, damit nicht einer der Kollegen gegen ihn intrigiere, wenn die Pompadour die Augen schloß.

Es fehlte also nicht an Beobachtern, als die Sänfte mit dem Leichnam aus dem Schloß getragen wurde, einem ungeschriebenen, aber streng gehandhabten Gesetz zufolge, das den Verbleib des Toten in Versailles nur für den Fall gestattete, daß es sich um einen Prinzen oder den Monarchen selbst handelte. Unter einem dünnen weißen Tuch, das die Formen des nackten Körpers erkennen ließ, wurde die tote Marquise zunächst in ihr Haus in der Stadt Versailles gebracht. Von dort erst trat sie einige Tage später die letzte Reise an, die sie zu ihrer Gruft bei den Kapuzinern von der Place Vendôme führte.

Entgegen früher oft zu lesenden Anekdoten, nach denen Ludwig Tod und Begräbnis der Marquise ohne sonderliche Anteilnahme hingenommen habe, steht heute nach dem Zeugnis verschiedener Memoirenschreiber fest, daß der König nicht nur die große Abendtafel absagte, sondern sehr beeindruckt war und trotz schlechten Wetters vom Balkon seiner Gemächer aus dem Konduit mit den Blicken folgte. Als Ludwig XV. das Zimmer wieder betrat, hatte er zwei dicke Tränen auf den Wangen, was niemanden überraschte, der sein Leben mit der Marquise gekannt hatte. Es war für einen Menschen wie diesen König viel schwerer, eine Freundin zu verlieren als eine Mätresse. Er hatte sich in vielen Jahren an ihren Rat, an den Umgang mit ihr und die entspannenden Gespräche mit der klugen Frau so sehr gewöhnt, daß dieser Tod in sein Leben eine wirkliche Lücke riß.

Als der König bald darauf die Romans ins Kloster schickte, waren die zwei Frauen aus seiner Umgebung und aus seiner Intimität verschwunden, die zunächst wohl eine Versuchung gewesen waren, später aber auch einen Halt für ihn bedeutet hatten. Auf beide hatte er Rücksicht genommen, und als sie nicht mehr da waren, gab Ludwig XV. dem Hof das Schauspiel einer Enthemmung, wie sie selbst von seinen Vertrauten nicht für möglich gehalten worden war.

Eine Dirne von der besseren Art

Schon der Hirschpark, »le règne des petites filles«, wäre unter Ludwig XIV., ja selbst zu Zeiten des Regenten, undenkbar gewesen. Manche Zeitgenossen Ludwigs XV. bezweifeln sogar, ob sich der Sonnenkönig zu einer Jeanne Poisson herabgelassen hätte. Die Verbindung, die der fünfzehnte Ludwig aber mit der Dubarry einging, wird selbst von liberalen Historikern als unheilbare Entwürdigung des Königtums angesehen. »War man einmal so tief gefallen«, schreibt Guy de la Batut, der die Dokumente über die Amouren Ludwigs XV. gesammelt hat, »so durfte man es nicht mehr wagen, dem Volk von königlicher Majestät zu sprechen. Und dennoch: Vergleicht man die beiden Menschen, die sich nun Frankreich als Liebespaar präsentierten, so erscheint die Dubarry als eine Dirne von der besseren Sorte neben einem König übelster Art.«

Der Weg von der Romans zur Dubarry hatte bei einer entzückenden Sechzehnjährigen begonnen, einem äußerst temperamentvollen Mädchen namens Louise Tiercelin, die jedoch schon ihrer Jugend wegen nicht zur offiziellen Mätresse erhoben werden konnte. Bei ihrer Nachfolgerin, der Madame d'Esparbés, wäre dies eher möglich gewesen. An ihr aber störte den König, daß sie vor ihm praktisch mit allen in Frage kommenden Herren der Hofgesellschaft Umgang gehabt hatte, darunter mit so bekannten Lebemännern wie dem Herzog von Lauzun oder dem Marschall von Richelieu, mit denen Ludwig schwerlich wetteifern konnte. Chamforts Version der entscheidenden Aussprache zwischen Ludwig und der Madame d'Esparbés ist, wenn auch vielleicht nicht wahr, so doch zweifellos sehr gut erfunden und charakterisiert die Desinvolture der Dame in unübertrefflicher Weise:

»Wie ich höre, hast du mit allen Herren meiner Suite geschlafen...?«

Madame d'Esparbés

»Oh, Sire...!«

»Du hattest den Herzog von Choiseul.«

»Er hat so viel Einfluß!«

»Und den Marschall von Richelieu.«

»Er besitzt so viel Geist!«

»Und Monville.«

»Er hat so hübsche Beine!«

»In Gottes Namen! Aber du hattest auch den Herzog von Aumont, dem man keinen dieser Vorzüge nachsagen kann!«

»Ach, Sire... er ist Eurer Majestät so treu ergeben!«

Worauf Ludwig XV., wenn man Chamfort glauben darf, laut auflachte und sich zum Trost Erdbeeren mit Schlagsahne servieren ließ, die er statt vom Teller von den Brüsten seiner vielerfahrenen Geliebten aß.

Die Tatsache, daß diese und andere Eigenheiten und Vorlieben des Monarchen im Umgang mit Madame d'Esparbés bekannt wurden, verursachte ihren Sturz. Ludwig hatte ihr ihre vielen Liebhaber verziehen, nicht aber die Geschichte mit den Erdbeeren und manches andere mit Rücksicht auf den Volkwartbund hier unterdrückte Detail aus ihren Nächten mit dem König. Sie hatte sich einer Freundin gegenüber allzu freimütig geäußert; ihr Gegner, der Außenminister Choiseul, hatte der Freundin für Geld diese Geheimnisse abgekauft und sie dem König als angebliches Flugblatt präsentiert. Es war das Ende der Karriere für die hübsche Hofdame und vermutlich überhaupt der Grund dafür, daß der König für eine Weile von den Hofdamen genug hatte. Er war schließlich in einem Alter, in dem es ihm nicht mehr gleichgültig sein konnte, wenn alles, was sich in jenen mühsamen Nächten ereignete, sogleich die Runde in Versailles machte.

Wieder einmal suchte ganz Paris, ja ganz Frankreich nach einer neuen Mätresse für den König, weil man sich davon – wie Casanova und andere offen zugegeben haben – naturgemäß manche Vorteile erwarten durfte. Und weil es nun nicht mehr genügte, sich einem verbrauchten, auf die Sechzig zugehenden Monarchen durch Schönheit und Bereitwilligkeit zu empfehlen, hatten nun auch jene Damen eine Chance, die Ludwig bis dahin ängstlich gemieden hatte: die Professionellen.

Selbst eine Prinzessin von Monaco

Lebel, treu und wohlerzogen, hätte nie gewagt, seinem Herrn ein Mädchen aus der Halbwelt vorzuschlagen. Aber er wußte, daß der König mit Damen von Rang nichts mehr anfangen konnte; selbst einer hübschen Prinzessin von Monaco hatte er nur noch zerstreut das Mieder geöffnet und sich nach einigem Busengetätschel wieder entfernt. Er brauchte Frauen, die ihm die Initiative abnahmen, Frauen, vor denen er weder den Kavalier noch den vor Begierde platzenden Mann zu spielen brauchte.

Seufzend gab Lebel einem herabgekommenen Grafen, Dubarry le Roué genannt, das Rendezvous, um das dieser, mit Empfehlungen des Marschalls von Richelieu ausgestattet, seit Wochen bat. Man durfte nichts unversucht lassen...

Das Mädchen, das Dubarry zu Lebel brachte, war groß, wunderbar gewachsen und hatte ein hübsches, ein ganz klein wenig freches Gesicht. Lebel hatte ihren Namen schon gehört; sie war als Mademoiselle Lange in der Pariser Lebewelt keine Unbekannte und hatte dem Vernehmen nach sogar eine kurze Lehrzeit im Salon der Gourdan absolviert. Ehe sie diesen *Nom de Guerre* erhielt, hatte sie Jeanne Bécu geheißen, nach ihrer Mutter, die sie unehelich zur Welt gebracht, aber auch Manon Lançon und Jeanne Vaubernier – ein auffallend häufiger Namenswechsel, der beinahe auf Schwierigkeiten mit der Polizei schließen läßt.

Ein Mädchen mit vielen Namen

Lebel, der den Geschmack seines Herrn nun immerhin seit Jahren kannte, war von der Besichtigung so beeindruckt, daß er das Mädchen schon am nächsten Tag an einem zweckdienlichen Platz warten hieß. Da Ludwig ohnedies das Spiel kannte und seine Blicke intuitiv jedes hübsche Mädchen erfaßten, war es kein langes Warten: Ludwig sah sie, und wenige Stunden später lag Jeanne Bécu alias Mademoiselle Lange neben dem Bourbonen im Himmelbett.

Am Morgen darauf war der König erschöpft, aber in allerbester Laune. Er brannte sichtlich darauf, sich seinen Vertrauten zu eröffnen, und berichtete dem Herzog von Noailles (oder, nach den Memoiren Choiseuls, dem Duc d'Ayen), daß diese Nacht ihm, dem Vielgeliebten, völlig neue Sensationen beschert habe. »Das kommt, wenn ich mir die Bemerkung gestatten darf, vielleicht nur daher, daß Sire nie in einem Bordell waren«, antwortete der Herzog, wodurch die Freude des Monarchen an seiner Neuerwerbung merklich, aber nur vorübergehend getrübt war. Schon am Abend darauf schickte er wieder nach ihr, und bald war klar, daß man sich mit der Demoiselle aus dem Nymphenstall der Gourdan näher würde befassen müssen; mit ihr und ihrem Protektor, dem Grafen Dubarry.

Es stellte sich heraus, daß sie zwar in vielen, aber meistenteils guten Händen gewesen war. Die höhere Liebeskunst hatte ihr ein Kenner wie der Erzbischof von Arras beigebracht, dem die

Gourdan sie als Jungfrau zugeführt hatte. In einem anderen Bordell war sie dem Grafen Dubarry aufgefallen, der sich ihr sehr intensiv widmete und nur dann tageweise auf sie verzichtete, wenn er seine Verbindlichkeiten gegenüber Freunden nicht mehr anders regeln konnte. Auf diese Weise hatten der Herzog von Richelieu, der Comte de Sainte-Foix und viele andere Herren der Hofgesellschaft Gelegenheit gehabt, sich von der Schönheit, dem Charme und den reizvollen Schamlosigkeiten der schlanken Blonden, die sich Demoiselle Lange nannte, zu überzeugen.

Schlimmer stand es um ihre Herkunft; sie hofgerecht umzugestalten, sollte einige Mühe kosten. Jeanne Bécus Taufakt lautete:

>Jeanne, natürliche Tochter von Anne Bécu, genannt Quantigny, wurde am neunzehnten August siebzehnhundertdreiundvierzig geboren und am gleichen Tage getauft. Sie hatte als Paten Joseph Demange und als Patin Jeanne Birrabin, die diesen Akt mitunterzeichneten.
>
> L. Gahon, Vikar von Vaucouleurs

Frère Ange

Anne Bécu, die Mutter, war eine hübsche Frau, die noch mit sechsunddreißig Jahren uneheliche Kinder zur Welt brachte und zweifellos mit vielen Männern in Beziehung stand. Dennoch gilt es als wahrscheinlich, daß ein Mönch namens J. B. Gomard de Vaubernier, im Kloster Picpus des Franziskanerordens Frère Ange genannt, mit der oft im Kloster beschäftigten Näherin Bécu die kleine Jeanne gezeugt habe. Ihre späteren Namen Mademoiselle Vaubernier und Mademoiselle Lange scheinen dies ebenso zu beweisen wie die Tatsache, daß bei ihrer Heirat der Mönch Vaubernier es war, der die Familie der Braut repräsentierte.

Diese Heirat war die Lösung, die geschickte Schranzen gefunden hatten, um dem König den Umgang mit der hübschen Jeanne zu erleichtern. Ihr Protektor, Dubarry-le-Roué, war bereits verheiratet, kam also für eine Namensehe nicht in Frage. Aber er hatte einen Bruder, den Grafen Guillaume Dubarry, der sich irgendwo in Frankreichs Süden so sehr dem Suff ergeben hatte, daß er weder auf den Beinen stehen noch lesen oder schreiben konnte. Auch die Grafenwürde der Dubarry, die sich gern du Barry schrieben, war keineswegs undiskutabel, aber das galt und gilt in Frankreich für einen so großen Teil des Adels, daß sich Ludwig daran am wenigsten stieß: War auch der Grafentitel usurpiert und durch Urkunden nicht gestützt, so waren die Dubarry immerhin seit Generationen adelig und konnten auf einen Seigneur Dubarry hinweisen, der sich schon um 1400 in die französische Geschichte eingetragen hatte. Der Vater der sogenannten Grafen hatte sich überdies als Gardekapitän das Kreuz des Hl. Ludwig erfochten.

Da dieser verdiente Offizier tot war und seine Witwe als einzige Bedingung die Beachtung der kirchlichen Riten zur Voraussetzung machte, hatte der Pariser Spieler und Frauenjäger Dubarry wenig Schwierigkeiten, seinen Bruder aus Toulouse heranzuholen, einzukleiden und mit seinen Aufgaben vertraut zu machen. Schwieriger war es schon, Guillaume Dubarry so lange nüchtern zu halten, bis im September 1768 die Trauungszeremonien vorüber waren, die junge Gräfin für den Hof ausgestattet erschien und ihre Livrée, aber auch zum Beispiel die schöne Sänfte mit den kombinierten Wappen der Dubarry und des Mönchs Vaubernier geziert waren. Woher das Geld für all dies kam, war für niemanden ein Rätsel.

Schwierigkeiten bei der Trauung

Graf Mercy, der österreichische Gesandte, schrieb nach Wien: »Die Dame hat im sogenannten Fontänenhof Wohnung erhalten, neben den Gemächern, die einst die Marquise de Pompadour innehatte. Sie verfügt über eine zahlreiche Dienerschaft und prächtigste Kleidung, und an Sonn- und Feiertagen sieht man sie bei der Messe in jener Kapelle im Erdgeschoß, die Seiner Majestät vorbehalten ist. Alle diese Tatsachen und die Behandlung der Dame, die sich so sehr von dem Verfahren unterscheidet, wie es sonst bei königlichen Amouren üblich war, haben die Aufmerksamkeit des Hofes für diese Dame von Tag zu Tag verstärkt.«

Wo Graf Mercy »die Dame« schrieb, sagte Maria Theresia später in ihren Briefen stets »die Favoritin«; nur ausnahmsweise sprach sie von der Gräfin Dubarry, und ihre Tochter, die Dauphine und spätere Königin Marie Antoinette, hatte für Jeanne Bécu, verehelichte Dubarry, ja überhaupt, wie bekannt, nur Verachtung übrig.

Das Geheimnis des Erfolgs

All das focht aber den Aufstieg der Dubarry nicht an, denn sie verfügte über Waffen, gegen die alle Intrigen und Vorstellungen machtlos waren. In den langen Nachtstunden war sie allein mit Ludwig, und es zählte nur, wie sie mit ihm zurechtkam. Der König, von dessen Potenzschwankungen alle wußten, sah sich in den Händen einer Mätresse, die bei Tag so schön, elegant und eindrucksvoll war, wie man es nur wünschen konnte, und die mit ihrer Erscheinung selbst die verwöhntesten Kenner verblüffte. Sie blieb also auch hinter den gefeierten Schönheiten des Hofes nicht zurück. Nachts aber war sie ihnen allen weit überlegen, weil sie Ludwig keine Initiative abforderte und mit ihrer Unbefangenheit jeder Situation Herr wurde. Für den bald sechzigjährigen Monarchen bedeutete dies eine völlig neue Lage. Hatte er in den letzten Jahren trotz aller Begierde doch nicht mehr allzu viele ungemischte Liebesfreuden ernten können, so fühlte er sich nun in die sorglose Vorfreude zurückversetzt, wie er sie aus seinen jungen Jahren kannte, und machte aus diesem Glück der Verjüngung auch kein Hehl. Kein Mann, dem er diese Tatsachen anvertraute, konnte fortan daran zweifeln, daß der Dubarry eine große Laufbahn bei Hofe beschieden sein würde...

Angesichts dieser entschiedenen Stellungnahme des Königs für die neue Mätresse gab der Hof seine Widerstände bald auf. Nur Marie Antoinette, die junge österreichische Gemahlin des Dauphins und späteren Ludwig XVI., blieb unversöhnlich; aber die Personengruppe, die sie dirigierte, war zunächst noch klein, und Kaiserin Maria Theresia ließ es an Ermahnungen nicht fehlen, sich mit der Favoritin zu vertragen oder zumindest kein Öl mehr ins Feuer zu gießen.

Die gefährlichsten Gegner schuf sich die Dubarry selbst, und zwar dadurch, daß sie, im Bewußtsein ihrer Sonderstellung beim König, die vornehme Hofgesellschaft herausforderte, die dem Vergnügen besonders ergebenen Herren zu sich herüberzog und schließlich nach großen Vorbildern sogar begann, Politik zu machen.

Die harmlosere Untugend war in diesem Spiel die Frechheit, der immer wieder festzustellende Durchbruch der kleinen Jeanne Bécu, die mit solcher Emphase Gräfin wurde, um den Grafen und Gräfinnen von echter Geburt dann den Spiegel vorzuhalten. Ihr Werkzeug in diesem seltsamen Kampf war ihre engste Freundin, die junge und hübsche Gräfin von Valentinois, Erbin eines Namens, den einst die große Diane de Poitiers getragen hatte.

Getreu dieser amourösen Tradition aus den Tagen der Renaissance veranstaltete die Gräfin gelegentlich Soupers, bei denen die Eingeladenen sich ziemlich überraschenden Tafelbräuchen gegenübersahen, und berichtete tags darauf der Dubarry, wie sich ihre Freunde und Gegner dabei aus der Affäre gezogen hatten. Das letzte dieser Soupers artete in eine echte Orgie aus, denn die Valentinois hatte folgendes Reglement auf die Speisenfolge drucken lassen:

Überraschende Tafelbräuche

> Bei jedem Gang legen Herren wie Damen je ein Kleidungsstück ab. Wer zugleich beim letzten Stück anlangt, verschwindet gemeinsam...

Es wurde ein aufregender Abend; die Gräfin hatte nämlich nicht bedacht, daß etwa zehn Herren ihre eigene Kleiderabgabe vom ersten Augenblick an nach der schönen Hausherrin richten würden. Drei irrten sich und waren zu früh am Ende, aber als dann die Gräfin lächelnd die letzte Hülle fallen ließ, erhoben sich zugleich mit ihr immer noch sieben Kavaliere...

Marie Antoinette war skandalisiert, Ludwig XV. lachte, der Dauphin, der es noch immer nicht gewagt hatte, seine Phi-

Die Pantoffeln der Dubarry

mose operieren zu lassen, biß sich auf die Lippen. Und ehe sie sich auf eine Rüge an die Damen Valentinois und Dubarry geeinigt hatten, erzählte man in Versailles entzückt oder schokkiert das nächste Stückchen, diesmal von der Dubarry selbst: Ludwig XV. erhielt den Besuch zweier Kirchenfürsten, des Nuntius und des Kardinals Laroche-Ayen, die von einem Notar begleitet waren. Der König befand sich aber noch im Schlafzimmer der Dubarry, die oft bis Mittag liegen blieb. Als die Verhandlungen des Monarchen mit den Kirchenmännern sich hinzogen, langweilte sich Jeanne allein in dem großen Bett. Sie warf die Decken zurück, setzte sich auf und forderte die beiden Prälaten auf, ihre Pantoffeln zu suchen, die irgendwo unter dem Bett liegen müßten. Der Notar jedoch blieb unbeschäftigt und konnte den Anblick genießen, den die nackte Favoritin bot. Er war es auch, der über diese Szene später berichtete und sich dabei zu Wendungen so poetischen Schwungs verstieg, wie man sie von Notaren sonst nicht zu vernehmen gewöhnt ist.

Ludwig XV. erwies sich bei dieser Gelegenheit übrigens als ein zweiter Kandaules; die roten Gesichter der beiden gebückten, keinen Aufblick wagenden Kirchenfürsten amüsierten ihn so sehr, daß er seiner Geliebten keinen Vorwurf wegen ihrer Schamlosigkeit machte...

Man muß sich wundern, daß der König dieses Leben immerhin noch sechs Jahre durchhielt. Daß seine Kräfte dabei bedenklich abnahmen, geht unter anderem daraus hervor, daß er gegen den Einfluß der Dubarry nicht einmal den Außenminister Choiseul zu halten vermochte, einen Mann, an dem er sehr hing und den die österreichische Partei bei Hofe – also Dauphin und Dauphine – naturgemäß stützten. Die Dubarry war stärker als sie alle, aber sie war nicht imstande, dem König jene Kräfte zu ersetzen, die er bei ihr verloren.

Im Mai 1774 erkrankte Ludwig XV. schwer. Er entsann sich der Krise, die ihn genötigt hatte, sich von der Herzogin von Châteauroux zu trennen, und sagte der Dubarry (nach den Memoiren des Barons de Besenval): »Madame, es geht mir sehr schlecht. Ich möchte es nicht noch einmal zu einer Szene kommen lassen wie jener von Metz; wir müssen uns trennen. Gehen Sie nach Ruel zu Monsieur d'Aiguillon; seien Sie sicher, daß ich Ihnen stets die herzlichste Freundschaft bewahren werde.«

Aiguillon war jener Günstling, den die Dubarry an die Stelle Choiseuls gesetzt hatte, ein Mann also, der ihr alles verdankte. Am Morgen des 5. Mai begab sie sich tatsächlich zu ihm, war also nur zwei Meilen von Versailles entfernt, und viele hofften, (andere aber fürchteten), daß der geschickte Minister die Dubarry wieder in ihre frühere Position bringen werde, sobald es dem König besser gehe.

Aber das eben war nicht der Fall. Am 6. Mai beichtete der König dem Abbé Mondou, und dieser verweigerte die Absolution, wenn Ludwig sich nicht deutlich von der Dubarry trenne. Man flüsterte, sie werde aus dem Umkreis von Versailles nach Chinon verbannt, einer Stadt, wo ihr Freund, der Herzog von Richelieu, Besitzungen hatte. Nun erst konnte der Großalmosenier der Krone – eben jener Kardinal Laroche-Ayen, der dem Lever der Dubarry hatte beiwohnen dürfen – mit lauter Stimme verkünden, daß der König zutiefst bedaure, durch allerlei Schwachheiten öffentlich in der Sünde gelebt zu haben, und er wäre wohl noch deutlicher geworden, hätte nicht der Herzog von Richelieu ihn wütend unterbrochen und alle kirchlichen Vorwürfe in schärfsten Ausdrücken zurückgewiesen.

Der Tod des Vielgeliebten

Für Jeanne Bécu, die zur Gräfin und Mätresse aufgestiegene uneheliche Tochter einer Näherin, verlor all dieser Zank an Bedeutung, als am 10. Mai 1774 der einzige Mensch starb, der sie wirklich schützen konnte – der König. Ihre erbittertste Feindin, die neben einem behinderten Gatten zur Keuschheit verurteilte Marie Antoinette, war nun Königin, Jeanne hatte von der Zukunft nichts zu hoffen.

Zunächst saß sie dreizehn Monate lang, bis zum Juni 1775, im Kloster von Pont-aux-Dames, wo sie nur wenige Besucher empfangen durfte. Das erschwerte ihr die Regelung ihrer Angelegenheiten, den Verkauf des Schmucks und den Erwerb neuer Wohnungen beträchtlich. Fröhlichere Zeiten folgten in dem festen Schloß Saint-Vrain, unweit Corbeil, das den Vorschriften des Königs entsprach, weil es weit genug von Versailles entfernt war. Hier empfing die Dubarry ihre alten und einige neue Freunde, und man wunderte sich nur, daß sie sich eine Behausung mit Mauern, Wassergraben und Zugbrücke gewählt hatte; fühlte sie sich bedroht?

Die Bedrohung kam für sie alle, für die Dubarry ebenso wie für jene, die sie vom Hofe verjagt hatten, und die kleine Jeanne Bécu handelte in den entscheidenden Monaten so kopflos, als wäre sie wirklich eine Dame der Hocharistokratie, die das Volk nicht kennt. Der immer noch charmanten Fünfzigerin gelang es, noch nach dem Ausbruch der großen Revolution sich Pässe für die Reise nach England zu verschaffen; dort rollte tatsächlich ein Prozeß ab, in dem es um wertvollen Schmuck ging, den man ihr gestohlen hatte. Sie kam also sicher auf die Insel, wo die Emigranten beisammensaßen und ihr Vermögen verzehrten, und sie besaß viel mehr als die meisten, die sich dorthin gerettet hatten. Und dennoch blieben die anderen alle in England, nur die Dubarry, als könne gerade ihr nichts passieren, schiffte sich wieder nach Frankreich ein.

Der Prozeß Im Herbst 1793 machte man dann der Citoyenne Dubarry den Prozeß. Der Anklagepunkte gab es viele. Der erste war, daß der König ihr seine Gunst zugewendet habe; der zweite, daß sie Verbindung mit den Feinden der Revolution gehalten und, drittens, mit Emigranten korrespondiert habe, und so ging es, mit Wiederholungen, weiter bis zum elften Punkt, der ihr Vergeudung von Staatsvermögen vorwarf – ihr, nicht dem König, als ob sie in den Staatsschatz hätte greifen können. Sie büßte also für Ludwig XV., wie es auch Ludwig XVI. und Marie Antoinette taten, nur daß sich diese beiden im letzten Augenblick wesentlich würdiger verhielten. Die Dubarry hatte einen allerletzten Hinrichtungsaufschub dadurch erreicht, daß sie die Verstecke angab, in denen sie Schmuck, Goldstücke und andere Wertsachen vergraben hatte, und man hatte mit Staunen festgestellt, daß sie sich nie geirrt hatte, daß sie alles genau wußte, jedes Kästchen, jedes Bild, jedes Schmuckstück.

Am 18. Frimaire des Jahres II, dem 8. Dezember 1793 alter Zeitrechnung, war es dann aber doch soweit. Um halb fünf Uhr nachmittags, in tiefer Dämmerung und schließlich im Nachtdunkel, fuhr sie zur Guillotine. Ohnmächtig vor Angst, mußte sie von Gehilfen des Scharfrichters bis zur Bascule geschleift werden und erwachte aus ihrer Erstarrung erst im letzten Augenblick. Vor dem Gerüst, im Angesicht des Todes, stieß sie einen lauten Schrei aus, der über den dunklen Platz hinhallte. Sie war ja keine Königin, sie war nun wieder niemand anderer als Jeanne Bécu, Tochter einer Näherin, ein Kind von Paris, und sie schrie in kindlicher Angst vor dem Unbegreiflichen, bis Meister Sanson das Messer fallen ließ.

Tod in der Dämmerung

V

SÄCHSISCHER LIEBESZAUBER

Üble Beispiele verderben gute Sitten, und das vor allem dann, wenn diese Verderbnis mit erheblichen Annehmlichkeiten verbunden ist. Zwischen den Staaten, die sich langsam zu Weltmächten entwickelten, zwischen Rußland und Frankreich, England und dem Habsburgischen Reich, lagen die deutschen Mittel- und Kleinstaaten, die sich trotz der harten Lehren des Dreißigjährigen Krieges nicht zusammenschließen wollten.

Aber etwas anderes meinten sie zu können: In den hübschen alten Städten, die zwar nicht groß, aber traulich und kunstsinnig waren, ein wenig von jenem Leben einzufangen und nachzuahmen, das ihnen jenseits des Rheins so virtuos vorgespielt wurde. Es war beinahe eine Revolution, denn in Deutschland war man bis dahin recht sparsam gewesen, vor allem in seinen protestantischen Bereichen; die Herren Hofprediger hatten viel zu sagen und nahmen dabei kein Blatt vor den Mund, und wer wußte, wie der abgewirtschaftete Adel seine geistlichen Hauslehrer oder Dorfpfarrer behandelte, der durfte sich auch nicht wundern, daß diese zurückschlugen, sobald ihr Amt und ihre Würde dies möglich machten.

Süßes Leben in kleinen Residenzen

So war es gekommen, daß der streitbare Philipp Jakob Spener, Beichtvater des Kurfürsten Johann Georg III. von Sachsen, seinem Beichtkind in einem Brief und auch in Kanzelandeutungen Vorhaltungen über den hochfürstlichen Lebenswandel gemacht hatte. Im Vergleich zu dem, was um jene Zeit schon aus

Frankreich, England und Rußland bekannt war, konnte es nicht viel gewesen sein, was der fromme Spener anzumerken hatte. Der Kurfürst war ein tatkräftiger Mann, hatte nie einer Frau Einfluß auf seine Regierung eingeräumt, hatte mit dem fremdländischen Prunk aufgeräumt, den sein Vater eingeführt hatte, und auch die Kastraten vom Hofe verbannt, denen noch Johann Georg II. Hofränge und Adelsprädikate verliehen hatte.

Aber für Spener stank es schon zum Himmel, daß Johann Georg III. mit einem bürgerlichen Mädchen einen Sohn gezeugt hatte, einen einzigen, kein anderes natürliches Kind ist von ihm bekannt, und so überwarfen sich Fürst und Hofprediger, und man arrangierte für Spener einen ehrenvollen Ruf nach Berlin, wo seine fromme Richtung zu einer gewissen Blüte gelangt war.

Glanz in Dresden

Damit hatten nun zwei Kurfürsten das nicht eben reiche Land reif gemacht für den Wettbewerb mit den großen Mächten. Johann Georg II. hatte die italienischen Komödianten und die Schmarotzer ins Land gerufen, die den unentbehrlichen Glanz verbreiteten, die Spieler, Abenteurer, Scharlatane und weltläufigen Nachrichtenhändler, und Johann Georg III. hatte, dem Zug der Zeit folgend, gerüstet und vor Wien bemerkenswerte Waffentaten vollbracht. Die Finanzen Sachsens hatten sich dadurch allerdings immer weiter verschlechtert, und so konnte denn Johann Georg IV., als er für seine Person zur Mätressenwirtschaft überging, den großen Vorbildern in West und Ost nur vergleichsweise schüchtern nacheifern: Er regierte von 1691–94, hatte neben der fürstlichen Witwe, die er aus Vernunftgründen geheiratet hatte, nur eine einzige Mätresse und starb dieser nach, als sie schon mit neunzehn Jahren das Zeitliche segnete. Trotz dieser kurzen Liaison ist seine kindhafte Geliebte, die schon ihrer Jugend wegen kaum Einfluß auf Staatsgeschäfte nehmen konnte, eine der berühmtesten und meistgeschmähten deutschen Mätressen geworden: Magdalene Sibylla von Neitschütz, spätere Gräfin Rochlitz, gilt als die erste jener kleinen Damenschar, denen die Fama Liebeszaubereien nachsagt, um die braven sächsischen Fürsten zu exkulpieren.

Ihr Vater hieß Rudolf von Neitschütz und besaß die Güter Gaussig, Diemen, Arnsdorf und Schlaugwitz, war zunächst Obrist der Leibgarde und wurde – nicht ganz ohne Zutun seiner Tochter – schließlich Generalleutnant und Chef eines Kavallerieregiments; seine Frau war eine geborene Haugwitz.

Eine Tochter aus gutem Haus

Es war also kein schlechter Stamm, dem Magdalene Sibylla am 8. Februar 1675 entsproß, ja man muß, um der Wahrheit die Ehre zu geben, sagen, daß die Neitschütze im Ganzen rechtschaffen blieben und allenfalls ein etwas schnelleres Avancement annahmen, als sie feststellten, daß sie Brüder und Onkel einer Favoritin seien. Die bekanntere Familie Haugwitz, vor allem die Mutter der Gräfin, ließ es an solcher Zurückhaltung jedoch dermaßen fehlen, daß Sachsen das einzigartige Ereignis einer dem Scharfrichter zur Folter überlieferten Haugwitz zu verzeichnen hatte. Aber als das geschah, war das Liebespaar selbst, waren Magdalene und Kurfürst Johann Georg IV., schon tot.

Magdalene wurde in Dresden erzogen, der Residenz, die damals eben erst begonnen hatte, von sich reden zu machen. »Ihr Frauenzimmer«, sagte wenig später der Abenteurer Karl Ludwig von Pöllnitz zu den Sächsinnen, »Ihr Frauenzimmer streitet an Schönheit, angenehmem Wesen, guter und annehmlicher Aufführung und trefflichem Wuchse mit den englischen selber um den Vorzug; sonderlich exzellieren unter diesen allen diejenigen, so Dresden und Leipzig auf die Welt bringen, wiewohl die übrigen Städte sich der Töchter ihres Landes gerade auch nicht schämen dürfen, und man sieht das ganze Land mit vielen irdischen Engeln erfüllt. Jedoch müssen bei den Ausländern die Leipzigischen sich nachsagen lassen, sie seien die verliebtesten unter allen, und der Himmel habe sie vor allem mit jener Natur begabt, die nach dem Umgang mit Männern jederzeit ein besonderes Verlangen trage.«

Pöllnitz über die Sächsinnen

Wenn die Rochlitz zunächst tatsächlich ein irdischer Engel war, so hat sie jedenfalls die Flügel sehr bald abgelegt und ihre irdische Natur triumphieren lassen. Da sie mit neunzehn Jahren starb, mußte die *Chronique scandaleuse* in ihrem Fall besonders früh einsetzen, um noch eine ausreichende Anzahl von Liebhabern unterzubringen, und schreibt ihr die ersten Siege über die Männerwelt zu einer Zeit zu, da sie erst zwölf Jahre zählte. Braucht man das auch nicht zu glauben, so ist doch sicher, daß das früh entwickelte Edelfräulein durch seine außergewöhnliche Schönheit bei Hofe auffiel, noch ehe es vierzehn war.

Saladin der Vielseitige

Mephisto hatte über sie noch keine Gewalt, wohl aber der Obersthofmeister des Prinzen Friedrich August (später August der Starke genannt), ein Herr Christian August von Haxthausen. Neben ihm trat der Kammerjunker und spätere Kabinettsminister Friedrich Graf Vitzthum ebenso in den Hintergrund wie ein simpler Oberst Klemm, und als schließlich auch Haxthausen das Verlöbnis löste, hatte die kleine Neitschütz nur noch einen Getreuen: ihren Französischlehrer Saladin. Er durfte das Kind, dessen Väter sich vornehm distanzierten, auf dem Taschenberg vergraben.

Inzwischen waren die Prinzen Johann Georg und Friedrich August herangewachsen, und die geprüfte Magdalene Sibylla war zu solcher Schönheit erblüht, daß beide etwa gleichzeitig beschlossen, sich ihr zu nähern. Ihre große Jugend ließ alles, was man an einer Frau bloß schön gefunden hätte, herausfordernd wirken: die vollentwickelte Brust, die freie Stirn über einem bald furchtlosen, bald werbenden Blick, die Bewegungen, in denen sich kindhafte Unschuld und Frechheit mischten, je nach dem Rezept, das die gefährliche Kleine zu befolgen vorhatte.

Die Rezepte waren das Werk der geborenen Haugwitz, die zum Unterschied von ihrer Tochter allerlei wußte. Sie schrieb ihr auch die Briefe, denn bei so viel früher Liebe war für den Unterricht in der deutschen Sprache nicht viel Zeit geblieben, auch hatte der Französischlehrer sich als vielseitiger erwiesen. Vor allem aber war die Mutter in allem bewandert, was einen Mann an ein Mädchen bindet. Ihr späterer Prozeß brachte Praktiken an den Tag, die so dumm und obendrein unappetitlich waren, daß sie Johann Georg IV. zweifellos für immer von Magdalene Sibylla getrennt hätten, wäre die Kleine nicht so anziehend gewesen, daß selbst dieser Liebeszauber nicht ernstlich schaden konnte. Immerhin fand es die Mutter für nötig, sich von der Wirkung ihrer Liebesmittel dadurch zu überzeugen, daß sie sich vor das Bett setzte, in dem der Kurfürst und ihre Tochter beisammenlagen, und erst ging, wenn sie sicher war, daß alles zum Besten stehe.

1691, als Johann Georg IV. die Regierung übernahm, war das Fräulein von Neitschütz sechzehn Jahre alt. Ihre sinnliche Schönheit triumphierte so deutlich über die der anderen Hofdamen, daß niemand sich wunderte, sie sogleich zur offiziellen Mätresse erhoben zu sehen. Da der Kaiser die sächsische Waffenhilfe brauchte, standen die (von Mutter Neitschütz oft befragten) Sterne günstig, und Magdalene Sibylla wurde noch vor ihrem achtzehnten Geburtstag zur Gräfin von Rochlitz erhoben. Zu dem Namen Rochlitz fielen den kaiserlichen Heraldikern die damals noch recht exotischen Rochen ein, die seither neben den Neitschützischen Insignien zwei Felder des gräflichen Wappens einnehmen.

Magdalene wird Gräfin

Es blieb nicht bei dem Wappen, auch die Güter stellten sich bald ein, doch hielt auch diese Zuwendung sich in den Grenzen, die ein junger Landesvater sich vorsichtig gezogen hatte: zwei Weinberge bei Costebaude, die Kammergüter Gorbitz und Pennerich und ein Lustgarten im Dorf Plauen, den später der erste Galan der Gräfin, der Oberhofmeister Haxthausen, gleichsam als Andenken aus ihrem Nachlaß erwarb.

Das alles kam nicht von ungefähr, sondern sollte Magdalene Sibylla über ein unvermeidliches Mißgeschick hinweghelfen: über die Heirat ihres Kurfürsten mit Eleonore Erdmuthe, der dreißigjährigen Witwe des Markgrafen Johann Friedrich von

Ansbach. Magdalene war empfindlich; sie trug eben ein Kind von Johann Georg und hatte auf eine Ehe in irgendeiner Form gehofft. Aber sie erhielt nur Titel, Güter und ein vermutlich rückdatiertes Eheversprechen, da solch ein Versprechen gegenstandslos ist, wenn ein verheirateter Mann es abgibt.

Aus Angst, den Fürsten zu verlieren, begleitete sie ihn trotz fortgeschrittener Schwangerschaft ins Feldlager gegen die Franzosen und gebar ihre Tochter darum nicht in Sachsen, sondern in Frankfurt (das Mädchen mit den unsächsischen Vornamen Wilhelmine und Friederike heiratete später einen polnischen Grafen, der Kastellan von Radom war).

Der Kurfürst war in seiner Ehe nicht glücklich; seine Gemahlin war durch die ständige Gegenwart der jungen Favoritin naturgemäß verletzt und ließ dies Johann Georg auch fühlen, und es soll nach zeitgenössischen Berichten wiederholt zu heftigen Auseinandersetzungen gekommen sein. Einmal, als der Kurfürst, außer sich vor Wut, mit dem Degen auf die Witwe aus Ansbach eindrang, konnte nur Friedrich August einen Totschlag verhindern. Er warf sich zwischen Johann Georg und die entsetzte Fürstin, entwand mit seinen überlegenen Körperkräften dem Bruder den Degen und trug Johann Georg wie ein Paket in ein anderes Zimmer...

Amouröse Brunnenkur

Der ungestüme Friedrich August erscheint hier als der Besonnenere der Brüder, und vielleicht darf man es auch ihm zuschreiben, daß die gemeinsame Neigung der Brüder für das Fräulein von Neitschütz nicht zu einem tiefen Konflikt zwischen ihnen beiden führte. Nur einmal waren die beiden in Ostra bei Dresden, in einem Garten, aufeinandergetroffen. Magdalene Sibylla hatte sich unter dem Vorwand einer Brunnenkur in diesen stillen Vorort der Hauptstadt zurückgezogen und sich dort einige Male mit Friedrich August getroffen. Als der spätere Kurfürst und damalige Kronprinz Johann Georg die beiden eng umschlungen in einer Laube erblickte, konnten nur die Begleiter der Prinzen verhindern, daß diese aufeinander eindrangen. Johann Georg III. hatte damals für beide ein strenges Verbot erlassen, die Neitschütz noch einmal zu treffen, aber nur Friedrich August scheint sich daran gehalten zu haben.

Johann Georg IV., als der Ältere aber Schwächere der beiden, setzte den Launen und Wünschen seiner jungen Geliebten immer weniger Widerstand entgegen. Ging er zu seiner Gemahlin, so gab es Szenen mit der Rochlitz, und verbrachte er gar eine Nacht bei der Fürstin, so verweigerte sich ihm Magdalene Sibylla tagelang, bis er mit neuen Geschenken die Versöhnung erkauft hatte.

Fürst zwischen zwei Frauen

Einer dieser Auseinandersetzungen entsprang der Versuch des Kurfürsten, auch für seine Mätresse fürstliche Würden zu erlangen; offenbar hatte sie nicht hinter der Ansbacherin zurückstehen wollen. Aber Kaiser Leopold zeigte sich harthörig. Die Verhandlungen führte ein Hofrat Beichling, der eine Schwester der Rochlitz geheiratet hatte. Offizielles Ziel seiner Mission war, die Freilassung des sächsischen Generalfeldmarschalls von Schöning zu erwirken, der 1692 in Teplitz verhaftet und auf den Spielberg, das berüchtigte Kasemattengefängnis bei Brünn, gebracht worden war.

Aber während der arme Schöning vergeblich auf die Befreiung aus durchaus ungerechtfertigter Haft wartete – Österreich sah in ihm den Urheber eines sächsisch-hannöverschen Vertrages, der den Kaiser ärgerte – machte Beichling in Wien große Versprechungen für den Fall, daß die Rochlitz in den Reichsfürstenstand erhoben werden würde. Sie wäre bereit, zum Katholizismus überzutreten, und verpflichtete sich, auch den Kurfürsten zu diesem Schritt zu bewegen. Handelte es sich dabei auch um vertrauliche Versicherungen, so sind sie doch gut bezeugt und werfen neues Licht auf den vielbesprochenen Übertritt Augusts des Starken, der bekanntlich in Österreich, in Baden bei Wien, vorbereitet wurde.

Die Gräfin Rochlitz war, wie man sieht, nicht dumm und obendrein gut beraten. Daß der polnische Thron bald vakant sein würde, sah alle Welt. König Johann Sobiesky war alt und kränkelte seit geraumer Zeit, und es lagen kaiserliche Zusagen für eine Unterstützung der sächsischen Ansprüche auf den polnischen Thron vor. Eine katholische Fürstin Rochlitz konnte an der Seite ihres Johann Georg unter Umständen damit rechnen, Königin von Polen zu werden...

Beichling hatte aus Dresden große Summen mitgenommen. In Wien scheint damals ein günstiges Feld für Bestechungen gewesen zu sein, wie ja wenige Jahre darauf auch Schöning nur durch eine große, an die richtige Stelle placierte Summe seine Freiheit wiedererlangte. Aber noch während der sächsische Hofrat in Wien das gute Joachimstaler Silber rollen ließ, kam es in Dresden zu dramatischen Entwicklungen.

Die gefährliche Pastete

Magdalene Sibylla hatte sich vom Frankfurter Wochenbett nur halb erholt. Sie klagte über Schmerzen im Unterleib und hatte wiederholt Koliken, und zeitweise vermutete man sogar eine neuerliche Schwangerschaft. In dieser Zeit besonderer Empfindlichkeit aß die Gräfin gemeinsam mit ihrer Gesellschafterin, einem hübschen Fräulein von Kühlau, eine schwere Pastete, nach der beide Damen Schmerzen und Übelkeit fühlten. Während die Kühlau jedoch nach einigen Tagen wieder gesundete, blieb die Gräfin, die etwas mehr von der Pastete gegessen hatte, weiter krank. Sie war überzeugt, daß man ihr Gift beigebracht hatte, vertraute dies dem Kurfürsten an und bezeichnete die Fürstin als Urheberin des Anschlags.

Obwohl alle Beweise fehlten, für das Gift ebenso wie für einen Versuch der Fürstin, die Mätresse ihres Gemahls aus der Welt zu schaffen, geriet Johann Georg sogleich in einen seiner Wutanfälle und versprach, was Magdalene Sibylla am liebsten hörte: daß er die Scheidung von der Ansbacherin betreiben wolle. Auch mit den Ärzten stritt sich der Fürst herum, denn diese wollten an eine Vergiftung nicht glauben. Die kühnsten unter ihnen wagten anzudeuten, daß die junge Gräfin, vom Wochenbett geschwächt und auch durch ihren Lebenswandel entkräftet, fortgesetzt und gewohnheitsmäßig stimulierende Mittel nehme, die ihre Gesundheit zerrüttet hätten.

Im März 1694 wurde die Gräfin Rochlitz bettlägerig. Sie war eben neunzehn Jahre alt geworden, und der Kurfürst hoffte, daß die Jugend über die Schwächezustände und das Gift siegen würde. Aber es war eine böse Infektion, die Blattern, und sie wurden nach damaliger ärztlicher Technik mit heißen Wickeln behandelt, die lediglich die äußeren Erscheinungen, nämlich die Blattern selbst, unterdrückten. Die Krankheit selbst nahm ihren Lauf, und die durch eine unmenschliche Hitze gemarterten Patienten setzten ihr weit weniger Widerstand entgegen als in der normalen Abfolge.

Pocken in Dresden

Magdalene Sibylla verfiel bald in Agonie, verlor in Konvulsionen und Delirien ihr Bewußtsein und wurde am 4. April 1694 von ihren Leiden erlöst. Die Leiche ging ungewöhnlich schnell in Verwesung über: gelbe und grüne Flecke zeigten sich, noch ehe sie aufgebahrt war, und der Kurfürst schloß daraus abermals auf einen Giftmord. Er hatte während der Krankheit der Geliebten mit nur geringen Unterbrechungen an ihrem Bett gewacht, war in ihrer letzten Minute bei ihr und ließ sich in den Tagen bis zur Bestattung den Leichnam immer wieder zeigen.

Ohne Rücksicht auf seine legitime Gattin ordnete er nach dem Tod seiner Mätresse Hoftrauer an. Niemand erlangte eine Audienz, wenn er nicht in Schwarz kam. Friedrich August wurde gebeten, die Vormundschaft für die kleine Wilhelmine Friederike zu übernehmen.

Alle, die den Kurfürsten in seinem Schmerz sahen, der bald in tiefe Schwermut überging, waren geneigt, ihm zu verzeihen, was er um der Gräfin Rochlitz willen an Unrechtmäßigem getan haben mochte. Sie hatte sich gelegentlich für Unwürdige verwendet, hatte auch die Macht des Kurfürsten dazu mißbraucht, einem ihrer Brüder zu der Frau zu verhelfen, die dieser begehrte, ohne wiedergeliebt zu werden. Aber zu großen Verschwendungen oder zu ausgesprochener Günstlingswirtschaft war es in den wenigen Jahren dieser Beziehung nicht gekommen.

Nächtlicher Leichenzug

Der Leichenzug am 12. April war sichtbarer Ausdruck dieser unmäßigen Trauer; er bewegte sich zwischen Spalieren schwarzgekleideter Bürger und unter dem Geläut aller Dresdner Glocken und mehr als ein halbes Hundert Wagen lang erst bei Einbruch der Nacht durch Dresden. Pechpfannen an allen Straßenecken beleuchteten gespenstisch den langen Zug, in dem viele Fackeln mitgetragen wurden.

In der Sophienkirche, in der Gruft hinter dem Altar, in der schon einige Mitglieder des sächsischen Fürstenhauses ruhten, wurde die junge Gräfin Rochlitz beigesetzt. Um Mitternacht kehrte Johann Georg ins Schloß zurück.

Er hatte sich, wie kaum anders möglich, am Krankenlager infiziert; die Blattern brachen auch bei ihm aus, und er folgte schon am 27. August 1694 seiner Geliebten nach.

Das Volk freilich, die um ein paar tausend Taler ihrer Steuergelder betrogenen Sachsen, haßte über das Grab hinaus, und ein Unbekannter verfaßte, ungerührt von der Tragik dieses Sterbens in Jugend und Schönheit, eine Parodie auf die Grabschrift, die der Kurfürst selbst für die Gräfin Rochlitz entworfen hatte. In genauer Anlehnung an die Zeilenfolge des Originals hieß es in der Schmähschrift:

Hier
ruhet in Gottes Gerichte die Hoch- und Wohlgeborene
MAGDALENA SIBYLLA VON NEITZSCHITZ
welche durch groß Geld gemacht zu des Hl. Römischen
Reiches Gräfin von Rochlitz. Einen Fürsten durch
Zaubereien zu ihrem Manne gezwungen, dem sie aber
niemals treu verblieben. Wissentlich nur eines Kindes Mutter
erhob sie sich wider ihre Fürstin, der sie gleichwohl im
geringsten nicht zu vergleichen war. Der Fürst
liebte sie übernatürlich. Sie war jung an Jahren, der
Gestalt nach ziemlich, aber in Geilheit und Hurerei
unvergleichlich usf.

Anklage wegen Zauberei

Der Vorwurf der Zauberei taucht also schon in dieser wenige Tage nach dem Begräbnis verbreiteten Grabschrift auf, und tatsächlich begann bald nach dem Tode des Kurfürsten, von seinem Bruder und Nachfolger nicht gehemmt, der Prozeß gegen die Mutter der verstorbenen Gräfin und ihre Helfershelfer, einer der letzten großen Zauberprozesse in Deutschland. Daß er mit seiner vollen Absurdität noch abrollen konnte, daß die alte Frau von Neitschütz, geborene Haugwitz, tatsächlich gefoltert und einer ihrer Leibzauberer, der Scharfrichter Vogel aus Greiz, sogar enthauptet wurde, ist eines der grausigsten sittengeschichtlichen Kuriosa aus jener Zeit, in der immerhin Thomasius schon seit Jahrzehnten als Hochschullehrer wirkte.

Kurfürst Friedrich August, der selbst ein paar Monate lang zu den Bewunderern des Fräuleins von Neitschütz gehört hatte, wäre zweifellos imstande gewesen, einen so unsinnigen Prozeß einfach niederzuschlagen. Aber einmal mußte der Nachweis der Zauberei seinen Bruder entlasten, denn gegen Schlafzimmer voll von Liebesrauch, ins Nachthemd eingenähte Liebesteufel und andere, weniger appetitliche Vorkehrungen war naturgemäß auch ein Kurfürst machtlos. Und zum andern war es August wohl willkommen, die gesamte Clique der Rochlitzschen Protektionskinder gleichsam gerichtlich aus dem Feld schlagen zu können.

Immerhin spricht manches dafür, daß er geheime Anweisungen gab, die alte Neitschütz nicht allzu hart anzufassen. In der Folter durfte nur der »mildeste« Grad angewendet werden (Daumenschrauben und Stricke), und als sie sich nach dem Verbannungsurteil aus Dresden entfernte, war ihr immerhin von ihren Besitztümern noch ein einträgliches Gut verblieben, auf dem sie ihren Lebensabend unbehelligt zubrachte.

Inzwischen war Kurfürst Friedrich August, der sich sogleich mit ungeheurer Aktivität der Regierungsgeschäfte angenommen hatte, längst mit ganz anderen Affären befaßt als mit denen der Gräfin Rochlitz. Da war zum Beispiel eine junge schwedische Schönheit nach Dresden gekommen, eine hochgewachsene Blondine von angenehmsten Manieren, die Augusts

Aurora von Königsmarck

Hilfe erbat, um ihren verschwundenen Bruder wiederaufzufinden. Sie hieß Aurora von Königsmarck und war eine Großnichte des Grafen Hans Christoph von Königsmarck aus Kötzlin in der Altmark, der schwedische Dienste genommen und im Dreißigjährigen Krieg ein beträchtliches Vermögen zusammengeplündert hatte. Auch ihre Brüder waren Männer von rücksichtsloser Tapferkeit und einem Draufgängertum, dem insbesondere an jener Jahrhundertwende Frauenherzen nicht zu widerstehen vermochten. Der eine, Karl Johann, hatte sich im Dienste der Malteserritter so ausgezeichnet, daß er als erster Protestant in diesen Orden aufgenommen wurde. Als schon ganz Europa von ihm und seinen Heldentaten sprach, verfiel er auf den Gedanken, seine Geliebte, eine junge Engländerin, in Hosen zu stecken, um sie mit sich führen zu können. Die Reize der Kleinen waren allerdings so beschaffen, daß niemand durch das Pagenkostüm getäuscht wurde.

Camping in Pagenhosen

»Ich habe einen Grafen Königsmarck gekannt«, schreibt Liselotte an ihre Vertraute, die Markgräfin von Ansbach, »dem war eine junge englische Dame in Pagenhosen nachgelaufen. Er hatte sie bei sich zu Chambord, und weil kein Platz für ihn im Schlosse war, hatte er ein Zelt im Walde aufschlagen lassen und logierte darinnen. Ich hatte Curiosität, den Pagen zu sehen, und ritt zu seinem Zelte. Er rief den Pagen und präsentierte ihn mir. Ich habe in meinem Leben nichts Artigeres als das Mädchen in Pagenkleidung war, gesehen; sie hatte schöne, große braune Augen, ein artiges Näschen, einen schönen Mund voller schöner Zähne, denn sie lachte, wie sie mich sah; sie merkte wohl, daß der Graf mir alles erzählt hatte. Sie hatte ihre eigenen Haare, braune mit großen Bouklen. Wie er von Chambord wegzog und nach Italien reiste, kam die Wirtin in einem Wirtshause gelaufen und schrie: ›Monsieur, courez vite là-haut, votre Page accouche*!‹«

Das war der eine Bruder der Aurora von Königsmarck, er

---

* Monsieur, gehen Sie schnell hinauf, Ihr Page bekommt ein Kind.

sorgte für das Mädchen, das die hübsche Engländerin ihm geboren hatte, bis er, noch nicht dreißig Jahre alt, in Griechenland bei einer Belagerung einer Seuche zum Opfer fiel. Der andere, Philipp Christoph, war nach kurzer sächsischer Karriere und Kriegsdiensten gegen die Türken in Hannover in Liebeshändel verwickelt worden. Man sagte ihm eine Liaison mit Sophie Dorothee, der unglücklichen, später als Prinzessin von Ahlden bekannten Gemahlin des hannöverschen Erbprinzen nach, ja sogar einen gemeinsamen Fluchtplan, und sicherlich ist diese Beziehung die Ursache seines in den Einzelheiten bis heute ungeklärten Todes im Juli 1694 (vgl. Kap. VII).

Aurora von Königsmarck liebte beide Brüder. Was sie aber vor allem nach Dresden trieb, war die Notwendigkeit, den Tod Philipp Christophs zu klären, da nach dem Ableben dieses letzten Grafen komplizierte Erbschaftsregelungen beginnen mußten. Die Königsmarcks waren in ihrer märkischen Heimat nicht sonderlich begütert, hatten aber durch die kriegerischen Leistungen zweier Feldmarschälle aus ihrem Mannesstamm bedeutende, nur ziemlich verstreute Besitzungen in Schweden und Norddeutschland. August, der den verschwundenen Königsmarck gut gekannt hatte, sollte in Hannover zumindest erreichen, daß man den Tod des Grafen offiziell bekanntgab. Aber die deutschen Fürsten hatten auch um 1700 noch nicht die Desinvoltura der Renaissance-Italiener, die sich zynisch zu ihren Morden bekannten, und so erlangte August II. trotz allen Drängens keine verbindliche Auskunft.

Die Königsmarcks

Allerdings interessierte ihn, den Tatsachenmenschen, die lebende Gräfin sehr viel mehr als der tote Graf, und so begann er, allerlei in Szene zu setzen, was ihr die Wartezeit verkürzen sollte.

Die Gräfin hat als lange Zeit schön gebliebene Frau ihr Geburtsjahr so erfolgreich verschleiert, daß nur der ungalante »alte Meyer«, das in allen genealogischen Fragen unübertreffliche große Lexikon, sie bei jener Dresdner Demarche schon als Dreißigerin bezeichnet. Freundlichere Schätzungen messen ihr sechsundzwanzig Jahre zu, und sicher ist, daß sie, Tochter eines Königsmarck und einer Wrangel, eine jener sieghaften Schönheiten war, denen die Jahre lange Zeit nichts anhaben können. Einer ihrer Bewunderer schildert sie mit der Emphase der Zeit erst, nachdem er seine Indiskretion entschuldigt hat:

Porträt Auroras

»Es zeugt nicht eben von gutem Geschmack... die Reize eines schönen Gesichts herzuerzählen; dennoch müssen wir bemerken, daß ihr Auge von einem in Deutschland und im Norden überhaupt seltenen Schnitt, lang und ziemlich weit gespalten, das Email vom reinsten, schönsten Weiß war, und der Stern in jenem braunen Lichte schimmerte, das am meisten geeignet ist, die Süßigkeiten einer zärtlichen Seele in sich aufzunehmen, ohne dabei dem Strahl des Geistes Eintrag zu tun... Die Nase war schön geformt, der Mund graziös und unendlich beredt, in jeder Wendung durch neue Reize überraschend... Ihr Haar war von einem gewissen Blond, das man lange nach ihr ›Schwedisch Blond‹ nannte, obgleich gerade in Schweden diese Farbe selten vorkommt...«

Mit größerer Sicherheit als ihre äußere Erscheinung sind uns ihre Geistesgaben bekannt, denn während alle Worte uns eine hohe nordische Erscheinung schildern, der Kupferstich von Schenk aber eine sogenannte pikante Brünette, ist das Urteil über Geist, Bildung und Begabung der Gräfin durchaus einhellig. Als Gouverneur von Bremen hatte einer der Marschälle Königsmarck ein Schloß bei Stade erworben, wo Aurora aufwuchs. Ihre Begabung für Sprachen war auffallend; sie lernte mühelos und beherrschte während ihres ganzen Lebens Deutsch, Französisch, Schwedisch, Italienisch und Latein, schrieb Dramoletts und Singspiele, war Mitglied der *Fruchtbringenden Gesellschaft*, der zeitweise auch Opitz und Logau angehört hatten, komponierte kleine Stücke, spielte virtuos Viola da Gamba und hatte einen so köstlichen und erfrischenden Briefstil zumindest im Französischen, daß zweifellos auch ihre Memoiren berühmt geworden wären – sie hatten nur, ganz wie die Casanovas, das unverdiente Schicksal, auf einem Speicher zu verstauben. Aber während die Lebensgeschichte des Venezianers dann doch gerettet wurde, gingen die Aufzeichnungen der Aurora von Königsmarck bei einem Hausabbruch zugrunde.

Trotz aller Gaben, die man auch August II. nachrühmt, war Aurora nicht nur ihm, sondern auch seinem Hof zweifellos überlegen. Sie hatte, als sie in Dresden eintraf, bereits Verehrer in ganz Deutschland. Zwei Herzöge legten ihr abwechselnd in Briefen ihre Liebe zu Füßen, und man konnte sie mit Recht eine Frau von Welt nennen, vielleicht auch eine Abenteurerin großen Stils; jedenfalls hatte sie das Format jener Damen des *grand siècle*, die gemeinhin größeren Höfen als dem von Dresden Glanz und Bedeutung verliehen.

Diese Überlegenheit erklärt ihr sicheres Auftreten in Dresden, wo sie sogleich die Freundschaft gerade jener gewann, die ihre natürlichen Gegenspieler waren: der Mutter und der Gemahlin des Fürsten. Nie griff sie an, nie verletzte sie, nie verlangte sie etwas für sich, und diese Kunst der Menschenbehandlung rechtfertigt vielleicht noch deutlicher als ihre unbestreitbaren Geistesgaben Voltaires etwas überraschendes Urteil, Aurora von Königsmarck sei die merkwürdigste Frau zweier Jahrhunderte.

Diese echte Aristokratin, deren Vornehmheit aus den Adelstraditionen Schwedens und Deutschlands herkommt, trat einem Fürsten gegenüber, der zwar Silberteller rollen und Eisenrohre mit zwei Fingern aufheben konnte, im übrigen aber mehr Courage als Conduite zeigte, wie die unübertreffliche Liselotte von der Pfalz ihm bescheinigt.

Eine echte Aristokratin

Die Art, in der Friedrich August sich Aurora von Königsmarck näherte und sie schließlich eroberte, scheint dieses Urteil zu bestätigen, denn August benahm sich absolut nicht wie ein Kavalier, der sich um eine Dame bemüht, sondern manövrierte sie – da sie ihrer Erbschaftsinteressen wegen ja nicht kurzerhand abreisen konnte – in eine Situation, in der er wohl oder übel triumphieren mußte.

La Saxe galante

Pöllnitz hat uns in seinem oft ausgeschriebenen und immer wieder neuaufgelegten Bericht über das galante Sachsen die Tage von Moritzburg mit so vielen Einzelheiten geschildert, daß man ihm im Wesentlichen wohl glauben darf. Merkwürdig ist nur, daß er standhaft behauptet, Aurora sei von ihrer Schwester, einer Gräfin Löwenhaupt, begleitet gewesen, für deren Anwesenheit in Dresden und Moritzburg sich sonst keine Belege finden lassen.

August war erst wenige Wochen zuvor von einer sehr jungen, aber kapriziösen und anspruchsvollen Mätresse freigekommen, von Eleonore von Kessel, die ihm die entsetzlichsten Auseinandersetzungen mit Gattin und Mutter eingetragen hatte. Des Gezänks müde, schwor er ingrimmig, sich fortan nur noch der niederen Minne zu widmen und begab sich, um diesen Vorsatz wahr zu machen, gleich zwei Wochen lang auf die Leipziger Herbstmesse. Als er nach Dresden zurückkehrte, fand er dort aber Aurora von Königsmarck. Der stets zu allem bereite ewige Unterhändler Beichling ebnete die Wege zu der Schönen, und nach kurzer Zeit war alles bereit für die Maskeraden von Moritzburg.

Gemahlin Eberhardine mit dem langen Gesicht und die Fürstinmutter wurden nicht eingeweiht; sie blieben zunächst ahnungslos in Dresden. Auch eine Base Auroras, eine Gräfin Steenbock, die unentwegt zur Zurückhaltung und zur Tugend gemahnt hatte, wurde vorsichtshalber gar nicht erst nach Moritzburg eingeladen. Im übrigen aber fehlte niemand von der vergnügungssüchtigen Gesellschaft, die der junge Kurfürst um sich gesammelt hatte.

Als Aurora und ihre Schwester im Wagen vor Schloß Moritzburg anlangten, wurden sie schon von einer Schar Nymphen empfangen, deren Führerin als Diana gekleidet war, wenn man die schleierleichten Gewänder als Kleider bezeichnen konnte. Diana hielt eine zierliche Ansprache, in der auf das Schloß angespielt wurde, das im Volksmund den zweiten Namen Dianenburg führt, und auf Aurora, die Göttin der Morgenröte. Darauf folgte die Bewirtung in dem großen, mit galanten Gemälden stimulierend dekorierten Saal, den kurz vor Beginn des Mahles auch August als Gott Pan mit seinem Gefolge von Satyrn betreten hatte.

Nach improvisierter Hirschjagd und Gondelfahrt fand sich Aurora auf einer Insel des Schloßteichs in einem Haremszelt neben dem Sultan, der niemand anderer war als Gott Pan. Nach diesen überdeutlichen Verkleidungen als Waldgott und Haremsbesitzer hielt August weitere Umschweife nicht mehr für nötig und ging beim Abendessen dann sehr direkt vor: Aurora fand an ihrem Platz an der Tafel ein Diadem von solcher Kostbarkeit, daß über die Absichten des Gebers keine Zweifel mehr walten konnten. Noch während des Tanzes verließ das Paar die Gesellschaft, die so tat, als bemerke sie nichts. Tags darauf aber wußte ganz Dresden, daß August der Starke eine neue Mätresse habe.

Die vierzehn Moritzburger Tage und Nächte mögen trotz beträchtlicher Strapazen die schönste Zeit dieser kurzen und heftigen Beziehung gewesen sein. Aurora war bei aller Klugheit keine Intrigantin und unfähig, August mit Listen zu halten. Vor allem aber war sie zu fein und zu feinnervig, sich allen Herrscherlaunen zu beugen, und war für ihn daher bald nicht mehr als eben eine schöne Frau, die er schon besessen hatte. Als ein weiterer Grund für das verhältnismäßig baldige Ende dieser Liaison bietet sich das gute Verhältnis an, in dem Aurora zur Gemahlin des Kurfürsten stand. Obwohl Mätresse, wurde sie die Freundin der Gekränkten und hob sich damit deutlich von dem weiblichen Gelichter ab, das den Kurfürsten umgarnte, um ihn gegen seine Frau und seine Mutter ausspielen zu können. »Ich kann nun nicht mehr unglücklich sein, eine Rivalin zu haben«, soll die Fürstin eines Tages von der Gräfin Königsmarck gesagt haben, »denn sie ist wirklich eine Dame.«

Immerhin geriet die Dame, neun Monate nach den Winterfreuden von Moritzburg, in die prekäre Lage, ein Kind heimlich zur Welt bringen zu müssen. Warum dafür die alte Kaiser-

Tage und Nächte von Moritzburg

stadt Goslar gewählt wurde, ist bis heute niemandem klargeworden, und am geheimnisvollsten gebärdete sich der lutherische Pastor, der in die Kirchenbücher nur eintrug:

Heimliche Geburt in Goslar

»Heute, den 28. Oktober, wurde einer vornehmen und hochgeborenen Dame im Hause des Heinrich Christoph Winkel ein Kind männlichen Geschlechts geboren und auf den Namen Moritz getauft.«

Später scheint noch der Name Hermann hinzugekommen zu sein, und Moritz-Hermann Graf von Sachsen, späterer Marschall von Sachsen und Maréchal de France, wurde als Arminius-Maurice de Saxe einer der glänzendsten Feldherren seiner Zeit. Er brach unzählige Frauenherzen, entzückte die Empfindsamen durch seine Liebschaft mit der Schauspielerin Adrienne Lecouvreur und beendete sein Leben nach sehr viel Kriegsruhm schließlich als Mann von Kultur und Mittelpunkt eines Musenhofes wie Johann Matthias von der Schulenburg, wie der Prinz Eugen und einige wenige andere Feldherren von höherem als Schulbuchrang: er starb in Chambord, einem der schönsten Loireschlösser (eben jenem, in dessen Park sein Onkel Königsmarck mit der jungen Engländerin kampiert hatte), umgeben von Frauen, Büchern, Hunden und sehr viel gutem Wein. Seine Urenkelin, ein spätes Reis am Abenteurerstamm der Königsmarcks, ist die Dichterin George Sand...

Aurora selbst war freilich noch nicht soweit. Sie hatte nach dieser Geburt die schwierige Aufgabe vor sich, einen Rückzug anzutreten, in dem sie das Gesicht wahrte. Dazu gehörte zunächst, das in Dresden wie Paris üblich gewordene Verfahren der Verheiratung abgetretener Mätressen zu umgehen. Eine Königsmarck kroch nicht bei irgendeinem dieser sächselnden Barone unter, nur weil August bereit war, eine dicke Mitgift herauszurücken. Sie bat ihn um ihre Einsetzung als Äbtissin in Quedlinburg, sobald die alte Dame, die diese sehr angesehene Position innehatte, das Zeitliche gesegnet haben würde.

Immer wieder erinnert Aurora an die Montespan, die auch zunächst die Königin der Feste war, in den Festen sich dem König ergab und, als es für sie Abend wurde, Zuflucht in jener Abtei suchte, deren fürstlich geehrte Äbtissin ihre Schwester war. Aurora hatte es nicht so leicht, denn August war eben doch kein Sonnenkönig, mochte er es sich auch immer wieder zum Ziel gesetzt haben. Noch ehe die Nachfolge in Quedlinburg bindend abgesprochen war, mußte er Stadt und Umland an Preußen verkaufen, denn der Dresdner Hof und die ehrgeizigen Ziele Augusts verschlangen große Summen.

Aurora hatte zwar auch in Preußen viele Freunde, aber die Lage hatte sich dadurch doch sehr verschlechtert, denn August war schließlich der einzige gewesen, der an ihrer Schwangerschaft und heimlichen Geburt keinen Anstoß nehmen durfte. »Der Verkauf von Quedlinburg ist eine abgemachte Sache«, schrieb Auroras Schwester, die Gräfin Löwenhaupt, in einem Brief vom 15. 1. 1698, »und der Äbtissin durch einen brandenburgischen Gesandten bekanntgemacht... Die arme Fürstin nimmt daran großes Ärgernis und protestiert in allen Formen wider diesen unerhörten Handel... Sie mag nun immerhin schreien, sie ist mit ihrem ganzen Kapitel verkauft. Am meisten bringt es sie auf, daß ein Jude *(Augusts Bankier Lehmann)* das Geschäft gemacht hat. Meine Schwester ist in den Vertrag mit aufgenommen, und der Kurfürst von Brandenburg hat ihr sehr verbindlich die Versicherung gemacht, daß er sie in ihren Rechten schützen und ihre Wahl eifriger als von hier *(d. h. Dresden)* aus geschehen, unterstützen wolle.«

Aber der neue Herr galt noch nicht viel bei den vornehmen Damen von Quedlinburg, und Aurora, die für das Gelübde der Keuschheit ja doch etwas weit gegangen war, mußte sich mit dem Rang einer Pröpstin begnügen.

Pröpstin in Quedlinburg

Unter den vielen Ehen, die ihr alte und neue Verehrer antrugen, scheint sie, zumindest in dieser bedrängten Lage, eine als immerhin möglich angesehen zu haben: die Verbindung mit dem verwitweten Herzog Christian-Ulrich von Württemberg-Öls. Andernfalls hätte sie kaum ihre Schuldenlast um weitere 10 000 Taler vermehrt, um das Rittergut Wilksen bei Öls zu erwerben, das gerade zum Verkauf stand. Da Aurora wenig Lust hatte, sich in dem kleinen schlesischen Fürstentum zu vergraben, stieß sie das Gut einige Jahre später wieder ab.

Übrigens blieb sie auch nicht in Quedlinburg, als die Nähe anderer Mätressen den Aufenthalt in Dresden unmöglich machte. Sie fiel zurück in das ein wenig zu bewegte Leben, das sie vor ihrer Verbindung mit August dem Starken geführt hatte. Sie war, wenn sie ihn traf, immer noch freundlich und liebenswürdig – selbst gegen ihre Nachfolgerin, die Gräfin Iserle von Chodau, obwohl diese eine verheiratete Frau war und erst 1700 geschieden wurde. Aber man wird, wenn man das Leben Auroras verfolgt, doch den Eindruck nicht los, daß es mehr als die alte Königsmärckische Unruhe war, was sie von einer Stadt zur andern trieb und keinen Hafen, nicht einmal die traurige Resignation einer Vernunftehe, finden ließ.

Legenden um Karl XII.

Vorwände, ja selbst Gründe zu diesen Reisen gab es mehr als genug: die immer noch unerledigten oder neuerlich komplizierten Vermögensverhältnisse der Königsmarcks, die frühe und unglückliche Heirat ihres Sohnes, seine Versuche, den Thron von Kurland zu gewinnen und andere Kabalen. Daß Aurora auf einer dieser Reisen auch eine Entrevue mit Karl XII. gehabt haben und von ihm kurz abgefertigt worden sein soll, findet sich in der deutschen Literatur über die Gräfin immer wieder behauptet, wird von der ernsthaften schwedischen Forschung jedoch bestritten. Es scheint also nichts zu sein mit dem ergreifenden Bild »Er ließ die zarte, schöne Frau lange in den Schneefeldern herumirren, unter den lärmenden Bivouaks des Lagers herumfragen...«, wie es uns Sternberg zeichnet; eine Frau von Welt wie Aurora mußte schließlich gewußt haben, daß sie einem Mann von der Veranlagung des Schwedenkönigs mit all ihrer Weiblichkeit nur Widerwillen einflößen konnte.

Von Preußens König immer wieder an ihre Quedlinburger Pflichten gemahnt, setzte sie sich schließlich, zu Jahren und Leibesumfang gekommen, im alten Städtchen Quedlinburg als Pröpstin zur Ruhe. Sie schrieb weiterhin ihre wunderbaren

Briefe, verfaßte leider verlorengegangene Memoiren, pflegte Musik und machte auch noch ein bißchen Schulden.

1727 erkrankte sie, und in der Nacht vom 15. auf den 16. Februar 1728 ging es mit ihr zu Ende. Daß sie an ihrem Leben noch sehr gehangen hätte, ist nicht anzunehmen, es war für sie mit der Schönheit dahin, und sie machte sich aus den verordneten Medikamenten weit weniger als aus ihren kosmetischen Utensilien.

Die wenigen nach ihrem Tod eintreffenden Verwandten enteilten schneller, als sie gekommen, als sich herausstellte, der Nachlaß bestehe nur aus einer großen, veralteten Garderobe, einigen Noten und ganzen 52 Talern, zuwenig also, um die Begräbniskosten zu decken. Es währte dann auch noch ein volles Jahr, bis Aurora einen guten Sarg hatte, weil offenbar nichts in diesem Leben glatt und einfach zugehen konnte.

Bilanz einer Liaison

Für Sachsen, ja für ganz Deutschland begann mit der Erscheinung der Gräfin Aurora von Königsmarck ein neuer Abschnitt in der Entwicklung der Hofsitten. Man begann auch östlich des Rheins sich mit der Erscheinung der Mätressen vertraut zu machen und zu begreifen, daß diese Frauen nicht von vornherein als Hexen anzusehen seien. Noch im Fall Rochlitz waren zumindest die Untertanen des Kurfürsten überzeugt gewesen, ihr armer Landesvater sei eben das Opfer einer besonders raffinierten Zauberintrige geworden. Gegenüber der Gräfin Königsmarck waren solche Argumente nicht mehr anzubringen. Sie lebte, auch nachdem die Gräfin Iserle von Chodau ihre Nachfolge angetreten hatte, mit der größten Selbstverständlichkeit weiter in Dresden, verließ die Hauptstadt, wenn sie sich nach Quedlinburg, Berlin oder Stade begeben wollte, kehrte aber zurück, sooft es ihr paßte. Sie verkehrte weiter mit allen Damen des Hofes und war unverwandt höflich und liebenswürdig, ob sie nun Gräfinnen, Prinzessinnen, Fürstinnen oder Schauspielerinnen in der Gunst des Monarchen antraf.

Die Königsmarck war keine Hexe, sie war nicht einmal eine

jener dirnenhaften Intrigantinnen, wie sie sich gelegentlich im Gefolge deutscher Fürsten gezeigt hatten; sie war eine Hofdame, die eine Phase ihrer Existenz in besonderer Intimität mit dem Herrscher zugebracht hatte, punktum. Und statt der Hexenriecherei von Professor Carpzov und Genossen pries man nun die aufgeklärte Weisheit dreier Herren von der juristischen Fakultät der Universität Halle, die gemeinsam zu folgendem Schluß in Sachen Mätressen gekommen waren:

»Das Odium in Concubinas muß bei großen Fürsten und Herren cessieren, indem diese den legibus privatorum poenalibus nicht unterworfen *(sind),* sondern allein Gott von ihren Handlungen Rechenschaft geben müssen, hiernächst eine Concubina etwas von dem Splendeur ihres Amanten zu überkommen scheinet.« Das Gutachten der Professoren Thomasius, Gundling und von Ludewig, mehr höflich als stichhaltig, sagte also im Wesentlichen nur *quod licet jovi, non licet bovi,* und Jupiter war es auch, mit dem man den armen Grafen Iserle, Kammerherrn Seiner Apostolischen Majestät in Wien, allgemein tröstete, als er eines Morgens August den Starken in den Armen der schönen Gräfin gefunden hatte. Die beiden hatten verschlafen...

Gräfin Lamberg

Mit der Wiener Gräfin, die unter dem Namen Lamberg bekannter wurde, begann dann der lange Mätressenreigen, der August nicht viel weniger kostete als sein polnisches Abenteuer, ihm aber sicherlich mehr Vergnügen bereitete. Dennoch werfen ihm alle Historiker die Mätressen vor und finden es durchaus natürlich, daß dürftigen Erbfolgeansprüchen zuliebe an die dreizehn Millionen Taler an Bestechungsgeldern und Kriegskosten aufgewendet wurden, die keinem anderen als dem *eo ipso* sinnlosen Bestreben dienten, dem polnischen Volk einen fremden Monarchen aufzuzwingen. So viel Geld und Blut fließen zu lassen, ohne mehr zu erringen als einen Titel, den die Sachsen ja doch nicht behalten konnten, war zweifellos weniger sinnvoll, als einem hochbegabten Musikus wie Johann Adolf Hasse sechstausend Taler jährlichen Gehalts zu bezahlen, sich die beste italienische Oper in deutschen Landen zu leisten und einen sehenswerten Karneval zu inszenieren.

Aber Kraftnaturen hassen eben die Beschränkung. August der Starke scheint sich tatsächlich als ein spätgeborener Renaissancemensch gefühlt zu haben, und da war es mit Opern und Mätressen allein, mit all dem liebenswürdig-unschuldigen höfischen Auftrumpfen nicht getan, da mußten Länder und Kronen errungen werden und der Kurfürst sich auch als Feldherr beweisen!

Man sagt dem sächsischen Universalmenschen nicht weniger als 354 uneheliche Kinder nach, von denen mindestens zwei, nämlich der französische Feldmarschall Moritz Graf von Sachsen und der ausgezeichnete Heerführer Graf Rutowski, den einzigen legitimen Nachkommen an Geistesgaben weit übertrafen, und August blieb auch jahrelang bemüht, seinen Herrschaftsbereich auf Kurland, Neapel und andere Territorien auszudehnen, um wie ein Mongolenkhan all seine tauglichen Söhne versorgen zu können.

354 uneheliche Kinder

Dennoch ist es sicher, daß ihn Söhne und Töchter weit weniger interessierten als der Weg, auf dem er zu ihnen gelangte, die Eroberung immer neuer Frauen, gelegentlich auch Mädchen, unter denen die Soubretten und die jungen Dinger stets nur vorübergehende Leidenschaften waren, während einzelne Damen von Rang selbst diesen unsteten Monarchen jahrelang zu fesseln vermochten.

Betrachtet man ihre Porträts, sinnt man ihren Charakteren nach, so muß man sich gestehen, daß in dieser langen Reihe schöner und interessanter Frauen wenige sind, die man im geschichtlichen Sinn als große Mätressen bezeichnen könnte. Die Wiener Gräfin Iserle von Chodau, die Aurora von Königsmarck ausstach, gilt als jene Mätresse, die besonders verschwenderisch mit dem Geld umging. Die in den Türkenkriegen erbeutete Sklavin Fatime, im Hause Flemming-Brebentau wie eine Gesellschafterin gehalten, gebar August dem Starken den hochbegabten Grafen Rutowski, und die Gräfin Orselska, eine der letzten Favoritinnen, machte auf verschiedene Art von sich reden: Sie war erstens des Kurfürsten eigene Tochter mit einer französischen Schauspielerin und wurde, als Friedrich Wilhelm I. von Preußen mit seinem Sohn 1728 zu Besuch nach Dresden kam, mit größter Wahrscheinlichkeit die erste Geliebte des Prinzen, den die Welt später Friedrich den Großen nennen sollte. Sie verwirrte die Preußen dadurch, daß sie in Dresden, als der Kronprinz sie zum erstenmal erblickte, überhaupt nichts auf dem Leibe trug, und in Berlin, wohin sie ihren Vater begleitete, nicht etwa Frauenkleider, sondern Hosenanzüge. Sie soll sich auch im Regiment ihres Halbbruders, des Grafen Rutowski, mit Vorliebe in der Uniform eines Kavalleristen auf dem Pferd getummelt haben.

War also die Orselska die verruchteste, die Dieskau die einfältigste, die Lubomirska die schönste Mätresse, so machte das sächsische Volk doch wiederum jene zu der berühmtesten, die man mit einiger Phantasie zur Hexe umdeuten konnte: Anna Constantia von Brockdorf, verehelichte Gräfin Hoym, bekanntgeworden als Gräfin Cosel.

Gräfin Cosel

Anna Constantia wurde am 17. Oktober 1680 geboren und schon als Neunzehnjährige an den Grafen Adolph Magnus von Hoym verheiratet. Die Legende will wissen, daß der Graf, der seinen Landesherrn nur zu gut kannte, seine junge und schöne Frau eifersüchtig auf einem Gut verborgen hielt, bis man ihn zu einer Wette verleitete, die nur durch die Anwesenheit der Gräfin entschieden werden konnte. Nach anderen Quellen lebte Anna Constantia jedoch seit ihrer Verheiratung in Dresden, vielleicht in freiwilliger Distanz zum Treiben des Hofes, aber doch nicht im Verborgenen. Pöllnitz, auf den das Histörchen von der Wette zurückgeht, schildert die spätere Gräfin Cosel fogendermaßen:

»Sie hatte ein längliches Gesicht, eine zierliche Nase, einen kleinen Mund, prachtvolle Zähne und große schwarze, feurige Augen. Alle ihre Gesichtszüge waren weich, ihr Lächeln bezaubernd und zu Herzen gehend. Sie hatte schwarzes Haar, einen wunderbaren Busen; Hände, Arme und Hals waren formvollendet, der Teint blendend weiß. Ihre Erscheinung war majestätisch, auch tanzte sie vollendet.«

Weniger günstig lautet das Urteil über ihre Charaktereigenschaften, von dem man aber bedenken muß, daß Pöllnitz es niederschrieb, als er die Gräfin Cosel schon geraume Zeit in ihrer Rolle als Mätresse und später auch als Widersacherin des Monarchen studiert hatte:

Zwiespältiges Porträt

»Ihr Charakter war nicht ganz so vollkommen. Sie war mehr lebhaft und unterhaltsam als tief, dazu wenig aufrichtig und launenhaft. Höflich war sie nur gegen die, die ihr huldigten, und gänzlich unnahbar zeigte sie sich gegenüber jenen, die es an Verehrung ihrer Person fehlen ließen. Sie war eigennützig, aber auch freigebig, dankbar, wenn man ihr Gutes tat, aber unversöhnlich, wenn sie Grund hatte, jemanden zu hassen.«

Das sind nun, alles in allem genommen, recht weibliche Eigenschaften, welche die Gräfin keinesfalls zu einem Ausbund an Berechnung, Bosheit oder Arglist machen. Sie war eine Frau, und die Lage, in die sie durch ihren Aufstieg geriet, verlangte ihr Kräfte und Techniken der Selbstbehauptung ab, die den Frauen gemeinhin nicht in die Wiege mitgegeben werden. Hier kam ihr der besondere Reiz ihres Wesens, ein seltener Charme zu Hilfe, ein Bezaubernkönnen, zu dem sie freilich weder Pülverchen noch Mixturen brauchte:

»Wie voreingenommen man auch gegen sie sein mochte«, schreibt Pöllnitz, »wenn sie gefallen wollte, war sie unwiderstehlich. Sie hatte Manieren, die bezauberten, aber auch solche, die abstießen. Für Geld und Ehren tat sie alles... Ihre größte Kunst bestand darin, nie erkennen zu lassen, daß es ihr nur auf den eigenen Ruhm ankam... Unter dem Vorwand, daß sie Feste und Theater liebe, konnte sie sich darin nicht genug tun; in Wahrheit aber kam es ihr nur darauf an, den König zu unterhalten.«

Es war das Rezept der Pompadour, noch ehe diese es selbst anwenden konnte; es war die alte und gerade liebenden Frauen so oft verschlossene Wahrheit, daß der Mann ihres Herzens nicht zu dauerndem Furioso fähig sei, sondern dann dankbar, gelöst und friedlich wird, wenn er sich entspannen, unterhalten und ein wenig gehenlassen darf. Das mag einem von seinen Leidenschaften so dranghaft getriebenen Menschen wie August dem Starken lange nicht bewußt geworden sein; der Zeitpunkt, in dem er es erkannte, traf dann aber mit der Herrschaft der Gräfin Cosel zusammen und erklärt vermutlich die einzigartige Tatsache, daß sie sich volle neun Jahre in seiner Gunst behaupten konnte.

Mit dem gleichen überlegenen Takt, wie ihn wenig später die Pompadour beweisen würde, verstand die Cosel, über die kleinen Liebesabenteuer Augusts hinwegzusehen, insbesondere über seine zwar heftigen, aber kurzen Beziehungen zu Tänzerinnen und Schauspielerinnen wie der Renard oder Angélique Duparc. Nur gegenüber der Lubomirska, der von August als Fürstin Teschen hochausgezeichneten Vorgängerin, blieb die Gräfin Cosel unentwegt wachsam. Sie wußte, daß ihre Gegner bei Hofe mit dem Argument arbeiteten, August brauche als König von Polen eine polnische Mätresse neben der sächsischen, auch könne ihm eine Polin aus guter Familie wichtige Verbindungen in jenem Lande schaffen, das August ja noch immer als Fremder regierte.

Die Lubomirska

Flemming, Fürstenberg und andere Gegner der Gräfin Cosel hatten insofern recht, als die Lubomirska nicht nur eine sehr schöne Frau war – übrigens gleichaltrig mit der Cosel –, sondern als Tochter des Stolnick von Litauen und Nichte des Kardinal-Primas von Polen sehr viel für August tun konnte und auch getan hat. Sie war eine der wenigen Mätressen, die den König wirklich liebten, und arbeitete in Polen weiter für ihn, auch als die Gräfin Cosel ihre Verbannung aus Dresden schon durchgesetzt hatte; offenbar hoffte sie, sich mit ihren politischen Verdiensten die Rückkehr in die Gunst des geliebten Monarchen erkaufen zu können.

Tatsächlich kam auch die Gefahr für die Gräfin Cosel nicht

aus Dresden, wo sie unumschränkt herrschte, wie eine Königin behandelt wurde und ihr Geld geschickt arbeiten ließ. Selbst zu Besuch weilende Monarchen wie das dänische Königspaar riskierten es, der Cosel zuliebe Augusts legitime Eberhardine zu brüskieren. Dresden aber war nicht Warschau, dort herrschten ganz andere Verhältnisse, August mußte andere Rücksichten nehmen und war auf dem glatten polnischen Parkett ungleich mehr seinem mephistophelischen Ratgeber Flemming ausgeliefert als in der sächsischen Heimat.

Flemming hatte durch seine beiden Ehen selbst ausgezeichnete polnische Verbindungen. Seine erste Gemahlin war eine wunderschöne Prinzessin Sapieha gewesen, und die Liebesheirat hatte Flemming einen hohen litauischen Adelsrang und den Rückhalt bei einem starken Clan eingebracht. In zweiter Ehe vermählte Sachsens mächtiger Minister und Feldherr sich mit einer jungen Witwe aus dem fürstlichen Hause Radziwill und war sehr daran interessiert, daß auch August eine Verbindung eingehe, die eine breitere Basis des Vertrauens und der verwandtschaftlichen Beziehungen unter den großen Familien Polens schaffe. Da die Lubomirska ohnedies weiterhin auf Seiten Sachsens stand, hielt der kühl rechnende Kabinettsminister ihre Rückkehr in die Gunst Augusts für überflüssig. Eine neue Mätresse sollte neue, zusätzliche Verbindungen schaffen, und da August mit den Jahren wählerisch geworden war, hatte Flemming eine besonders junge und besonders hübsche Kandidatin augewählt: die Gräfin Marie Dönhoff, Tochter des polnischen Großmarschalls Casimir Ludwig Graf Bielinski.

Flemmings Ehen

Sie war das, was man heute eine sinnliche Schönheit nennen würde und verfügte über all jene Attribute der Weiblichkeit, die August stets besonders gereizt hatten. Obwohl sie noch keine zwanzig Jahre zählte, waren Brust wie Hüften weiblich gerundet, die Taille aber schlank, die Füßchen klein, kurz, sie war eine jener pikanten Polinnen, deren Reiz auch die Operettenarien als unerreicht preisen. Sie hatte ein munteres Lachen, fröhliche Augen, die zwar nicht sonderlich viel Geist, aber ein

Gräfin Marie Dönhoff

angenehmes und frisches Naturell verrieten, und einen gutgezeichneten Mund mit vollen Lippen.

Als Flemming sie im Haus einer Verwandten seiner ersten Frau sah, ahnte er gleich, die aussichtsreichste Kandidatin für die Verwirklichung seiner Pläne gefunden zu haben, und da der Gatte, Graf Bogislaus Ernst von Dönhoff, nicht nur mehr als doppelt so alt war wie die kleine Marie, sondern auch beinahe bankrott, gab es auch von dieser Seite her keine ernsthaften Schwierigkeiten.

Feste in Warschau

Im festesfrohen Warschau, wo stets in einem der Adelspaläste die Gläser klirrten und die Wachskerzen brannten, war das Kennenlernen schnell arrangiert. Marie Bielinska, verehelichte Dönhoff, war zweifellos vorbereitet und zeigte sich nicht spröde, als der König ihr schon am ersten Abend bis etwa vier Uhr morgens zu verstehen gab, wie sehr sie es ihm angetan habe. Und wenige Tage darauf hatte der Kardinal Grimaldi, Päpstlicher Nuntius in Warschau, jenes Schriftstück vor sich auf dem Schreibtisch, das auf dem Umweg über eine päpstliche Sondergenehmigung eine Scheidung der Dönhoffschen Ehe in die Wege leiten sollte.

Clemens XI., dem August und Sachsen Schmerzenskinder waren, zauderte nicht lange. Schon nach einigen Wochen kam die Genehmigung aus Rom. Und der ältliche Graf, der sich von der Verbindung mit dem Hause Bielinski finanzielle Genesung erhofft hatte und enttäuscht worden war, griff nur zu gerne nach den königlichen Gunstbeweisen, die ihm für die Abtretung seiner jungen Gemahlin zuteil wurden.

August II. von Polen aber war nach Monaten, in denen er schlechte Laune gehabt und oft gegrübelt hatte, wieder so gut gestimmt, wie ihn Flemming und Vitzthum schon lange nicht mehr gesehen hatten. Weder das Weihnachtsfest noch die Leipziger Neujahrsmesse vermochten ihn nach Sachsen zu locken; um so öfter aber besuchte er Marie Bielinska in dem kleinen Palais, das er ihr in Warschau geschenkt hatte, und die Familie Bielinski sah Zeiten neuen Glanzes heraufkommen.

In den letzten Tagen des Jahres 1711 zog für das junge Glück in Warschau ein Unwetter auf. Die Reichsgräfin Cosel hatte schließlich auch ihre Vertrauten, und wenn es die nicht gewesen waren, so hatten ihre Feinde ihr schadenfroh die Nachricht zugetragen, daß der König sich eine neue Mätresse genommen habe und mit einer ebenso jungen wie hübschen Polin zusammen lebe.

Trotz winterlichen Wetters machte die energische Frau sich mit ihrem besten Reisewagen und Kurierpferden von Dresden nach Warschau auf. Aber die Fama, die der Cosel vorausflog, war doch noch schneller. Nicht der König, sondern Flemming erhielt die Nachricht und brachte sie August – vielleicht absichtlich – so brüsk bei, daß der König sich verriet. Er zeigte eine beinahe panische Angst vor der Frau, die nun schon mehr als acht Jahre seine offizielle Mätresse war und deren scharfen Verstand und schneidende Beredsamkeit er zur Genüge kannte. So war es nicht schwer für Flemming, den Befehl zu erwirken, daß die Gräfin notfalls mit Gewalt am Eintreffen in Warschau gehindert und nach Dresden zurückgebracht werden solle.

Flemming nahm die Sache so ernst, wie sie war: er ritt selbst und nahm als Bedeckung den Oberstleutnant La Haye mit zwölf Leibgardisten mit. Vor der Poststation von Kalisch trafen sie auf die Gräfin. Der Wortwechsel war heftig, ja die Cosel soll bei dieser Gelegenheit sogar eine Pistole gezogen und auf ihren alten Gegner angeschlagen haben. Dann aber gab sie plötzlich auf und ließ sich beinahe apathisch nach Dresden zurückgeleiten. Gab sie vielleicht auch noch nicht die Partie verloren, so mußte sie doch erkennen, daß zumindest Warschau außerhalb ihres Machtbereiches lag.

Die Cosel in Kalisch

Es kam der Tag, an dem sich zeigen sollte, daß zwei Staaten zu regieren nur unwesentlich schwieriger sei als zwei energische, verwöhnte und anspruchsvolle Mätressen gleichzeitig zu halten. August II. von Polen mußte sich in Friedrich August I., Kurfürsten von Sachsen, zurückverwandeln und nach Dresden begeben, nach Dresden, wo noch immer die Gräfin Cosel residierte, wohin man also die Gräfin Dönhoff nicht so ohne weiteres mitnehmen konnte.

Polnische Rache

Die kleine polnische Gräfin hatte zudem erkannt, daß ihre Zukunft in Dresden liege, denn wie es um Polen stand, das wußte man in Warschau sehr genau. In Dresden aber war August der wirkliche Herr, und in der schönen Stadt die Hauptrolle zu spielen, war wohl ein paar kleinere Auftritte wert. Also erklärte sie, in Dresden nur dann einziehen zu wollen, wenn die Gräfin Cosel vorher die Stadt verlassen habe. Das war vielleicht auch eine polnische Rache an der Cosel, die ja verlangt hatte, daß die Lubomirska aus Dresden verschwinden müsse, ehe sie sich als Mätresse dort niederlasse.

August sandte den Befehl dem eigenen Zuge voraus nach Dresden, und zwar an Fürstenberg, von dem er annehmen durfte, daß er Gegenvorstellungen der Cosel unzugänglich bleiben würde. Fürst Anton Egon aber, der Letzte der Heiligenberger Linie der Fürstenberg und Statthalter von Sachsen, trat den peinlichen Weg nicht selbst an, sondern beauftragte den Generaladjutanten von Thümen, und dieser erwies sich als zu schwach. Anna Constantia zog alle Register, tobte, weinte, führte dem Offizier all ihre Hilflosigkeit und Verzweiflung vor Augen und gab seinem mitleidigen Herzen durch einen Brillantring im Wert von 4000 Talern den letzten Stoß. Die Mission war gescheitert, die Gräfin erklärte sich als krank und reiseunfähig und willigte erst nach einigen Ausbrüchen Kurfürstlichen Zorns ein, das nahe gelegene Pillnitz aufzusuchen, die reizende Sommerresidenz des sächsischen Hofes an der Elbe, am Fuß des Porsbergs.

Verschreckt und gespannt zugleich verfolgten die Dresdner den Titanenkampf ihres starken Landesherrn gegen die ausgediente Mätresse, die sich zu gehen weigerte, und bald kursierten wieder jene Gerüchte, die von Zauberei und Behexung wissen wollten. Die Enthüllungen des Rochlitz-Prozesses lagen ja nicht viel mehr als zehn Jahre zurück.

»Von Dresden hat man wunderliche Zeitungen gestern

spargiret«, teilt Franz Hermann Ortgies in einem seiner Berliner Informationsblätter mit, »wie nemlich S. K. M. von Pohlen (*d. h. August der Starke*) auf einer Assemblée auf einmal plötzlich auf die Gräfin Dönhoff, Dero Mätresse, gefallen und ihr die Kleider in Stücken sämbtlich vom Leibe gerissen worüber alle Anwesende höchst bestürtzt worden, zumahlen der König schier in eine Raserey gefallen. Dabey wird debitiret *(angegenommen)*, daß der Gräfin Cosel beigemessen würde, solches dem Könige aus Rache und Jalousie *(Eifersucht)* angethan oder beygebracht zu haben, dahero diese bereits in der Stille decolliret *(enthauptet)* wäre.«

Es war eine jener Szenen, bei denen die Hofgesellschaft tatsächlich am Verstand des Monarchen zu zweifeln begann, ein Toben gegen alle und jeden, wie man es auch von Peter dem Großen kannte, mit dem August mehr gemein hatte als mit den französischen Monarchen, deren Hofhaltung ihm so sehr imponierte. Die kleine polnische Gräfin hatte nicht gewußt, wie ihr geschah und, an Augusts brutale Zärtlichkeit gewöhnt, mit sich geschehen lassen, was ihm »auf einmal und plötzlich« in den Sinn gekommen war. Um die stumme Schöne und den brüllenden König hatte sich ein scheuer Kreis gebildet, und August ließ von der Geliebten erst ab, als sie keinen Fetzen Kleidung mehr am Leibe hatte. In diesem Augenblick schien er zu erwachen, verstummte, warf ihr einen beinahe erschrockenen Blick zu und wandte sich schnell ab. Während die Herren ihm folgten, bemühten sich die Damen, die erlöst aufweinende nackte Gräfin notdürftig zu bekleiden und aus dem Saal zu führen.

Kandaules in Dresden

Eine Woche darauf soll August inkognito nach Berlin gereist sein, in einem Zustand, den die Zeitungen höflich umschrieben, indem sie behaupteten, seine Majestät sei »per Intervalla an der Vernunft etwas irrig«. Es waren möglicherweise Coselsche Ärgernisse, die auf dieser Reise behoben werden sollten. Denn die Gräfin gab sich nicht geschlagen. Sie drohte gegenüber jedem, der es hören wollte, daß sie die Dönhoff erschießen werde, und verfügte gegenüber August ebenfalls über eine nicht ungefährliche Waffe: über ein Eheversprechen mit verschiedenen Vertragspunkten, das herauszugeben sie sich standhaft geweigert hatte und von dem niemand wußte, wo es tatsächlich aufbewahrt werde. Zudem hatte die Cosel ihr Schloß Pillnitz heimlich verlassen, sich nach Berlin und danach, auf Wunsch der preußischen Behörden, nach Halle begeben und war somit für August unangreifbar geworden.

Goethes Oheim Von ihrem Exil in der kleinen Universitätsstadt Halle besitzen wir einen Augenzeugenbericht aus der Feder von Johann Michael von Loen, über die Textor ein Onkel Goethes und von diesem als Oheim in den *Bekenntnissen einer schönen Seele* verewigt:

»Die Gräfin Cosel sah ich als Student in Halle, wo sie als eine vom Hofe verwiesene Liebhaberin des Königs sich hingeflüchtet hatte; sie hielt sich daselbst ganz verborgen in einer abgelegenen Straße bei einem Bürger unweit dem Ballhause auf. Ich ging fast täglich zu einem guten Freunde, der gleich nebenbei wohnte. Das Gerücht breitete sich aus, daß sich daselbst eine fremde Schönheit aufhalte, die ganz geheim lebe. Das Studentenvolk ist vorwitzig. Ich sah sie etlichemale mit gen Himmel aufgeschlagenen Augen in tiefen Gedanken hinter dem Fenster stehen; sobald sie aber gewahr wurde, daß man sie belausche, trat sie erschrocken zurück. Außer den Leuten, die ihr das Essen über die Straße brachten, sah man niemand als einen wohlgekleideten Menschen bei ihr aus- und eingehen, den man für ihren Liebhaber hielt. Man konnte keine schönere und erhabenere Bildung sehen. Der Kummer, der sie verzehrte, hatte ihr Angesicht blaß gemacht; sie gehörte unter die schmachtenden, braunen Schönen, sie hatte große, schwarze, lebhafte Augen, ein weißes Fell *(sic)*, einen schönen Mund und eine feingeschnitzte Nase. Ihre ganze Gestalt war einnehmend und zeigte etwas Großes und Erhabenes.«

Das Porträt ist reizvoll, weil es mit den Augen des Studenten gesehen, aber mit der Feder des Weltmanns von Loen fixiert worden ist, der drei Jahre nach diesem Hallenser Aufenthalt durch die Passavantsche Erbschaft sehr reich wurde und sich nur noch seinen Reisen und der Schriftstellerei widmete. Die Gräfin zählte damals fünfunddreißig Jahre und war auf der Höhe ihres Lebens als Frau, zugleich aber am Ende ihrer glanzvollen Existenz.

August hatte in Berlin alles erreicht, was er wollte: Die Gräfin wurde von preußischer Polizei verhaftet und mit allen ihren Schätzen, vielen Kisten und Truhen voll von Gewändern, Geschirr, Geschmeide und Geld, sächsischer Gewalt übergeben und im Dezember 1716 auf die Festung Stolpen gebracht.

Dieses alte, aus dem frühen zwölften Jahrhundert stammende Schloß auf steilem Basaltfelsen über der Wessnitz wurde erst zum Gefängnis, später zum freiwilligen Aufenthalt der schönen Gräfin, und die Wandlung, die sich dort in ihr vollzog, unterscheidet sie vielleicht noch deutlicher als ihre lange Herrschaftszeit von den übrigen Mätressen Augusts. In ihre Turmgemächer gezwungen, warf sich die junge Frau auf jenen Bereich der geistigen Tätigkeit, der am schnellsten die Mauern zum Weichen bringen mußte: Sie vertiefte sich in die jüdischen Geheimlehren, sie ließ sich von dem gelehrten Superintendenten Bodenschatz hebräische Schriften übersetzen (er war damals noch Pfarrer in Uttenreuth und nahm die noblen Honorare gerne an) und verrannte sich in diese selbstgewählte Ersatzwelt so sehr, daß sie sogar die Freiheit ablehnte, als man sie ihr anbot.

Am 1. Februar 1733 nämlich war August der Starke, ganz ähnlich wie Ludwig XIV., daran gestorben, daß der Brand eines seiner Beine ergriffen hatte und die Zehenamputation nichts mehr half. Nun hätte die Gräfin zum Beispiel auf den Gütern ihres reichen Schwiegersohns Friesen oder von ihrem bedeutenden Vermögen in ihrer norddeutschen Heimat leben können. Aber jetzt wollte sie nicht mehr, obwohl sie erst wenig über fünfzig Jahre zählte. Sie trug gern das Gewand jüdischer Hohepriester, sie war vielleicht nicht mehr ganz das, was man

Haft in Stolpen

Der Cosel-Turm

»normal« nennt, und sie scheute die Welt, die sie so tief enttäuscht hatte.

Ihr einziger Wunsch sei, wie sie erklärte, dereinst gegenüber dem Turm begraben zu werden, der schon damals Cosel-Turm genannt wurde und noch heute so heißt. Die paar hundert Einwohner des Dörfchens munkelten noch einige Jahre von der geheimnisvollen Gräfin, daß sie Zauberunwesen im Schloß treibe und in den halbverfallenen Kasematten der alten Festung ihre unermeßlichen Schätze vergraben habe.

Im allgemeinen aber war sie vergessen, obwohl sie noch lebte; selbst Bodenschatz wagte sie nicht mehr zu besuchen, weil sie gelegentlich »allerlei Dinge aufs Tapet brachte, die gegen die Lehre Christi und seine heilige Person gerichtet waren« und vielleicht auch, weil die Pfarrfrau des guten Bodenschatz, seit sie erfahren hatte, von wem die hohen Übersetzungshonorare stammten, ihrem Mann den Umgang mit der anrüchigen Schloßherrin untersagt hatte.

Am 31. März 1765, also im neunten Jahrzehnt ihres Lebens, starb die Gräfin, die ihre Zeit längst überlebt und die letzten Jahre völlig eingesponnen in ihre kabbalistische Mystik zugebracht hatte. Es war eben das Jahr, in dem Basedow sein epochemachendes »Theoretisches System der gesunden Vernunft« veröffentlichte ...

VI.

LIEBE AM ZARENHOF

Nicht eine Fügung oder ein Zufall, sondern eine ganze Verkettung merkwürdiger Umstände war notwendig, um Peter dem Großen die schöne Anna Mons zuzuführen und sie ihm wieder zu entreißen; im Westen und im Osten Europas bereitete sich vor, was dann in der Mitte des russischen Reiches, in der Moskauer Fremdenvorstadt Sloboda, Schicksal wurde.

Als erster brach Monsieur Mons auf, Bürger einer nordfranzösischen Stadt und Hugenotte. Die Wechselfälle der Glaubenskriege in Frankreich trieben ihn, wohl zwischen 1560 und 1570, aus der Heimat fort und nach Osten, nach Deutschland, das nach dem Augsburger Religionsfrieden für kurze Zeit zur Ruhe kam und vielen Anhängern Calvins damals zur Zuflucht wurde. Mons fand eine neue Heimat in Westfalen, seine Söhne dienten deutschen Fürsten, einer wurde Wachtmeister in Minden. Dieser hieß Tilemann Mons und hatte einen aufgeweckten, aber unruhigen Sohn namens Johann Georg. Als er sich in Worms bei einem Böttchermeister verdingte, ahnte er wohl schon, daß er freiwillig die Wanderung nach Osten fortsetzen würde, die sein Großvater gezwungenermaßen begonnen hatte. Sein Beruf war dazu besonders geeignet, denn Böttcher brauchte man damals nicht nur für Weinfässer; das feste Holzfaß war die günstigste Verpackung für Schiffsfrachten verschiedenster Art, von der Butter bis zum Teer, und Mons konnte sich auf eine bewegte Zukunft gefaßt machen.

Wanderung nach Osten

Aber es waren nicht die Wellen der Ostsee, die sie so bunt gestalteten, nicht des Meeres, sondern der Liebe Wellen...

Johann Georg Mons zog den Hanseschiffen nach, bis er in der alten Bischofsstadt Riga landete. Dort saßen zu jener Zeit zwar die Schweden, aber in den Gesellenhäusern wurde Deutsch gesprochen, und die jungen Männer, die hier zusammenkamen, kannten Städte, von denen man in Minden kaum je gesprochen hatte: Narwa und Nowgorod, Pleskau und Smolensk, Reval, Dorpat und als allerfernste die Zarenstadt Moskau. Noch konnte niemand ahnen, welch goldene Zeit für die Fremden mit dem neuen Zaren Peter anbrechen würde; aber soviel vermochte sich ein klarer Kopf doch zu sagen, daß in dem großen russischen Reich, das nur auf wenigen langen Wegen Verbindung mit dem Westen hatte, jeder, der etwas konnte, eine besondere Chance finden würde.

Johann Georg Mons ging nach Moskau. Als Böttcher hatte er schon in Riga Verbindung zu Weinhändlern aufgenommen, und er sah sehr schnell, daß es mehr einbrachte, Fässer zu füllen als Fässer zu machen. Der Böttcher wurde Weinimporteur, denn Wein gab es in der großen Zarenstadt nur wenig, aber der Durst war groß. Mons kam zu Vermögen; die Russin, die er geheiratet hatte, gebar ihm zwei Töchter und danach drei Söhne, und die beiden Töchter, Matriona und Anna, wurden so schön, daß sich in der Sloboda alle Blicke ihnen zuwandten, noch ehe sie erwachsen zu nennen waren.

Ein Abenteurer aus Genf

Als zweiter und wohl ein Jahrhundert nach Monsieur Mons, dem Hugenotten, brach François Lefort auf, und zwar von Genf aus. Auch er ging nicht etwa geradenwegs nach Moskau, sondern beschrieb den weiten Umweg über Archangelsk, mochte also das Nordkap umrundet haben, ehe er an die Stätte seines Schicksals gelangte. Manches verband ihn von vorneherein mit Mons. Beide waren Calvinisten; auch Lefort war von der Stadt seiner ersten Flucht weitergeflohen, denn die Leforts waren nicht Schweizer, sondern stammten aus Piemont.

Anderes unterschied ihn: Die Leforts waren Patrizier gewesen, ja die mütterliche Ahnenreihe führt zu Diplomaten. In Leforts Vaterhaus hatte man stets zu leben verstanden, und diese Lebenskunst brachte der junge Lefort dem noch jüngeren Zaren Peter just in dem Augenblick zu, als der fremdenfeindliche Patriarch Joakim gestorben war.

Solange Joakim gelebt hatte, durfte Peter es nicht wagen, die Fremdenstadt, von Joakim Ketzerstadt genannt, zu besuchen. Aber schon sechs Wochen nach dem Tod des Patriarchen, am 30. April 1690, suchte der achtzehnjährige Zar mit den Bojaren und den vornehmsten Hofleuten, also mit großem Gefolge, seinen verehrten Lehrmeister in allen militärischen Dingen auf, den schottischen General Patrick Gordon.

Tod des Patriarchen

Zu jenem Zeitpunkt hatte Lefort bereits soviel Russisch gelernt, wie nötig war, um sich aus dem Ausländerschwarm herauszuheben. Er hatte Intelligenz und Mut bewiesen, so daß Gordon ihm zu einer gewissen militärischen Karriere verhelfen konnte, und er war durch seine Heirat mit einer Lothringerin sogar mit der Generalin Gordon verwandt geworden. Der eigentliche Aufstieg jedoch begann erst in dem Augenblick, da Peter der Zar den in Tatarenkämpfen bewährten jungen Generalmajor zu seinem Freund und Vertrauten machte.

Lefort war »eine in vieler Hinsicht glänzende Erscheinung: ein großer, schöner Kavalier mit sehr gewinnenden Umgangsformen und einem Schuß Leichtsinn, eitel, aber verläßlich und treu, ein starker Trinker von unverwüstlicher Heiterkeit und Vergnügungsfähigkeit, ein Weltmann ohne tiefere Bildung, auch ohne stärkere geistige Interessen ... aber klug und lebenserfahren genug, um in keiner Lage zu versagen« (Wittram).

Im September 1690 begann Peter der Große im Hause Leforts in der Sloboda zu verkehren, und es mag von da an nur noch Wochen gedauert haben, bis er neben dem neuen Freund auch die Geliebte Leforts kennenlernte, Anna Mons, die Tochter des deutschen Weinhändlers.

Auch ein achtzehnjähriger Zar ist ein Achtzehnjähriger. In

der Nemeckaja Sloboda, der Deutschenvorstadt, die jedoch nicht nur von Deutschen bewohnt war, mußte sehr vieles neu, manches fremd, alles aber verlockend auf Peter wirken. Sein Moskau kannte er; es war für den intelligenten und wißbegierigen Jüngling der Ausgangspunkt, die dereinstige Aufgabe, der Inbegriff aller Aufgaben, die auf ihn warteten. Die Fremdenvorstadt jedoch, obwohl nur fünfzehn Minuten vom Kreml entfernt, war die erregende Zukunftsvision eines Lebens, in dem diese Aufgaben zu einem Gutteil gelöst sein würden. Dort lebte nicht nur der alte Gordon, der soviel mehr wußte als andere Offiziere, der in alle Welt Briefe schrieb und die Länder rings um Rußland kannte; dort pflegte man auch eine ganz andere Form der Geselligkeit als in den moskowitischen Familien. Dort waren die Frauen und die Mädchen nicht stumme Zuschauer oder scheu-versteckte Dienstboten, sondern nahmen teil am Gespräch, am Tanz und an der Fröhlichkeit. Man konnte mit Männern sprechen, die alles über Europa wußten, und dabei die Frauen und Töchter dieser Männer ansehen und die Blicke genießen, mit denen sie an dem jungen Herrscher hingen.

Die Töchter des Hauses Mons

Immerhin hielten trotz dieser freieren Sitten die Fremden auch auf Familienehre. Sie mußten ja gut auskommen mit den Moskowitern, denen die Fremdenstadt ohnedies ein Dorn im Auge war. Anna Mons kann nicht einfach in das Haus des Generalmajors Lefort gegangen sein, um Peter vorgestellt zu werden oder um ihn dort häufiger zu treffen. Lefort mußte den Zaren im Haus des Weinhändlers einführen, und Mons, der schon den ersten Schritt getan hatte, als er seine Tochter einem General ins Bett legte, sagte nicht nein, als der Zar selbst sich für die schönen Töchter des Hauses Mons zu interessieren begann.

Denn es waren zunächst beide Schwestern Mons, die Peter anzogen, die etwas ältere Matriona und die jüngere Anna, die sich vielleicht noch nicht voll entfaltet hatte. An Wein fehlte es nie im Hause Mons, und die Nachbarn in der Sloboda flüsterten bald von ausgelassenen Festen bei zugezogenen Vorhängen. Matriona und Anna zahlten die Zeche, beide, denn Peter suchte mit der Ungeduld des jungen Gewaltherrschers zunächst noch nicht die Liebe, sondern den Rausch. Der Wein stimmte ihn orgiastisch, Lefort hatte dem Zaren schnell zu verstehen gegeben, daß er unter Freunden sei und keine jener allzu häufigen Hofintrigen zu fürchten habe, und der junge Zar ließ sich gehen wie später noch so oft. Ob in jenen rauschhaften Nächten Matriona oder Anna den Vorzug genoß, weiß keiner der Chronisten oder Skandallliteraten zu berichten. Schatten huschten hinter den Vorhängen des Hauses Mons, Mädchenschatten waren darunter, und die ganz gewitzten Beobachter wollten erkannt haben, daß zumindest die Mädchen nackt gewesen seien.

Es war die Zeit, in der Peter mit dem begann, was vornehme Historiker Bacchanalien, andere aber kurzweg Saufgelage nennen. Wer dem Zaren diese Vorliebe für das entfesselte Trinken in Gesellschaft beigebracht hatte, ist bis heute nicht so ganz klar. Boris Golizyn, der Fürst, der so großen Einfluß auf den jungen Zaren hatte, soll ein starker Trinker gewesen sein, und Lefort war es nicht minder, allerdings kaum aus Neigung, eher dank seiner Fähigkeit, viel zu vertragen. Jedenfalls gründete Peter in diesen Jahren, sehr bald nach seiner Bekanntschaft mit Anna und Matriona Mons, jene Saufrunden, die sein ganzes Leben in beträchtlich höherem Maße beherrschten als etwa das Tabaks-Kollegium die Hofhaltung des Soldatenkönigs. Und da er Russe war, blieb es nicht beim Alkohol; zum Trinken gehörte die Gesellschaft und zu der Gesellschaft das Fest. Frauen durften sich nicht ausschließen, das hatte Peter in der Sloboda gelernt, und als sich einmal einige Hofdamen bei einem dieser Monstergelage nicht zeigten, wurden sie unter Androhung der zaristischen Ungnade zu einem eigenen Weiberfest geladen, von dem sie alle wußten, daß nicht eine dem Vollrausch entrinnen würde.

Die Gelage des Zaren

Das Russische an diesen Festen wurde verbrämt, zumindest in den ersten Jahren. Peter liebte die Maskerade, die Ver- und

Entkleidung, und so entarteten die Trinkgelage tatsächlich schnell zu Bacchanalien, von denen die Gesandten der fremden Mächte zunächst belustigt, dann bedrückt an ihre Souveräne berichteten. Denn es zeigte sich bald, daß dieser junge Zar nicht nur im Genuß, sondern auch im Tatendrang unmäßig war, und daß man ihn vor allem in diesen Stunden des Rausches nicht würde aus den Augen lassen dürfen.

Auch in der Sloboda bewegte Peter sich nun freier. Besonders zog ihn der prächtige Palast Leforts an, den der Günstling ganz im westlichen Geschmack eingerichtet hatte, sogar eine ausgezeichnete Gemäldegalerie fehlte nicht. Es gab Abende, an denen bis zu fünfzehnhundert Gäste hier weilten, und selbst das prunkhaft eingerichtete Schlafzimmer mit dem großen vergoldeten Bett blieb Peter nicht verschlossen.

In dieser Zeit scheint die Entscheidung für Anna Mons gefallen zu sein. Matriona jedenfalls, ihre ältere Schwester, wurde an den Generalmajor von Balck verheiratet, einen hohen Offizier aus der livländischen Linie dieses alten westfälischen Geschlechts, und bekam eine nicht unbeträchtliche Mitgift. Auch andere deutsche Mädchen, die Peter bis dahin gelegentlich auf seine Reisen mitgenommen oder bei Lefort getroffen hatte, traten nun nicht mehr in Erscheinung. Aus der zunächst nur erotischen Bindung an Anna Mons war Liebe geworden.

Anna Mons

Als Peter nach seiner großen Reise im September 1698 wieder in Moskau eintraf, war das erste Haus, das er betrat, das des Weinhändlers Mons, der erste Mensch, den er umarmte, Anna Iwanowna. Unter dem Schutz des geschickten Lefort, der an der einstigen Geliebten immer noch hing, entwickelte sich eine enge Bindung, die für den Zaren wie für die junge Deutsche den Höhepunkt des Lebens bedeutete. Annas Schönheit hatte sich voll entfaltet. Sie war nicht groß, aber ihr Körper hatte ungemein harmonische Formen, und ihre Züge verrieten Geist, Temperament und eine starke Sinnlichkeit. Lefort hatte sie in die Liebe eingeführt, aber erst Peters ungestüme Kraft entsprach wirklich ihrem eigenen Temperament.

Für Peter wiederum bedeutete die Hingabe dieses schönen und klugen Mädchens wenn auch nicht den endgültigen Abschluß, so doch eine heilsame Unterbrechung in der gierigen Phase der wahllosen Amouren. Das Jahrzehnt seiner stärksten Aktivität in militärischer und politischer Hinsicht brach an, und Anna Mons war in dieser Zeit seine erklärte Favoritin.

In zwei harten Aktionen wurden die Strelitzen, eine mit Frauen und Kindern in einer eigenen Vorstadt Moskaus lebende eigenmächtige Gardetruppe, geschlagen und schließlich vernichtet. Die Festung Asow sicherte den russischen Einfluß in den Schwarzmeergebieten, ein dreißigjähriger Friede mit der Türkei deckte Peter den Rücken für die bevorstehenden großen Auseinandersetzungen mit Schweden, der damals beherrschenden Ostseemacht.

Als schließlich unter einem nichtigen Vorwand auch die arme Eudoxia Lopuchin, des Zaren erste Gemahlin, ins Kloster geschickt wurde und fortan hinter den dicken Mauern von Susdal als Nonne Helene ein trauriges Leben fristete, war es ein offenes Geheimnis geworden, daß die neue Zarin Anna Iwanowna Mons heißen würde. Der Aufstieg der Hugenottenfamilie, die sich vom Westen Europas bis in den äußersten Osten durchgekämpft hatte, schien vor dem Abschluß zu stehen – da starb François Lefort.

Es war ein Tod, wie er zu diesem Leben paßte: Lungenentzündung nach einem Gelage im Freien bei Moskauer Wintertemperaturen, ein Tod ohne Priester, an deren Statt Musikanten Lefort umgaben und ihn mit Tanzweisen ins Jenseits hinübergeigten. Anna und der Zar trauerten gemeinsam, ja Peters Schmerz mag noch tiefer gewesen sein, denn Lefort hatte dem jungen Monarchen sehr viel zu geben verstanden. Auf der großen Reise durch Europa, die Peter inkognito angetreten hatte, war es Lefort gewesen, der die Gesandtschaft von zweihundert Personen geführt hatte. Der Zar reiste als ein Herr Peter Michailow und benahm sich bei verschiedenen Gelegenheiten, unter anderem an den Höfen von Mitau und Wien, so

Anna verliert ihren Beschützer

linkisch und grobschlächtig, daß immer wieder Leforts ganze Diplomatie und Weltgewandtheit nötig waren, um einen Eklat zu verhindern.

Peter zeigte diesen Schmerz in einem Leichenbegängnis ohnegleichen, von dem alle Gesandten an ihre Regierungen berichteten und von dem ganz Europa sprach, obwohl es im fernen, winterlichen Moskau stattgefunden hatte. Am 21. März 1699 bewegten sich siebentausendfünfhundert Soldaten im Trauermarsch durch Moskau, hinter ihnen der Sarg unter der Flagge der russischen Admiralität, Zar Peter ganz in Schwarz, die Witwe, von zwei Generalen und vierundzwanzig vornehmen Damen geleitet, sämtliche Kadetten der Moskauer Garnison und eine unübersehbare Menschenmenge. Da niemand wußte, ob Lefort seiner reformierten Kirche treu geblieben war, folgten zur größeren Sicherheit auch zwei lutherische Geistliche dem Konduit. Vierzig Geschütze schossen drei Salven, Militärmusik spielte...

Peter hatte einen Freund verloren, Anna einen Beschützer gegen die Intrigen des Hofes, und am Zarenhof selbst war der Platz für einen neuen Günstling frei geworden. Denn Gordon war alt, und die wachsende Fremdenfeindlichkeit seiner Untertanen verbot Peter, abermals einen Ausländer in so hohe Stellungen einrücken zu lassen wie es bei dem General, Admiral und praktischen Premierminister Lefort der Fall gewesen war. Und dieser neue Günstling, ein hübscher Bäckerjunge mit Verstand und Energie, wurde nicht nur das natürliche Haupt der fremdenfeindlichen Partei, sondern ebenso zwangsläufig der Gegenspieler der Anna Mons. Er hieß Alexander Danilowitsch Menschikoff.

Der Aufstieg Menschikoffs

Der Aufstieg dieses hochintelligenten, aber völlig amoralischen, geld- und machtgierigen Menschen ist heute kein Rätsel mehr. Man kennt die Briefe des Zaren an Menschikoff, Briefe, wie sie Männer an andere Männer gemeinhin nicht schreiben und die diese Zärtlichkeit nur dadurch etwas kaschieren, daß die Anrede meist in Peters seltsamem Holländisch-Deutsch ge-

halten ist (»Mein Herzenkin« am 13. 2. 1700, »Mein Herz« am
3. Februar 1703 u. v. a.).

Menschikoff war in rascher Folge Gouverneur der Festung *Peters*
Schlüsselburg, Generalgouverneur von Ingermanland und Ka- *seltsame*
relien mit Narwa geworden, Minister aller geheimen Reichs- *Leiden-*
angelegenheiten, Oberbefehlshaber der Reiterei, Erbherr der *schaft*
Städte Jamburg und Kopore usw. »Das Hingegebensein an
einen Menschen, dessen Fragwürdigkeit der Zar schon damals durchschaut haben muß, ist nur als erotische Passion verständlich«, urteilt Reinhard Wittram, Verfasser der modernsten, die gesamte Forschung berücksichtigenden Biographie Peters des Großen, und in einem Gesandtschaftsbericht aus Moskau nach Potsdam aus dem Jahr 1706 kann man unverblümt
lesen: »Für Menschikoff hegt der Zar mehr als eheliche Liebe.«

Menschikoff arbeitete mit großer Umsicht und vollkommener Skrupellosigkeit darauf hin, alle anderen Einflüsse auf
den Zaren auszuschalten. Selbst Militärs fremder Nationalität
und höheren Ranges wie der Feldmarschall Baron Georg
Ogilvy, ein Schotte, durften Peter nicht unmittelbar berichten,
sondern mußten alle Nachrichten über Menschikoff leiten. Bald
nach Leforts Tod war dadurch eine Lage eingetreten, in der
Menschikoff das Herz des Zaren eigentlich nur mit Anna Mons
teilen mußte, und da Menschikoff nie gesonnen war, zu teilen,
ließ sich daraus unschwer das Schicksal von Peters deutscher
Geliebten vorhersagen. Es gibt in der ganzen Karriere des
Günstlings wohl keinen überzeugenderen Beweis für seine Geschicklichkeit, seine Geduld und sein Genie der Intrige als den
jahrelangen heimlichen Kampf gegen die schöne und kluge
Mätresse.

Dennoch wäre Menschikoff möglicherweise doch gescheitert,
hätte nicht der Zufall ihm einen Verbündeten in die Hände gespielt, einen Verbündeten, der Menschikoff haßte, aber Anna
liebte: den preußischen Gesandten Georg Johann Freiherrn
von Keyserling.

Georg Johann von Keyserling

Als sich in Europa die Kunde von den Trinkgelagen des jungen Zaren verbreitet hatte, war allen Herrschern klar, daß ihre Gesandten am Zarenhof zu den üblichen Fähigkeiten eines Diplomaten auch noch eine beträchtliche Festigkeit gegen die Einflüsse des Alkohols brauchen würden. Wer schon nach wenigen Gläsern den Kopf verlor, war für diesen Posten zweifellos ungeeignet.

Die Wahl Friedrichs I., des ersten Königs von Preußen, fiel auf den baltischen Baron, weil er nicht nur Russisch und Französisch beherrschte, sondern auch im Ruf stand, allerlei vertragen zu können. Obendrein war Keyserling ein Mann von gewinnendem Äußeren und Manieren, die vom Betragen der russischen Oberschicht unter Peter bemerkenswert abstachen. Sein Geschlecht war seit etwa dreihundert Jahren im Baltikum heimisch und hatte eine gewisse Erfahrungs-Tradition im Umgang mit den Russen. So ging also der baltische Freiherr 1702 als Resident und ab 1703 als erster ständiger Gesandter Preußens am Zarenhof nach Moskau.

Die Beziehung Peters des Großen zu Anna Mons war in jenen Jahren auf einen Höhepunkt gelangt. Der Zar, der sonst mit Geld ziemlich geizte, weil es in seinem Land ja an sehr vielem fehlte, hatte seiner Geliebten in der Sloboda ein Schlößchen erbauen lassen und ihr 1703 ein Dorf mit fünfzehnhundert Seelen im Gouvernement Kaluga geschenkt. Aber gerade dieses Geschenk kann auch als eine Art zaristischer Bußzahlung aufgefaßt werden, denn seit 1703 hatte Peter neben Anna Mons noch eine zweite Geliebte...

Katharina, die in der griechisch-orthodoxen Taufe den Namen Katharina Aleksejewna erhalten hatte, war Litauerin und Magd oder Ziehtochter im Hause des deutschen Propstes Glück. Als halbes Kind noch hatte sie einen schwedischen Dragoner geheiratet, aber als Menschikoffs Truppen den Ort eroberten, war von dem Gatten keine Spur mehr zu sehen, und die dralle Magd wurde dem Feldherrn als Beute vorgeführt. Auf diese Weise wurde sie zunächst Menschikoffs Geliebte, und da dieser den Zaren besser kannte als jeder andere, war es nicht schwer für ihn, Katharina so abzurichten, daß Peter Gefallen an ihr finden mußte. Eine tiefere Bindung scheint jedoch in den Jahren 1703 bis 1705 zwischen dem Zaren und der Magd noch nicht bestanden zu haben.

Allerdings gebar sie ihm Kinder. Ihre träge, zu allem bereite Sinnlichkeit entsprach zweifellos seinen brutalen Trinkerlaunen, zu denen sich Anna Mons offenbar doch nicht hergab. Nur das Herz des Zaren gehörte noch immer der Deutschen, nicht der Litauerin.

Anna Mons freilich wußte von Katharina; dergleichen bleibt an einem Hof nicht verborgen. Da Anna sich nach Möglichkeit von den Saufgelagen fernhielt, war sie auf den Salon der Zarenschwester Natalie angewiesen, einer liebenswürdigen, munteren und geistvollen Frau, in der das alte Blut der Naryschkin ein Wesen von hoher persönlicher Kultur hervorgebracht hatte. In diesem Kreis fühlte Anna Mons sich wohl, hier verkehrten aber auch jene Diplomaten, die sich nicht nur auf ihre Amtsgeschäfte beschränkten, sondern geselligen Kontakt zur Herrscherfamilie suchten. Das waren unter anderen Otto von Pleyern, der Vertrauensmann des Kaisers am zaristischen Hof, Charles Whitworth, der britische Gesandte, und das Freundespaar Königsegg und Keyserling, der sächsische und der preußische Gesandte.

Groß-fürstin Natalie

In diesem Kreis war Anna Mons keineswegs die verstoßene Mätresse, die Trost suchte; noch immer besaß sie Peters Gunst, noch immer erhielt sie reiche Zuwendungen. Aber sie fühlte sich vernachlässigt und war es auch. In früheren Jahren hatte sie gewußt, daß ihn Staatsgeschäfte und Feldzüge von ihr fernhielten, und hatte es geduldig ertragen. Nun aber mußte sie annehmen, daß es Katharina war, die Peter ihr vorzog, und das verletzte nicht nur ihren Stolz – es machte sie auch geneigt, sich für die Kavaliere zu interessieren, die bei Natalie verkehrten und der schönen Anna Mons den Hof machten.

Im Fall des Freiherrn von Keyserling wurde aus dem Salongespräch bald eine tiefere Neigung. Der baltische Baron hatte all das in höchstem Maß, was Anna an dem Zaren immer vermißt hatte: Behutsamkeit, Aufmerksamkeit, feine Manieren, den in Moskau so selten zu hörenden Kavalierston. Keyserling wiederum fand in Anna nicht nur eine schöne Frau, sondern einen tief veranlagten Menschen, eine voll erblühte junge Frau, die auch einem Besonneneren als dem Draufgänger Keyserling den Kopf hätte verdrehen können.

Die Entdeckung Katharinas

Über das, was fortan geschah, liegen ebenso sich widersprechende Berichte vor wie über Peters erste Begegnung mit Katharina. Die Anekdote hat sich dieser Ereignisse bemächtigt und sie ausgestaltet, und es bleibt nichts anderes übrig, als dem wahrscheinlichsten Weg zu folgen.

Von Peters Bekanntschaft mit Katharina gibt es eine idyllische Version. Er habe einst Menschikoff besucht, habe gestaunt, wie sauber die Wohnung und Menschikoff selber (!) sei und im nächsten Augenblick ein hübsches Dienstmädchen entdeckt, das mit einer weißen Schürze angetan auf einem Stuhl balancierte, um Fenster zu putzen.

Die idyllische Version im Fall der Anna Mons lautet: Sie habe Keyserling ihre Gegenliebe gestanden, der Baron habe sich Menschikoff anvertraut, und dieser habe versprochen, für das Glück des Paares zu sorgen, da Peter ohnedies durch Katharina abgelenkt sei.

Katharinas weiße Schürze ist beinahe noch wahrscheinlicher als Menschikoffs Großmut; der wahrscheinliche Ablauf aber war wohl folgender: Keyserling hatte einen einzigen Menschen in sein Verhältnis mit Anna Mons eingeweiht, seinen Freund Königsegg. Dieser schwieg zwar gegen jedermann über das, was er wußte, aber als er 1703 auf einem Ausritt tödlich verunglückte, fand Menschikoffs Geheimpolizei bei dem Toten Briefe Keyserlings, aus denen eine intimere Bindung des Balten an Anna Mons unschwer zu erkennen war. Da diese Briefschaften aber noch nicht ganz schlüssig oder eindeutig waren, bemühte sich Menschikoff, ein klares Bekenntnis Annas zu erlangen. Er versprach ihr und Keyserling seine Vermittlung beim Zaren, behauptete aber, etwas Schriftliches in der Hand haben zu müssen, da Peter ihm sonst nicht glauben und eine Intrige vermuten würde. Um sich nicht zu exponieren, hatte der vorsichtige Menschikoff all diese Mitteilungen nicht selbst, sondern durch den Mund seiner Vertrauten, einer Madame Weid, an Anna Iwanowna gelangen lassen, da sich Frauen ungehinderter treffen und heimlich besprechen konnten.

Anna Mons ergriff nach der langandauernden Nervenbelastung durch das gefährliche Versteckspiel nur zu gern die angebotene Hand. Sie glaubte Menschikoff, da jeder wußte, daß er Katharina an Annas Stelle zu setzen trachtete; – das aber war Anna Mons in diesem Augenblick schon gleichgültig. Sie hatte also in diesem einen Punkt das gleiche Ziel wie Menschikoff. Worin aber zumindest *sie* sich irrte, das war die Reaktion des Zaren. Hatte Menschikoff ihn tatsächlich mit Annas Untreue gehänselt und erst danach ihr Bekenntnis vor Peter auf den Tisch gelegt? Hatten Anna und Keyserling wirklich, wie eine Überlieferung des Hauses Keyserling behauptet, einen aussichtslosen Fluchtversuch aus der mitten in Rußland liegenden Hauptstadt unternommen? Peter der Große jedenfalls wütete so gegen Anna, daß er nicht nur all seine Größe vergaß, sondern damit auch bewies, daß er Anna Mons, die Deutsche aus der Sloboda, immer noch liebte.

Anna und Keyserling

Er nahm Anna fast alles, was er ihr geschenkt hatte, die Juwelen und das Dorf, und beließ ihr nichts als ein kleines Bildnis, das in einem edelsteinbesetzten Rahmen Peter zeigte. Das Haus in der Sloboda blieb ihr zunächst, da Keyserling es bezogen hatte. Haus und Hausfrau standen damit unter dem Schutz der Exterritorialität.

Das war nun keineswegs die Entwicklung, die Menschikoff im Sinn gehabt hatte. Anna Mons, zum Greifen nahe, aber in den Armen eines anderen, den man zudem nicht kurzerhand nach Sibirien schicken konnte, das bedeutete eine Situation, die Peter den Großen auf gefährliche Weise von seiner bereitwilligen, aber allen höheren Reizes baren Katinka ablenken konnte. Tatsächlich liegen Anzeichen dafür vor, daß der Zar seine deutsche Mätresse immer noch liebte oder jedenfalls darunter litt, daß sie nun Keyserling gehörte. Dennoch überwog bei Peter die Staatsräson; er vertrug sich im allgemeinen gut mit Keyserling, und es gab eben zuviel, wofür das gute Einvernehmen mit Preußen wichtig war, vor allem die kurländischen Probleme, die der baltische Baron besser kannte und verstand, als dies bei den märkischen Diplomatenfamilien der Fall gewesen wäre. Andernfalls hätte Peter ja nichts anderes tun müssen, als Keyserling zur *persona non grata* zu erklären, und das Paar wäre ihm aus den Augen gewesen.

Gefährliche Provokationen

Menschikoff waren solche Rücksichten fremd. Er zielte nun auf die Vernichtung Keyserlings ab, und die Jahre 1703 und 1704 stellten den Balten vor eine Reihe von Situationen, zu denen es wohl nur am Zarenhof kommen konnte. Immer wieder wurde er unter dem Vorwand, daß ohnedies alle betrunken seien, auf das Gefährlichste provoziert. Man nannte seine Anna eine Hure, und Menschikoff behauptete, sie besessen zu haben wie jeder andere auch – was nach Lage der Dinge zweifellos erlogen war. Als Keyserling daraufhin blankziehen wollte, fehlte der Degen in der Scheide, und Menschikoff ließ den Baron hohnlachend die Palasttreppen hinunterwerfen.

Obwohl durch die Gesandtschaftsberichte ganz Europa von diesem Vorfall erfuhr und ein Bruch zwischen Preußen und Rußland drohte, gelang es Peter dem Großen, den Zwischenfall gütlich beizulegen. Es ist nicht einmal sicher, ob Keyserling abberufen wurde: obwohl er nach jener Szene Moskau für einige Zeit verließ, erreichte der Zar schon bald wieder seine Rückkehr. Jedenfalls wurde in der Zwischenzeit kein anderer Geschäftsträger ernannt, und der Baron blieb Preußens Gesandter bis 1711.

Ungeklärt ist auch, ob nach 1703 – dem Zeitpunkt der Aufdeckung des Verhältnisses mit Keyserling – noch Beziehungen zwischen dem Zaren und Anna bestanden. Mehrere Umstände sprechen dafür, unter anderem die unleugbare Tatsache, daß sie den Baron, der sie liebte und umwarb, erst 1709 heiratete, und daß Peter, trotz allen Drängens von seiten seines geliebten Menschikoff, Katharina Aleksejewna erst 1711 als seine rechtmäßige Gattin anerkannte (die Eheschließung fand gar erst im Februar 1712 statt). Möglicherweise meinte Menschikoff mit dem mehrfach bezeugten gemeinen Schimpf, daß Anna es zur Zeit mit beiden halte.

Daß solch ein Leben mehr Aufregungen und Strapazen mit sich brachte, als die meisten Menschen ertragen können, ist klar. Anna Mons war, selbst nach den Worten des trockenen sächsischen Gesandtschaftssekretärs von Helbig, »ein Muster weiblicher Vollkommenheiten... Mit einer außerordentlichen Schönheit, die selbst in den Augen einer großen Menge dafür galt... verband sie den reizendsten Charakter. Sie war empfindsam, ohne schmachtend zu sein, hatte pikante Launen, die nicht in Eigensinn ausarteten, besaß Verstand, den sie anwendete, ohne der Güte ihres Herzens zu schaden, milderte ernste Klugheit durch tändelnden Witz und erwarb sich durch alle diese Vorzüge eine Herrschaft über die Herzen der Männer, die sie nicht durch Kunstgriffe zu behaupten strebte.«

Porträt der Anna Mons

Als aber kurz nach der Vermählung Keyserling auf einer Reise in Pommern plötzlich starb, war dies zuviel für ihren Lebensmut. Sie scheint von diesem Ereignis, also vom Jahr 1711 an, jeden Widerstand gegen die Intrigen des Hofes aufgegeben zu haben. Stumm ließ sie es geschehen, daß man ihr das hübsche Schlößchen in der Sloboda wieder wegnahm – eine Handlungsweise Peters, die verrät, daß er haßte oder liebte, Anna gegenüber aber gewiß nicht gleichgültig war. Wenige Jahre darauf erkrankte sie an Tuberkulose, gegen die es damals noch keine Hilfe gab. Eine zweite Ehe mit einem schwedischen Offizier, einem Kriegsgefangenen mit dem deutschen Namen Karl von Müller, kam nicht mehr zustande; sie starb am 15. August 1714.

Der Mensch, der damit erlosch, hatte wie so viele andere eine tragische Liebesgeschichte erlebt; die in jungen Jahren abberufene Frau war zwischen zwei Männern verglüht, von denen der eine zuviel, der andere zuwenig Kraft für sie gehabt hatte. Seltsamer aber als diese Konstellation, die nur durch die agierenden Personen so bemerkenswert ist, mutet die Fortsetzung an, die einer der jüngeren Brüder Annas der Geschichte gibt. Erst durch sie wächst sich die Beziehung zwischen den Geschwistern Mons und dem russischen Kaiserhaus zu einer Art Schicksalstragödie aus.

William Mons war etwa eineinhalb Jahrzehnte jünger als seine Schwestern und wie Anna mit Schönheit und Geist begabt; sein schlanker Wuchs, seine eleganten Bewegungen und sein Temperament machten ihn zu einer der eindrucksvollsten Erscheinungen am Zarenhof. Schon als Gardeleutnant, im Jahr 1711, wurde er persönlicher Adjutant des Zaren – ein Umstand, der angesichts der großen Ähnlichkeit zwischen Anna und William Mons ebenfalls dafür spricht, daß Peter der Große noch immer viel für sie empfand.

Mons de la Croix Aber William Mons war ein Mann, kein Mädchen; er wartete nicht auf das, was das Schicksal ihm zuspielen würde, sondern versuchte es zu zwingen. Obwohl in der Kleinwelt des Hofes doch jeder um seine Herkunft aus der Sloboda wissen mußte und der Zar und Hunderte andere seinen Vater kannten, nannte er sich Mons de la Croix und behauptete, seine Familie habe in Frankreich zu den Adeligen gehört. Die militärische Laufbahn, die ihn zweifellos zum Generalsrang geführt hätte, genügte ihm nicht, ging ihm auch wohl zu langsam und schien ihm zu wenig Vermögen zu verheißen. Darum wandte er sich von der Karriere in der Gunst des Zaren ab und setzte auf Katharina. Den Übergang mochte seine älteste Schwester Matriona, nunmehr Generalin Balck, angeregt oder doch erleichtert haben, denn sie war seit Jahren nicht nur eine der Ehrendamen der Kaiserin, sondern auch deren innigste Vertraute.

Der Adjutant des Zaren wurde Kammerjunker der Zarin und

1724 Kammerherr. Zu diesem Zeitpunkt stand längst fest, daß Katharina den immer wieder von Krankheiten heimgesuchten und von seinen Ausschweifungen geschwächten Zaren überleben würde. Der Mann, der Katharina dann am nächsten stand, würde es noch leichter haben als Golyzin, der einst so mächtige Günstling Sophias, weil Katharina, die litauische Magd, zwar nicht dumm, aber bar aller Kenntnisse war und gewiß weniger persönlichen Ehrgeiz entwickeln würde als seinerzeit Peters Halbschwester.

Das war hoch visiert, aber an einem Hof, an dem ein Lefort Premierminister und ein Menschikoff beinahe allmächtig geworden war, mußten solche Ideen jungen und abenteuerlustigen Männern im Kopf herumgehen. Außerdem nagte die unverdiente Zurücksetzung Annas sowohl an Matriona als an William Mons, und es könnte gut sein, daß der jüngere Bruder die unglückliche schöne Schwester rächen wollte.

Mons erreichte sein Ziel sehr schnell. Er wurde als Kammerherr Katharinas nicht nur ihr Geliebter, sondern auch ihr Vermögensverwalter. Es war eine Kombination, die dem nach Ehren und nach Geld gierenden jungen Mann sehr zugesagt haben mochte, die aber auch sehr viele Gefahren barg. Über Unterschleife hatte Peter oft hinweggesehen, wenn er den Mann gut leiden konnte, und um die Amouren der Höflinge hatte sich Menschikoff stets nur soweit gekümmert, als dies seinen eigenen Zwecken nützlich war. Mons de la Croix bedeutete in seiner einzigartigen Vertrauensstellung bei Katharina jedoch einen Affront für den Zaren und eine Gefahr für Menschikoff, und das war noch niemandem gut bekommen.

Eine erste Denunziation vom Mai 1724 blieb ohne Folgen, weil die Zarin – ob zufällig oder absichtlich weiß niemand – im gleichen Augenblick schwer erkrankte und Peter in der Sorge um sie alles Nebensächliche vergaß. Ein halbes Jahr später stieß der Zar abermals auf jene Denunziation, was gewiß kein Zufall war, und ließ sich zu einer fingierten Reise bereden. Als er nach wenigen Stunden unvermutet zurückkehrte und die Ge-

Mons und die Zarin

mächer der Zarin betrat, soll er Mons de la Croix in kompromittierender Situation bei Katharina gefunden haben.

Obwohl das ganze Arrangement durchaus die Handschrift Menschikoffs zeigt, wird es von der offiziellen Geschichtsschreibung als dubios bezeichnet – mit einem gewissen Recht. Menschikoff bedurfte dieser Inszenierung zweifellos gar nicht. Der junge, eitle und selbstbewußte Mons gab sich eine Blöße nach der anderen und wartete gewiß nicht Peters Abwesenheit ab, wenn er ein Schäferstündchen mit der Zarin für angebracht hielt. Überdies hätte eine bloße Überprüfung der Finanzgebarung in Katharinas Privatschatulle große Zuwendungen an Mons oder gar eigenmächtige Entnahmen des Kammerherrn beweisen müssen.

Sicher ist, daß nach der Verhaftung des William Mons im November 1724 am ganzen Hof von Geld *und* Liebe die Rede war. Niemand glaubte an den offiziell erhobenen Vorwurf der passiven Bestechung und der Unterschlagung. Jacques de Campredon, einer jener französischen Diplomaten, die ihre Worte sehr wohl zu wägen wußten, schrieb an seine Regierung von Katharina, »*son commerce avec le sieur Mons était public*«. Das waren nun nicht, wie Peters Biograph Wittram meint »unverfängliche Ausdrücke«, weil Campredon das Wort *liaison* vermieden habe: das Wort *commerce* bedeutet in diesem Zusammenhang, von Personen verschiedenen Geschlechts gebraucht, ganz ohne jeden Zweifel dasselbe wie *liaison*, sogar in noch stärker abschätziger Ausdrucksweise.

Ende eines Günstlings

Der Zar war offensichtlich tief getroffen. Er soll sich mit Mons eine Stunde lang unter vier Augen besprochen haben. Es war für Mons die letzte Chance – zwar nicht, sein Leben zu retten, aber doch, sich einen einigermaßen guten Abgang zu sichern. Nach einem chiffrierten Bericht, der Deutschland über Stockholm erst im Januar 1725 erreichte, soll Mons behauptet haben, er habe sich der Zarin nicht »aus Lust oder Begierde« genähert, sondern um dem Zaren einen männlichen Erben zu bescheren. Wahrscheinlicher ist eine andere Version, nach der

Mons bei dieser Gelegenheit alles auf sich nahm und dem Zaren riet, Anklage wegen Zauberei zu erheben; gegen Zauberei sei schließlich auch eine Zarin machtlos und somit exkulpiert.

Jedenfalls rollte der ganze Prozeß mit auffälliger Schnelligkeit ab; Ermittlungen, Zurücknahme von Geständnissen, Gegenüberstellungen usw. hielt man wohl für unangebracht oder wollte sie absichtlich vermeiden. Am siebenten Tag nach seiner Verhaftung wurde William Mons vor den Augen der Zarin enthauptet.

Matriona Balck, geborene Mons, die nach manchen Quellen die Aufgabe gehabt hätte, die Zarin zu überwachen und statt dessen das Verhältnis zwischen Katharina und William Mons noch begünstigt hatte, erhielt die für Hofdamen verhältnismäßig seltene Strafe der öffentlichen Auspeitschung. Auf dem großen Platz vor dem Senatsgebäude riß man ihr die Kleider vom Leib, und sie mußte fünf Peitschenhiebe hinnehmen. Dann wurde sie nach Sibirien verschickt.

Der vom Rumpf getrennte Kopf des Kammerherrn Mons stak noch eine Weile an einem Pfahl, und Peter soll, im offenen Wagen fahrend, Katharina am nächsten Tag gezwungen haben, die grausige Reliquie ihrer Liebe aus nächster Nähe zu betrachten. Stimmt das, so müßte es als Beweis dafür gewertet werden, daß Peter auch durch den Tod noch nicht versöhnt worden war und seiner Gemahlin nicht verziehen hatte. Denn dieser 24. November 1724 war nicht nur Katharinas Namenstag, ein hohes Fest bei den Russen, sondern auch der Tag, an dem die Verlobung der ältesten Zarentochter Elisabeth mit dem Herzog Karl Friedrich von Holstein öffentlich bekanntgegeben und kirchlich gesegnet wurde – also gemeinhin einer jener Freudentage, die solch makabre Gegenüberstellungen ausschließen.

Grausiger Namenstag

Zwei Monate darauf war Peter tot. Unter den zahllosen Gerüchten, die in den Tagen des letzten Krankenlagers die Stadt durchschwirrten, fehlten natürlich auch die Behauptungen nicht, die Zarin habe sich durch ein »starkes Briefchen«, also durch Gift dafür gerächt, daß Peter ihr den Geliebten genommen, sie auf so schaurige Weise mit dem Tod konfrontiert und ihre liebste Freundin verbannt habe. Aber auch ohne schlüssige Auskünfte von Peters Ärzten und ohne zuverlässige Berichte über seine letzten Tage ist nach diesem Leben wohl klar, daß Peter sich das Gift, an dem er gestorben ist, auf reichlichste Weise selbst beigebracht hat – nämlich den Alkohol.

Eine der ersten Amtshandlungen der neuen Zarin Katharina I. war der Befehl, ihre Freundin Matriona Balck aus Tobolsk zurückzuholen und in die früheren Ehrenstellungen einzusetzen.

Wie man weiß, hat Katharina gut daran getan, mit diesem Befehl nicht allzulange zu warten, denn wenig mehr als zwei Jahre nach Peter dem Großen starb auch sie. Es starb sich schnell im Umkreis des Fürsten Menschikoff...

Die Töchter des Grafen Woronzeff

Es ist vielleicht mehr als ein anekdotischer Zug, daß sich schon ein halbes Jahrhundert darauf ein anderes Schwesternpaar in die Skandalchronik des Petersburger Hofes eintrug: die Töchter Elisabeth und Katharina des Generals Grafen Woronzeff. Sie wiederholten in merkwürdiger Abwandlung die Konstellation, wie sie Anna und William Mons herbeigeführt hatten. Elisabeth Woronzeff wurde die Geliebte des unglücklichen Zaren Peter III. und Katharina, verehelichte Fürstin Daschkow, die intime Freundin von Peters Gemahlin und Erbin, der großen Katharina II.

Rußland hatte auf dem Weg von Peter dem Großen zu Peter III. nicht viel Ermutigendes erlebt. Die Eigenart der russischen Thronfolge (der Zar bestimmte selbst seinen Nachfolger) schuf bei jedem Thronwechsel Unsicherheit und Konfliktstoffe. War das Testament echt? Würde diese Berufung auf den Thron nicht diese oder jene Personengruppe schädigen oder sie Verfolgungen aussetzen? Wäre es nicht am besten, einen Unmündigen zum Zaren zu machen und einen Staatsrat herrschen zu lassen?

In einem halben Jahrhundert der Familienintrigen und Machtkämpfe hatten einflußreiche Sippen einander bekriegt und machtlose Herrscher den Thron des großen Zaren Peter in Verruf gebracht. Katharina I. war trotz ihrer Verschwendungssucht noch eine relativ harmlose Erscheinung gegen die pathologisch grausame Anna Iwanowna gewesen, die in den zehn Jahren ihrer Regierung (1730–1740) etwa zwanzigtausend Menschen nach Sibirien verschicken ließ und Geheimpolizei, Folterkammern und Körperstrafen in einem Ausmaß wieder einführte, daß man die Zeiten Iwans des Schrecklichen wiedergekommen meinte. Unter Anna und ihrem Günstling Biron wurden in Rußland sogar Frauen aufs Rad geflochten, ein Faktum, das die europäische Rechtsgeschichte zum letztenmal tausend Jahre vorher verzeichnet hatte. Geistliche, Kinder und hohe Beamte waren vor grausamsten Strafen ebensowenig sicher wie völlig Unschuldige, und bei einem Viertel der Verschleppten veränderte man vorsorglich die Namen in den Deportationslisten, damit nie wieder eine Auffindung, Rückberufung, Begnadigung oder eine andere Milderung ihres Schicksals möglich wäre!

Zarin Anna

Die teuflische Natur dieser von einigen klugen Männern wie Biron, Münnich und Ostermann umgebenen Frau entschleierte sich noch deutlicher im Zarenpalais selbst, wenn sie sich daran ergötzte, eigenhändig Tiere zu töten oder der Erniedrigung von Menschen mit sichtlichem Behagen zusah. Krüppel, Zwerge und andere Mißgeburten mußten die widerlichsten Schauspiele vorführen, während Anna nackt auf einem Diwan lag und sich beim Zusehen die Fußsohlen kitzeln ließ. Der holsteinische Kammerjunker Friedrich Wilhelm von Bergholz, der als Diplomat wertvolle Sittenschilderungen vom Zarenhof niederschrieb, berichtete von Annas Mutter, daß sie ihn in ihrem Landhaus in Ismailowo einmal unbesorgt im bloßen Hemd empfangen habe, während Anna selbst, damals noch Prinzessin, ihm aus dem Bett verlangend die Hände entgegenstreckte.

Bei Anna wie bei Elisabeth (1741-62) war es zumindest für den Staat, wenn auch nicht für das Volk, immerhin noch ein Glück, daß sie ihre Günstlinge weitgehend gewähren ließen, denn wer durch das Gewirr der Intrigen zur Macht vorstieß, konnte kein ganz schlechter Kopf sein. Rußlands Menschen aber hätten eine Fortsetzung des großen Reformwerkes gebraucht, das Zar Peter begonnen hatte...

Peters Tochter hatte die Hoffnungen enttäuscht, und als die kranke Frau immer häufigere Schwächeanfälle und Zusammenbrüche erlitt, richteten sich die Blicke auf das Thronfolgerpaar, den Großfürsten Peter, Enkel Peter I., und seine deutsche Gemahlin, eine Prinzessin von Anhalt-Zerbst. Von ihr wußte man nicht sehr viel; ihre Familie zählte keineswegs zu den berühmtesten Deutschlands, und am russischen Hof spielte sie zunächst gar keine Rolle. Und was man vom Großfürsten sah und erfuhr, war auch nicht dazu angetan, große Hoffnungen zu erwecken. Er war aus der Ehe hervorgegangen, die Peters des Großen Tochter Anna mit dem Herzog Karl Friedrich von Gottorp geschlossen hatte, war in Kiel geboren und hatte als Vierzehnjähriger, im November des Jahres 1742, gleichzeitig eine doppelte Thronchance: Die schwedischen Stände erwählten ihn ebenso als Thronfolger wie die Zarin Elisabeth!

Soldatenspiel in Oranienbaum

Zehn Jahre darauf, als Peter herangewachsen war, begriff niemand mehr, daß zwei große Mächte sich diesen Mann streitig gemacht hatten, und sogar Peter selbst war unzufrieden, denn er hätte lieber ein gesittetes Volk wie die Schweden regiert als jenes Rußland, aus dem seit Jahrzehnten nur Schauermären nach dem Westen drangen. Zudem stand Rußland im Krieg gegen Preußen, und wenn es etwas gab, was Großfürst Peter bedingungslos verehrte, dann war das eben das friderizianische Preußen, das Werk des größten Herrschers seiner Zeit, wie Peter ihn neidlos nannte.

Die Russen freilich sahen ihren dereinstigen Zaren in seinem Schlößchen Oranienbaum um eine Modellfestung herumhüpfen, hölzerne Soldaten mit Miniaturkanonen niederschießen und immerzu deutsche Kommandos geben – für ein Volk, das im Krieg gegen Preußen schwere Blutopfer brachte, kein sehr erhebender Anblick.

Was sich im Hause selbst abspielte, schildert uns die Großfürstin Sophie, die spätere Katharina II., in ihren munteren, wenn auch sicherlich nicht aufrichtigen Memoiren:

»Was wir im Laufe des Tages und bis tief in die Nacht hinein zu erdulden hatten, war, daß der Großfürst (d. h. Peter) mit seltener Beharrlichkeit, unter lautem Peitschenknallen, eine Meute Hunde dressierte, die er, indem er nach Jägerart schrie, in seinen beiden Zimmern (denn mehr hatte er nicht) von einem Ende zum anderen trieb. Die Hunde, die müde wurden oder aus der Reihe liefen, wurden aufs strengste gezüchtigt, worauf sie natürlich noch lauter lärmten. War er endlich dieser für die Ohren wie für die Ruhe der Nachbarn unerträglichen Unterhaltung satt, so nahm er eine Geige zur Hand und kratzte, wobei er im Zimmer umherging, mißtönig und mit wilder Heftigkeit drauflos. Dann begann er wieder die Dressur und die Züchtigungen der Meute, die mir wahrhaft grausam erschienen.«

Peter selbst war auch nicht glücklicher, denn litt seine Frau unter ihm, so litt er unter der Zarin, die ihn unbedingt zum Russen machen wollte. »In der ersten Fastenwoche«, schreibt Sophie Katharina, »hatten wir unsere religiösen Übungen angefangen. Mittwoch abends sollte ich im Hause der Frau Tschoglokow ein Bad nehmen. Am Abend vorher aber kam sie in mein Zimmer, wo auch der Großfürst sich befand, und meldete ihm den Befehl Ihrer Majestät (d. h. der Zarin Elisabeth), gleichfalls ein Bad zu nehmen. Nun waren die Bäder und andere russische Gewohnheiten oder Landessitten dem Großfürsten nicht allein unangenehm, sondern er haßte sie tödlich. Er erklärte daher rundheraus, er werde es nicht tun... man dürfe ihm nicht befehlen, was seiner Natur widerstrebe; er habe noch niemals ein Bad genommen, und er sei daher überzeugt, daß es ihm schaden würde; er wolle nicht sterben.«

Ein wasserscheuer Großfürst

Diese Abneigung gegen das Bad war zweifellos der erste Berührungspunkt zwischen dem Großfürsten und der jungen Comtesse Woronzeff, die er etwa zur gleichen Zeit kennenlernte. Denn sie war, wenn wir Katharinens böser Bemerkung in den Memoiren glauben wollen, »ein sehr häßliches Kind mit olivenfarbenem Teint und obendrein im höchsten Grade unreinlich«.

Die Gatten hatten in der Atmosphäre der drakonischen Erziehung und Gängelung durch die alte Zarin nicht zueinandergefunden, wie es die gemeinsame deutsche Herkunft und die gemeinsame russische Aufgabe hätten angezeigt erscheinen lassen, sondern einander zu hassen, ja zu verachten gelernt. Peter litt zweifellos unter der höheren Intelligenz seiner Gattin, und obwohl sie ihn ermutigte, kam es zwischen den beiden zu keinem glücklichen ehelichen Verkehr. Hingegen erwärmte er sich sehr schnell für die kleine und bucklige Prinzessin von Kurland, eine Tochter des Günstlings Biron, und weckte seine Gemahlin nachts mit Rippenstößen, um ihr die körperlichen Vorzüge der Rivalin zu schildern. Sophie zauderte nun auch nicht länger. War Peter in der Nähe, so floh sie in die Arme Katharina Romanownas, einer geborenen Woronzeff, verwitweten Fürstin Daschkow, die als Frau ungehindert in den Privatgemächern der Großfürstin ein und aus gehen durfte. War Peter auf der Jagd oder bei Paraden, dann kamen die Liebhaber.

Katharinas Günstlinge

Man hat Katharina II. insgesamt einundzwanzig Günstlinge namentlich nachgewiesen, und wenn man die glänzende Reihe Revue passieren läßt, muß man ihr den besseren Geschmack zugestehen, denn gleich die ersten, Graf Saltikow und Graf Poniatowsky, waren hervorragende Erscheinungen. Ein dritter Verehrer, der jüngere Bruder des Fürsten Rasumowsky, beichtete Katharina erst zwanzig Jahre später, daß er damals sie und Peter so oft besucht habe, um von ihr erhört zu werden. Sie lachte nur ungläubig, als sie es erfuhr, und scheint es für ein Kompliment gehalten zu haben, das er seiner Zarin machte.

Saltikow jedoch setzte sich durch, wurde erhört, und bald darauf war Katharina zum erstenmal schwanger. Während Saltikow den Thronfolger Paul zeugte, ergab sich aus dem Verhältnis mit Poniatowsky nur ein Mädchen (aber für Poniatowsky immerhin später der Thron von Polen...).

Der Großfürst nahm das alles wesentlich gleichmütiger hin als die Zarin. Nur wenn ihn jemand beim Trinken auf seine Ehe ansprach, konnte es vorkommen, daß er selbst vor einem größeren Kreis von Höflingen sagte: »Gott weiß, von wem meine Frau all ihre Schwangerschaften hernimmt; ich jedenfalls bin keineswegs sicher, ob dieses Kind tatsächlich auf meine Rechnung kommt.« Und während die Großfürstin an sechs von sieben Tagen Männerkleider trug, widmete Peter sich der herangewachsenen Schwester ihrer Gespielin, der einst kleinen, schmutzigen und mit dunklem Teint behafteten Elisabeth Woronzeff, die eine junge Schönheit von starkem sinnlichem Reiz geworden war.

Beide Schwestern Woronzeff standen damit in ihren Liebesbeziehungen unter einem seltsamen Stern. Der einen war der Gatte, der Fürst Daschkoff, entrissen worden, noch ehe sie selbst voll zur Frau erblüht war, und die andere hatte einen zwar großfürstlichen, aber offensichtlich impotenten Liebhaber, der dies mit seinem infantilen Zynismus auch noch vor aller Welt zugab. Während aber die Fürstin Daschkoff sich durch ihren Geist und eine echte Neigung für Katharina das Herz der Großfürstin und kommenden Zarin zu sichern verstand, mußte Elisabeth Woronzeff angesichts ihres primitiven Partners zu anderen Mitteln greifen, um ihre Herrschaft über ihn zu erringen und zu festigen. Sie mußte dazu kaum weniger Intelligenz aufbringen als ihre glücklichere Schwester, denn nichts war schwieriger, als den in einer militärischen Erziehung vollends verblödeten Thronfolger dauernd zu fesseln. Er hatte zwar immer wieder nach Frauen verlangt; Katharina selbst zählt einige seiner ersten Amouren auf. Aber erst Elisabeth Woronzeff erkannte, worauf es bei diesem Mann ankommen

Unglück in der Liebe

würde: man mußte das genaue Gegenteil der ihm überlegenen Gattin darstellen.

Es war eine Darstellung, eine Rolle, in die das Komteßchen, Nichte des Kanzlers und wohlerzogene Hofdame, zunächst mit großer Kunst hineinschlüpfte, und an der sie später selbst Gefallen gefunden haben mag. Denn auch sie war ja noch jung, der intime Umgang prägte eben beide, und der gemeinsam genossene Alkohol tat das übrige. Die junge Gräfin, die mit ihm trank, war für Peter die eigentliche Erholung von den ständigen Vorhaltungen der Zarin und von der kühlen, selbstverständlichen Überlegenheit der Prinzessin von Anhalt-Zerbst. Und wenn überhaupt, so war es zweifellos Elisabeth Woronzeff, bei der Peter sich als Mann fühlen konnte. Ein paar Gläser ungarischen oder spanischen Süßweins taten dann das übrige, und wenn er am anderen Morgen mit schwerem Kopf neben der nackten und früh zur Fülle neigenden Gräfin erwachte, dann konnte Peter glauben, er habe das erlebt, was ihm seine holsteinischen Offiziere bei den endlosen Saufabenden immer wieder in die Ohren gebrüllt hatten.

Rohrstock-Pädagoge Brümmer

So also waren Charakter und Männlichkeit des Großfürsten beschaffen, des holsteinischen Prinzen, der so einzigartige Chancen hatte, den aber gefährliche Anlagen, unzureichende Intelligenz und vor allem die Rohrstock-Pädagogik des Hofrats Brümmer zu einem infantilen und impotenten Sadisten hatten werden lassen. Und da Brümmer, Peters erster Erzieher, seinen hochgeborenen Zögling nicht nur mit Vorliebe auf dem Bett festgebunden und durchgebläut hatte, sondern auch nichts unterließ, was Peter tiefe Verachtung alles Russischen und bedingungslose Verehrung alles Preußischen beibringen konnte, mußte denn die alte Zarin eins ums andere mal lamentierend ausrufen, wie gestraft sie mit diesem Neffen sei, der ihrem Volk wohl nie gefallen werde.

Trotz dieser Lamentos kam freilich der Tag, an dem Peter und sein Volk zueinanderfinden mußten, unaufhaltsam näher. Die Zarin hatte ihre Koliken und Schwächezustände in immer kürzeren Intervallen, und eines Abends, als sie mit ihren geliebten Soldaten, fast ohne Hofstaat, im Theater gewesen war, brachte ein schwerer Anfall mit Herzzuständen und Atemnot noch um Mitternacht alles auf die Beine. Niemand nahm an, daß Elisabeth die Nacht überleben würde.

Das war der Augenblick, in dem ein Klügerer als Peter einen Blick in die Zukunft hätte werfen können. Denn während sich bei ihm, dem designierten Thronfolger, niemand einfand als Elisabetha Romanowna, seine rundliche Gräfin, die ihm Madeira einschenkte und seine Erregung mütterlich dämpfte, erhielt die Großfürstin Sophie zur gleichen Zeit den Besuch des Grafen Schuwalow. Er war der letzte Günstling der Zarin und der erste ihrer Liebhaber, der aus einer alten und angesehenen, wenn auch nicht reichen Familie hervorgegangen war. Graf Schuwalow hatte schon Katharina-Sophies Liebschaft mit Poniatowsky vor dem Hofklatsch behütet, er war ein blendend aussehender Dreißiger und galt als ehrlicher Mann, was in dieser Umgebung viel heißen mochte. Die spätere Katharina war vielleicht auch gar nicht so sehr überrascht von dem Vorschlag, den er ihr in dieser Nachtstunde unterbreitete: gemeinsam mit mächtigen Freunden den kleinen Großfürsten Paul, Katharinens Sohn aus der Verbindung mit Saltikow, auf den Thron zu setzen und Peter den Unfähigen zum Thronverzicht zu nötigen. Aber Sophie-Katharina lauschte nur, sagte beinahe gar nichts und entließ den Enttäuschten schließlich völlig verwirrt in dem Bewußtsein, daß die Gunst der Stunde nicht genützt werden könne.

Erst viel später wurde bekannt, warum sie in jener Nacht nicht schon einer Verschwörung zusagte, warum sie nicht auf Schuwalows gutgemeinte Vorschläge einging – weil hinter ihr, hinter den zugezogenen Vorhängen des Baldachinbettes, eine Lauscherin lag: die junge Fürstin Daschkoff. Hätten die beiden Damen die Nacht nicht miteinander verbracht, so wäre die Prinzessin von Anhalt-Zerbst und russische Großfürstin vielleicht tatsächlich mit der ehrenvollen Rolle der Mutter des Za-

Graf Schuwalow

ren und Vorsitzenden des Regentschaftsrates zufrieden gewesen. Ihre Absage in jener Nacht brachte sie bald darauf auf den Thron.

Im Januar 1762 starb die Zarin Elisabeth dann tatsächlich. Irritiert durch Sophies scheinbare Unsicherheit hatte sich die Partei, die Peter feindlich gesinnt war oder nichts von ihm hielt, noch zu keiner neuen Lösung entschließen können, und so bestieg der Zögling des Hofrats Brümmer tatsächlich als Peter III. den russischen Thron. Statt mit Holzsoldaten spielte er nun mit ganzen lebenden Regimentern, unter denen ihm seine stramm exerzierenden Holsteiner am liebsten waren, und wenn ein Griff nicht klappte, mußte der verantwortliche Offizier nach Sibirien.

Eine Ratte am Galgen

Einigermaßen verwundert sah der Hof, daß der junge Mann, der einst eine Ratte kriegsgerichtlich verurteilen und hängen ließ, weil sie zwei seiner Pappmachésoldaten aufgefressen hatte, beim Volk zunächst gewisse Sympathien genoß. Erstens waren die Russen des Regiments der Weiber und ihrer Günstlinge überdrüssig, und zweitens hatte Peter, offensichtlich gut beraten, großzügige Amnestien erlassen, die Geheimpolizei mit ihren Folterkammern abgeschafft und einen baldigen Frieden mit Preußen angekündigt. Die Zarin brüskierte er einige Male, schloß sie von allen Regierungsgeschäften aus und zeigte sich um so häufiger in zärtlicher Gemeinschaft mit Elisabeth Woronzeff.

Die blonde Gräfin scheint bis dahin ganz gut mit Sophie, Peters Gattin, ausgekommen zu sein, ja Bülau berichtet uns sogar mit vielen Details, daß Elisabeth Woronzeff es war, die durch ihre Bitten für die Großfürstin die Versöhnung der Gatten herbeiführte, als Peter über den Fall Poniatowsky doch ziemlich ungehalten war. (Der hübsche Pole hatte sich nämlich unter den Fenstern Sophies verhaften lassen, und der ganze Hof lachte über Peter.) Als die Zarin erfuhr, daß Peter seiner Frau abermals vergeben und daß die Woronzeff für Sophie um Gnade gebeten habe, sagte Elisabeth: »Du selbst und Elisabetha, ihr werdet es beide noch bereuen; glaubt mir, ich kenne deine Frau besser als du selbst!«

Die alte Zarin, Tochter Peters des Großen und der bauernschlauen litauischen Kathinka, war in Jahrzehnten der Intrige hellsichtig geworden und hatte Rußlands Zukunft und den Aufstieg der Großfürstin Sophie zur Zarin Katharina II. damit klarer gesehen als alle anderen Beteiligten. Ob die Gräfin Woronzeff wirklich zu gutmütig war oder nur arglos, ist auf Grund der Zeugnisse schwer zu entscheiden. Die starke Intelligenz ihrer schönen Schwester, der Fürstin Daschkoff, hatte sie jedenfalls nicht, und als es nun um Peters Thron ging, waren die Kräfte sehr ungleich verteilt.

Auf der einen Seite stand der Zar, der sich in einer kurzen Periode hektischer Aktivität verausgabt hatte; alles, was er in den Jahren der Ohnmacht hatte tun und befehlen wollen, war binnen wenigen Wochen ins Werk gesetzt worden, ja der erste Brief an Friedrich den Großen war noch am Sterbetag der Zarin Elisabeth aus Petersburg abgegangen! Über dem Umrüsten seiner Armee, der Verbannung der Knute und der Einführung der preußischen Stöcke und Fuchteln vergaß Peter, daß er an seiner Seite nur eine weichherzige Blondine von bemerkenswerter Genußsucht hatte, im übrigen aber eine nicht wirklich verläßliche Schar von Ratgebern. Es waren gute, zum Großteil deutsche Namen, aber nur der greise Münnich hatte nach all den Intrigen am Zarenhof noch die innere Festigkeit, bei Peter III. auszuharren.

Gegen Peter und Elisabetha standen die zwei an Intelligenz und Energie einander ebenbürtigen, durch ihre Leidenschaft aneinandergeketteten Freundinnen, Sophie, die nun bald Katharina heißen würde, und die erst neunzehnjährige Jekaterina Daschkow. In ihrer grenzenlosen Verachtung der schmeichelnden und intrigierenden, bestechlichen und verlogenen Männerwelt des Hofes hatten sie auf Verbündete verzichtet und sich nur Werkzeuge gesichert. Noch in der entscheidenden Nacht vor dem Staatsstreich stand alles auf zwei Augen – auf

Staatsstreich der Freundinnen

227

denen der jungen Fürstin. Denn die künftige Katharina durfte in der Residenz nicht in Erscheinung treten, um keinen Argwohn zu erregen, sie wartete im Schlößchen Peterhof.

Panin und Orlow

Ein Offizier, der Peter III. ermorden wollte, war verhaftet worden; ein wichtiger Verschwörer – Panin – hatte den Mut verloren und wollte verschieben, ein anderer – Orlow – verlor die Nerven und warf sich um vier Uhr morgens der Fürstin Daschkow zu Füßen, sie solle über sein Schicksal bestimmen.

Jekaterina Daschkow bestimmte. Sie erkannte, daß der Verhaftete auf der Folter die Verschwörer preisgeben würde, sie hetzte Orlow nach Peterhof hinaus, sie bereitete die wichtigen kirchlichen Zeremonien vor, durch die sich Katharina II. sogleich in der Gunst des Volkes befestigte, während Peter III. aus seiner Kirchenfeindlichkeit kein Hehl gemacht hatte. Mit einem Wort – es ist von Friedrich Bülau – »Katharina hatte fünfzehntausend Mann und die Daschkow«, Peter III. hatte nur die dicke Gräfin, zwei zitternde Begleiter und Münnich.

In einer Offiziersuniform der Garde zu Fuß, geschmückt mit dem Andreasorden und einem Eichenzweig auf dem Hut, unter dem die Haare flogen, ritt Katharina auf einem weißgrauen Tigerhengst ihrer Zukunft entgegen. Die Fürstin Daschkow hatte ihre schlanke Gestalt mühelos mit einer der knappsitzenden russischen Fähnrichsuniformen bekleidet und trug den Katharinenorden. Zwei Frauen, zusammen nicht halb so alt wie der geschlagene Münnich, hatten die Männerherrschaft des preußenfreundlichen Zaren nach einem halben Jahr beiseite gefegt, als ginge es noch immer um nichts anderes als die Spielzeugfestungen und Pappmachésoldaten von Oranienbaum.

Peter unterschrieb, was man ihm diktierte, und die füllige Gräfin an seiner Seite begehrte nichts anderes für sich, als daß man sie bei Peter lasse. Man darf ihr glauben, daß dies keine Geste war, denn Peter hatte ihr nicht nur nichts mehr zu bieten, er hatte ihr auch vorher so gut wie nichts geboten. Als Großfürst stets verschuldet, hatte er auch als Zar für Elisabetha nur das Notwendigste getan: sie hatte ein Landgut erhalten, das nicht sonderlich groß war, ein paar Diamanten und ein Stadthaus unweit des Winterpalais, das sie jedoch bald wieder abgeben mußte.

Was dieser Unterwerfung folgte, ist bekannt: der Tod des völlig verstörten, ja vernichteten Monarchen von der Hand der Orlows, zweifellos einer der überflüssigsten und häßlichsten Morde in der blutigen Geschichte dieses Reiches, ein Mord, den Katharina vielleicht wirklich nicht befohlen hatte, den sie aber ganz gewiß auch nicht bestrafte.

Elisabetha Woronzeff wurde auf ihr Gut befohlen, mit einem unbedeutenden Offizier verheiratet und, da sie sich ruhig verhielt, nicht weiter verfolgt. Jekaterina Woronzeff, verwitwete Fürstin Daschkow aber stieg so glanzvoll neben ihrer Kaiserin auf, daß die andere Katharina, die man bald die Große nannte, schließlich eifersüchtig wurde. Die Daschkow war jünger, gebildeter, freier; ihre beiden älteren Schwestern müssen von ganz anderer Natur gewesen sein als diese dritte, deren unbändiges Temperament schon in so frühen Jahren zum Durchbruch kam.

Immerhin währte es sieben Jahre, ehe es zum offenen Zwist kam. Erst 1769 trat die Vertraute der Zarin, die jugendliche Kommandantin des Staatsstreichs, ihre große Auslandsreise an, die sie drei Jahre fern von Petersburg hielt und ihr die freundschaftliche Verehrung, ja die Liebe des geistigen Europa und der fortschrittlichen Kräfte des alten Kontinents einbrachte. 1775 reiste sie abermals nach dem Westen, lebte von 1776–1779 in Schottland und wurde 1783 die erste Präsidentin der Russischen Akademie.

Nach einem Leben auf der Höhe der Zeit, nach Jahren, in denen sie Dramen und Briefe schrieb und eine Zeitschrift herausgab, die ganz Europa las, verbannte Zar Paul sie 1796 vom Hofe, damit sie »Zeit habe, über ihre Rolle bei den Ereignissen von 1762 nachzudenken«. Die Daschkowa aber ging nicht in das ihr zugewiesene Dorf oder verließ es doch bald wieder und verbrachte die letzten Jahre ihres Lebens in ihrem durch eine

Verbannung der Fürstin Daschkow

berühmte Bibliothek gezierten Landsitz in der Nähe von Moskau. Dort starb sie auch, sechsundsechzig Jahre alt, im Januar 1810, als die Länder, die sie am meisten liebte, Rußland und Frankreich, einander schon jahrelang in Feindschaft gegenüberstanden.

VII.

DIE INTRIGANTEN GRÄFINNEN

Das achtzehnte Jahrhundert gilt als die große Zeit der Abenteuer, das siebzehnte, auch *Le grand siècle* genannt, als der Lieblingstummelplatz der weiblichen Spielart, der abenteuernden Frauen. Sie sind also, wie man sieht, wieder einmal früher aufgestanden als die Herren. Sie haben nicht gewartet, bis die Bonneval und Pöllnitz, die Saint-Germain und Casanova, die Cagliostro und Lewenhaupt den Begriff jenes wandernden Edelmanns neu fassen, unter dem sich sehr oft nur ein falscher Graf oder Scharlatan verbirgt; sie sind schon seit dem Jahr 1600 kreuz und quer durch Europa unterwegs, seit dem Jahr der Heirat zwischen Heinrich IV. von Frankreich und Maria von Medici, in deren Gefolge die erste der großen Intrigantinnen dieses Jahrhunderts nach Frankreich kam: Leonora Galigai, *la maréchale d'Ancre*, die Hexe, die jahrelang über Frankreich herrschte. 1617, als ein junger, beinahe noch knabenhafter König den Zauberbann zerriß, in dem seine Mutter befangen gewesen war, verbrannte man Leonora Galigai auf der Pariser *Place de Grève*. Zuvor aber hatte sie gesagt: »Der einzige Zauber, den ich brauchte, war die Überlegenheit starker Seelen über kleine Geister.«

Mit diesem Zauber ausgestattet, schweifen einige bemerkenswerte Frauen durch das Europa des siebzehnten Jahrhunderts. Die feinere französische Unterscheidung teilt sie in *intrigantes* und *aventurières*, aber in der historischen Wirklichkeit

Intrige und Abenteuer

sind die beiden Elemente meist so vermischt, daß sich diese Trennung für uns erübrigt. Leonora Dori, genannt Galigai, Favoritin der Maria Medici, war wohl die reinste Ausprägung der Intrigantin, eine Frau, die schwindelnd hoch spielte, ihren Gatten Concini zu unermeßlichem Reichtum führte und mit ihm nicht bloß in Ungnade fiel oder verbannt wurde, sondern in den grausamsten Tod stürzte. Und Aurora von Königsmarck, die gegen Ende des gleichen Jahrhunderts lebte, war zweifellos die reine Abenteurerin, schon viel zu freisinnig und nobel für die Intrige und so sehr verliebt in ihre eigene Unabhängigkeit, daß sie es verabscheut hätte, sich an eine Position zu klammern.

Ninon de Lenclos Zwischen diesen Extremen aber ist sehr viel Raum für einen äußerlich recht reizvollen Damenschwarm mit Namen, die wie zärtliche Fanfaren klingen. Die eine nennt sich *la belle Lionne*, die schöne Löwin, und man weiß von ihr, daß sie die Krallen nicht immer eingezogen hatte, ehe sie zu einer Liebkosung ansetzte; eine andere war Marion de l'Orme, eine dritte jene Suzanne Pons, die es beinahe zur Königinnenwürde von Neapel gebracht hätte. Es ist das Jahrhundert der Ninon de Lenclos, die im Marais, dem einstigen Nobelviertel von Paris, bis in ihr achtzigstes Lebensjahr Könige, Herzöge und Kardinäle empfing; auch vielen Dichtern und Künstlern war sie eine unvergeßliche Geliebte und Freundin und traf in ihrem Testament jene berühmt gewordene Bestimmung, daß dem jungen Voltaire tausend Livres ausbezahlt würden, damit er sich Bücher kaufen könne – womit sie neben Katharina II. tritt, die das gleiche für Diderot tat.

Man konnte das Abenteuer herbeizwingen, wie es Ninon de Lenclos tat, die ihr Leben in einem kleinen Haus unweit der hübschen Place des Vosges zubrachte und dennoch das Jahrhundert zu Gast bei sich sah; oder man konnte den Kontinent durcheilen wie Anna Maria de la Trémoille, erst einen Fürsten von Talleyrand-Chalais heiraten, dann einen Herzog Orsini-Bracciano und ganz Rom durch Liebesabenteuer verrückt machen, um schließlich als Oberhofmeisterin einer spanischen Königin den König und ganz Spanien zu beherrschen.

Trotz Patriarchat, trotz rudimentärer Bildungssysteme, in denen für die Töchter nur Klosterschulen zur Verfügung standen, haben die Frauen in diesem heimlichen und von der seriösen Geschichtsschreibung wenig beachteten Kampf erstaunliche Chancen. Es sind allerdings keine Bürgerinnen, die sich auf so riskante Reisen begeben. Was man einem Mann mitunter nachsah, wenn er den Degen geschickt zu führen verstand oder von Kanonen mehr wußte als die anderen, das durfte den Damen nicht fehlen: Sprachkenntnisse, Erziehung, Geschmack in der Kleidung, Auftreten, Beziehungen und zumindest so viel Schönheit, daß sie Gelegenheit bekamen, einen zerstreuten Fürstenblick einladend zu erwidern.

Drei hübsche adlige Fräuleins waren es, die sich in der zweiten Hälfte des siebzehnten Jahrhunderts ohne bestimmtes Ziel aufmachten, um ihr Glück zu suchen und ihren Familien eine Chance zu bringen, und die diese Chance in einem kleinen deutschen Herzogtum, nämlich in Osnabrück fanden.

Die eine hieß Eleonore d'Olbreuze, wurde am 3. Januar 1639 in jenem Zeichen des Steinbocks geboren, das seinen Geschöpfen besondere Hartnäckigkeit und Energie verleihen soll, und durfte sich sagen, ihre Familie sei »guter alter Adel, nicht weniger, aber auch nicht mehr« (Otto Flake). Sie stammte aus der Umgebung des schönen alten Hafens La Rochelle, einem Zentrum der französischen Hugenotten, und vermochte darum am französischen Königshof nicht Fuß zu fassen. Als Ehrenfräulein der Herzogin von Tremoille kam sie 1664 über Holland nach Kassel, lernte zwei Prinzen des Hauses Braunschweig-Lüneburg kennen und wurde nach manchem Hin und Her Ehrendame am bischöflichen Hof zu Osnabrück. Dies tat sie, um jenem der beiden Herren nahe zu sein, dem sie ihr Herz und einiges mehr zugedacht hatte: dem inzwischen Herzog von Celle gewordenen Georg Wilhelm.

Die beiden anderen Fräuleins entstammten der hessischen

Eleonore d'Olbreuze

Die Meysenbug

freiherrlichen Familie von Meysenbug, scheinen aber mit Nietzsches Geistesfreundin, der aus hugenottischem Ursprung herkommenden Malvida von Meysenbug, nicht verwandt zu sein. Die Meysenbug hatten schon 1323 eine Burg, später das Städtchen Zuschen und Schlösser bei Fritzlar; der wirkliche Reichtum scheint in die Familie aber nie eingekehrt zu sein, und wir finden die Männer des Geschlechts als brave Fürstendiener mit der Waffe oder in den Wäldern.

Georg Philipp von Meysenbug, Herr auf Zuschen und Ritterode, gedachte durch seine zwei hübschen Töchter Clara Elisabeth und Henriette diesen damals gut drei Jahrhunderte währenden Zustand zu ändern. Er stattete sie entsprechend aus und begab sich mit den jungen Schönheiten auf eine Reise von Hof zu Hof, deren Zweck so offensichtlich war, daß er trotz aller Bemühungen des Trios zunächst unerfüllt blieb.

Eleonore d'Olbreuze war sich darüber klar, daß sie nicht immer Ehrendame bei der Gemahlin des Bischofs bleiben konnte; zwar sagte ihr das Milieu zu, denn sie war gläubige Protestantin, und der wunderliche Brauch, in Osnabrück zwischen katholischen und evangelischen Bischöfen zu wechseln, bescherte ihr jenes vertraute, ein wenig puritanische Milieu, das sie aus La Rochelle kannte. Aber sie war mittlerweile sechsundzwanzig Jahre alt geworden, der Herzog, dem sie sich versprochen fühlte, war fünfzehn Jahre älter, und für die Rolle einer Mätresse an einem kleinen deutschen Hof fühlte sie schon aus religiösen Gründen wenig Neigung.

Herzog Georg Wilhelm hatte es nicht ganz leicht, diese Ungeduld durch Taten zu beschwichtigen. Zwar gefiel ihm die vornehme Hugenottin; sie war schlank und hochgewachsen, hatte beinahe schwarzes Haar und dunkle Augen, die der etwas strengen Schönheit ihres Gesichts Leben gaben. Haut, Zähne und Gestalt verrieten dem Pferdeliebhaber Georg Wilhelm, daß er eine gesunde Frau vor sich hatte, und da sie obendrein lebhaften Verstand und angenehmes Wesen mitbrachte, ihn auch recht gut leiden konnte, wäre alles besser gewesen, als dies im allgemeinen bei Heiraten regierender Fürsten der Fall ist.

Aber an Georg Wilhelm nagte eine alte Schuld: Er war mit Sophie von der Pfalz, einer Stuart, versprochen gewesen, einem stolzen Geschöpf von starker Intelligenz, und hatte die Verlobung lösen müssen, weil er sich in seinem Lieblingsmilieu, dem venezianischen Karneval, eine galante Krankheit zugezogen hatte. Um Sophie nicht sitzenzulassen, hatte er seinen Bruder Ernst August dazu gebracht, in das Verlöbnis einzuspringen (bei dynastischen Ehen waren, wie man sieht, die Partner innerhalb der Familie weitgehend zu ersetzen...).

Erinnerung an den Karneval

Was Brunhilde tat, als man ihr statt Siegfried Gunther an die Seite legte, dürfte inzwischen ziemlich bekanntgeworden sein. Sophie von der Pfalz dachte realistischer. Sie tat, als ob der ganze Handel unter den Brüdern sie überhaupt nichts angehe und erklärte nachher in ihren Memoiren, sie sei zu stolz gewesen, um sich davon berührt zu fühlen. Aber sie verlangte, daß der Mann, der sie verschmäht habe, dann auch keine andere heiraten dürfe, und begründete dies damit, daß das Erbgut ihrer Kinder aus der Ehe mit dem Ersatzgatten Ernst August sonst allzusehr geschmälert würde.

Georg Wilhelm hatte in seiner Zwangslage – solche Krankheiten gereichen ja auch Fürsten nicht zur Ehre – allem zugestimmt, eine Rente ausgesetzt, einen Eheverzicht ausgesprochen und den dereinstigen Kindern Sophies und seines Bruders Erbfolge in Celle zugesichert. Und da kam nun die schöne Eleonore aus La Rochelle und machte ihm das Herz schwer, um so mehr, als die Krankheit offenbar sogar den beschränkten Möglichkeiten der damaligen Medizin gewichen war und Georg Wilhelm nicht nur ehewillig, sondern auch wieder ehefähig war.

Die Gegenspielerin der Eleonore d'Olbreuze stand damit von vornherein fest, es war Sophie von der Pfalz, eine Tochter Friedrichs V. von der Pfalz und der Elisabeth Stuart. Sie war 1630 im Haag zur Welt gekommen, also neun Jahre älter als

Sophie von der Pfalz

die Hugenottin. Als Enkelin eines englischen Königs war sie mit einem überdimensionierten Selbstgefühl ausgestattet, und die unglückliche Rolle der Stuarts dämpfte ihren Hochmut nicht, sondern ließ ihn in unverhüllten Haß gegen glücklichere Familien umschlagen. In Eleonore d'Olbreuze, der jungen, hübschen Frau, die obendrein den Mann bekommen sollte, der ihr, Sophie, bestimmt gewesen war, konnte sie darum niemand anderen sehen als eine Rivalin, einen weiblichen Parvenu, eine Abenteurerin, die sich etwas anmaßte, was weder ihr noch ihrer Familie zugestanden werden durfte.

Fürstliche Gewissensehe

Die energische Sophie nahm den Brüdern Georg Wilhelm und Ernst August alle Entscheidungen ab und ertüftelte eine Lösung, die Georg Wilhelms Gewissen beruhigte, ohne Eleonore d'Olbreuze zu geben, was sie erwarten durfte: Eleonore wurde weder geheiratet, noch wurde sie die morganatische, geheimgehaltene Gemahlin des Herzogs; sie erhielt lediglich einen Vertrag. Vor sich selbst mochten Eleonore und Georg Wilhelm den Akt immerhin als eine Gewissensehe bezeichnen, vor der Öffentlichkeit, dem Volk und der Nachwelt erwarb sie auch durch Brief und Siegel nicht mehr als den Status einer herzoglichen Mätresse, denn solche Verträge hatten schließlich auch andere Fürsten schon ihren Geliebten gegeben.

Eleonore fügte sich; erstens wohl, weil sie sich ehrlich geliebt wußte und selbst mehr als Freundschaft für Georg Wilhelm empfand, zweitens aber, weil sie sonst hätte abreisen und nach Hause zurückkehren müssen, in ein Heim, dem ihr Vater in einer zweiten Ehe eine fremde Herrin gegeben hatte. Zudem sicherte sie der Vertrag einigermaßen; Georg Wilhelm hatte versprochen, sie nie zu verlassen, ihr zweitausend Taler jährliches Taschengeld zu geben und nach seinem Tod eine Pension von monatlich 500 Talern auszahlen zu lassen. Eine Rangerhöhung war allerdings nicht vorgesehen; der deutsche Adelsrang einer Frau von Harburg, wie die Olbreuze nun genannt wurde, besagte nichts gegenüber dem guten alten Namen, den Eleonore bereits mitbrachte.

In den nächsten Jahren sah es ganz so aus, als wolle das Schicksal Eleonore d'Olbreuze für ihre Selbstbescheidung belohnen. Sie führte eine glückliche Ehe mit Georg Wilhelm und erwarb sich sehr schnell auch die Achtung der Landeskinder, die in ihr zunächst naturgemäß nichts anderes gesehen hatten als die obendrein ausländische Mätresse des Herzogs. Als sie jedoch sahen, daß diese Fremde liebenswürdig und wohltätig, fromm und sparsam war, als sie erkannten, daß es sich um keine flüchtige Neigung ihres Landesherrn handelte, sondern daß hier der seltene Fall einer glücklichen Fürstenehe vorlag, da flogen die Herzen Eleonore zu, und Georg Wilhelm, der dies mit Freuden registrierte, ließ sich von seiner Gefährtin in vielen Fragen der Innenpolitik und der Volkswohlfahrt beraten.

Sophie hingegen, die Eleonore in ihren Ansprüchen so gedrückt und sie um das Glück einer gesegneten Ehe gebracht hatte, erlebte nach der Enttäuschung in der Verlobung auch noch die Schmach, in ihrer Ehe mit Ernst August hinter einer jungen Mätresse zurückstehen zu müssen, einer hergereisten Abenteurerin von kleinem Adel, die einer Stuart nicht das Wasser reichen konnte. Und diese glückliche Siegerin war Elisabeth von Meysenbug.

Philipp von Meysenbug, der mit seinen Töchtern durch Deutschland vazierende Baron und Falschspieler, hatte endlich die letzte Station dieser Reise erreicht. Ernst August, der Fürstbischof von Osnabrück, war Elisabeth ins Garn gegangen, hatte sich bereits glückstrahlend mit ihr in der Theaterloge gezeigt – die herzoglichen Brüder hielten sich gemeinsam eine der kostspieligen italienischen Schauspielertruppen –, und man verhandelte eigentlich nur noch über die Modalitäten, unter denen das schöne Edelfräulein die bischöfliche Mätresse werden sollte. *Der Fürstbischof geht in die Falle*

Die Zeit hatte eine Abneigung gegen ledige Damen; die gehörten in die Familie, also auf die heimatlichen Güter, oder aber ins Kloster. Die Gesellschaft, zumindest die deutsche, wußte mit der verwirrenden Gegenwart junger, ungebundener und obendrein gutaussehender Fräuleins nicht viel anzufangen; sie

237

brachten Unruhe an jeden Hof, und da es zumeist kleine Höfe waren, begann sich diese Unruhestifterin bald selbst nicht mehr wohl zu fühlen.

Dem schönen Fräulein von Meysenbug mußte zunächst also ein Gemahl gefunden werden, sie brauchte eine »Situation«, man war noch nicht soweit wie in Versailles, wo die Situation aus ein paar Gemächern bestand und im übrigen alles beim alten bleiben konnte. Aber es gab ja Kammerjunker, die es nach schnellem Avancement gelüstete, Herren, die durchaus bereit waren, schon auf dem Weg zum Altar das unsichtbare Geweih zu tragen, wenn sie dafür die Chance einhandelten, binnen weniger Jahre Minister zu werden.

Ein Baron von Platen

Franz Ernst Baron von Platen war ein solcher Mann; er hatte schon dem Vorgänger Ernst Augusts in der Bischofswürde gedient, war nach acht Jahren schmalen Hofjunkerdaseins endlich Kammerjunker geworden und durfte hoffen, nach weiteren sechs Jahren zum Kammerherrn ernannt zu werden. Sein Großvater stammte aus Pommern und hatte es im Dreißigjährigen Krieg bis zum Obersten gebracht, sein Vater war vom Kaiser zum Freiherrn gemacht worden. Der Name war uralt, aber im übrigen fehlte es dem Kammerjunker an allem, und er sah keineswegs ein Opfer, sondern ein unerwartetes Glück in dem Vorschlag, das schöne fremde Freifräulein zu ehelichen.

Es wurde seltsamerweise mehr als eine Scheinehe, mochten die Kinder, die Elisabeth von Platen ihm gebar, auch deutlich die Gesichtszüge des Bischofs zeigen. Es wurde schnell klar, daß sich hier zwei verwandte Wesen gefunden hatten, denen gleiche Ziele und gleiche Unbedenklichkeit die Gefühle ersetzten, die sonst eine Ehe tragen. Der Oberhofmeister aus dem alten Geschlecht der Platen paßte überraschend gut zu der hessischen Abenteurerin, die nun, im Lichte fürstlicher Liebe und im neuen Adelsrang einer Gräfin, wie ein frisch geschliffener Brillant aufglänzte.

Die Platen wurde nicht nur eine jener begabten Mätressen, die den eigenen Hang zum Luxus in allgemeinem Gepränge, glänzenden Festlichkeiten und einer üppigen Hofhaltung münden lassen und damit auch einem relativ kleinen Hof einen gewissen Ruf verschaffen. Sie verstand es auch, auf einer langen Reise in jene italienischen Städte, die Ernst August ebenso liebte wie sein Bruder Georg Wilhelm, die immerhin an schöne Frauen gewöhnten Italiener zu verblüffen. Ganz Europa begann von der nun vollerblühten Frau zu sprechen, die sich den Hof von Osnabrück ebenso unterworfen hatte wie bald darauf den etwas reicheren von Hannover, den Ernst August 1679 ererbt hatte.

Beide Schwestern Meysenbug waren groß und gut gewachsen und hatten die bei der damaligen Mode besonders zur Geltung kommenden hochangesetzten und festen Brüste, dazu volle Lippen, dunkle Augen unter langen Wimpern und dunkles Haar. Elisabeth, die Ältere, hatte die geistvolleren Züge, mehr Eclat und Temperament; ihre Schwester Henriette war eine sogenannte sinnliche Schönheit; sie lachte viel mit ihren leuchtend roten Lippen und schien jedem die schönsten Nächte zu versprechen, hielt sich aber dann doch an die Männer, die Elisabeth ihr in ihrem raffinierten Spiel zuwies.

Porträt der schönen Schwestern

Es war ein Spiel der Damen, in dem Elisabeth von Platen und Sophie, nun Kurfürstin von Hannover, die stärksten Intelligenzen und rücksichtslosesten Kämpferinnen waren, so daß die anderen drei uns wie Statistinnen oder gar als ihre Opfer erscheinen. Eleonore d'Olbreuze, vertraglich, aber nicht ehelich gesichert, konnte nichts dagegen tun, daß ihre Tochter Sophie Dorothee an den Erbprinzen von Hannover verheiratet wurde. Mitgift und Apanage der reichen Prinzessin aus Celle waren am Hofe Ernst Augusts allerdings willkommener als die Prinzessin selbst, denn sie war so schön, daß ihre Erscheinung sogar die strahlende Gräfin Platen verdunkelte. Aber Hannover war schließlich bestrebt, den Besitz der vielen Brüder wieder zu konzentrieren; Ernst August hatte die Primogenitur durchgesetzt und einen Gegner seiner Hegemonieabsichten, den Grafen Moltke, kurzerhand hinrichten lassen.

Sophie Dorothee von Celle hatte keine Chance gegen die andere Sophie, die Kurfürstin, und gegen die mächtige Mätresse: Sie war ein Objekt der gierigen Politik dieser beiden Frauen geworden, und ihre Mutter Eleonore konnte ihr nicht helfen, weil sie eben keine Fürstin war.

Die Gräfin Platen handelte schnell. Um den Erbprinzen gar nicht erst unter den Einfluß Sophie Dorothees gelangen zu lassen, legte sie ihm ihre üppige Schwester ins Bett, mit deren Künsten es die kleine Prinzessin aus Celle ja doch nicht aufnehmen konnte. Henriette von Meysenbug hatte zu diesem Zweck allerdings auch eine »Situation« gebraucht und den Adjutanten des Erbprinzen, einen Herrn von dem Bussche, geheiratet. Selbst als Henriettens Einfluß schließlich nachließ, wußte Elisabeth von Platen Rat: Sie brachte den Erbprinzen mit einer anderen Verwandten, der hübschen Melusine Ermingard von der Schulenburg zusammen, einem Freifräulein aus dem weitverzweigten märkischen Geschlecht, die so reizvoll war wie ihre Vornamen. Zu zaubern wie jene sagenhafte französische Melusine brauchte sie freilich nicht; der Erbprinz war ein kalter, verschlossener und geistig wenig regsamer junger Mann, den höhere Frauenreize absolut nicht interessierten und der sich darum von vornherein darauf eingestellt hatte, seine schöne, zarte, hochgebildete und wohlerzogene Gemahlin zu ignorieren, um sich bereitwilligen Hofdamen widmen zu können.

Philipp Christoph Graf v. Königsmarck

Das Spiel der Damen schien vorüber, die Plätze verteilt, Sophie Dorothee, die junge Erbprinzessin, in ihren Gemächern hoffnungslos isoliert, als die große Intrige plötzlich einen Riß bekam, so plötzlich, als habe ein Wunderschwert das ganze kunstvolle Gespinst von oben bis unten gespalten. Der Siegfried, der es führte, hieß Philipp Christoph Graf von Königsmarck, war Obrist in sächsischen Diensten gewesen und bot seinen guten Namen nun der hannoverschen Armee an.

Königsmarck war im Statthalterschloß zu Stade zur Welt gekommen und hatte einige Jugendjahre als Junker am Hof von Celle zugebracht. Ob er schon damals etwas für das noch sehr

240

junge Prinzeßchen Sophie Dorothee empfand, ist unbekannt. Sie aber scheint den schmucken Junker schon zu jener Zeit angeschwärmt zu haben, und als sich die Erbprinzessin und der Oberst nun, nach Jahren, wiedersahen, vermochte Sophie Dorothee ihre freudige Erregung nur schlecht zu verhehlen. Klatschsüchtige Hofdamen begannen eine zurückliegende Romanze zu vermuten, gegen die allerdings wenig einzuwenden gewesen wäre. Nur stand der Junker von damals nun als erwachsener Mann, als hochdekorierter Offizier inmitten einer Hofgesellschaft, in der sein Ruf als Herzensbrecher nicht unbekannt war.

Das Spiel der Damen hatte damit unversehens einen neuen Akzent erhalten, ja der wachsame Platen argwöhnte sogar, daß der schöne Obrist, mit Kriegsruhm und anderen Vorzügen ausgestattet, selbst der abgebrühten Gräfin gefährlich werden könnte, und er erinnerte seine Gemahlin an die bekannte Eifersucht des Fürsten Ernst August. *Das Spiel der Damen*

Es war an jenen kleinen Höfen wie in einem großen Salon. Man kannte sich schon allzugut, man wußte, was jeder zu sagen hatte, und die aufregenden Tage waren nur noch jene, da ein interessanter Neuling eingeführt werden konnte. Die Königsmarcks waren zwar erst im Dreißigjährigen Krieg zu größeren Ehren und beträchtlichem Reichtum gelangt, aber die beiden Marschälle der Familie und das Gerücht großer schwedischer Besitzungen gab ihrem Auftreten, wohin immer sie kamen, die nötige Resonanz. Philipp Christoph und seine Geschwister – zwei Schwestern und der in Griechenland früh ums Leben gekommene Bruder – waren zudem mit so hohen geistigen Gaben und körperlichen Vorzügen ausgestattet, daß ihnen überall die Herzen zuflogen.

Soviel das gerade dem jungen Obristen schon geholfen hatte, in Hannover wurde es sein Verderben. Denn während er nur Augen für seine Jugendfreundin, die stille Erbprinzessin hatte, war die stolze Elisabeth von Platen offensichtlich entschlossen, diesen allgemein begehrten Mann nicht an sich vorübergehen zu lassen. Königsmarck zierte sich nicht; auf eine Gräfin mehr oder weniger kam es in seinem Leben schließlich nicht an, und so soll es im Schloß Neu-Linden, dem Lieblingssitz der berühmten Mätresse, zu einigen langen Nächten gekommen sein, von denen der Fürst nichts erfahren durfte.

Wer ist die Schönste?
Sophie Dorothee hatte damit zu ihrer alten Feindin, der Fürstin Sophie, eine zweite erhalten. Gut war sie mit der Mätresse übrigens nie ausgekommen, ja auf einer gemeinsamen Italienreise hatte sich zwischen den beiden Schönen aus Hannover sogar ein vielbesprochener Auftritt ereignet. Die Platen hatte eine Anspielung auf Sophie Dorothees uneheliche Geburt gemacht, und die Erbprinzessin hatte sich damit revanchiert, das Ehepaar Platen als Dienstleute zu bezeichnen, die man jederzeit entlassen könne.

Die schwelende Abneigung der beiden Frauen, die vielleicht auch um den Ruhm der Schönsten am Hofe rivalisierten, hatte nun aktuelle Akzente gewonnen. Die Platen hatte mit ihrer großen Erfahrung unschwer erkannt, daß sie für den Grafen Königsmarck nur ein Abenteuer sei und bleiben würde, vielleicht sogar nur ein höfliches Intermezzo, um eben der vielbesprochenen Mätresse die Reverenz zu erweisen. Zwischen Königsmarck und Sophie Dorothee aber ging es um mehr.

Wann die Platen, die einen kleinen Negerknaben als Spion beschäftigte, hinter diese Beziehung kam, läßt sich heute, da die wichtigsten Unterlagen absichtlich zerstört oder vernichtet wurden, nicht mehr genau sagen. Jedenfalls gab es vor dem großen Drama noch eine Atempause, die sprichwörtliche Ruhe vor dem Sturm, in der die Verantwortlichen noch einmal Gelegenheit hatten oder gehabt hätten, alles zum Guten zu wenden.

Die Verantwortlichen – nicht die Übeltäter – das waren Georg Wilhelm von Celle und seine Gefährtin Eleonore d'Olbreuze, die Eltern Sophie Dorothees. Zu ihnen reiste nämlich die Prinzessin, warf sich ihrer Mutter zu Füßen und beichtete ihr die wiederaufgeflammte Liebe zu Königsmarck, aber auch ihr eheliches Unglück an der Seite des Erbprinzen, der sie ignorierte und nach Henriette von Meysenbug nun eine neue Mätresse, eben das Fräulein von der Schulenburg habe.

Die lange Zeit so glücklichen Gatten von Celle waren aber nicht mehr dieselben Menschen wie früher. Georg Wilhelm war seinem Bruder Ernst August immer schon hörig gewesen und hatte bei all diesen Frauengeschichten stets nur eine Angst, daß sie ihn mit seinem Bruder entzweien könnten. Und Eleonore d'Olbreuze hatte, seit sie ihren Einfluß auf den Gatten so weitgehend eingebüßt, sich immer mehr in eine mystische Frömmigkeit versponnen, trug sich manchmal sogar mit dem Gedanken, zum Katholizismus überzutreten, und wagte den Wunsch ihrer Tochter nach einer Scheidung von dem Erbprinzen dem Fürsten Georg Wilhelm wohl kaum ernsthaft vorzutragen.

So kehrte denn Sophie Dorothee enttäuscht und mit der Gewißheit nach Hannover zurück, daß sie sich würde selbst helfen müssen und daß von ihren Eltern so gut wie keine Unterstützung zu erwarten sei.

Königsmarck war längere Zeit von Hannover abwesend. Er hatte in den kaiserlichen Armeen gegen die Türken gekämpft, auf der Rückreise aus dem Südosten Dresden besucht und sich vergewissert, daß er seinem Freund Friedrich August, dem Kurfürsten von Sachsen, als Offizier willkommen sein würde. Sein Besuch in Hannover sollte offiziell nur den Zweck haben, sein vor dem Feldzug zurückgelassenes Gepäck nach Dresden zu holen und sich zu verabschieden. Nur zwei Damen wußten es besser: Sophie Dorothee, die mit Königsmarck fliehen wollte, und die Gräfin Platen, die inzwischen so viele Briefe aus Sophie Dorothees Privatschränkchen gelesen und wieder an ihren Platz gelegt hatte, daß ihr der Fluchtplan auf Tag und Stunde genau bekannt war.

Nun erst, da sie handeln mußte, weihte sie ihren Mann ein, aber zu ihrer Überraschung weigerte Platen sich, das üble Spiel mitzumachen. Er hatte sich zum Gatten einer Mätresse her-

Platen weigert sich

gegeben und Stufe um Stufe des Hofdienstes schnell erklommen; er spielte in der Politik Hannovers eine Rolle, die er sich nie hätte träumen lassen und buchte seine private Unehre wohl auf das Konto Karriere. Einen Königsmarck zu verraten, den Schergen für seine doch nur eifersüchtige Gemahlin abzugeben, das war jedoch nichts für einen Platen. Die intrigante Gräfin an ihrem Vorhaben zu hindern, so weit ging er allerdings nicht – das hätte ihn nämlich all die schönen Hofämter kosten können, ja vielleicht hätte man einem Mitwisser der Entführung den Kopf ähnlich prompt vor die Füße gelegt wie dem reichen Oberjägermeister von Moltke, der sich allzusehr um die Interessen einiger jüngerer Prinzen angenommen hatte.

In einer Julinacht des Jahres 1694 war es soweit. Eleonore von dem Knesebeck, eine Ehrendame aus der alten märkischen Familie, war Sophie Dorotheas einzige Vertraute und half bei den letzten Vorbereitungen. Aber kurz nachdem Königsmarck heimlich das kurfürstliche Schloß betreten hatte, ließ sich die Gräfin Platen bei Ernst August melden. Der gealterte Fürst, mitten in der Nacht geweckt, begriff nur langsam, geriet dann in fassungslose Wut und billigte alle Vorschläge der Platen. Was sie ihm in diesem Augenblick alles gesagt, ob sie ihm ihr ganzes Vorhaben entschleiert hat, ist allerdings nie an den Tag gekommen.

Das Rätsel Königsmarck

Daß sie Handlungsfreiheit erhalten haben mußte, zeigte sich freilich sehr schnell. Sophie Dorothee, die treue Knesebeck und der Graf Königsmarck wurden verhaftet. Während die Damen nur in sicheren Gewahrsam geführt wurden, verschwand der Graf in dieser Nacht spurlos, und echte wie gefälschte Zeugnisse, Vermutungen und Gerüchte lassen drei Todesarten als möglich erscheinen.

Die erste und wahrscheinlichste ist, daß er schon bei der Festnahme den Degen zog und der Übermacht kämpfend erlag. Er war nicht der Mann, sich in solch einer Ehrenaffäre gefangen zu geben. Eine zweite Version nimmt seine Einkerkerung an, und daß er in seinem Verlies wenige Tage darauf getötet oder dem Verhungern überlassen worden sei. Aber es gibt auch Stimmen, die wissen wollen, daß die gekränkte, verschmähte Platen in ihrem Haß den schönen Grafen foltern ließ, bis er starb. Wogegen allerdings spricht, daß dazu doch gewisse Zurichtungen und mehr Zeit nötig gewesen wären, als in diesen bewegten Tagen zur Verfügung stand; auch hätte diese Art des Todes kaum völlig unbemerkt bleiben können.

Das Rätsel Königsmarck ist bis heute ungelöst; wir wissen, daß auch seine schöne Schwester, die den Kurfürsten von Sachsen auf ihrer Seite hatte, keine Aufklärung, ja nicht einmal eine offizielle Todeserklärung des Grafen durch Hannover erlangen konnte. Um so sicherer hingegen ist die Kunde von dem weiteren Schicksal Sophie Dorothees. Sie war durch Briefe und Zeugen des Ehebruchs und des Fluchtvorhabens überführt. Ihre Ehe mit dem Erbprinzen wurde geschieden und sie selbst im väterlichen Fürstentum Celle in das alte Wasserschloß Ahlden gesetzt, das sie nie mehr verlassen sollte.

Die Prinzessin von Ahlden

Von allen Menschen, die sie liebte, durfte nur ihre Mutter Eleonore d'Olbreuze zu ihr, und das Schicksal war insofern doch nicht ganz erbarmungslos: die Mutter starb nur vier Jahre vor der Tochter, so daß Sophie Dorothee während des größten Teils ihrer Haft den täglichen Brief aus Celle oder Lüneburg und die häufigen Besuche der Mutter hatte. Ihre Kinder aber durfte sie nie mehr sehen, ihr Geliebter war tot, und ihr Vater, Herzog Georg Wilhelm, rührte unbegreiflicherweise keinen Finger für sein Kind, sondern ließ es in seinem eigenen Herrschaftsgebiet ihr Leben als Gefangene, als Prinzessin von Ahlden, beenden.

Die ganze, heute halbvergessene Tragödie, das Gespinst der niedrigen und der edlen Leidenschaften zwischen einer bösen und einer guten Mätresse, vollzog sich nur scheinbar am Rand der Geschichte. Schon im nächsten, im achtzehnten Jahrhundert, avancierten die Intrigen von Hannover in den Rang weltgeschichtlicher Ereignisse, denn der Erbprinz von Hannover, Sophie Dorothees spröder Gatte und Geliebter der Melusine von der Schulenburg, wurde als Georg I. König von England und Stifter einer neuen Dynastie. Und die Kinder des ungleichen Paares kamen ebenfalls zu königlichen und historischen Ehren: Der Sohn der Sophie Dorothee wurde mit dem Namen Georg II. ebenfalls König von England, ihre Tochter, die auch Sophie Dorothea hieß, wurde die Gemahlin des Soldatenkönigs und Mutter Friedrichs des Großen. Die Gefangene von Ahlden hat allerdings den Aufstieg ihres Enkels zum größten König Preußens nicht mehr erlebt; sie starb im November 1726, als Friedrich noch ein junger Prinz war und zu mancher Sorge Anlaß gab.

Der große Enkel   Ein Menschenalter später war es dann eben dieser Friedrich, König von Preußen und zweiter seines Namens, der sich selbst Sorgen um seine Nachfolge machen mußte. 1785, als er zum letztenmal Schlesien besuchte, sagte er zu dem dort residierenden Minister Hoym: »Lebe Er wohl, Er sieht mich nicht wieder. Ich werde Ihm sagen, wie es nach meinem Tode gehen wird: Es wird ein lustiges Leben bei Hofe werden. Mein Neffe wird den Schatz verschwenden und die Armee verkommen lassen. Die Weiber werden regieren, der Staat wird zugrunde gehen.«

Friedrich II. hatte, als er starb, sechsundvierzig Jahre lang über Preußen geherrscht. Das Staatsgebiet hatte sich in dieser Zeit um mehr als die Hälfte vermehrt, die Einwohnerzahl mehr als verdoppelt. Die gesamte Staatsmaschinerie war zu jener Perfektion entwickelt worden, die wohl ein Maximum an Leistungsfähigkeit, aber auch eine praktisch pausenlose Anspannung mit sich brachte, und die Untertanen des großen Friedrich, die ja einfache Menschen waren und auch das kleine Glück der Bequemlichkeit zu schätzen wußten, genossen es dankbar, daß der neue Herr, der lebenslustige Neffe des großen Königs, die Zügel weit weniger straff führte.

Friedrich Wilhelm II. war ein gutaussehender, nicht unbegabter Fürst mit einem natürlichen Sinn für jene primitive Popularität, deren Maxime *leben und leben lassen* lautet.

Nach einem so strengen Herrn, wie der Alte Fritz einer gewesen war, bedeutete dies naturgemäß einige Jahre prächtigen Einverständnisses zwischen Volk und Souverän, und selbst, als sich die Schwächen Friedrich Wilhelms II., seine religiös-spiritistischen Schwärmereien und seine Günstlingswirtschaft, immer deutlicher und unliebsamer zeigten, bemerkte das Volk davon weit weniger als die sogenannten gebildeten Stände, die in der Kulturpolitik eines Wöllner alle Errungenschaften der Aufklärung, vor allem aber die Toleranz und die Freiheit der Forschung zugrunde gehen sahen.

Nun, wir wissen heute, daß Preußen diesen Rückschritt auf zwei völlig verschiedenen Gebieten, denen der geistigen und der militärischen Rüstung, zwanzig Jahre später teuer bezahlen mußte. In der täglichen Wirklichkeit jener Jahre aber, unter dem bieder-genüßlichen Regiment Friedrich Wilhelms II., beschäftigte sich das Volk zweifellos mehr mit den Liebesabenteuern und dem Privatleben des Königs als mit dem für einen gesunden Verstand ohnedies unbegreiflichen Treiben der Wöllner, Bischoffswerder und anderer Dunkelmänner.

Tatsächlich hat kaum ein anderer preußischer Monarch in der Domäne des Umgangs mit Frauen so viel Stoff geliefert wie der politisch-historisch sonst nicht sonderlich bemerkenswerte Friedrich Wilhelm II., und es klingt wie ein Hohn auf die stramme preußische Geschichtsschreibung, die diesem Monarchen stets die strengsten Rügen erteilt, daß kein Preußenkönig vor und nach ihm das Staatsgebiet so ungemein erweiterte wie er: Trotz der beträchtlichen Summen, die er seinen Mätressen und den Gattinnen zur linken Hand in den Schoß warf, hinterließ er ein Staatsgebiet, das gegenüber den Eroberungen Friedrichs des Großen noch einmal um 2000 Quadratmeilen und dreieinviertel Millionen Einwohner vergrößert worden war...

Friedrich Wilhelm II.

Die Frau, die an diesem merkwürdigen, zwischen Übersinnlichem und Allzusinnlichem schwankenden Hof alle anderen überstrahlte, war die Tochter eines Trompeters und hieß

Wilhelmine Encke. Ihr Vater, der aus Hildburghausen stammende Elias Encke, betrieb neben seiner Waldhornblaserei in Friedrichs des Großen Kammermusik noch eine kleine Wirtschaft. Wilhelminchen jedoch lebte nur zeitweise bei ihren Eltern, im übrigen aber bei ihrer älteren Schwester, einer Soubrette mit großem Verehrerkreis.

Das Milieu war nach dem Tod des Vaters für eine Vierzehnjährige zweifellos nicht günstig. Sie hatte zwar eine relativ gute Schulbildung in einer der damals häufigen französischen Schulen Berlins genossen. Aber als Aschenbrödel neben einer schönen und leichtlebigen Schwester den Kennerblicken der adeligen Bonvivants ausgesetzt zu sein, nichts mehr zu ersehnen, als all diesen Herren bald selbst etwas bieten zu können, das beeinflußte das geistig gut veranlagte Mädchen zweifellos in einer Weise, die eine bürgerlich-schlichte Lebensführung ausschloß.

Die Umstände nahmen ihr überdies jede Entscheidung ab. Der Thronfolger war erst zweiundzwanzig Jahre alt, als er im Haus der galanten Schwester auch die kleine Wilhelmine bemerkte, angeblich, weil es ihn dauerte, das hübsche Kind von der Älteren so schlecht behandelt zu sehen, nach anderen Quellen, weil ein Pate Wilhelmines, ein Graf von Anhalt-Dessau, das Mädchen der Gnade des Prinzen empfohlen habe.

Die schöne Wilhelmine

Wilhelmine war, wie viele der großen Mätressen, schon frühzeitig voll entwickelt. Das und der Schmelz der Jugend gaben ihrer Erscheinung einen außerordentlichen Reiz, der auf den weichen Prinzen bald stärker wirkte als die routinierten Liebesdienste der älteren Demoiselle Encke. Und als diese dann, nach zahlreichen Amouren, auch noch eine unerwartet gute Partie machte und den vermögenden schlesischen Grafen Matuschka heiratete, stand für Wilhelmine wie für Friedrich Wilhelm schon fest, daß sie zumindest einen Teil ihres Lebensweges gemeinsam gehen würden.

Der Prinz handelte so umsichtig, wie im gleichen Fall Ludwig XV. vorgegangen war. Die hübsche Kandidatin wurde einer Frau anvertraut, die ihr all das beibringen mußte, was für eine Mätresse lebenswichtig war, alles, was sie an Kenntnissen und Umgangsformen besitzen mußte, um sich in der Hofgesellschaft behaupten zu können. Und den reinen Wissensstoff, preußische Geschichte und Genealogie, Geographie und ein wenig Literatur, sprach der Prinz selbst mit dem hübschen Mädchen durch.

Soviel Wilhelmine, die spätere Gräfin Lichtenau, in ihrer *Apologie* auch vertuscht, verzeichnet und beschönigt hat, so darf man ihr doch glauben, wenn sie über diese Phase ihrer Beziehung zu Friedrich Wilhelm schreibt: »Es ist keine Prahlerei, wenn ich sage, daß unter tausend Geliebten der Fürsten..., vielleicht nicht eine ist, die sich in einer Art mit mir vergleichen läßt. Sie können mich an Reizen des Körpers, an Vorzügen des Geistes bei weitem übertroffen haben; aber ihr Geist war nicht durch den Geliebten selbst gebildet:«

Eine unter tausend...

Über den ausführlichen Erwägungen und allem Rätselraten, durch welche geheimen Künste die Gräfin Lichtenau Friedrich Wilhelm II. wohl so lange an sich gefesselt habe, wird immer wieder die gemeinsame Jugend der beiden Liebenden vergessen. Mochte er auch der Lehrer und sie die Schülerin gewesen sein, so hatten diese Jahre des gemeinsamen Vordringens in die Geisteswelt für beide doch den besonderen Reiz, daß der Geliebte, daß die Geliebte alles miterlebte, und daß dieses Echo erst allem Erfahrenen die wahre Tiefe gab.

Die Vollendung dieser Erziehung war allerdings dann der Initiative Wilhelmine Enckes selbst überlassen und vollzog sich in Paris. Es war eine Bildungsreise an die Seine, die nicht weniger als drei wichtige Ziele gleichzeitig anstrebte: die französische Sprache vollkommen zu erlernen, sich von dem berühmtesten Tanzmeister der Epoche, von Vestris dem Älteren, Anmut der Bewegungen und alle gebräuchlichen Tänze beibringen zu lassen, und endlich Verbindungen mit dem französischen Adel aufzunehmen, um sich an dieses anspruchsvolle und Neulingen besonders mißgünstige Milieu zu gewöhnen.

Wilhelmine war auf dieser Reise von ihrer erfahrenen älteren Schwester, der inzwischen geschiedenen Gräfin Matuschka begleitet, und darum gesellte sich zu diesen Lehrzielen heimlich noch ein viertes, von dem Friedrich Wilhelm zunächst nichts wissen durfte, obwohl er der Hauptnutznießer dieser Ausbildung sein würde: Wilhelmine Encke erhielt in der Gesellschaft einiger Bonvivants und dank der offenherzigen Freundschaft einiger gutunterrichteter Damen eine schnelle, aber gründliche Schulung in jenen Liebeskünsten, von denen man aus irgendeinem Grunde annahm, daß sie in Paris aufmerksamer gepflegt würden als in anderen Metropolen.

Die bewußte Planung dieser Ausbildung zur Mätresse läßt sich nicht mit der altpreußischen Vorliebe für gründlichen Drill allein erklären. Sie setzt bei dem Kronprinzen den gleichsam zur Lebensregel gewordenen Grundsatz voraus, mit Mätressen zu leben, und zwar *in erster Linie* mit Mätressen. Hätte er nicht die Absicht gehabt, sein privates Glück auf Wilhelmine Encke zu gründen, sondern sich über schlechte Ehephasen mit dieser oder jener gefälligen Dame hinwegzuhelfen, so bliebe der ganze Aufwand für die Achtzehnjährige unbegreiflich.

Die Nichte des Alten Fritz

Friedrich Wilhelm hatte 1765, also noch vor der Festigung seiner Beziehung zu Wilhelmine, seine erste Ehe geschlossen. Elisabeth von Braunschweig war als Nichte Friedrichs des Großen mit Friedrich Wilhelm, dem Neffen des Alten Fritz, verwandt. Sie war hübsch, intelligent und selbstsicher, und es trat ein, was sehr oft eintritt, wenn eine dieser pflichtgemäß erwählten Prinzessinnen über bemerkenswerte, über die Geburt hinausgehende Vorzüge verfügt: Sie sah durchaus nicht ein, warum sie dem ungeschlachten und oberflächlichen Prinzen treu bleiben solle, und betrog ihn fast mit der gleichen Promptheit wie er sie. So weit aber war man selbst im aufgeklärten Preußen noch nicht, der Gattin zuzugestehen, was dem Gatten tägliches Brot war. Friedrich der Große befahl die beiden zum Rapport und versuchte, die Ehe wenigstens äußerlich zu retten, da er männliche Nachkommenschaft für den Thronfolger wünschte.

Friedrich Wilhelm war leicht zu besänftigen; ihm brauchte der Alte Fritz nur den Umgang mit der geliebten Wilhelmine zu gestatten. Kronprinzessin Elisabeth aber weigerte sich, ihren Gemahl je wieder in ihr Schlafzimmer zu lassen.

Friedrich II. machte einen vielbesprochenen, in Memoiren der Zeit eindeutig bezeugten letzten Versuch, den Oberst Dampmartin, Hofmeister der Gräfin Lichtenau, in seinem Erinnerungsbuch *Züge aus dem Leben Friedrich Wilhelms II.* folgendermaßen darstellt:

»Friedrich der Große, treu seiner tiefen Menschenverachtung, überredete sich leicht, daß eine leichtfertige Frau ohne alles Ehrgefühl sei. Ein alter Kammerherr eröffnete der Prinzessin, daß er im Auftrage des Königs sie ersuche, den Leutnant der Leibgarde N. N. *(es handelte sich vermutlich um den Grafen Friedrich Schmettau),* der durch die Schönheit seiner Formen, sein Betragen und seinen ausgezeichneten Mut die Aufmerksamkeit Sr. Majestät auf sich gezogen habe, zu vertraulichem Umgang bei sich aufzunehmen. Der Kammerherr wendete seine ganze Beredsamkeit auf, aber weder guter Rat, noch Bitten, noch die angedrohten Folgen einer Weigerung machten den geringsten Eindruck. Als er dennoch insistierte, unterbrach ihn die Prinzessin mit den Worten:

›Mein Herr, wenn Sie es wagen sollten, eine Unterhaltung fortzusetzen, die mich so sehr verletzt, so werde ich Ihnen selbst auf der Stelle befehlen, für den Thronfolger zu sorgen, den der König begehrt...‹«

Fürchterliche Drohung

Der Kammerherr, der von den Siebzig nicht mehr weit entfernt war, enteilte bleich zu seinem König und berichtete stammelnd, auf welche Weise die braunschweigische Prinzessin sich revanchiert habe. Nun gab Friedrich der Große auf, ließ die Ehe scheiden, und die Ungebärdige wanderte für den Rest ihres Lebens nach Küstrin. Festungen gab es in Preußen ja genug, mehr jedenfalls als Prinzen und Prinzessinnen.

Obwohl es nicht lange währte, bis eine neue Gemahlin in Potsdam Einzug hielt – es war Friederike Louise von Hessen-

Darmstadt –, hatte das erste Ehezerwürfnis des Kronprinzen seiner Geliebten, der Trompeterstochter, entscheidende Vorteile gebracht. Mochte Friedrich der Große auch noch manche Auseinandersetzung mit seinem Neffen haben und mochte der ganze Hof gegen die bürgerliche Mätresse zusammenstehen, die einmal erteilte königliche Genehmigung zum Umgang mit ihr konnte nicht mehr rückgängig gemacht werden, und der Alte Fritz mußte sich darauf beschränken, politisches Unheil zu vermeiden. Er bekämpfte nun nicht mehr Wilhelmine selbst, sondern ihren Einfluß und ihren Kreis, und das war ein ungleich schwerer zu führender Kampf, vor allem, weil einem alten Feldherrn das Terrain der Intrigen und Kabalen, des Klatsches und der Gerüchte in tiefster Seele zuwider sein mußte.

Ein Landhaus in Charlottenburg

Der Kronprinz hatte die Gunst der Stunde genützt, um Wilhelmine nach ihrem Herzen zu etablieren, wie man damals sagte. Ein hübsches, in Charlottenburg leicht erreichbar gelegenes Landhaus eines Grafen Schmettau war für nur 7500 Taler angekauft worden (eine Summe, aus der sich ablesen läßt, wie sehr die Grundstückspreise inzwischen gestiegen sind). Relativ hoch erscheint hingegen die jährliche Apanage von 30 000 Talern, die Wilhelmine Encke, wie sie noch immer bürgerlich-schlicht hieß, bewilligt worden war. Sie hätte mit ihrem Jahresverbrauch für Dienerschaft, Kleidung, Speisen und Getränke also vier schmucke Landhäuser mit großem Areal bezahlen können.

Blickte der Hof auf Wilhelmine herunter, so begannen die Berliner sie zu beneiden, und die ersten Gerüchte über unmäßigen Aufwand, über kostspielige Gelage und wahre Orgien begannen zu kursieren. Wilhelmine Encke wußte in ihrer Rechtfertigungsschrift später auch dafür eine Erklärung. Der Kronprinz, schrieb sie, sei ein sehr verwöhnter Herr gewesen und habe schon in jungen Jahren nur die erlesensten Gerichte goutiert, zudem sei er stets oder doch meistens in großer Begleitung erschienen.

Da sich nun die Öffentlichkeit mit Wilhelmine beschäftigte, andererseits aber auch ihre ersten Protektionskinder in untergeordneten Stellungen auftauchten, beschloß Friedrich II., doch noch einmal einzugreifen. Er erließ zunächst eine Order, daß bei Anstellungen jeglicher Art »nicht auf die Empfehlungen einer gewissen hohen Person« Rücksicht zu nehmen sei. Das war relativ einfach gewesen, wußte doch jeder, wer gemeint war. Ungleich schwieriger war es, dieser hohen Person den passenden Gatten auszusuchen, damit sie nicht weiterhin als offensichtlicher Affront gegen die preußisch-puritanischen Hofgesetze in Charlottenburg Haus halte.

An jedem europäischen Hof hätte man einer so schönen Frau, die längst als Mätresse des Thronfolgers bekannt war, einen verarmten Grafen von guten Manieren ausgesucht und damit zugleich auch die Frage der Standeserhöhung gelöst. Anders in Preußen. Für den Alten Fritz war die Trompeterstochter eine Art Marketenderin; traf er sie im Park von Sanssouci, so beschimpfte er sie und drohte ihr mit dem Stock, und als Mann für sie war der erste Beste eben gut genug. Ihr nach langen Erwägungen den Kammerdiener Rietz, einen Gärtnerssohn, als Gatten zu bestimmen, war nicht nur ein neuerlicher Beweis dafür, daß der Alte Fritz nichts dazugelernt hatte und weiterhin all die Fehler beging, die seinerzeit die Pompadour, Maria Theresia und Katharina II. gegen ihn aufgebracht hatten. Es zeigte auch, daß man in Affären dieser Art keinerlei Erfahrung besaß. Rietz, die niedrigste und widerwärtigste Erscheinung in diesem ganzen Personenkreis, erwies sich bald als der Hauptanlaß zu all jenen Skandalen, mit denen die ohnedies prekäre Situation von Krise zu Krise getrieben wurde.

Der Kriecher Rietz witterte nämlich, was für solche Kreaturen Opium ist: er witterte Macht, Unentbehrlichkeit und die Möglichkeit, sich für all die Fußtritte und Ohrfeigen, die er vom Kronprinzen hatte hinnehmen müssen, zwar nicht gerade an Friedrich Wilhelm selbst, aber doch an anderen rächen zu können.

Der Kriecher Rietz

Goethe über Rietz

Goethe hat uns Johann Friedrich Rietz, den er Ritz schreibt und mit einem artigen *von* versieht, in seinem Tagebuch der Belagerung von Mainz aus dem Jahre 1793 geschildert:

»An der langen, sehr besetzten Wirtstafel saß ich an einem Ende, der Kämmerer des Königs, von Ritz, an dem andern, ein großer, wohlgebauter, starker, breitschultriger Mann; eine Gestalt, wie sie dem Leibdiener Friedrich Wilhelms gar wohl geziemte. Er mit seiner nächsten Umgebung waren sehr laut gewesen und standen frohen Mutes von der Tafel auf; ich sah Herrn Ritz auf mich zukommen; er begrüßte mich zutraulich, freute sich meiner lang gewünschten, endlich gemachten Bekanntschaft, fügte einiges Schmeichelhafte hinzu und sagte sodann: ich müse ihm verzeihen, er habe aber noch ein persönliches Interesse, mich hier zu finden und zu sehen. Man habe ihm bisher immer behauptet: schöne Geister und Leute von Genie müßten klein und hager, kränklich und vermüfft aussehen, wie man ihm denn dergleichen Beispiele genug angeführt. Das habe ihn immer verdrossen, denn er glaube doch auch nicht auf den Kopf gefallen zu sein, dabei aber gesund und stark und von tüchtigen Gliedmaßen; aber nun freue er sich, an mir einen Mann zu finden, der doch auch nach etwas aussehe, und den man deshalb nicht weniger für ein Genie gelten lasse. Er freue sich dessen und wünsche uns beiden lange Dauer eines solchen Behagens.«

Es dürfte schwerfallen, die selbstgefällige Indolenz dieses Mannes überzeugender darzutun, als Goethe es in dieser auf den ersten Blick so harmlosen Anekdote für alle Zeiten getan hat. Der Mann, der aus Goethes guter Erscheinung vergnügt auf goethesche Geistesgaben im Rietzschen Schädelbau schloß, betrug sich auch an der Seite der schönen Wilhelmine so dummdreist, daß es bald peinlich wurde. Was im Hause nicht so auffiel, erregte auf den Reisen des ungleichen Paares um so mehr Ärger, wenn Rietz es sich anmaßte, sogar Landräte mit der Peitsche zu traktieren, in dem Augenblick aber, da er auf einen Unerschrockenen stieß, sogleich in seine Diener-Silhouette zurückkroch, sich auf den Bock kauerte und so tat, als sei nichts gewesen.

Daß Friedrich Wilhelm solch einem Menschen gestattete, in allem und jedem den Zwischenträger zu machen, Adelsbriefe ebenso zu vermitteln wie Liebesabenteuer, das belastete den Prinzen und später den König natürlich ungleich mehr als die Mätresse. Sie hätte sich Rietz gewiß nicht ausgesucht. In der Freude an dem schnell errungenen Reichtum, in der Vorliebe für gutes Essen und reichliches Trinken und in der ständigen Bereitschaft zu Bacchanalien allerdings waren sie alle ein Herz und eine Seele, die schöne Wilhelmine, die aus ihrem Herzen keine Mördergrube machte, ebenso wie Friedrich Wilhelm und wie Rietz, der nie genug kriegen konnte.

Noch als König duldete Friedrich Wilhelm jene Verehrerschar, die Wilhelmine schon seit ihrer Etablierung umgeben hatte. Reiche Dickwänste, chancenlose Abenteurer, Lords und schillernde Exoten füllten den Salon, in dem tatsächlich ein einzigartiges, nämlich intensiv-erotisches Fluidum geherrscht haben muß. Denn mit welchen anderen Gaben als mit ihrem unvergleichlichen Wuchs, ihrer sinnlichen Ausstrahlung und ihren herausfordernden Bewegungen konnte Wilhelmine Encke all diese verwöhnten Herren an sich binden?

Es waren im wesentlichen sinnliche Genüsse, die bei den berühmten Soupers der Rietz, wie sie nun hieß, geboten wurden, allen voran die Tafelfreuden, von denen Wunderdinge berichtet werden. Ein einziges Abendmenü soll mit einer Suppe aus gestoßenen Krammetsvögeln begonnen haben, es folgten Kiebitzeier, frischer Kaviar, Hecht mit Austernsoße, Trüffelpastete, Fasanenplatten mit Reb- und Haselhühnern und danach die seltensten Früchte.

Die Herren, die von Kaviar und Trüffeln etwa ebenso angeheizt waren wie vom Anblick der Gastgeberin, zogen meist gegen ein Uhr nachts in das Etablissement der Madame Bernard, wo ein Champagnerpunsch mit Tokayer, Burgunder und Johannisberger die Stimmung schnell auf den Siedepunkt

Bei Madame Bernard

brachte. »Fünf Mädchen, deren Taille, Teint und Fleisch unvergleichlich waren, wurden auf einen Wink entkleidet, und nun begann nach einer Flötenuhr ein bacchantischer Tanz« (Atzenbeck).

Die genügsameren Bewunderer der schönen Wilhelmine ließen sich gegen reiche Douceurs an Rietz verraten, wann sie Einkäufe mache, und folgten ihr durch die Straßen von Berlin. Vor allem ein bestimmter Handschuhladen war Ziel dieser Voyeurssehnsüchte. Dort nämlich probierte Wilhelmine mit bis zur Schulter entblößten Armen, und dieses An- und Ausziehen der langen, enganliegenden Handschuhe erzeugte in dem Nobelgeschäft ziemlich genau die Stimmungen, zu denen unser Jahrhundert erst nach drei Stunden Crazy-Horse-Saloon gelangt.

Wilhelmine arrondiert

Nach dem Tod Friedrichs des Großen fielen die letzten Schranken. Friedrich Wilhelm II. erhöhte alle Zuwendungen an die Geliebte, und sie selbst vergrößerte mit kleinbürgerlicher Befriedigung vor allem ihren Grundbesitz: sie »arrondierte«, wie sie sich ausdrückte, kaufte Gärten, anschließende Grundstücke und eine kleine Meierei und Ufergelände, bis schließlich der König sich nur auf einem Kahn über die Spree rudern lassen mußte, wenn er von seinem Schlosse aus zu der Geliebten gelangen wollte.

Ihr politischer Einfluß wuchs nicht im gleichen Maße, und da sie ihn auch selbst stets bestritten hat, dürfte die Wahrheit wohl zwischen ihren eigenen Behauptungen und den Anwürfen ihrer Hauptgegner liegen. Die eigentliche Politik interessierte sie nicht sonderlich, überstieg auch ihre Kenntnisse und ihr Fassungsvermögen; hingegen mischte sie sich weiterhin und sehr zu ihrem privaten Nutzen in personelle Fragen ein und war entrüstet, wenn eines ihrer Geschöpfe ihr später einmal die Gefolgschaft verweigerte.

Erstaunlich ist bei alldem, daß es zu der Erhebung in den Rang einer Gräfin erst kam, als die Italienreise mit ihrem Gepränge, ihren Präsentationen und der unangenehmen Situation am neapolitanischen Hof einen äußeren Anstoß dazu gab. Angeblich hatte sich Marie Karoline, Königin von Neapel, Tochter Maria Theresias, geweigert, eine Frau Rietz in ihrem Schloß zu empfangen. Es war natürlich pure Heuchelei, denn *in puncto* Galanterie und Liebesabenteuern hatten die beiden Damen einander wahrlich nichts vorzuwerfen. Grund der brüsken Ablehnung dürfte eher gewesen sein, daß die Rietz sich mit Lady Hamilton und deren Kreis angefreundet hatte; die Beziehungen zwischen der schönen Britin und Karoline waren nämlich bald allzu eng, bald von um so intensiverem Haß erfüllt.

Wilhelmine jedenfalls erhielt das begehrte Standesdiplom rückdatiert und durch Sonderkurier nach Italien geliefert und war fortan eine Gräfin Lichtenau, nach einem Gutsbesitz, den der König seinen Kindern mit der Lichtenau, dem Grafen und der Gräfin von der Mark, abgekauft hatte. Denn der König, das ist bei seiner bekannten Vorliebe für das weibliche Geschlecht tatsächlich das Erstaunlichste dieser ganzen Affäre, hielt unverwandt an der Lichtenau fest.

Gräfin Lichtenau

Sie überstand sein Keuschheitsgelübde, in einer Stunde tiefster mystischer Schwärmerei abgelegt und dann von ebendiesen Großmeistern der Schwärmerei doch wieder aufgehoben. Sie überstand aber auch die beiden hübschen Gemahlinnen, die Friedrich Wilhelm der Unersättliche sich zur linken Hand hatte antrauen lassen, als brauche man nur Hände für seine Ehefrauen. Die erste war die zarte Julie von Voß, die früh starb und mit diesem unerwarteten Tod der Lichtenau (unberechtigte) Vorwürfe einbrachte. Es war aber kein Gift gewesen, sondern die Tuberkulose. Und die andere war eine jener schönen Gräfinnen aus dem Hause Dönhoff, die in der galanten Historie Mitteleuropas nicht ganz selten auftauchen.

»Die Gräfin Dönhoff«, schreibt Dampmartin in seinem Erinnerungsbuch, »fesselte durch jenes Zusammenspiel von Reizen, Liebenswürdigkeit, Kaprizen und Launen, welche die Leidenschaften noch mehr entflammen. Sie meinte aber, es stehe ihr zu, gleich einer Herrscherin mitzureden. Das aber liebte der König nicht. Trotz seiner Artigkeit gegen die Frauen wollte er doch selbst der Herrscher bleiben... der König haßte es, mit Damen über Politik zu diskutieren.«

Nach einer vielbeachteten Szene, in der die Gräfin Dönhoff ihrem Gatten ihr zweites Kind, die spätere Gräfin Brandenburg, vor die Füße legte, war auch diese Ehe an ihrem Ende angelangt, und die Gräfin Lichtenau trat 1793, einundvierzig Jahre alt, die letzte Periode ihrer Herrschaft an; es war eine Rückkehr in die Gunst des Souveräns, die nur wenige erwartet hatten.

Gräfin Sophie Dönhoff

Die Adelspartei am Hofe hatte insbesondere auf die Verbindung mit der junonischen Blondine aus hochadeligem Hause und auf die persönliche Energie und Expansivität dieser Gräfin Dönhoff große Hoffnungen gesetzt; aber Sophie Juliana Friederike, Enkelin eines Generals, begabte Pianistin und Sängerin, hatte die unbestreitbare Wirkung ihrer beträchtlichen körperlichen Vorzüge selbst dadurch zunichte gemacht, daß sie mitregieren wollte. Sie kannte den König eben zuwenig, sie hatte seine Schwärmereien für Schwäche gehalten und übersehen, daß es auch eigensinnige Schwärmer gibt.

Die Lichtenau, für die nun niemand mehr eine ernsthafte Rivalin sah, hatte nach diesen beiden mit bemerkenswerter Ruhe überstandenen Unterbrechungen ihrer Alleinherrschaft ihre bei weitem beste Zeit. Niemand konnte annehmen, daß der alternde König sich noch für längere Zeit mit einer neuen Mätresse abgeben würde, und daß die Lichtenau ihm kleinere Abenteuer nicht verübelte, ja diese bisweilen sogar herbeiführte, wird gemeinhin als einer der Gründe für Friedrich Wilhelms Rückkehr an ihre Seite angesehen.

»Sie hatte«, schreibt Cölln in seinen *Vertrauten Briefen*, »so genau des Königs Reizbarkeit studiert, daß, wenn er durch häufigen Wechsel sich abgestumpft hatte, die alte Freundin noch Reizmittel im Rückhalte hatte, wodurch sie ihn so zu fesseln wußte, daß er immer wieder zu ihr zurückkam. Bösartig war sie nicht; sie war ganz Weib, rachsüchtig in der Liebe und eitel.

Sie hat manchen Schurken gehoben und Bettler bereichert, die sie nach ihrem Fall mit Füßen treten wollten. Die Natur hatte ihr alle Reize verliehen, um Männerherzen zu fesseln: tändelnde Liebe war ihr nicht eigen, dagegen gab sie vollen Genuß der Sinnlichkeit. Ihr Körper war wunderschön, ganz Ebenmaß ohnegleichen. Auch fehlte es ihr an Unterhaltungsgabe nicht.«

Man würde es heute anders ausdrücken, aber Cölln hat zweifellos erfaßt, worauf es ankam. Friedrich Wilhelm wollte im fortschreitenden Alter nicht auch noch im privatesten Milieu, im Zusammensein mit der Geliebten, mit Streitfragen konfrontiert oder zu langen Diskussionen gezwungen werden. Daß die Lichtenau ihm weder im Falle Voß noch im Falle Dönhoff aufreibende Szenen gemacht (dafür aber mit ihren Freunden im stillen gearbeitet hatte), das war vielleicht das Entscheidende. Der Ruhe suchende Monarch konnte ohne Hemmungen, ohne große Versöhnungsreden, ganz so, als sei nicht viel gewesen, zu der zurückkehren, bei der er sich verstanden fühlte.

Friedrich Wilhelms Alter warf aber noch andere Fragen auf. Die Lichtenau war nun zwar eine vermögende Frau, so reich, daß sehr angesehene Bewerber des In- und Auslands sie zur Frau nehmen und damit für alle Zukunft sichern wollten. Denn der große Besitz konnte unter einem mißgünstigen Nachfolger Friedrich Wilhelms II. natürlich durch einfachen Prozeß als erschlichen gebrandmarkt und zugunsten des Staates eingezogen werden. Da der König zauderte, stellte Lord Bristol, einer der treuesten Freunde der Gräfin, ihn in einem Gespräch und kündigte an, daß er selbst ein Schloß in England und eine Jahresrente von 2000 Pfund für die Gräfin aussetzen werde, wenn der König nun nicht handle.

Da nur ausländisches Vermögen Sinn hatte, weil es vor der Beschlagnahmung sicher war, erstand Friedrich Wilhelm II. nun holländische Obligationen für die ungeheure Summe von 500 000 Talern; sie sicherten der Lichtenau eine Jahresrente von 25 000 Talern, stellten aber eine als Schenkung so ungewöhn-

500 000 Taler...

lich großzügige Aktion dar, daß die Kritik an diesem Verhältnis nun abermals aufflammte.

Natürlich hätte es derlei weder unter dem Soldatenkönig noch unter Friedrich dem Großen geben können. Eine halbe Million Taler war in Preußen stets eine Unsumme, und sie einer Frau in den Schoß zu werfen, wäre undenkbar gewesen. Aber die Lichtenau war ja keineswegs das einzige Objekt königlicher Verschwendung; längst hatten sich liebedienerische Scharlatane die Taschen gefüllt, weil sie des Königs unglücklichen Hang zu absurden Formen der Religiosität jahrelang geschickt auszunützen verstanden. Das eine war so sinnlos und schädlich wie das andere, aber die Lichtenau machte für solche Honorare wenigstens keine rückschrittliche Politik.

Tod Friedrich Wilhelms II.

Am 16. November 1797 starb der König, und schon bald darauf ließ Haugwitz, einst ein Verehrer der Gräfin, das Haus besetzen, in dem sie schwerkrank lag. Man vermutete Spionage und sprach von hohen Zuwendungen, die sie jahrelang aus England erhalten haben sollte. Das Volk sah die Stunde der Vergeltung gekommen; es hätte die Gräfin vermutlich gelyncht und ihre Wohnungen geplündert, wären Polizei und Garden nicht schon vorher zur Stelle gewesen. Spionage interessierte die Menge damals weniger; die Berliner sahen nur den Luxus, in dem die Trompeterstochter lebte, und dichteten ihr obendrein neben dem alten Gerücht von der Vergiftung der Julie von Voß auch noch einen Giftmord an Friedrich Wilhelm II. an, dem verläßlichsten und mächtigsten Beschützer, den die Lichtenau hatte!

Nach dreimonatiger Untersuchungshaft ergab ihr Prozeß keine manifeste Schuld, sondern lediglich eine beträchtliche Bereicherung. Der neue König, Friedrich Wilhelm III., entschied, sein Vorgänger auf dem Thron müsse erpreßt worden sein; aus freien Stücken könne er so hohe Schenkungen nicht gemacht haben. Es war die alte Litanei, wie sie schon die Sachsen im Prozeß nach dem Tode der Gräfin Rochlitz zu hören bekamen: Der erst so großzügige Monarch, der schließlich auch die

Früchte dieser Großzügigkeit erntete, wurde nachträglich als das arme Opfer eines verworfenen, mit besonderen Kräften ausgestatteten Weibes hingestellt.

Die eigentlich Erpreßte war in diesem Fall die Gräfin Lichtenau. Man ließ sie erst frei, als sie sich bereit erklärt hatte, ihren gesamten Besitz an Häusern und Grundstücken und die holländischen Papiere herauszugeben. Lediglich den Schmuck und die persönliche Habe wie Garderobe und Geschirr durfte sie behalten. Als Wohnsitz wurde ihr, getreu der preußischen Tradition, die Festung Glogau angewiesen; in einem Kurort hätte sie womöglich die Badegäste aufgewiegelt ...

Erpressung an der Lichtenau

Nach einer kurzen, enttäuschenden zweiten Ehe mit dem Bohemien Franz von Holbein wandte sich das Geschick der schönen Gräfin durch Preußens Feind und Bezwinger Napoleon doch noch zum Guten. Der vielbeschäftigte Korse empfing die Lichtenau tatsächlich in Saint-Cloud und veranlaßte, daß ihr wenigstens die Güter Lichtenau und Breitenwerder zurückerstattet wurden.

Damit war aber auch das letzte Jahrzehnt ihres Lebens angebrochen. Als Achtundsechzigjährige erlag sie 1820 ihrer beträchtlich strapazierten Leber. Die Welt, in der sie zu Grabe getragen wurde, war eine ganz andere als die ihrer Jugend im traulich-kleinen Berlin. Ein neues Preußen hatte für Reminiszenzen aus der Zeit der Wöllner, Bischoffwerder und der Gräfinnen Voß-Ingenheim, Dönhoff und Lichtenau nichts mehr übrig, und es sah ganz so aus, als würden die Mätressen höfischer Prägung bald ebensolche Anachronismen sein wie die rosenkreuzerischen Minister.

VIII.

TANZ IN DIE WELTGESCHICHTE

Im Jahrhundert der Juke-Boxes und der Autoradios, der Transistorgeräte und der Schallplatten-Millionenauflagen müßten Tänzer und Tänzerinnen eigentlich stärker gefeiert werden als alle anderen Künstler, ja sie müßten, gemessen an der Breite musikalischer Wirkungsmöglichkeiten in unserer Zeit, beinahe die Abgötter der Moderne, die Zentren des rhythmischen Götzendienstes, die Idole der Musikbesessenheit sein. Aber nur wenige haben so viel Größe an sich geheftet, daß sie tatsächlich Jahre und Jahrzehnte überdauerten. Aus einer Unzahl hastig Gefeierter lösten sich nur zaudernd die vereinzelten Tänzer und Tänzerinnen, die tatsächlich in die Geschichte ihrer Kunst eingegangen sind oder eingehen werden: Nijinski und Serge Lifar, die Pawlowa und Ludmilla Tchérina, Nurejew und Margot Fonteyn und vielleicht noch drei oder vier andere.

Die zentrale Rolle des Kunsttanzes im Unterhaltungsbetrieb der Gesellschaft und des städtischen Publikums ist mit der Alleinherrschaft des Theaters hinabgegangen. Darum fällt es uns schwer, uns die Faszination auszumalen, die zwei Jahrhunderte lang, etwa von 1700 bis 1900, von den Auftritten und Gastspielen berühmter Tänzerinnen ausging, gleichgültig, ob die Schauplätze nun Paris oder Dresden, Wien oder Petersburg, Madrid oder London hießen.

Tanz und Gesellschaft

Es waren Schauspiele, die in jeder Hinsicht aus dem Rahmen des täglichen Lebens fielen; sie versetzten das Publikum in eine sehnsüchtig begehrte und frenetisch genossene Ausnahmesituation, wie etwa der Karneval, dessen kathartische, befreiende Funktion für die großen, kirchlich gouvernierten Gemeinwesen sich heute mangels solchen Druckes gar nicht mehr nachempfinden läßt. Die Herren und Damen, die auf der Bühne ihre Kunst zeigten, waren nämlich weder Herren noch Damen, sondern, offiziell gesprochen, fahrendes Volk, aus dem Schoß der Kirche Ausgestoßene, bürgerlich Rechtlose, die man mit anderen, heute noch anrüchigen Gewerben zu einer großen Gruppe geduldeter, aber mißachteter Menschen zusammenfaßte.

Widersprüche um Molière

Das hinderte niemanden, ihnen zuzujubeln; sie wurden beklatscht, gut bezahlt, verehrt und geliebt. Der stolzeste König, den es je gab, *le roi soleil*, schüttelte Molière, dem Sohn seines Tapetenklebers, wiederholt die Hand und zeichnete ihn durch seine Huld aus. Als Molière dann aber gestorben war, durfte ein kleiner Pfarrer es wagen, dem großen Komödianten und Dichter das kirchliche Begräbnis zu verweigern.

In dieser Einstellung der Kirche gab es keine Nuancen; in der bürgerlichen Meinung aber kamen die Damen von der Bühne meist noch etwas schlechter weg als die Herren. Unter den Damen wieder waren die Tänzerinnen übler dran als die Schauspielerinnen oder Sängerinnen, weil *sie* es eben waren, die in Gazeröckchen auftraten, die allabendlich die Beine hochwarfen und denen erst ein königliches Dekret hatte befehlen müssen, Hosen unter diesen kurzen Röcken zu tragen; jahrzehntelang war niemand auf den Gedanken gekommen, derlei zu verlangen, denn die Tänzerinnen waren ohnehin schon exkommuniziert...

Daß diese verworfene Schar den Fürsten des Abendlandes und ihren Ministern, aber auch vermögenden Bürgerlichen und weitherzigen Prälaten zahllose Sondervorstellungen gab, in denen die königlichen Dekrete über die Bühnenkleidung nichts mehr zu besagen hatten, ist nicht sehr verwunderlich. Der als Feldherr so unglückliche Prinz von Soubise, ein reicher Lebemann mit einem prächtigen Palast im Marais, hielt sich zwei der berühmtesten Tänzerinnen seiner Zeit, die Dervieux und die Guimard, gleichzeitig als Mätressen gegen ein Pauschale von dreitausend Livres im Monat. Andere Großkonsumenten an weiblichen Reizen wie Karl II. von England oder August der Starke von Sachsen hatten neben ihren großen Mätressen stets einige Affären mit dem Bühnenvolk, kleine, nicht sonderlich kostspielige Amouren, von denen selbst die Spezialhistoriker nur Notiz nahmen, um die Nachkommen des betreffenden Monarchen lückenlos zu ermitteln.

Ist dies angesichts der gesellschaftlichen Zustände beinahe selbstverständlich, so ist die Tatsache, daß dennoch einige Tänzerinnen zu großen Mätressen werden konnten, um so erstaunlicher, denn es fehlte gerade ihnen an jeglicher Voraussetzung für diesen Aufstieg.

Die Theatertruppen hatten nur in den seltensten Fällen unmittelbaren Zugang zum Publikum; in der Regel gastierten sie in Hoftheatern, nach Verhandlungen, die Hofbeamte geführt hatten. Sie lebten von der Gesellschaft und von der Gnade des Fürsten. Wies eine Tänzerin den Landesherrn ab, so bedeutete dies sehr oft das Ende des Engagements, ja unter extremen Verhältnissen, wie etwa im fernen Rußland, den Ruin, weil eine endlose Reise vergeblich gemacht worden war.

Casanova, da Ponte, Goldoni, Gozzi und mancher andere haben uns in ihren Memoiren geschildert, wie Kunst, Liebe und Intrige an großen und kleinen Höfen, bei großen und kleinen Künstlerinnen ineinanderliefen, und die Mechanismen, nach denen sich dieses Spiel vollzog, waren in Petersburg und Warschau nicht sehr viel anders als in Stuttgart oder Paris. Es gab Duelle und Landesverweisungen, es gab Schauspielerinnen, die von den drei Kindern lebten, die sie von verschiedenen Herzögen empfangen hatten, und es gab Primadonnen, die gleichsam in Personalunion stets auch die Geliebte des Herrschers waren, als ob sich die beiden Verwendungen gar nicht mehr trennen ließen.

Kunst und Liebe

Dies alles war längst gang und gäbe in Europa, als sich Preußen noch immer von jenen Auswüchsen des Komödiantenbetriebes fernzuhalten suchte. Daß der Soldatenkönig seinem Kronprinzen Friedrich bei einem Besuch in Dresden den Hut vor die Augen hielt, als August seine Balletteusen kaum gewandet vor den Gästen paradieren ließ, ist mehr als eine Anekdote. Es ist ein Dokument jener Naivität, mit der Friedrich Wilhelm I. in seiner Streusandbüchse Hof hielt, Mahlzeiten gab, die nicht mehr als sieben Taler kosten durften, und seinen Thronfolger zwang, von 50 000 Talern Apanage drei Fünftel für sein Regiment aufzuwenden.

Als dieser Thronfolger als Friedrich II. König von Preußen wurde, hatte das Land noch immer einen im Ganzen gesehen sparsamen Herrn. Aber daß er – es war eine seiner ersten Regierungshandlungen – sogleich ein goldenes Tafelservice in Auftrag gab und sich bald darauf um eine gute Theatertruppe für Berlin bemühte, obwohl in Schlesien schon die ersten Schüsse fielen, das bedeutete doch einen bewußten Bruch mit dieser puritanischen Tradition.

Herumziehende Theatertruppen gab es für jeden Geschmack und jeden Geldbeutel; ganz Europa beschäftigte damals die Italiener, und nur hin und wieder gelang es einer französischen oder gar einer einheimischen Truppe, ihnen Konkurrenz zu machen. Aber zwischen Preußen und dem Stil der italienischen Schauspieler und Tänzer klaffte zunächst noch ein Abgrund des Mißverstehens, so daß Friedrich und sein Intendant Sweerts anfangs manchen Ärger hatten.

Barbara Campanini

Abhilfe kam aus Paris, wo Preußen einen aufmerksamen Botschafter namens Chambrier besaß. Er hatte eines Tages den Einfall, seinen König, dessen Ballerinensorgen er kannte, über eine Tänzerin namens Barbara Campanini zu informieren.

»Vor vier Jahren«, schrieb Chambrier, »debütierte besagte Demoiselle Campanini am Hofe König Ludwigs XV. und wurde mit Ehrungen und Geschenken überschüttet. Der König ernannte sie zur Ersten Tänzerin und ließ ihr eine Ehrengabe von tausend Louisd'ors überreichen. In Versailles und Fontainebleau war die Campanini häufiger Gast und mußte nach jedem Diner des Hofes ihre Kunst zeigen.

Außerordentliche Schönheit, Anmut und Grazie, verbunden mit einer phänomenalen tänzerischen Perfektion machen die Demoiselle Campanini, eine gebürtige Italienerin aus Parma, zu einer Acquisition, die das Gefallen Eurer Majestät finden dürfte.

Barbara Campanini ist vor kurzem von einer Tournée im Ausland nach Paris zurückgekehrt. Auf dieser Reise fand sie großen Beifall und hat in London das Entzücken des Prinzen von Wales in einem Maße erregt, daß er ihr einen Vertrag für das *Covent Garden Theatre* angeboten haben soll. Mlle. Campanini lehnte aber ab, weil das Klima in England ihrer Stimme unzuträglich sei, und ist nunmehr nach Paris zurückgekehrt, wo sie bereits am Abend ihrer Ankunft im kleinen Hoftheater des Schlosses von Versailles tanzen mußte.

In ihrer Abwesenheit ist allerdings eine neue Tänzerin, die Demoiselle Duvivier, aufgetaucht, welcher der König seine Gunst zugewendet hat. Barbara Campanini jedoch duldet niemanden neben sich, und darum wäre im Augenblick vielleicht eine günstige Situation für Verhandlungen gegeben...«

Friedrich hatte den Brief nach seiner Gewohnheit nur mit einer Randbemerkung versehen; sie bestand nur aus vier Worten, diese aber sagten alles: *Frag Er nicht lange!*

Die weiteren Verhandlungen währten dann aber doch wesentlich länger, als der Preußenkönig es wünschte. Schuld daran war die leidige preußische Sparsamkeit, aber auch ein Verehrer der Campanini. Er hieß Lord Mackenzie, reiste seiner Angebeteten überallhin nach, ja machte ihr beinahe den Impresario. Er war es, der das preußische Engagement zu hintertreiben versuchte, als ahne er schon, welches Schicksal ihm Friedrich bereiten würde.

In den ersten Besprechungen mit dem Gesandten Chambrier

Der zähe Lord

in Paris hatte Barbara Campanini eine Gage von dreitausend Talern verlangt. Daß Friedrich zwar grundsätzlich zustimmte, aber einen kleinen Abstrich verlangte, gab Lord Mackenzie Gelegenheit, seine Pläne durchzudrücken, und das ungleiche Paar, eine wunderschöne junge Sängerin und ein bejahrter Lord, reiste statt nach Berlin in den Süden, in die Stadt Venedig.

Der Preußenkönig hatte einen seiner Zornesausbrüche, obwohl es seine eigene Sparsamkeit war, die ihm diesen Streich gespielt hatte. Eilkuriere forderten den preußischen Gesandten in Venedig auf, sich dieser hochwichtigen Angelegenheit anzunehmen, und damit ja nichts schiefgehe, entsandte Friedrich sogar seinen Bankier Streit nach Italien, einen erfahrenen, gewandten Mann, der in vielen heiklen Besprechungen die Kastanien für Friedrich aus dem Feuer geholt hatte. Streit sollte vor allem vertraulich berichten, ob die Campanini all diese Veranstaltungen und das viele Geld wert sei, denn Friedrich wollte, wie er sich ausdrückte, »eine so teure Katze nicht auch noch im Sack kaufen«.

Bankier Streit berichtet

Die Antwort des Bankiers, der kein Jüngling mehr war, fiel so enthusiastisch aus, daß Friedrich II. nun tatsächlich den Haken schluckte. »Ich war mit der Demoiselle Campanini im Palazzo Colonna zum Diner eingeladen«, hatte Streit berichtet, »und ich werde mich hüten, ein zweites Mal mit ihr zusammenzukommen. Mein altes Herz könnte sonst nochmals Feuer fangen. Und was ihre Kunst betrifft, so ist dieselbe süperb. Wenn sie in die Luft springt, dank ihrer kräftigen Beine höher als irgendein Tänzer des Balletts, so schlägt sie die Füße, die klein und zierlich sind, achtmal zusammen – eine bisher nicht bekannte Leistung...«

Aber Barbara Campanini, genannt *La Barberina*, war eine Frau, und mehr als das, sie war eine Künstlerin, die ihren Wert kannte. Verärgert durch das preußische Feilschen und Beobachten erhöhte sie, als Friedrich die Verhandlungen wieder aufnahm, ihre Forderungen. Sie blieb zwar bei den dreitausend Talern, verlangte aber zusätzlich Reisekosten, freie Wohnung und »große und kleine Kleidung zum Tanz«. Statt sich durch die verheißungsvolle Wendung von der »kleinen Kleidung« hinreißen zu lassen, wurde Friedrich nun wirklich wütend, erklärte die Barberina als vertragsbrüchig und forderte in einer diplomatischen Demarche von Venedig Verhaftung und Auslieferung der Tänzerin.

Die alte Lagunenrepublik war mitten im achtzehnten Jahrhundert nicht mehr stark genug, es sich mit einem so mächtigen Herrn wie dem Preußenkönig zu verderben; andererseits war die Barberina eine Italienerin, ja eine Art italienischen Nationalheiligtums, und sie an Preußen auszuliefern wäre eine sehr unpopuläre Maßnahme gewesen. Die Diplomaten der Serenissima bestätigten wieder einmal ihren Ruf besonderer Findigkeit und schlugen vor, Lord Mackenzie möge Barbara Campanini heiraten, dann sei sie aller vertraglichen Verpflichtungen sofort enthoben. Unerwarteterweise zog der sonst so hartnäckige Brite jedoch zurück; er schützte Familienschwierigkeiten vor, und die enttäuschte Barberina erklärte, ehe sie ins Gefängnis gehe, sei sie bereit, nach Berlin zu reisen.

In lückenloser Eskorte – auch Österreich war um Mithilfe gebeten worden – gelangte die Barberina sicher in die preußischen Länder und traf am 8. Mai 1744 in Berlin ein. Um ihr Einlenken zu honorieren, gewährte Friedrich II. ihr die erbetene Dienstwohnung, sie lag in der Behrenstraße, also im heutigen Ostsektor, unweit des Brandenburger Tores. Auch die »große und kleine Tanzkleidung« wurde ihr bezahlt, und schon fünf Tage nach ihrer Ankunft trat die Barberina zum ersten Mal in Berlin auf.

Die eskortierte Schönheit

Es war nicht, wie man nach heutigem Brauch erwarten würde, eine öffentliche Festvorstellung vor großem Publikum, sondern ein intimer Abend im Alabastersaal des königlichen Schlosses, dem der König, die Königin und die Hofgesellschaft beiwohnten. Friedrich II. war mit großen Erwartungen erschienen, aber sie wurden noch übertroffen; die Barberina, die wußte, worauf es ankam, hatte ihr Bestes gegeben, und die

Briefe, die in den nächsten Tagen in Berlin und Potsdam geschrieben wurden, spiegeln die allgemeine Begeisterung wider.

Was sie erwartet haben mochte und nach ihren Erfahrungen in London und Paris wohl in Kauf zu nehmen bereit gewesen war, die Annäherung des Monarchen, blieb zunächst jedoch aus. Friedrich II. war bei dieser ersten Begegnung mit der Künstlerin zweiunddreißig Jahre alt und trotz seiner westeuropäischem Geschmack nicht entsprechenden Haartracht ein gutaussehender Mann, dem Prinzen von Wales und Ludwig XV. überdies an Bildung und Geistesgaben weit überlegen. Er war kein König wie jene anderen, sondern ein Monarch, von dessen Hof man bereits sprach. Und dieser König besah sich die Barberina zwar aus nächster Nähe, bestieg danach jedoch die Karosse und ließ sich nach Bad Pyrmont fahren!

Es war nur ein kleiner Trost, daß in diesen Tagen Lord Mackenzie in Berlin eintraf; er war, allen britischen Adelsstolz vergessend, der Angebeteten selbst in die brandenburgischen Länder nachgereist, hatte aber nicht viel Gelegenheit, Berlin kennenzulernen. Friedrich II. vernahm, als er aus Pyrmont zurückkehrte, von der Anwesenheit des Engländers und ließ ihn sofort ausweisen. Die Barberina aber wurde ins Charlottenburger Schloß zu einer Audienz gebeten, und der König hatte der Einladung die Worte angefügt:

»Wenn Ihre schönen Augen bezahlt sein wollen, so müssen Sie sich zeigen. So wird es ein Vergnügen sein, zu entrichten, was man Ihnen schuldet.«

Der galante Preußenkönig

Es ist eine Galanterie, die an dem Preußenkönig in Erstaunen setzt und darum anders gewertet werden muß, als wenn einer seiner Kavaliere, Pöllnitz etwa oder Diedrich Keyserlingk, solch ein Kompliment gedrechselt hätte. Hier fühlt sich der König in die glückliche Rheinsberger Zeit zurückversetzt, die ja erst fünf Jahre zurücklag, hier fühlt er sich plötzlich fähig, freundlich zu Frauen zu sein, ja zu werben, er, dem sein Vater als bitterstes Vermächtnis eine der dümmsten Prinzessinnen antraute, die zu haben waren.

Mehr als diese wenigen Worte sagten die kommenden Wochen, die letzten vor dem Zweiten Schlesischen Krieg, festliche Wochen, deren feierliche Stimmung man gemeinhin der Heirat von Friedrichs Schwester Ulrike zuschreibt, weil sie ihrem Gemahl nach Schweden folgen und damit aus dem Lebenskreis ihres Bruders verschwinden sollte. Aber es waren keine Abschiedsfeste, sondern es waren höfische Huldigungen für ein Ereignis besonderer Art, für die Kunst der Barberina und für den *Coup de foudre*, für Friedrichs sichtliche Neigung zu der schönen Tänzerin. Ungläubig-spöttisch registrierte auch Prinzessin Ulrike, die Friedrich so gut kannte, die Wandlung: »*Un peu d'amour chez mon frère?*« »Ein wenig Liebe bei meinem Bruder?« fragte sie lachend und antwortete gleich selbst: »Wie ungewohnt!«

Friedrich war noch nicht der Frauenfeind, der er in späteren Jahren wurde, und er war auch nicht homoerotisch veranlagt wie sein Bruder Heinrich. Aber er war in einer schweren Jugend ausschließlich auf Männerfreundschaft angewiesen gewesen, um überhaupt Herzlichkeit, Zuspruch, Trost und Ermutigung zu empfangen. Die Barberina löste viel von jenen alten Krusten. Friedrich zeigte sich überall und immer wieder an ihrer Seite und erhöhte ihre vordem so kleinlich umkämpfte Gage zweimal: das erstemal auf fünftausend, das zweitemal auf siebentausend Taler, womit sie mehr als verdoppelt war. Zudem erhielt sie fünf Monate Urlaub und war in ihrem Privatleben nur durch *eine* bezeichnende Bestimmung eingeschränkt: Falls sie heiratete, wäre der Vertrag selbst dann null und nichtig, wenn sie von sich aus bereit wäre, weiterzutanzen...

Als sie einmal Schwierigkeiten mit dem Intendanten hatte, Schwierigkeiten, an denen ihre Launen schuld waren, weil sie die Proben nach ihrem Belieben ansetzte, ergriff der sonst so strenge Preußenkönig ihre Partei und sicherte sie gegen die Autorität seines eigenen Intendanten durch ein Schreiben, das er im Feldlager, mitten im Krieg diktierte. Und wieder sagt

Un peu d'amour

der Schluß mehr als der ganze übrige Inhalt: »Leben Sie wohl, schöne Barberina«, schließt Friedrich II., »leben Sie wohl bis zum nächsten Souper...«

Soupers mit der Barberina

Diese Soupers fanden in einem Kabinett statt, in dem der König und seine Tänzerin nicht gestört wurden, und sie wurden im Lauf der Jahre so häufig, daß allzu besorgte Ärzte für die Gesundheit des Königs fürchteten. Die Barberina glänzte in der Perückenwelt des friderizianischen Preußen mit ihrer exotischen Sinnlichkeit, sie überstrahlte mit ihrem Temperament spielerisch die gemessene Statisterie der übrigen Damen.

Gegen Ende der Liaison, um Abschied zu nehmen und um sich die Erinnerung zu bewahren, ließ der König Barbara Campanini malen. Der Maler war Antoine Pesne, ein älterer Freund Friedrichs aus der Rheinsberger Zeit; er malte ein wenig im Geschmack Watteaus, aber für die Barberina war dem König dieser weiche und zärtliche Stil gerade recht. Pesne mußte sich immer neue mythologische Vorwände ausdenken; Friedrich war von der leicht zur Üppigkeit neigenden Schönheit der Tänzerin so begeistert, daß Pesne sie nackt malen mußte, bald als Nymphe, bald als Diana, einmal auch als die Fruchtbarkeitsgöttin Pomona mit birnenschweren Brüsten, und alle Bilder wanderten in Friedrichs Schlafzimmer.

Sie hat dennoch im öffentlichen Leben Preußens, in der Politik und in den weiteren Schicksalen des Staates keine Rolle gespielt. Friedrich der Große war eben keiner jener schwachen Monarchen, bei denen die Frauen sich zum Mitsprechen aufgefordert fühlen. Aber für ihr persönliches Schicksal blieb Preußen bestimmend. Die schöne Tänzerin aus Parma ging nicht mehr nach dem Süden. Sie heiratete in eine der angesehensten Familien jener Zeit, nämlich den Freiherrn Coccejus, Sohn von Friedrichs Großkanzler und Justizminister, und blieb vierzig Jahre lang an seiner Seite.

Die Eheschließung war eine Sensation für Preußen; der alte Minister, seinem König durch viele Jahre gemeinsamer Arbeit verbunden, hatte alles getan, um sie zu verhindern, aber

Friedrich II. hatte sich für die Barberina eingesetzt. Als Freiin Cocceji ging sie mit ihrem Mann nach Glogau, da er dort zum Regierungspräsidenten ernannt worden war. Erst im Alter, als die Angst sie überkam, von der Welt nichts anderes mehr kennenzulernen als die Kleinstadt mit ihrer Garnisonsatmosphäre, trennte sich Barbara Campanini von ihrem Mann und zog auf ihr Gut Barschau, das von den reichen Gagen Friedrichs II. erworben worden war.

Selbst der Tod ihres Gönners brachte ihr keine Nachteile; sogar sein Nachfolger ehrte sie: Friedrich Wilhelm II. erhob sie zu einer Gräfin Campanini...

Karl Theodor, der Undelikate

In den siebziger Jahren des achtzehnten Jahrhunderts besuchte der Engländer William Wraxall einige deutsche Höfe und machte den Bayern einige bemerkenswerte Komplimente über ihren Kurfürsten Karl Theodor. »Wenige jetzt lebende Fürsten, ausgenommen der König von Preußen, haben ihren Geist fleißiger und mit größerem Erfolge ausgebildet«, schrieb Wraxall und hatte damit wohl auch recht, da Joseph II. zu diesem Zeitpunkt noch nicht regierte. Aber der Brite setzte mit dem seinem Volk eigenen unhöflichen Hang zur Präzision hinzu, zu keiner Zeit von Karl Theodors Leben seien »seine weiblichen Verbindungen durch Delikatesse oder Auswahl ausgezeichnet gewesen. Im Gegenteil: Sie waren eher durch die entgegengesetzten Merkmale bemerkenswert.«

So abfällige Urteile fällen Zeitgenossen und Historiker stets dann, wenn ein Fürst keine hochgeborene Dame zur Mätresse erniedrigt, sondern eine »Person« zu solchem Hofrang emporhebt. Und tatsächlich hat Karl Theodor zumindest in seiner pfälzischen Zeit Bürgerstöchter, Tänzerinnen und Schauspielerinnen den Gräfinnen vorgezogen. Ein Fräulein Huber, eine Tänzerin Verneuil und eine Schauspielerin namens Seiffarth werden genannt, und die Kinder, die ihm diese jungen Dinger schenkten, erhielten Adelsränge und die beste nur denkbare Versorgung. Am meisten liebte Karl Theodor den Sohn, den ihm die Schauspielerin geboren hatte; er machte ihn zum Großprior eines bayerischen Zweiges der Malteserritter, kaufte ihm aber darüber hinaus 1790 die westfälische Herrschaft Bretzenheim, was 300 000 Gulden kostete und die Erhebung in den Reichsfürstenstand zur Folge hatte.

Insgesamt waren es fünf natürliche Kinder, denen Karl Theodor seine ganze Liebe widmete, denn legitime Kinder hatte er nicht, sein Land mochte er nicht mehr so recht, seit er Bayern dazugeerbt hatte und nicht mehr in der geliebten Pfalz, sondern in München residierte, und den Mätressen entsagte er im Lauf der Jahre ebenfalls. Eine der letzten – es war schon in München – hatte ihn ganz besonders enttäuscht. Sie hatte einen Landrichter aus dem Regierungsbezirk Amberg dadurch vor dem Hinrichtungstod errettet, daß sie ihn ungeachtet seiner Verbrechen zum Mann genommen hatte. Nach einigen Jahren fühlte sie sich durch ihren inzwischen zum Hofgerichtsrat beförderten Gatten jedoch behindert; sie war eine junge Frau, wollte sich ausleben und tat dies unter anderen auch mit Karl Theodor. Dabei flüsterte sie ihm zu, daß man die seinerzeit sistierte Hinrichtung nun eigentlich nachholen könne, dann wäre der Gerechtigkeit Genüge getan, und sie hätte ihre Freiheit wieder.

Die grausame Frau von Schenk
Karl Theodor war der Dame – ihr Name sei nicht verschwiegen, sie war eine Freifrau von Schenk – so verfallen, daß er den Ärmsten tatsächlich noch einmal aufs Schaffott schickte und erst nach langem Bitten die Begnadigung zu lebenslangem Zuchthaus gewährte. Die schöne Freifrau erschien dem Fürsten fortan jedoch in einem etwas seltsamen Licht, und er heiratete lieber noch einmal, als daß er sich neue Mätressen zulegte.

Die Erwählte war eine österreichische Erzherzogin, denn mit Österreich hatte sich Karl Theodor immer gut verstanden. Er hatte sogar versucht, beträchtliche Teile des ihm so unliebsamen Bayern an Habsburg zu verkaufen, um seinen unehelichen Kindern eine reichliche Versorgung zu sichern; die Angelegenheit war aber daran gescheitert, daß die Zweibrücker

Linie ihre Zustimmung verweigert hatte und daß sich der Münchener Vertreter des Pfalzgrafen von Zweibrücken, ein Baron Hohenfels, selbst gegenüber der ungeheuren Summe von 500 000 Goldgulden als unbestechlich erwiesen hatte.

Die Kinder von Tänzerinnen und Schauspielerinnen hätten also um ein Haar zur Aufteilung Bayerns beigetragen. Da auch Friedrich der Große gegen jeden Gebietszuwachs Österreichs war und seine Truppen an Böhmens Grenzen zusammenzog, kam lediglich das Inn- und Hausruckviertel an Österreich, ein Umstand, auf den man erst wesentlich später aufmerksam wurde, da er im Zuge dieser Kinderversorgungs-Politik Adolf Hitler als Österreicher zur Welt kommen ließ ...

Karl Theodors Schwierigkeiten mit seinen Mätressen und den daraus erwachsenden politischen Verwicklungen waren jedoch durchaus harmlos zu nennen gegen das Ungewitter, das sich um die Mitte des neunzehnten Jahrhunderts über dem alten Ludwig I. von Bayern entlud, als er zu dieser vorgerückten Stunde eine allzu lebendige Mätresse an seine Seite zog. Dabei hätten die Bayern gegen den Altersunterschied nicht einmal viel einzuwenden gehabt; für einen sechzigjährigen Monarchen war es zweifellos normaler, eine Dreiundzwanzigjährige und nicht eine gleichaltrige Geliebte zu wählen. Aber diese Mätresse war erstens das, was die Münchener nie hatten leiden können: eine Fremde, und zweitens renitent. Renitent aber dürfen in ganz Bayern immer nur die Einheimischen sein.

Altbayerisches Ungewitter

Ludwig I. war ein König, der mancherlei erlebt hatte. Er war für einen Fürsten ziemlich gebildet, hatte Europa bereist, hatte 1807 und 1809 die bayerischen Verbände im napoleonischen Heer befehligt und war 1825 auf den Thron gelangt. Er regierte zunächst liberal, interessierte sich aber mehr für Kunstsammlungen, prächtige Bauten und für die Universität (die er von Landshut nach München verlegte) als für die Innenpolitik. So sah er sich bald in den Fängen einer ultramontanen Regierung, deren Tendenz über seinen eigenen, lediglich historisch-schwärmerischen Katholizismus weit hinausging.

Dieses Ministerium, es ist unter dem Namen seines Chefs Karl von Abel unrühmlich in die Geschichte eingegangen, beeilte sich, die Zensur wieder einzuführen und die Gleichberechtigung der Konfessionen zu paralysieren; dadurch schädigte es naturgemäß die Wissenschaften und die Künste. Es wäre zweifellos an den wachsenden Widerständen im Land selbst zugrunde gegangen, aber der Zufall wollte es, daß eben jene junge Mätresse des alten Königs die Entwicklung nicht nur beschleunigte, sondern überstürzte, so daß es für die Nachwelt ganz so aussieht, als hätte eine unbedeutende Tänzerin, eine nur durch ihre Launen und ihr Temperament über den Durchschnitt erhobene junge Frau tatsächlich eine große politische Rolle gespielt.

Lola Montez

Ludwigs I. geliebte Tänzerin nannte sich Lola Montez, aber der Name, den alle Welt kennt, war nicht der ihre. Sie war die Tochter eines schottischen Offiziers namens Gilbert (dieser Name steht auch auf ihrem Grabstein) und einer Kreolin namens Porris. Ihr Geburtsjahr ist unsicher, doch darf man annehmen, daß sie zwischen 1820 und 1823 zur Welt kam, und zwar in Montrose, einem kleinen ostschottischen Hafenstädtchen an der Mündung des South Esk.

Der Vater diente in einer Kolonialtruppe, und die kleine Familie reiste viel. Nach Gilberts Tod in Indien kehrten Witwe und Tochter nach England zurück, Lola wurde zur Tänzerin ausgebildet und reiste noch als halbes Kind in ganz Europa herum, um ihre Kunst und ihren Körper zu zeigen. Das irisch-schottische Blut des Vaters und die bekannte Schönheit des kreolischen Frauenstammes hatten in dem frühreifen Kind tatsächlich ein zauberhaftes Wesen hervorgebracht, einen schlanken Wirbelwind mit schwarzen Haaren, blauen Augen, blutroten Lippen und einem Gliederspiel, das in seiner erotischen Zeichensprache wie eine Beschwörung wirkte.

Die Stationen dieses Wanderlebens waren die üblichen großen Städte, London und Paris fehlten ebensowenig wie die östlichen Metropolen Warschau, Petersburg und Moskau; italienische Theater waren besonders häufig. Nirgends scheint die gesuchte Fixierung gelungen zu sein, vielleicht, weil das Mädchen sich doch zu sehr auf seinen persönlichen Reiz und zuwenig auf die eigentliche tänzerische Vervollkommnung verließ.

Nach einem Aufenthalt in Paris reiste Lola Montez im Jahr 1846 über zwei blühende deutsche Badeorte, nämlich Baden-Baden und Homburg, schließlich nach München und bemühte sich hier um ein Engagement als Solistin im Königlichen Ballettkorps. Irgend etwas an ihr oder ihrem Tanz mochte dem Intendanten nicht gepaßt haben, vielleicht war auch tatsächlich keine Stelle frei, jedenfalls wurde die erfolggewohnte Schönheit just in Bayerns damals noch recht kleinstädtischer Metropole »abschlägig beschieden«, wie dies im Amtsdeutsch heißt.

Lola Montez, ob nun dreiundzwanzig oder sechsundzwanzig Jahre alt, war nicht die Frau, sich derlei bieten zu lassen. Daß der König für Kunst viel übrig habe und für Frauen noch ein wenig mehr, war in München kein Geheimnis. Die stürmische Lola drang bis ins Vorzimmer des Audienzsaales vor und hatte damit auch schon gewonnen: König Ludwig selbst griff in ihre lautstarke Auseinandersetzung mit dem Kammerdiener ein, befahl, sie vorzulassen und behielt sie so lange bei sich, daß der gesamte Tagesplan aus den Fugen geriet.

Daß die Montez nun doch ein Engagement erhielt, war nur die erste, harmloseste Folge dieser Audienz und brauchte noch nichts zu bedeuten. Man hielt es zunächst noch für möglich, daß der gealterte königliche Kavalier ganz einfach dem Charme der spanischen Sprache erlegen sei, die er liebte und beherrschte, oder daß sich eben wieder einmal ein kleines Abenteuer anbahne, zeugt doch die Schönheitengalerie im Nymphenburger Schloß von einer unwandelbaren, vom Alter nicht abgeschwächten Neigung Ludwigs zum schönen Geschlecht.

Die entscheidende Audienz

Zweifellos wäre auch alles im Rahmen der Gewohnheiten geblieben, hätte die stürmische Lola überhaupt zur Mätresse getaugt. Aber sie, die einzige, die neben der zum Begriff gewordenen Pompadour heute noch häufiger genannt wird, die letzte der großen Mätressen, war weder eine große noch überhaupt eine Mätresse. Sie war, wenn man will, eine Abenteurerin, aber für eine Reihe jener Möglichkeiten, die diesem Typ durchs Leben helfen, viel zu unbeherrscht, zu undiszipliniert und zu dumm. Weder als Spionin noch als Kriminelle ist sie denkbar; als Geliebte war sie zu egozentrisch, als Intrigantin zu ungeduldig, als Lebensgefährtin eine Katastrophe. Sie mußte schon nach München kommen, um nicht ausgelacht, sondern ernst genommen zu werden.

Tanz und Eros Die ersten Theaterabende zeigten zweierlei, erstens, daß die Münchener bereits Bescheid wußten – je kleiner die Stadt, desto eilfertiger die Fama – und zweitens, daß es dem König völlig gleichgültig war, ob er tatsächlich eine große Tänzerin engagiert hatte. Er hatte ihren Tanz als das verstanden, was er sein sollte, als eine erotische Hieroglyphe, und fortan war alles andere nebensächlich, so wie ja auch die Zahl der Fußbewegungen, welche die Barberina während des Sprunges ausführte, nur von Friedrichs Bankier gezählt worden war, nicht von Friedrich dem Großen selbst. Ludwig I., sechzig Jahre alt und König von Bayern, zappelte im Netz einer jungen Schönheit, und das Schlimmste war, daß all seine Untertanen ihn zappeln sahen.

Denn man schrieb nicht mehr 1670, als ein Karl II. an seinem Hof ganz andere Dinge veranstalten konnte, und nicht mehr 1744, als die Barberina das Herz eines Frauenfeindes zum Schmelzen brachte, sondern man hielt zwei Jahre vor jenen Revolutionen, die zwar nicht sehr viel änderten in deutschen Landen, die aber doch sehr deutlich zeigten, wieviel geändert werden sollte.

Lola Montez nahm ihre Chance wahr und zierte sich nicht lange; sie ergab sich dem vermögenden Freier und ließ sich neben einer Apanage von 70 000 Gulden, einer Hoftheaterpension auf Lebenszeit und einem kleinen Palais an der Barerstraße auch Toiletten, Schmuck, Equipagen und andere Annehmlichkeiten verehren. Das war, gemessen am Aufwand etwa Max Emanuels oder an den kostspieligen Votivgaben Karl Alberts, keine exorbitante Summe. Aber Max Emanuel hatte jenes Vermögen für Nymphenburg geopfert und Karl Albert hatte dem Wallfahrtsort Altötting eine Silberstatue im Gewicht seines achtjährigen Sohnes gestiftet. Lola Montez hingegen war in ihrer hexenhaften Schönheit den Bayern unheimlich, antipathisch und jedenfalls nicht so viel Geld wert.

Selbst diese Klippe aber wäre noch zu umschiffen gewesen, hätte die Mätresse sich ruhig verhalten und versöhnlich gebärdet. Die erste ihrer Extravaganzen soll sich schon bei der entscheidenden Audienz zugetragen haben. Der König hatte einige Zweifel an der natürlichen Arroganz ihres eindrucksvollen Busens geäußert, worauf Lola blitzschnell eine auf dem Schreibtisch liegende Papierschere ergriff und ihr Kleid über der Brust aufschnitt, um den Beweis zu liefern, daß sie keiner künstlichen Stütze bedürfe. Die Szene ist nicht nur von dem österreichischen Geheimagenten Hineis nach Wien berichtet worden, sondern wurde ganz ähnlich auch von dem Münchener Universitätsprofessor Constantin von Höfler erzählt; der Gelehrte pflegte allerdings hinzuzusetzen, daß es noch eine Reihe geheimerer Vorzüge gegeben habe, die der greise König an der schönen Tänzerin besonders schätzte.

Lolas Vorzüge...

Viel schlimmer noch als solche Indiskretionen wirkte sich das ungezügelte Temperament der jungen Frau aus. Sie hatte sich in Paris, London und Berlin als kühne Reiterin und bei Springturnieren einen Namen gemacht, aber auch einige jener Reitpeitschen- und Ohrfeigenszenen zum besten gegeben, die ihr in München dann so viele Feinde machten. Zwar soll sie – und das ist durchaus glaubhaft – gerade in ihrem Zorn hinreißend schön gewesen sein; anscheinend aber hatten die Einwohner der genannten Weltstädte mehr ästhetischen Sinn als die Untertanen König Ludwigs I. Diese nämlich waren durch die malerischen Attitüden der schönen Lola keineswegs vom Gegenstand der Auseinandersetzung abgelenkt und vergaßen in ihrer

...und ihre Schwächen

Wut auf die Fremde sogar, daß es sich immerhin um eine Frau handelte...

Als Lola sich einmal von dem Tierarzt, der ihren Hund behandelte, unhöflich abgefertigt fühlte und dem für seine derbe Ausdrucksweise bekannten Veterinär eine Ohrfeige gab, war es klar, daß sie die Grenzen des Anstands überschritten habe. Als aber ein kräftiger Münchener Packer einmal den Hund der Montez von seinem Hund mittels einer Axt fernhalten wollte, da war die Ohrfeige, die er von der Tänzerin erhielt, schon eher angebracht. Die Münchener aber fühlten mit ihrem armen, malträtierten Packknecht, einem Mannsbild, das die zarte Lola zwischen den Fingern hätte zerdrücken können, machten Miene, die Tänzerin zu lynchen und retirierten erst vor der berittenen Polizei.

Die Jagemann

Und selbst diese Hunde-Affären wären noch hingegangen; man sah schönen Frauen die Tierliebe selbst dann nach, wenn sie darin exzedierten, und eine andere Mätresse, die Schauspielerin Jagemann, hatte einige Jahrzehnte zuvor sogar den Triumph, daß ihr Pudel die Bühne des Weimarer Hoftheaters behaupten durfte, während ein Goethe die Intendantur niederlegte.

Was den Fall Lola Montez so aussichtslos machte, das war ihr Ungestüm im Verein mit der Schwäche des Königs. Der einst so bildungsfreudige Monarch, der als begabt gelten durfte, wird in seinem Alter von manchen Beobachtern als schwachsinnig bezeichnet, was gewiß übertrieben ist. Daß er aber im Fall der Lola Montez so ungeschickt taktierte wie nur irgend möglich, führte überraschend schnell ihren und seinen Sturz herbei.

Es begann mit Gedichten, die nie an die Öffentlichkeit hätten gelangen dürfen:

> Deine Liebe ist mir die Sonne
> Würde ich um dieselbe gebracht
> Wäre mir dahin des Lebens Wonne

Mich umgeben würde finstre Nacht.
Deine Liebe hat mich neu geboren
Deine Liebe meines Lebens Luft
Ging' dieselbe mir einmal verloren
Ließe dann mich senken in die Gruft.

Auf Vertrauen stehet nun begründet
Unsrer Seelen heilig schöner Bund,
Welchen unsre Zungen laut verkündet
Den besiegelt haben Hand und Mund.

So geht es noch drei Strophen weiter, und wenn auch von Ludwig II. noch peinlichere Gedichte veröffentlicht wurden, so hatte er wenigstens das Glück, die Blamage nicht mehr erleben zu müssen. Ludwig I. aber hat sich selbst so bloßgestellt. Wie ein ungeschickter Kandaules häuft er eine Decouvrierung auf die andere, statt zu verhüllen. Als Wohnsitz der Montez wird nicht etwa ein kleines, stilles Landschlößchen gewählt, wohin der König sich ja ohne weiteres hätte fahren lassen können, sondern eine Villa in der belebten Barerstraße, unweit der Universität und der Sammlungen, wo sich die Studenten und das neugierige Publikum gleichsam von selbst einfinden mußten. Die verrücktesten Wünsche der Montez wurden sogleich erfüllt, und zwar nicht etwa königlich-großzügig, als Gewährung, sondern in subalterner Geschäftigkeit, so daß Ludwig sich zunächst einmal vor seinen Ministern und höheren Beamten und später vor dem ganzen bayerischen Volk bloßstellte.

Ein ungeschickter Kandaules

Einer der peinlichsten Vorfälle war der des Leutnants Nußbaumer, der einmal Gelegenheit gehabt hatte, Lola Montez ritterlich gegen Anwürfe aus der Bevölkerung zu schützen. (Dazu war allerdings sehr oft Gelegenheit, da die unerschrockene und auffällige Frau sich trotz ihrer Unbeliebtheit in München bewegte, als könne ihr nichts passieren.) Lola forderte für ihn das Hauptmannspatent und sandte es Nußbaumer mit einer Einladung in ihr Haus. Aus irgendwelchen

Gründen konnte der Offizier dieser Einladung nicht sogleich folgen, worauf Lola wütend in seine Wohnung fuhr, alles kurz und klein schlug und dann in der Residenz erreichte, daß Hauptmann Nußbaumer in eine Landgarnison versetzt werde. Zu Hause angelangt, fand sie seine Karte: Er war in ihrer Abwesenheit bei ihr gewesen. So ungewöhnlich und blamabel der ganze Vorgang war, Ludwig I. und sein Kriegsminister Baron Gumppenberg mußten die Versetzung rückgängig machen!

Ist eine Mätresse so maßlos und unvernünftig und wagt auch der Souverän nicht, sie in ihre Schranken zu weisen, dann sind sie beide verloren. Das ist zwar seit dem Altertum bekannt und als Grundsatz in jedem Jahrhundert aufs neue bewiesen worden, aber Ludwig I. und Lola Montez blieb es vorbehalten, ihren anachronistischen Spuk auf dem Höhepunkt vormärzlicher Spannungen zu inszenieren.

In den Jahren vor den 48er-Revolutionen mußte eine jedes Maß durchbrechende Mätressenherrschaft wie die der Lola Montez als Herausforderung empfunden werden. Die zunächst vereinzelten Zusammenstöße, die durch Einsatz kleiner Ordnungstruppen beendet werden konnten, führten zu allgemeinen Unruhen in der bayerischen Hauptstadt, als Ludwig I. die Studenten unter Druck zu setzen versuchte. Die Münchener, die an den Studenten verdienten, wehrten sich gegen die angedrohte und schließlich befohlene Schließung der Universität und ergriffen damit die Partei dieses radikalen Elements.

Lola wird Gräfin Landsfeld

Aber auch die Konservativen brachte Ludwig I. gegen sich und Lola Montez auf, als er sie zur Gräfin Landsfeld machte und sich über die Schwierigkeiten einfach hinwegsetzte, die der katholische Minister Abel ihm in der Frage der Einbürgerung bereitete. Zweifellos hat Abel bei dieser Kraftprobe den Bogen überspannt und nach seinem Rücktritt ein Memorandum publizieren lassen, das nichts anderes ist als eine öffentliche Rüge an die Adresse des Monarchen. Kein Geringerer als Treitschke hat gesagt, »daß es in der Geschichte deutscher Monarchien ohne Beispiel dastehe«. Aber daß es überhaupt so weit kommen mußte, daß die Montez in einem fort Gegenstand von Haupt- und Staatsaktionen wurde und ein ganzes Ministerium ihretwegen spektakulär den Abschied nahm, das war natürlich Ludwigs Ungeschick und wirkte sich eben gegen jene aus, die er schützen wollte.

Die unerschrockene Lola wich indessen nicht, und wenn es je eine Verkörperung des Teufels in Frauengestalt gegeben hat, so muß sie mit dieser *Beauté de tonnerre* besondere Ähnlichkeit gehabt haben. Empfänglicher als die biederen Münchener, hatten die Studenten, obwohl die Hauptgegner der Mätresse, sich in zwei Lager gespalten. Das Lager der Lolaner umfaßte zwar wenig mehr als das Korps *Alemannia*, aber immerhin verfügte die Montez nun über eine Leibgarde von jungen Männern, und der Hauptmann dieser Garde soll die letzten Münchener Nächte der Tänzerin zur größeren Sicherheit in ihrem Schlafzimmer verbracht haben.

Die Leibgarde

Im Februar 1848 putschte das Leichenbegängnis für Joseph von Görres die Gemüter der Katholiken abermals auf. Daß die Montez weiterhin mitten in München lebte, wurde als unerträglicher Affront empfunden, und so kam es im Februar und im März zu jenen großen Kundgebungen gegen die Mätresse, die schließlich in revolutionäre Umtriebe mündeten: Nach der Vertreibung der Montez aus München wurde nicht nur die Einrichtung ihrer Villa demoliert, sondern auch der König zu einer Reihe von Zugeständnissen gezwungen, die in ihrer Gesamtheit das Zeitalter des Absolutismus in Bayern zu Grabe trugen. Wurde auch nicht alles erfüllt, was er in seinem Märzmanifest von 1848 versprach, so waren doch Pressefreiheit und Wahlreformen Dinge, die sich mit der Mätressenwirtschaft nie und nirgends vertragen hatten.

Ludwig I. aber war nicht mehr der Mann, diesen neuen Kurs zu steuern. Nach allzu langem Festhalten an seinen Rechten hatte er sie nun so plötzlich geschmälert, daß er die eigene Familie gegen sich hatte und keine andere Möglichkeit mehr sah, als zugunsten seines Sohnes abzudanken. In Aschaffenburg, wo er fern von den rabiaten Münchenern einen ruhigen Lebensabend verbrachte, hörte er zwar immer noch mehr von Lola Montez, als ihm lieb war. Sie reiste unstet durch Europa, hatte eine Affäre nach der anderen und versuchte ihn schließlich von England aus zu erpressen. Aber was Ludwig geschehen konnte, war schon geschehen, und es ist durchaus möglich, daß er es nicht einmal bereute, vom Schicksal mit einer so turbulenten Altersleidenschaft beschenkt worden zu sein.

Mißt man Lola Montez an ihren Wirkungen und bedenkt man, in welcher Weltstunde sie agierte, so kann man ihr das Prädikat einer großen Mätresse schwerlich verwehren. Trotz unleugbar dirnenhafter Züge war sie an Mut und Temperament etwa der Dubarry, der ebenfalls von sehr tief unten gekommenen Konkubine Ludwigs XV., zweifellos überlegen, und die große Szene vor der Theatinerkirche, wo sie gegen Hunderte Front machte, verrät einen so besinnungslosen Rausch der Todes- und Menschenverachtung, daß es schon beinahe pathologisch wirkt.

Die Familie fehlte

Aber sie hatte nie eine echte Chance, denn sie war eine Fremde, die sich in München keine Anhänger und keine Partei schaffen konnte und die Bayern viel zuwenig kannte, um einen gezielten Einfluß auf die Politik des Landes durchhalten zu können. Sie blieb, politisch gesprochen, eine Episode wie so viele andere zu Mätressen aufgestiegene Tänzerinnen auch. Sie alle hatten keine Familie hinter sich, keine Verbindungen und nicht die eingeborene Vertrautheit mit der Intrige, der Diplomatie und der Kulisse der großen Politik. Sie hatten sehr oft die Majestäten unter dem Pantoffel, und wenn Leopold II. von Belgien im Vorzimmer der Cléo de Mérode oder der schönen Otéro wartete, dann machte er vermutlich keine bessere Figur als Ludwig I. von Bayern bei der Montez, Eduard VII. von England bei Cora Pearl oder Emanuel II. von Portugal bei Gaby Deslys.

Gewiß, die Skandale waren groß, sie wurden um so größer, je freier die Presse wurde, aber die Affäre selbst wuchs darum nicht mit. Was hätte die wunderschöne, aber strohdumme Cora Pearl dem britischen Weltreich antun können? Was hätte die pikante Emmy Navratil aus ihrem verlebten neunzehnjährigen Liebhaber anderes machen sollen als einen Exkönig, mochte sie auch als Gaby Deslys Paris, London und Wien begeistert haben? Sie kannten alle nur jene Welt des Scheins, in der die Lichter alle auf die Bühne, auf sie selbst, auf Brüste, Hüften und Beine gerichtet waren, auf die Atouts ihrer Weiblichkeit. Ringsum aber war alles dunkel, kaum daß die erste Parkettreihe zu erkennen war. Und die Monarchen, die diese hübschen und geschmeidigen Tänzerinnen zu sich emporzogen, waren schließlich schon beinahe Kollegen der Bühnenköniginnen, denn auch die Welt der Kronen und der Throne glitzerte nur noch in besonders geschickter Beleuchtung und brauchte ein besonders höfliches Publikum.

Gaby Deslys

Als der junge Exkönig von Portugal, jener Emanuel, der sich den Namen von Portugals glücklichstem Monarchen zugelegt hatte, im Jahr 1932 in England starb, war die große Gaby Deslys schon wieder zu der kleinen Emmy Navratil geworden und lag seit fünf Jahren unter der Erde. So schöne Blumen welken schnell. Und niemand hatte mehr Zeit, sich mit ihrem Tod oder mit dem ihres hübschen Königs zu beschäftigen. Europa hatte zwischen 1927 und 1932 ganz andere Sorgen ...

IX.

DIE FREUNDINNEN DER DIKTATOREN
EIN EPILOG

Was im neunzehnten Jahrhundert und in Bayern nicht mehr blutige Köpfe kostete als das alljährliche Oktoberfest, das ging im zwanzigsten Jahrhundert mit bitterem Ernst zu Ende. Mochte es auch noch einzelne Monarchien geben, die Zeit der Mätressen war offensichtlich vorüber.

Der letzte König, der sich nachdrücklich zu einer Mätresse bekannte, war Carol II. von Rumänien; die letzte Frau, die man eine große Mätresse nennen darf, war Helene Wolf, bekannt unter der rumänischen Namensform Lupescu, seit 1947 Prinzessin Helene, seit 1953 Witwe eines Exkönigs. Aber zu welch einer unsinnigen Tragikomödie wird dieser Versuch einer königlichen Diktatur, einer Despotie auf dem Hintergrund eines gärenden Kontinents! Mit welcher Verachtung und Rücksichtslosigkeit gehen die Großmächte über diesen Monarchen und seine Freundin hinweg, und welche Satire auf das Königtum wäre bitterer als die Flucht Carols II. und der Lupescu von einem Land zum andern, von der Sowjetunion ignoriert, von den faschistischen Ländern bedroht, von der sogenannten freien Welt verhöhnt und drangsaliert. Größe, Mut und Umsicht zeigt inmitten dieses brodelnden Untergangs nur noch Helene Lupescu, *une femme éminente d'une petite époque*, wie einer ihrer Gegner sagte: eine bedeutende Frau in einer unbedeutenden Epoche.

Helene Wolf-Lupescu

Carol II. war der dritte König Rumäniens, aber der erste, der im Lande geboren worden war und von Kind auf Rumänisch sprach. Er trug den Namen des ersten Königs von Rumänien, eines Prinzen aus dem katholischen Hause Hohenzollern-Sigmaringen, der sich in langer Regierungszeit große Verdienste um das gefährdete Balkanreich erworben hatte. Seine Frau, eine Prinzessin zu Wied, hatte unter dem Pseudonym Carmen Sylva europäischen Dichterruhm erlangt.

Als Carol I. 1914 ohne lebende Nachkommen starb, wurde sein Neffe als Ferdinand I. König von Rumänien, und Prinz Carol avancierte zum Kronprinzen. Daß er wenig von seinem Onkel Carol I. hatte, konnte man dem jungen Prinzen nicht verargen; dieser Hohenzoller war eben ein Glücksfall für ein Land gewesen, dessen Probleme mit jenen Deutschlands herzlich wenig gemein hatten. Aber Kronprinz Carol hatte auch sehr wenig von seinem Vater, dem bedächtigen, ein wenig melancholischen, aber behutsam und intelligent regierenden Ferdinand, der immerhin zwei brennende Fragen – die Agrarreform und das Judenproblem – mit Glück zu lösen unternommen hatte.

Prinz Carol

Trotz seiner Potsdamer Erziehung war Prinz Carol leichtfertig, emphatisch, unausgeglichen und schwer zu lenken. Von seiner Mutter, einer englischen Prinzessin, hatte er mehr Leichtsinn und Lebenslust geerbt, als sich mit den Aufgaben vertrug, die auf ihn zukamen, und er wartete nicht bis zu seinem Regierungsantritt, um dies der Welt zu zeigen.

Nach einer Reihe kleinerer Amouren, die im leichtlebigen Bukarest niemand bedenklich fand, schloß Prinz Carol eine erste morganatische Ehe. Es war in den turbulenten letzten Wochen des Ersten Weltkriegs, sein Vater und auch die Königin kämpften verzweifelt um die Wiederaufrichtung des schwer angeschlagenen, ja militärisch blamierten Staates, Prinz Carol aber reiste, als gehe ihn das alles nichts an, mit seiner Erwählten, der Tochter eines rumänischen Generalstabsoffiziers, nach Odessa.

Sie hieß Jeanne-Marie-Valentine Lambrino, war hübsch und

munter und mit einer passenden Anzahl appetitlicher Rundungen ausgestattet; ihre vielen Freunde nannten sie zärtlich Zizi. Der Thronfolger wandte sich in Odessa sogleich an den deutschen Kommandanten (an dieser Front hatten ja die Deutschen gesiegt), und der zackige Major von Kessler ebnete dem Hohenzollernstämmling alle Wege. Im November 1918, dem düstersten Monat eines ausgebluteten und hungernden Kontinents, ließen sich Prinz Carol von Rumänien und Zizi Lambrino im hastig geschmückten Speisesaal des Hotels Bristol von Odessa trauen.

Zizi Lambrino

Das war die erste Eigenwilligkeit, die erste größere Frauenaffäre und der erste Thronverzicht Carols. Dem energischen Ministerpräsidenten Bratianu gelang es zwar, schon wenige Tage später Carols Einverständnis zu einer Nichtigkeitserklärung dieser Ehe zu erlangen und Zizi Lambrino mit einer Apanage von 110 000 Goldfrancs nach Paris zu expedieren. Aber für die Karriere des Thronfolgers war damit dennoch das Vorzeichen gegeben. Er sollte einer jener Herrscher werden, bei denen zwischen Thron und Land immer eine Frau steht.

Während Königin Mary, in Rumänien ein wenig verächtlich »die Engländerin« genannt, auf den Pariser Friedenskonferenzen Stimmung für ein großes Rumänien macht, erweist sich auch Nicola, der zweite Sohn, als ungeeignet für die Thronfolge, und da die in Deutschland lebenden Vettern aus dem Hause Hohenzollern-Sigmaringen kein Verlangen zeigen, auf den Thron jenes Landes zu klettern, das sich im Weltkrieg nicht viel besser benommen hat als Italien, müssen Ferdinand und Mary doch auf Sohn Carol zurückgreifen, wenn der rumänische Thron nicht an eine andere Dynastie übergehen soll.

Man arrangiert ihm eine Ehe mit Prinzessin Elena von Griechenland, einer klugen und charaktervollen Frau, die unverdient in das Unglück ihres Lebens gerät. Sie bringt zwar den Sohn und Thronfolger Michael zur Welt, doch dann zeigt sich, daß Carol nur wenige Jahre nach der Affäre Lambrino eine neue »feste« Verbindung eingegangen ist. Noch ahnt niemand die Bedeutung dieser Tatsache. Die Königin glaubt, mit dem alten Rezept Erfolg zu haben; hatte Carol seine Zizi während einer Weltreise vergessen, so würde er vielleicht die neue Geliebte verlassen, wenn ihm abermals starke Eindrücke geboten werden. Kronprinz Carol fährt als Abgesandter Rumäniens zum Begräbnis seiner Großtante, der Königin Alexandra von Großbritannien.

Aber die Reise hat eine ganz andere Wirkung, als die sonst so kluge Königin erwartet hatte; Carol sieht in London das mächtigste noch regierende Königshaus, und selbst das, was ihm in Windsor-Castle gezeigt wird, mutet ihn unsäglich verstaubt, zukunftslos und jedenfalls sehr wenig verlockend an. Statt nach Bukarest zurückzukehren, begibt er sich nach Italien, veranlaßt seine Geliebte, heimlich zu ihm zu stoßen, und sendet abermals eine Thronverzichts-Erklärung an seine geplagten Eltern und an die rumänische Regierung.

Nun war es wieder Ernst; die Weltpresse brachte schon Schlagzeilen über den Skandalprinzen, und König Ferdinand wütete gegen seine Polizei, die sich von einer Frau hatte täuschen lassen und ihr die Ausreise nicht verweigern konnte. In diesem Augenblick begann man auch, sich für die Frau selbst zu interessieren, die doch wohl mehr sein mußte als ein Abenteuer, mehr als ein appetitliches Pflänzchen aus der Bukarester Lebewelt. Und da zeigte sich, daß man sehr wenig Sicheres von dieser Frau wußte.

Ungelöste Rätsel Weder ihr Vorname noch ihr Familienname ist unumstritten. Sie soll Magda, vielleicht auch Martha geheißen und sich den Namen Helene selbst beigelegt haben; ihr Familienname habe eigentlich Wolf gelautet und sei von ihrem Vater rumänisiert worden. Über eine erste Ehe wurde gemunkelt, doch wußte niemand, ob ihr Gatte ein Photograph namens Posmantiv oder ein Offizier namens Tampeano gewesen sei; fest stand nur, daß sie nun geschieden war.

Als ihr Geburtsjahr wird 1896 angegeben, wonach sie drei Jahre jünger wäre als Carol, aber schon der Geburtsort ist wieder unsicher. Manche Quellen behaupten, sie sei im Ghetto von Jassy zur Welt gekommen, der alten Hauptstadt der Moldau unweit des Flusses Pruth, wo ihr Vater als Apotheker oder Geldverleiher lebte, nach anderen war es Bukarest. Jedenfalls war sie bei ihrem ersten Auftreten in der Bukarester Gesellschaft eine attraktive rothaarige Jüdin, sichtlich gut erzogen, aus wohlhabenden Verhältnissen stammend, gebildet und mit jenem Charme begabt, gegen den bis heute noch kein Kraut gewachsen ist.

Mit dieser Frau war Carol in Italien und Frankreich unterwegs, während man in Bukarest die Hände rang. An ihrer Seite gab er in Paris Interviews, mit ihr lebte er glücklich in einer Zweizimmerwohnung und genoß, so gern er früher Uniform und Orden getragen hatte, das zivile, namenlose, ungebundene Leben in einer echten Metropole.

Bohème-leben in Paris

Doch bald trat eine seltsame Wendung ein. Als habe erst das ungestörte Zusammensein mit dieser geistig überlegenen Frau wirklich einen Mann aus ihm gemacht, begann Carol sich entgegen allen Versicherungen wieder für rumänische Politik zu interessieren. Die wachsenden Schwierigkeiten des so plötzlich vergrößerten und mit Minderheiten belasteten Landes ließen ihn nicht gleichgültig. Der Tod des Vaters schuf vollends eine Lage, in der ganz Rumänien auf Carol blickte, da der an seiner Statt eingesetzte Thronfolger, sein Sohn Michael, noch ein Kind war und der Regentschaftsrat offensichtlich mit den Schwierigkeiten nicht fertig wurde.

1930 war es dann soweit. Unterstützt von nationalen Kreisen, kehrte Carol auf ziemlich abenteuerliche Weise nach Rumänien zurück, begnügte sich nicht mit der Regentschaft für Michael, sondern machte sich wieder zum König und – holte auch bald, entgegen allen Versicherungen, die zunächst im Ausland zurückgelassene Madame Lupescu nach Bukarest. Es zeigte sich, daß er allerlei gelernt hatte in der Fremde, bloß nicht das Richtige. Als Thronfolger im Exil hatte er Machtträumen nachgehangen und dabei auf den eindrucksvollsten Diktator jener

Jahre gestarrt, auf Benito Mussolini. Was jenem Redakteur in Italien gelungen war, mußte ihm, dem legitimen Herrscher, in dem kleineren Rumänien doch erst recht gelingen!

Aber Carol war nicht Mussolini, und die Dinge lagen in Rumänien doch wohl noch komplexer als in Italien. Carol war bisweilen zu energisch, in anderen Fällen wieder zu unentschlossen, er versuchte nach 1933 das gewagte Spiel, mit dem Westen *und* mit den Diktatoren im Gespräch zu bleiben und forderte durch seine Hofhaltung wie durch sein Privatleben die Kritik der Öffentlichkeit heraus.

Die rote Villa Vor allem das geschäftige Treiben der Magda Lupescu war es, das die Erneuerungsbewegung der *Eisernen Garde* unter dem asketischen Studenten Codreanu auf den Plan rief und schnell wachsen ließ. Denn statt sich in ihrer Villa still zu verhalten und nur für den König dazusein, machte die Lupescu dank ihrer Intelligenz und ihres ungezügelten Erwerbstriebes dieses Haus, genannt »die rote Villa«, bald zu einem Zentrum der Korruption. Sie und ihre Geschäftsfreunde, ein Bankenkonsortium und ein paar Minister, hatten sehr bald die eigentliche Regierungsgewalt im Land, und obwohl sich Rumänien im Lauf seiner Geschichte sehr viel Korruption hatte gefallen lassen müssen, so war das Volk nun doch nicht mehr bereit, eine so gewinnsüchtige Mätresse zu dulden.

Die Juden, denen erst Ferdinand I. die Gleichberechtigung gegeben hatte und für die Magda Lupescu sehr viel tat, begannen sie zu hassen, denn sie ahnten, daß diese nun so einflußreiche Jüdin einen allgemeinen Judenhaß auslösen oder den in Rumänien nie ganz bedeutungslosen antisemitischen Kreisen neue Möglichkeiten der Propaganda schaffen werde.

Vermutlich wären die Eiserne Garde und mit diesem Rückhalt auch Marschall Antonescu sogar ohne deutschen Druck und ohne das Beispiel der deutschen Judenverfolgungen an die Macht gelangt. Angesichts der allgemeinen Entwicklung in Europa und der schweren außenpolitischen Rückschläge seines Landes hatte Carol II. jedoch nicht die geringste Chance. Das

Volk hatte seinen alten Haß gegen die Rumänien ausbeutenden Phanarioten auf die Juden übertragen und machte, wenn schon nicht Carol selbst, so doch die Lupescu für alles Unglück und für die einschneidenden Gebietsverluste verantwortlich. Während jeder Nachbar ein Stück Land an sich brachte, Bulgarien die Dobrudscha, die Sowjetunion Bessarabien und Ungarn Teile Siebenbürgens, kämpfte Carol einen aussichtslosen Kampf um einen Schatten von Macht. Nicht einmal eine rein repräsentative Rolle wurde ihm zugestanden, nicht einmal die Rechte der Ordensverleihung, Münzprägung und des Empfangs von Gesandten...

Was die Lupescu schon einmal als Beinahe-Unbekannte geschafft hatte, gelang ihr noch einmal inmitten einer kochenden Stadt, in der Tausende sie zu lynchen wünschten. Sie entrann den Beobachtern der Eisernen Garde, ersetzte die echten Gemälde ihrer Luxuswohnung durch (vorbereitete) Kopien, nahm Schmuck im Wert von Hunderten von Millionen Mark mit und erreichte verkleidet den Sonderzug, mit dem Carol unter Flüchen und Schüssen im letzten Augenblick über die Grenze bei Temesvar rollte...

Das Paar hatte seine Zweisamkeit wieder; auch an Geld fehlte es nicht, denn Madame hatte vorgesorgt und Monsieur le Roi hatte Briefmarken gesammelt, ein Hobby, das man jedem König wärmstens empfehlen kann, wenn man liest, wieviel Carol bei vorübergehender Geldknappheit für einige Quadratzentimeter schwedischen Papiers, eine Briefmarke aus dem Jahr 1855, auf einer Auktion in New York erlöste. Zeitweise erwies sich Madame auch als zu aktiv, in Mexiko zum Beispiel, wo *er* sich um königliche Ehren bemühte, während *sie* Beteiligungen an Fischerei- und Filmgesellschaften erwarb, und das alles, ehe auch nur die Aufenthaltsbewilligung geklärt war.

Die rettenden Briefmarken

Schließlich aber landeten sie beide, der König nicht mehr ganz so strahlend und selbstsicher, die Dame nicht mehr ganz so jugendlich, aber unvermindert tätig und von den besten

Schneidern gekleidet, in dem kleinen Hafenstädtchen Cascais, dessen Hotel-Anhängsel Estoril inzwischen zum letzten Hafen einer ganzen Anzahl ehemaliger Potentaten mit und ohne Mätressen geworden war. Dort hatte Exkönig Carol seinen ehemaligen grimmigen Gegner, den Reichsverweser Horthy von Nagybanya, als Nachbarn und das Schicksal Umbertos II. zum Trost; dort konnte seine prächtige Villa *Mar y Sol* mit der Villa Giralda des Grafen von Barcelona rivalisieren, wie sich der spanische Thronprätendent in vornehmer Zurückhaltung nannte, und man frequentierte andere Prätendenten mit etwa gleichen Chancen wie Carol, nämlich den Grafen von Paris und den gelegentlich in Dafundo bei Estoril auftauchenden Erzherzog Otto von Habsburg. Selbst Magda-Helene Lupescu wurde hoffähig, zumindest für diese Exilhöfe im schönen Estoril, denn Carol hatte in einem geeigneten Augenblick in Rio de Janeiro eine unanfechtbare Ehe mit ihr geschlossen...

Die letzte der großen Mätressen

Prinzessin Helene war demnach keine Mätresse mehr, sondern schlimmstenfalls eine unebenbürtige Gemahlin, um die Carol II. zweifellos trotzdem intensiv beneidet wurde. Denn die Prinzessin agierte, von ihrem neuen Rang keineswegs behindert, mit der gleichen Findigkeit wie einst in Bukarest. Sie erwarb Beteiligungen, veräußerte Aktienpakete, investierte und entlehnte und ersparte es ihrem geliebten Carol, noch weitere bunte Papierstückchen aus seiner Sammlung veräußern zu müssen. Sie, als die letzte der großen Mätressen, hat als erste die Richtung des Goldstromes umgekehrt; während der König repräsentierte und seine Hobbies pflegte, brachte *sie* die Summen zusammen, die ein standesgemäßes Leben erst möglich machten.

Die historische Rolle König Carols II. steht hier nicht zur Diskussion, und angesichts der Ereignisse von 1944/45, die auch über stärkere Regierungen als die Rumäniens hinweggingen, wird die Geschichtsschreibung sich wohl kaum mehr viel mit ihm beschäftigen. Sicherlich lag ein Hauptgrund seines Mißerfolgs darin, daß er gegen den fähigsten Politiker Rumäniens in diesem Jahrhundert stand; wäre er nicht in Gegensatz zu Jonel Bratianu geraten, sondern hätte er sich die starke Begabung dieses Mannes zunutze gemacht, hätte er zwar eine geringere Rolle gespielt, aber vermutlich besser abgeschnitten.

Der zweite Grund für den katastrophenartigen Niedergang Rumäniens in dieser Herrschaftsperiode, Carols Duldung ausgesprochener Verbrechen, wie sie die Ermordung Codreanus und die zügellose Korruption darstellen, lag jedoch in Carols eigener Persönlichkeit, die sein Leibarzt Dr. Mamulea als die eines Trieb-Neurotikers qualifizierte. »Vergessen Sie nicht«, sagte Dr. Mamulea einmal zu General Averescu, dem damaligen Ministerpräsidenten, »daß in den Adern des Prinzen Carol deutsches, portugiesisches, französisches, englisches und russisches Blut pulsiert. Ein solches Sammelsurium von verschiedenstem Erbgut mit auseinandergehenden und sich widersprechenden Veranlagungen zwingt uns, nachsichtig zu sein und den Maßstab des Gewohnten beiseite zu legen. Vertraulich gesagt, müssen wir dies schon bei seinen Eltern tun, denn auch sie sind beide Trieb-Neurotiker. Was den Prinzen anlangt, so glaube ich, daß er an der nun einmal getroffenen Wahl *(d. h. an der Lupescu)* festhalten und damit das einzig Vernünftige tun wird, nämlich im Ausland zu bleiben.«

Gefährliche Mischung

Auch Averescus Antwort auf diese richtige Diagnose mit falscher Prognose ist uns überliefert. »Sie wissen«, sagte der General, »daß Trieb-Neurotiker unberechenbar sind und von Stimmungen wie Einflüssen stark abhängen. Was geschieht, wenn diese Frau in Paris ihren Einfluß auf den Prinzen dazu benützt, um ihre eigenen Wünsche und die Befriedigung ihres Ehrgeizes durchzusetzen? Ich fürchte nicht den Prinzen Carol, Herr Doktor Mamulea, ich fürchte diese Frau!«

Mit diesen ahnungsvollen Worten, in denen der Politiker sich dem Arzt an prophetischen Gaben überlegen erwies, begann die zwei Jahrzehnte währende Beschäftigung Europas mit »dieser Frau«, mit Magda Lupescu. Journalisten, die mit Vergleichen oft schnell bei der Hand sind, nannten sie bald eine

Fragwürdige Vergleiche

Pompadour, bald eine Dubarry Rumäniens, setzten sie aber auch zu der sanften La Vallière in Beziehung, was ein offensichtlicher Irrtum ist, oder zu Nell Gwynn, die sich für Politik so gut wie gar nicht interessierte und auch um ihren Geldbeutel erst kümmerte, wenn sie den Boden sah. Mit der Dubarry hat Magda Lupescu nur ein Endchen Schicksal gemeinsam, den Sturz in revolutionäre Wirren, die Flucht außer Landes, und wäre sie zurückgekehrt, wie es die Französin unbegreiflicherweise tat, wäre es der Lupescu zweifellos ebenso ergangen wie der Dubarry.

Als taugliche Parallele bleibt lediglich die zu der Marquise von Pompadour, die ihren schwachen König in politische Manöver verstrickte, denen das Land dann doch nicht gewachsen war; aber auch hier muß man sagen, daß Carols letzte Aktivität, der Besuch auf dem Obersalzberg und andere Demonstrationen, gegen den Willen der Lupescu geschahen. Sie hatte entschieden auf den Westen gesetzt und hätte damit die Karte der späteren Sieger gespielt.

Mussolini der Ältere

Während sich in Rumänien diese dynastische Tragikomödie vollzog, in der ein Erbe allzu gemischten Fürstenblutes vergeblich den Diktator zu mimen versuchte, hatte in einem anderen romanischen Staat, in Italien, eine junge Diktatur einen überraschenden Erfolg.

Benito Mussolini, der seit dem Oktober 1922 solche Macht ausübte, hatte unter seinen Vorfahren weder Könige noch Fürsten, und sein Name deutet darauf hin, daß eine Reihe von ihnen Weber gewesen sein müssen, denn diese nannte man nach dem zarten Stoff aus dem Orient *Musselini*.

Der Vater des Diktators hieß Alessandro und war eine jener Sonderlingsnaturen, die ihr Bildungsdrang zu den seltsamsten Wissensquellen treibt. Er war Schmied und hatte nie eine Schule besucht, aber er brachte sich selbst das Lesen bei, stürzte sich auf die um 1870/80 noch ziemlich spärliche und schwer zugängliche sozialkritische Literatur und begann sich in dem kleinen Ort Predappio bei Forlì bald als Revoluzzer zu gebärden. Hätte man seine großen Reden und Gebärden ernst genommen, so hätte er wohl sein ganzes Leben im Gefängnis verbracht; da man ihn für einen Halbnarren hielt, kam er mit relativ kurzer Haft davon und konnte 1882 sogar ein anständiges Mädchen heiraten: Rosa Maltoni, die Lehrerin des Ortes.

Von den drei Kindern des Paares waren zwei Söhne, und beide wurden natürlich nach Revolutionären benannt. Der Erstgeborene nach Juarez, dem Befreier Mexikos, der zweite nach Arnaldo di Brescia, der sich im zwölften Jahrhundert den Zorn der Päpste dadurch zugezogen hatte, daß er verlangte, sie sollten in Armut und Keuschheit leben, und der schließlich an einem römischen Galgen endete.

Benito Mussolini trug also den Namen eines Siegers, sein Bruder den eines Unterlegenen, eines Märtyrers. Benito wuchs in arger Armut auf; ein Schmied, der immerzu Bücher liest und Reden hält, schafft seiner Familie nicht viel Brot. Bei den Salesianern von Faënza kam Benito in eine harte Schule; er galt als Einzelgänger und liebte Tiere mehr als Menschen. Und da die Patres ihre Zöglinge je nach dem Pensionsgeld an drei verschiedenen Tischen speisen ließen, hatte Benito während seiner ganzen Werdezeit eine lebendige Illustration zu jenem Villon- oder Brecht-Wort vor Augen, das uns versichert, nur wer im Wohlstand lebt, lebe angenehm.

Bei den Salesianern

1901, im Alter von achtzehn Jahren, hatte er das Lehrerseminar hinter sich, erhielt jedoch verschiedene Absagen von jenen Gemeinden, in denen man seinen Vater gekannt hatte. In der Emilia, wo der Name Mussolini noch nicht mit Schwarmgeisterei und Sozialistenpropaganda in Verbindung gebracht wurde, durfte er dann an vierzig kleinen Jungen seine Fähigkeit, Befehle zu erteilen, praktisch erproben. Er entsann sich später, daß diese seine ersten Untergebenen ihm ohne Murren gehorchten...

Mussolini war klein geraten wie Napoleon und hatte in den Jahren der größten Ungeduld genauso wenig Geld wie der

297

große Korse, der als Leutnant ebenfalls jeden Sou umdrehen mußte. So wie Napoleon Bonaparte ernstlich erwog, in türkische Dienste zu treten (worauf man vermutlich ein islamisiertes Europa erlebt hätte), wollte der arme Lehrer Mussolini nach Amerika auswandern; aber selbst das Geld für eine Fahrkarte im Zwischendeck fehlte ihm. Also ging er in die Schweiz und lernte dort, da er nirgends Arbeit fand, noch tiefere Demütigung kennen als bei den Salesianern, denn im reichen Lausanne, inmitten der satten Schweizer Bürger und im Angesicht der Luxushotels mit den schönen, gutgekleideten Frauen, schien er der einzige Mensch zu sein, der sich nicht satt essen konnte. Neben dem Hunger regten sich in ihm ähnliche Wünsche, Drohungen und Ideen, wie sie seinen Vater ein Leben lang besessen hatten. Er arbeitete schließlich bei einem Fleischhauer und danach bei einem Weinhändler und bildete sich in Kursen und durch Broschüren vor allem auf dem Gebiet der Nationalökonomie weiter.

Angelika Bala- banoff

Seine ersten Liebesabenteuer – er hatte deren mehrere in der Schweiz – tragen den Stempel der Verzweiflung, der Auflehnung und der Lebensgier. Nur eine tiefere Neigung ist aus jener Phase zu verzeichnen, die Beziehung zu der russischen Nihilistin Angelika Balabanoff. Sie war älter und gebildeter als er, in ihrem Charakter aber ebenso schwierig wie der junge Himmelsstürmer. Sie brachte ihn nicht nur mit ihrem Kreis, Anarchisten und anderen emigrierten Umstürzlern, in Verbindung, sondern regte ihn auch an, Französisch zu lernen, Philosophen zu lesen und seine Erscheinung zu kultivieren. »Sie lebten miteinander, gingen auseinander, fanden wieder zusammen, beteten einander an, haßten einander, zerstritten sich, versöhnten sich... Eine russische Geschichte, wie sie im Buch steht« (Georges-Roux).

Nach einer ersten Publikation und antiklerikalen, ja antichristlichen Vorträgen wurde der redegewandte, selbstbewußt auftretende und begeisterungsfähige Jungmann vor den Karren einiger Linksbünde und Gewerkschaften gespannt und nach manchen Auseinandersetzungen mit der Polizei 1904 schließlich aus der Schweiz ausgewiesen. Der Vermerk »*lebenslängliche* Landesverweisung« verrät, daß zumindest die Schweizer dem jungen Mann keine ehrenvolle Zukunft prophezeiten.

Für einen italienischen Berufsagitator gab es damals kein lohnenderes Betätigungsfeld als das Trentino, jenen südlichsten Zipfel Südtirols, den Österreich damals wider besseres Wissen ebenso hartnäckig festhielt wie die Italiener heute Eisack-, Grödner- und Rienztal. Hier ging Mussolini von der mündlichen zur schriftlichen Agitation über, arbeitete in antiklerikalen Blättern und erwies sich als tüchtiger Redakteur, der die Auflagen in die Höhe trieb.

Obwohl eine Freundin aus jener Zeit, sie hieß Ida Dalser, wenige Jahre später, in Mailand, noch einmal in Mussolinis Leben auftauchte, war die herrschende Verbindung der Jahre 1909/10 schon die mit Rachele, der späteren Gattin. Aus dem Trentino ausgewiesen, war Mussolini nach Forli zurückgekehrt, in seine Heimat – ein Entschluß, der nach so hektischer Aktivität verwundern muß. Auch seine Tätigkeit erweckte den Anschein, als habe er sich von der politischen Journalistik zumindest distanziert. Er übersetzte Heines *Reisebilder* ins Italienische und schrieb einen Roman *Claudia Particella, die Geliebte des Kardinals*.

Romancier Mussolini

»Unsere Wohnung«, berichtet Donna Rachele, »befand sich in Forli in der alten Via Merenda. Sie bestand aus zwei kleinen Zimmern voller Flöhe mit Fenstern, die auf einen düsteren Hof gingen. Das Stiegenhaus war so eng, daß ich mich nur noch mit größter Mühe hindurchzwängen konnte, als ich schwanger geworden war. Benito hatte die Zimmer schlecht und recht möbliert: ein Bett, ein wackliger Tisch, zwei Sessel, ein Ofen, das war alles. Decken und Leintücher hatte er vergessen – ich mußte sie mir von meiner Mutter borgen.«

Das Kind, von dem Donna Rachele spricht, ist Mussolinis Tochter Edda. Sie kam 1910 zur Welt und gab zu verschiedenen Erwägungen und Gerüchten Anlaß, denn im Geburtsregister

Edda

findet sich, allen Naturgesetzen hohnsprechend, lediglich die Eintragung »abstammend von Benito Mussolini, Mutter unbekannt«. Da gemeinhin der Vater unbekannt, die Mutter den Behörden aber bekannt ist, vermuteten manche der ersten noch nicht das volle Material überblickenden Biographen ein Rätsel oder ein Geheimnis. Racheles ältere Schwester Augusta wurde als Mutter genannt, denn Mussolini hatte sich eine Zeitlang, wenn auch vergeblich, um das schöne Mädchen bemüht; ja selbst die Nihilistin Balabanoff wurde als Mutter der kleinen Edda angenommen, deren Gesichtszüge jegliche Diskussion über den Vater ebenso eindeutig ausschlossen wie die seltsame Eintragung ins Geburtsregister.

Etwa um die gleiche Zeit hatte Mussolini mit einer kleinen sozialistischen Wochenschrift *La Lotta di Classe* (Der Klassenkampf) zum erstenmal Gelegenheit, seine von der marxistischen Doktrin und den Methoden der italienischen Sozialistenführung abweichenden Ideen vor allem über Streik, Revolution und das Schicksal der Massen darzulegen. Er las Machiavellis »Fürsten« und erregte auch durch sein rednerisches Auftreten vor dem Parteitag der Sozialisten in Reggio d'Emilia Aufsehen.

In den großen politischen Kampf trat Mussolini jedoch erst im November 1912, als er die Leitung des Mailänder Sozialistenblattes *Avanti* übernahm. Er wohnte bezeichnenderweise am *Foro Bonaparte*, kümmerte sich aber um seine kleine Familie – die nicht angetraute Rachele und die nicht getaufte Edda – weit weniger als um den *Avanti*, dessen Auflage sich binnen kurzer Zeit mehr als verdoppelte. Trotz dieser starken Anspannung und obwohl der Dreißigjährige alle seine Energien in die Arbeit fließen ließ, fällt in die Mailänder Zeit Mussolinis Begegnung mit seiner ersten wichtigen Mätresse, mit Margherita Sarfatti.

Margherita Sarfatti

Er kannte sie eine Weile, ehe die Beziehungen enger wurden, und es läßt sich, da ein Großteil seiner privaten Aufzeichnungen verlorengegangen ist, nicht mehr genau ermitteln, wann der Einfluß dieser intelligenten, gebildeten und energischen

Frau auf den jungen Redakteur begann, so daß ihr Anteil an der entscheidenden Wendung, die sich in Mailand vollzog, lediglich aus ihren eigenen Mitteilungen bekannt ist.

Als im August 1914 der Erste Weltkrieg ausbrach, war Mussolini noch, getreu den sozialistischen Richtlinien, für strikte Neutralität Italiens. Das hatte nichts mit Vertragstreue oder Sympathie mit den Mittelmächten zu tun; die Leute vom *Avanti* waren eben Sozialisten und gegen den Krieg. Nach dem französischen Sieg an der Marne wagten sich jedoch in Italien einige Stimmen für die lateinische Schwester hervor, wie man Frankreich nannte. Vor allem die Intellektuellen der Linken fanden, daß der preußische Militarismus und das habsburgische Kaisertum die Freiheit bedrohten, wenn sie das Land der Menschenrechte angriffen.

August 1914

Als Mussolini im Herbst 1914 solche Gedanken anklingen ließ und im *Avanti* andeutete, daß man eigentlich Frankreich zu Hilfe kommen müsse, wurde er von der Parteileitung streng zur Ordnung gerufen. In Frankreich aber hatte man seine Artikel um so aufmerksamer studiert und war über Mussolini offenbar auch gut unterrichtet. Nach Georges-Roux, der diese wichtige Phase im Leben Mussolinis als erster überzeugend dargestellt hat, waren es Camille Barrère, Ex-Revolutionär und Botschafter Frankreichs in Rom, und der damalige Sozialist, später prominente kommunistische Abgeordnete Marcel Cachin, die Mussolini in dieser Schicksalsstunde seiner Karriere den Rücken stärkten und ihm die Mittel zur Gründung eines eigenen Blattes zur Verfügung stellten.

Damals wie heute gibt es nicht viel, was gewagter und kostspieliger wäre als die Gründung einer Tageszeitung. Der am 15. November 1914 erstmals erschienene *Popolo d'Italia* hatte nicht einmal eine Partei hinter sich, sondern lediglich einen Mann: Mussolini. Die Zeitung war zuerst da; sie zog Leser an – erst 30 000, dann 80 000, schließlich 90 000 –, sie schuf ein Milieu der Dikussion, und aus diesen Diskussionen erst entstand jene Ideologie, die man später die faschistische nannte.

Sie war sehr lang vage, nirgends festgelegt oder gar überblickbar, weil Mussolini als Praktiker und Kämpfer mehr für die Parolen als für die Systeme übrig hatte. Aber unter dem Einfluß zweier Menschen an seiner Seite nahm der Faschismus endlich auch geistige Gestalt an, unter dem Einfluß des Dichters Gabriele d'Annunzio – eines parfümierten Weiberhelden mit unfehlbarem Sinn für Theaterwirkungen, aber einer Art Condottieri-Mentalität – und der scharfsinnigen Journalistin Margherita Sarfatti.

Alexandrinische Erbschaft

Die Familie Sarfatti entstammte der alten jüdischen Kolonie der Seestadt Alexandrien, in der sich ägyptische, arabische und griechische Einflüsse zu einer besonderen Mentalität vereinigt hatten; in Alexandria hatte man immer philosophiert, und schon seit dem Altertum waren auch die Frauen an den philosophischen Schulen beteiligt gewesen. Margherita kam aus einer Tradition, die dem verzweifelten Autodidaktenkampf des Schmiedes Mussolini völlig entgegengesetzt war, sich aber auch von der Nihilistenexistenz der Angelika Balabanoff abhob.

Margherita Sarfatti kämpfte nicht mehr um die Gleichberechtigung der Frau, sie war längst gleichberechtigt, ja überlegen, und Mussolini fühlte, daß er in ihr mehr als eine Freundin gewonnen hatte. Sie erschloß ihm Möglichkeiten, die ihm noch lange, vielleicht für immer verwehrt geblieben wären. Sie brachte ihn nicht nur mit intellektuellen Milieus in Verbindung – das wäre dem energischen Chefredakteur auch ohne sie gelungen –, sie vollbrachte vor allem das Kunststück, den Intellektuellen etwas zu bieten, sie an Mussolini und seiner sich langsam bildenden Bewegung zu interessieren.

Ihr Sprachrohr war die Zeitschrift *Gerarchia* (Hierarchie), die also schon im Titel jene Absage an die sozialistische Gleichmacherei wagte, zu der Mussolini selbst im *Popolo d'Italia* noch nicht vorgedrungen war. Mussolini war nur nominell der Herausgeber des Blattes, das ganz die Schöpfung der Sarfatti war, ja vielleicht sogar als Idee auf sie zurückgeht. Außer gelegentlichen Artikeln beteiligte sich Mussolini nicht an ihrer Arbeit, und so war es eine Geliebte des Mannes aus Predappio, eine Mätresse des kommenden Duce, der es überlassen blieb, die Grundideen und Leitgedanken des italienischen Faschismus zu formulieren, nach dem sich die faschistischen Bewegungen anderer Staaten dann ausrichteten.

In der chaotischen Lage der ersten Nachkriegsjahre gewannen alle Bewegungen, die sich auf die Seite der Ordnung stellten, schnell an Sympathien, denn das Chaos ist letztlich doch unbequem, unbeliebt und für Bauern wie Handwerker von Nachteil. Angesichts der bürgerlichen Schwäche, der energielosen Staatsführung und der Übergriffe auf der linken Seite gelang Mussolini ein Coup, der an sich ebenso chancenlos war wie d'Annunzios Handstreich auf Fiume – der Marsch auf Rom. In einem Land, das nur Ordnung brauchte, um wieder mit der Arbeit und dem normalen Leben beginnen zu können, hatte Mussolini erstaunliche Anfangserfolge und überstand sogar die Krise des Jahres 1924, in dem der häßliche Mord an Mateotti die Welt gegen die Faschisten aufbrachte.

Trotz sehr viel Arbeit, Anspannung und Krisen hatte Mussolini immer wieder Abenteuer. Donna Rachele war nun endlich seine angetraute Ehefrau, ja der Bund war sogar kirchlich gesegnet worden, aber ganz Italien munkelte von immer neuen Amouren des starken Mannes. Sie waren ihm zweifellos nicht das Aushängeschild, das der Kraftmensch auch dann braucht, wenn er sich ohnedies auf einem Feld weithin sichtbarer Aktivität bewegt, sondern ein echtes Bedürfnis. Die wenigsten erfuhren Genaues, besonders Donna Rachele scheint sehr oft nichts gewußt zu haben, und manche der Erwählten kamen von weit her wie jene stattliche Blondine, Tochter eines Versicherungskaufmanns aus Konstantinopel, die auffällig oft mit dem Flugzeug zwischen dem Goldenen Horn und der Ewigen Stadt hin- und herpendelte, oder wie Magda Fontanges, die aus Paris nach Rom reiste, um das ehrgeizige Pseudonym zu begründen, das sie sich für ihre Doppelkarriere als Journalistin und als Kurtisane erwählt hatte.

Pendelverkehr mit Istanbul

Magda Fontanges

Madeleine Coraboeuf, wie sie mit ihrem bürgerlichen Namen hieß, hatte einige nicht alltägliche Erfahrungen hinter sich, als sie Mussolini zum erstenmal gegenübertrat. Sie hatte sich offenbar schon als Mädchen gesagt, daß ihre Schönheit ihr helfen würde, an die Männer heranzukommen, deren Umgang für eine junge Journalistin förderlich sein mußte, und sie wurde, kaum erwachsen, die Geliebte des alten Pressehasen und großen Politikers Georges Clemenceau, des Tigers, auf dem Höhepunkt seiner Karriere während der Friedensverhandlungen nach dem Ersten Weltkrieg. Andere Prominenzen folgten, und es scheint, daß sie nicht nur bei der ersten Garnitur geblieben ist, denn sie war zum Beispiel in den Gängen des Völkerbundpalastes in Genf bekannter als das Blatt, das sie dorthin geschickt hatte, der Pariser *Ami du Peuple*.

Mit ihrem großen Vorbild, der jungen und jung verstorbenen Mätresse Ludwigs XIV., hatte Magda Fontanges damals nur eines gemein: einen Körper von so aufsehenerregender Vollkommenheit, daß auch sehr verwöhnte Lebemänner aus diplomatischen und Adelskreisen sich ihren Avancen nicht verschlossen. Sie war eine der bestunterrichteten Klatschkolumnistinnen der politischen Bühne und wurde schließlich, unmittelbar nach dem Abessinienkonflikt, von ihrem Blatt nach Rom entsandt, um Mussolini zu interviewen.

Da sie ausgezeichnet Italienisch sprach, gab es keinen Dritten bei diesem Gespräch, das durch seine Dauer von etwa einer Stunde Sensation machte, obwohl die Beziehungen zwischen Italien und Frankreich damals ausgezeichnet waren. Mussolini soll die hübsche Journalistin noch am gleichen Abend in eine kleine Villa eingeladen haben, die er als Maison de Rendezvous zu benützen pflegte, und ihr nach einem Tête à tête eröffnet haben, daß sie – mit einer großzügigen Rente ausgestattet – dort leben könne; er werde sie besuchen, sooft er dazu die Zeit finde.

Für eine intelligente und nicht mehr ganz junge Frau – die Fontanges muß damals Mitte Dreißig gewesen sein – war das die große Chance. Das Verhältnis des Duce zu Clara Petacci war zwar bereits bekannt, aber erst wenige Jahre alt, und niemand konnte annehmen, daß er für immer bei ihr bleiben würde. Eine sensationelle Laufbahn wartete auf Magda Fontanges, die das Zeug in sich fühlte, eine große Mätresse zu werden und damit die erste Frau, die einen Diktator zu beeinflussen imstande war.

Wäre sie noch so jung gewesen wie in ihrer Beziehung zu Clemenceau, so hätte sie dieses Ziel vielleicht auch erreicht; Mussolini hatte eine starke Affinität zu Frankreich und eine unvergessene Beziehung zu Magdas Beruf, der Journalistik, dem Milieu, das ihn selbst groß gemacht hatte und aus dem seine klügste Geliebte, die Sarfatti, gekommen war. Aber die Vergangenheit Magdas wog allzuschwer. Hatte Dino Alfieri sich auf eigene Faust über sie informiert oder hatte – wie behauptet wird – tatsächlich Louis-Charles Comte de Chambrun, Frankreichs vornehmer Botschafter in Rom, jene Liste von Magdas Amouren geliefert, die den Duce so erboste: die heftige Neigung Mussolinis zu der schönen Französin währte jedenfalls nur wenige Wochen*. Sie mußte Italien verlassen, ohne daß sie sich vor Mussolini rechtfertigen durfte, der vielleicht tatsächlich eine ihrer großen Leidenschaften war. Eine Frau wie sie war zweifellos auch über den Intellekt zu beeindrucken, so daß sich auch ein bewußt inszeniertes Abenteuer, von dem sie sich nur berufliche Vorteile erwartete, schnell in Liebe wandeln konnte. Für sie stand jedenfalls fest, daß es Frankreich selbst war, das sie um die Palme des Erfolges, um die Rolle der großen Mätresse in Rom gebracht hatte, und als sie einige Monate darauf Chambrun zufällig begegnete, zog sie einen Revolver aus dem Handtäschchen, schoß auf den Diplomaten und verletzte ihn...

Mit dieser Verzweiflungshandlung gegen den Menschen, der ihrer Meinung nach ihr Leben zerstört hatte, begann ein

War sie eine Agentin?

---

* Chambrun soll die Fontanges für eine Agentin des *Deuxième Bureau* gehalten und als Gegner solcher Methoden das Spiel der eigenen Spionage absichtlich durchkreuzt haben.

schneller Abstieg, der sie in die Hände verschiedener Geheimdienste führte. Nach allen Abenteuern zwischen Résistance und Gestapo, die diese Frau in den folgenden Jahren noch auf sich nahm, muß man es als ein Wunder bezeichnen, daß sie arm aber unbehelligt in Genf alt werden durfte. Es war jedoch ein nur äußerlicher Frieden, ja vielleicht sogar zuviel der Ruhe und Abgeschiedenheit für einen Menschen, der sein Leben in den Brennpunkten des Geschehens zugebracht hatte. Im Oktober 1960 starb Magda Fontanges, geborene Corabœuf, doch noch den Tod der aufgegebenen Agentinnen, der verlassenen Geliebten, der gealterten Kurtisanen: sie vergiftete sich mit Schlaftabletten.

Clara Petacci

So dramatisch dieses Schicksal auch verlief, im Leben Mussolinis hat es keine Spuren hinterlassen. Trotz dieser und anderer einst vielbesprochener Erlebnisse ist Mussolinis Geliebte der großen Zeit doch eindeutig Clara Petacci. Sie hat diese Hauptrolle nicht nur jahrelang unangefochten behalten, sondern ihre Verbindung zu Italiens *Duce* auch dadurch besiegelt, daß sie an der Seite des gestürzten Diktators in den Tod ging. Ihr Name und der seine sind dadurch auch für den Geschichtsschreiber der Epoche für immer vereint.

Clara Petacci kam aus gutbürgerlichem Milieu; ihr Vater, Professor Francesco Petacci, war einer der bekanntesten Ärzte Roms und zeitweise Leibarzt des Papstes. Clara, meist Claretta genannt, verriet schon als Mädchen Temperament und künstlerische Neigungen bei guter, wenn auch nicht überragender Intelligenz. Sie malte hübsche Aquarelle und schrieb immer wieder Gedichte von verspielter Melancholie, die vage Sehnsüchte deutlicher spiegelten als echte Depressionen und erst in der Rückschau für uns, die wir ihr Schicksal kennen, wie Ahnungen jenes brüsken Lebensendes erscheinen wollen.

Für Mussolini hegte Claretta, wie Tausende anderer junger Italienerinnen, eine schwärmerische Neigung. Als Zwanzigjährige, im Jahr 1932, soll sie eine erste flüchtige Begegnung mit Mussolini gehabt haben, der ja fast stets galant und so offensichtlichen Huldigungen hübscher Weiblichkeit zugänglich war. Zu einem gefestigten Verhältnis kam es jedoch erst Jahre später, und auch dann war Clara Petacci keineswegs das, was man gemeinhin unter der Geliebten eines Staatslenkers versteht. Inmitten eines katholischen Volkes, an der Seite eines zumindest im Ausland stark diskutierten Staatsmannes und Parteiführers, in einem Jahrhundert, in dem die Presse bereits eine ungeheure Macht hatte, eine Macht, die gerade Mussolini sehr gut kannte, gab es für Claretta und Mussolini nur das kleine Glück im Verborgenen.

Sorgfältiger als jeder seiner Untergebenen mußte Mussolini darauf bedacht sein, keinen Anstoß zu erregen, vor allem auch, um Donna Rachele, seiner Frau, einen Skandal zu ersparen. Eine Scheidung hätte es in Italien schließlich auch für den Duce nicht gegeben. Die Zeiten, da ein Heinrich VIII. die Kirche reformieren konnte, um sich eine Frau nach der anderen nehmen zu dürfen, lagen Jahrhunderte zurück. Der Mann, der in Italien mehr Macht genoß, als irgend jemand vor ihm in diesem Land besaß, mußte sich lange auf verschwiegene Badefeste an der Adria beschränken, auf heimliche Besuche in einer zwar komfortablen, aber nicht sonderlich aufwendigen Villa, und ließ erst nach Jahren, als ohnedies schon alle Welt Bescheid wußte, diese Rücksichten nach und nach fallen.

Claretta hatte sich zu einer jener schönen Brünetten entwickelt, die seit jeher als der Inbegriff der begehrenswerten Italienerin galten. Sie war sportlich eingestellt, eine hervorragende Schwimmerin, und verdankte dieser Neigung eine ausgezeichnete Figur. Ihr ausdrucksvolles Gesicht wurde von dem Blick ihrer dunklen Augen bisweilen leidenschaftlich belebt, und da sie an Mussolini in echter und tiefer Liebe hing, kamen die Krisen dieser Beziehung nur von außen.

Porträt der Petacci

Claretta war weder durch Bildung noch durch Neigung zu einer ernsthaften Beschäftigung mit der Politik befähigt; sie sah Mussolinis eigentliche, politische Existenz nur als liebende Frau, und in allem, was über die beiden hereinbrach, traf sie stets die Trennung von Ben, wie sie ihn nannte, am tiefsten. Nach seinem Sturz im Jahr 1943 war Mussolini Gefangener Badoglios, und auch die Petacci hatte man verhaftet. Daß deutsche Fallschirmjäger Mussolini befreiten, erfuhr die ganze Welt; daß ein deutsches Kommando auch Claretta Petacci aus dem Gefängnis holte, in das man sie geworfen hatte, ist nur wenigen bekanntgeworden.

Kurzes Glück am Gardasee

Während die alliierten Truppen nach Landungen an verschiedenen Stellen sich langsam den italienischen Stiefel hinaufkämpften, hatten Mussolini und seine Geliebte am Gardasee noch eine kurze Zeit überschatteten Glücks. Noch immer mußten sie einander heimlich besuchen, nun nicht mehr wegen der Kritik in der italienischen Öffentlichkeit, sondern wegen Donna Rachele, die mit Mussolini die Villa Feltrinelli in Gargnano bewohnte. Claretta hatte ein Domizil in Gardone gefunden, und Mussolini legte die kleine Distanz trotz der schweren Sorgen dieser Wochen so oft zurück, als er nur irgend konnte. Diese Intensität einer für ihn späten Liebesbeziehung soll dem Duce nicht nur gesundheitlich geschadet haben; sie ist wohl auch der Grund dafür, daß beide, in ihre verzweifelte Zweisamkeit versponnen, keinen schlüssigen Plan für ihre Rettung ausarbeiteten. Denn wenn ein Mussolini auch nicht so untertauchen konnte wie die klugen Hintergrundfiguren, die Ränkeschmiede vom Typus Bormann, so hätte er sich doch zweifellos seinen gefährlichsten Gegnern, den Feinden im eigenen Land, rechtzeitig entziehen können.

Keine Phase im Leben des Diktators ist so häufig dargestellt worden wie diese letzten Wochen seiner schon gescheiterten Existenz und das merkwürdige, wie schicksalhafte Ende jener zehntägigen Irrfahrt in den Tod. Am 18. April 1945 brach Mussolini aus Gargnano auf, aber nicht etwa nach Norden, über die Pässe nach Deutschland, was zu jenem Zeitpunkt auch einer kleinen Schar mit wenigen Waffen bei einiger Courage noch möglich gewesen wäre, sondern nach Mailand, mitten hinein in den Hexenkessel der Lombardei.

Daß die Stadt, die seinen Aufstieg gesehen hatte, ihm in diesem Augenblick noch eine reale Chance bieten würde, konnte Mussolini nicht annehmen. Er verfügte über keine Macht mehr, und seine persönliche Schutztruppe von Schwarzhemden und SS-Leuten war in der gärenden Millionenstadt weniger wert als überall sonst. Während die Deutschen Verbindung mit den Alliierten und mit den Partisanen aufnahmen, um ihre Truppen ohne Menschenverluste über die Alpen führen zu können, verlor Mussolini entscheidende Tage in fruchtlosen Diskussionen und Verhandlungen mit Partnern, die ihre Zusagen längst nicht mehr einhalten konnten.

Der endlich gefaßte Entschluß, sich ins Veltlin zurückzuziehen, kam viel zu spät. Zwar hätte man dort hinhaltend kämpfen und schließlich doch noch einen rettenden Paß gewinnen können – aber wie sollte man dorthin gelangen? Da Pavolini ein vereinbartes Zusammentreffen nicht einhalten konnte, ging abermals wertvolle Zeit verloren. Die faschistischen Führer verließen Mussolini, dessen Nähe sie als eine Steigerung der Gefahr empfanden, obwohl doch jeder einzelne von ihnen den Partisanen hinreichend bekannt war. Am 26. April, während des Wartens auf Pavolini, schrieb Mussolini seinen letzten Brief an Donna Rachele, der sie so schnell erreichte, daß sie noch eine Telefonverbindung mit ihm zustande brachte. In diesem letzten Gespräch betonte Mussolini, daß er allein sei; er nannte den Namen der Petacci nicht, aber Donna Rachele wußte zweifellos, was gemeint war. Er hatte offensichtlich resigniert und sah den Tod so nahe, daß er alle Menschen, die er liebte: Frau, Kinder und Geliebte, am liebsten weit weg von sich gewußt hätte. Aber noch während Mussolini von seinem Alleinsein sprach, hatte sich Clara Petacci schon aufgemacht, um ihn zu suchen.

Letzter Brief an Donna Rachele

Noch ein anderer suchte ihn, ein amerikanischer Geheimdienstmajor, der durch Tirol nach Norditalien gekommen war und Mussolini dazu bewegen sollte, sich den amerikanischen Streitkräften zu ergeben, man werde ihn nicht als Kriegsverbrecher vor Gericht stellen. Die nur durch wenige Zeugen verbürgte, reichlich mysteriöse Aktion hatte für Mussolini jedoch nur negative Folgen. Die Partisanen wurden alarmiert, die letzten Chancen auf ein Entkommen nach Norden schmolzen zusammen.

Vereint mit einer deutschen Luftwaffenkolonne, deren Führer sich sehr herablassend bereit erklärt hatte, die kleine Faschistengruppe in die Reihe seiner Fahrzeuge aufzunehmen, versuchten sie am 27. April den Durchbruch auf der westlichen Uferstraße des Comer Sees. Wieviel Mussolini von seinem Schatz noch bei sich hatte, ist ungewiß; eine Woche zuvor, in Mailand, hatte er noch etwa zwölf Millionen Mark in Gold, Wertsachen und verschiedenen Währungen mit sich geführt.

Vor dem Dorf Dongo trafen sie auf eine Straßensperre der Partisanen. Sie war so schwach besetzt, daß es die Deutschen vermutlich keinen einzigen Mann gekostet hätte, durchzufahren. Auf Grund des Generalabkommens mit den Partisanen war ihnen der Durchzug sicher, und so fügte sich der Major, obwohl er wußte, wessen Leben er damit aufs Spiel setzte, der Forderung nach Durchsuchung der ganzen Kolonne. Wenige Minuten später war Mussolini verhaftet.

Im Rathaus von Dongo Im Rathaus von Dongo schlug Mussolini seine letzte Schlacht. Der kleine Saal hatte sich mit Neugierigen gefüllt, die dem einst so Mächtigen nun Fragen stellten, ihn duzten, ihm aber auch Kaffee reichten. Man höhnte nicht, man diskutierte, und Mussolini fiel noch ein letztes Mal zurück in seine volkstümliche Sprechweise, er verteidigte sich geschickt und überzeugend wie dreißig Jahre zuvor, als er vor seinen sozialistischen Freunden die Gründung des *Popolo d'Italia* zu vertreten hatte. »Es herrschte eine Stimmung wie in einer Taverne der Romagna während einer Wahldiskussion«, schrieb ein Augenzeuge später, und die Partisanenführer, denen es zu gemütlich zuging, brachten Mussolini in das nahe Dorf Germasino.

Dort trafen Clara Petacci und Mussolini zusammen. Es war wie die Diskussion im Rathaus von Dongo eines jener Märchen, wie sie in Italien selbst in düstersten Zeiten immer wieder vorkommen. Sie hatte Mussolini gesucht, nach ihm gefragt, und da trotz des Fehlens aller Zeitungen, trotz chaotischer Telefonblockaden und verstopfter Straßen dennoch alle Welt Bescheid wußte, war sie plötzlich in dem gleichen Ort wie ihr Geliebter, allerdings ebenfalls verhaftet. Ein junger Partisanenführer soll ihr, gerührt von so viel Treue, das Angebot gemacht haben, sie sicher zu einem Übergang in die Schweiz zu bringen. Clara aber verlangte auch die Rettung Mussolinis, und das war eine Bitte, die ihr zu diesem Zeitpunkt höchstens noch ein tollkühner deutscher Offizier hätte erfüllen können.

Am 28. April wurde der Versuch unternommen, Mussolini und die Petacci, deren Beisammensein niemand zu stören suchte, höheren Kommandostellen der Partisanen zu übergeben. Aber auf dem Weg nach Como nötigte starker Gefechtslärm die kleine Kolonne, einen alten Partisanenschlupfwinkel aufzusuchen, und diese Verzögerung gab dem Mann des Unheils, der sich Oberst Valerio nannte, Zeit zu seinem Eingreifen. Mit einem Dutzend schwerbewaffneter Männer brach er aus Mailand nach Como auf, verschaffte sich in der dort herrschenden Verwirrung einen Befehl, daß Mussolini ihm auszuliefern sei, und fuhr damit weiter nach Dongo, wo man ihm zaudernd das Versteck nannte, in das die Partisanen Mussolini und die Petacci gebracht hatten.

Als »Oberst« Valerio, in Wahrheit ein Buchhalter namens Audisio, gestützt auf die Feuerkraft seiner Begleitung schließlich die Herausgabe der wertvollen Gefangenen erreicht hatte, war ihr Leben nicht mehr viel wert. Obwohl es ihm zunächst offenbar um die Dokumente gegangen war, die der Diktator bei sich führte und die Audisio nicht in die Hände der Amerikaner fallen lassen wollte, scheint ihn im Lauf des langen und für ihn schwierigen Tages angesichts der verstockten ländlichen Partisanen und in dem Machtrausch seiner eigenen Rolle die Vorstellung erfaßt zu haben, daß er der Mann der Stunde sei, daß er handeln müsse und richten dürfe.

Machtrausch eines Buchhalters

Am 28. April, um vier Uhr nachmittags, wurden Mussolini und Clara Petacci an einer Parkmauer unweit der Straße nach Brunate erschossen und von Audisio und seinen Leuten ausgeplündert. Am nächsten Tag kam es dann auf der Piazza Loreto in Mailand zu der bekannten Schaustellung der Leichen. »Clara Petacci«, schreibt Georges-Roux, »trug ein braunes Kleid und eine weiße, kugeldurchlöcherte Bluse, die rot von Blut war. Sie schien unversehrt, jung, frisch und sehr schön.«

Ihre letzten Worte zu Mussolini, kurz bevor man sie nebeneinander an die Wand stellte, sollen gelautet haben: »Bist du zufrieden? Nun bin ich dir bis zum Ende gefolgt!«

Berliner Parallelen

Am darauffolgenden Tag, dem 29. April, traf die Nachricht vom Tod Mussolinis und von der Schaustellung in Mailand in Berlin ein und erreichte noch den Reichskanzlei-Bunker, obwohl die Russen bereits in der Stadt kämpften. Es ist keine Äußerung Hitlers zu dem Tod des Mannes bekannt, der lange Zeit sein Vorbild und später sein Verbündeter war, aber man darf annehmen, daß Hitlers genaue Anweisungen für den Fall seines eigenen Todes, die Beseitigung der Leichen, die Besorgung des Benzins und die Zerstörung der Aschenreste auf die Berichte aus Mailand zurückgehen. Hitler wollte sich und Eva Braun solch eine Beschimpfung nach dem Tod ersparen.

Daß auch Hitlers letzte Stunde von einer Frau geteilt wurde, daß eine junge Frau, die jahrelang als seine Geliebte kaum bekannt war, diesen pathetischen Untergang in einem weltgeschichtlichen Rahmen miterlebte, ist eine sehr bezeichnende Parallele. Zum Unterschied von vielen glänzenden Monarchen früherer Zeiten wurden die unheilvollen Gewaltherrscher der faschistischen Ära nämlich tatsächlich geliebt. Die Frauen an ihrer Seite konnten sich weder Reichtum noch Pracht noch eine eindrucksvolle Rolle in der Öffentlichkeit erhoffen; sie bekamen herzlich wenig ab von der Verehrung, welche die Parteigänger einem Mussolini und einem Hitler entgegenbrachten, mußten aber um so mehr Haß in Kauf nehmen, denn die Gegner der Diktatoren machten, wie man sah, keinen Unterschied zwischen Mann und Frau.

Da von Hitlers Beziehungen zu Frauen nur sehr wenig bekanntgeworden ist, ranken sich um einige dürftige Fakten sehr üppige Legenden. Das ist nicht neu. Friedrich II. geriet auch in die seltsamste Nachbarschaft, weil in seinem Leben wenig Platz für Frauen war, aber der Preußenkönig hatte wenigstens noch einen homoerotisch veranlagten Bruder, was solchen Kombinationen einen Schimmer von Wahrscheinlichkeit gab. Die Argumente, die für homosexuelle Neigungen Hitlers vorgebracht wurden und das Fehlen der Abenteuer mit dem anderen Geschlecht erklären sollten, gehen jedoch an der wahren Natur dieses psychotischen Schwärmers vorbei. Es gibt auch keinerlei Anzeichen dafür, daß eine organische Besonderheit oder eine unzulänglich ausgeheilte Geschlechtskrankheit Hitler zum Verzicht auf Frauen genötigt hätte; denn erstens war dieser Verzicht nicht so vollständig, daß man aus ihm allein zu Folgerungen gezwungen wäre, und zweitens gibt es natürliche Erklärungen genug für diese Dürftigkeit der Beziehungen zum anderen Geschlecht. Hitler war nach allen Berichten über seine frühen Jahre, ja bis zur Festungshaft in Landsberg, eine erstaunlich reine Ausprägung jenes monomanischen Fanatikertyps, für den die Askese selbstverständlich ist.

Obwohl es heute feststeht und nicht mehr bestritten wird, daß die fünf Wiener Jahre Hitlers (1908–1913) für die Ausbildung seiner Ideen und der ihn treibenden Vorstellungen, Abneigungen und Ressentiments entscheidend waren, wird diese Phase seines Lebens in den bekanntesten Biographien relativ kurz dargestellt. Dennoch genügen die bekanntgewordenen Fakten, um auch Hitlers Verhältnis zur weiblichen Welt zu beleuchten. Aus dem Zeugnis von Hitlers Jugendfreund Kubizek wissen wir, daß die Pubertätsjahre in Linz Hitler schon als Schwärmer, Himmelsstürmer, Erfinder und Ideengaukler sahen. Das war nun in einer Stadt, von der Hermann Bahr zu Recht feststellte, daß sich keine andere besser auf Provinz reime...

Die Wiener Jahre

Aus Linz nach Wien zu kommen, hätte ein Erwachen bringen müssen. Aber in der Kaiserstadt, die kurz vor dem Ersten Weltkrieg eine der glanzvollsten Metropolen Europas war, mußten sich auch die eigene Armut und Erbärmlichkeit besonders kraß von jenem leuchtenden Hintergrund abheben. Die Akademie wies Hitler zurück, für das Architekturstudium war er, der die Mittelschule ohne Abgangszeugnis verlassen hatte, unzureichend vorbereitet. Für einen Menschen, der zu jung und unreif war, eigene Fehler einzusehen, gab es nach solchen Rückschlägen gar keine andere seelische Möglichkeit als die Kompensation der vielfältigen Niederlage durch Haß, Verachtung, ja Vernichtungsvorstellungen.

Gewisse Passagen in *Mein Kampf* lassen erkennen, daß der zwanzigjährige Hitler den Slawen und Juden Wiens neben dem Geld und den Positionen auch die Frauen neidete. Er spricht beinahe explosiv von einer »Verführung von Hunderttausenden von Mädchen durch krummbeinige, widerwärtige Judenbankerte«. Noch verräterischer, weil auffallend zusammenhanglos, ist die Stelle »Der schwarzhaarige Judenjunge lauert stundenlang, satanische Freude in seinem Gesicht, auf das ahnungslose Mädchen, das er mit seinem Blute schändet«.

Schon Olden vermutete hier einen Erlebnisgrund aus der Wiener Zeit, und zweifellos hat Hitler, der als schüchtern, linkisch und im Umgang mit Mädchen völlig unerfahren geschildert wird, oft Gelegenheit gehabt, zu sehen, wie einer der eleganten und gewandten jungen Wiener Juden wesentlich mehr Glück bei den hübschen Wienerinnen hatte.

Hitler und das Thema 1

Aber man soll diese Erlebnisse, die jeder gelegentlich hat, nicht überschätzen. Sehr aufschlußreiche Berichte von Kriegskameraden Hitlers lassen erkennen, daß er auch im Schützengraben, wo alle in der gleichen Situation waren, wo er entspannt war und sich offensichtlich wohl fühlte, nie über das sogenannte »Thema 1« der Soldaten redete, sondern ausschließlich seinen Ideen nachhing. »Hans Mend, einer von Hitlers Kameraden im Regiment List, schildert ihn als Sonderling:

›Er saß in der Ecke unseres Unterstands, den Kopf in die Hände gestützt, und grübelte. Plötzlich sprang er dann auf, rannte aufgeregt umher und sagte, trotz unserer großen Kanonen müsse uns der Sieg versagt bleiben, denn die unsichtbaren Feinde Deutschlands seien eine größere Gefahr als die stärkste feindliche Artillerie.‹ Dies war dann die Einleitung zu heftigsten Angriffen auf Juden und Marxisten im altbekannten Stil des Wiener Männerheims. Bei anderen Gelegenheiten, so erinnert sich Mend, ›saß er, den Stahlhelm auf dem Kopf, gedankenverloren in der Ecke, und keinem von uns gelang es, ihn aus seiner Teilnahmslosigkeit herauszureißen‹« (Bullock).

Es scheint bis in Hitlers Mannesjahre nur einen einzigen Bereich gegeben zu haben, der inmitten all dieser paranoiden Haß- und Furchtgefühle als friedlicher Bezirk, als jener Hain gelten konnte, in dem die Erynnien dieser Sonderlingsexistenz keine Macht hatten: Das war die Erinnerung an die ländliche Herkunft, an die österreichisch-weiche Art der weiblichen Familienmitglieder, der Mutter, der Tante, die immer wieder Geld nach Wien schickte, und der Nichten.

Das enge und ärmliche Bild seines Stammbaums bietet manche Erklärung für Hitlers pathologische Persönlichkeitsbildung. Der vagabundierende Großvater, der absonderliche, dreimal verheiratete Vater, die Verwandtschaft seiner Eltern, die so nahe war, daß eine kirchliche Dispens vor der Eheschließung eingeholt werden mußte. Aber es erklärt auch, warum dieser Mann in dem Augenblick, da er es sich zum erstenmal leisten konnte, Frauen um sich zu haben, nicht eine seiner Verehrerinnen an seine Seite berief, sondern seine Stiefschwester Angela Raubal mit ihren Töchtern Geli und Friedl kommen ließ. Das war im Sommer 1925, als Hitler nach der Neugründung der NSDAP eine Villa auf dem Obersalzberg bei Berchtesgaden gemietet hatte, wegen seines Redeverbots vor allem von Leitartikeln lebte und das Manuskript zu *Mein Kampf* abschloß. Er hatte offenbar die Absicht, sich nach der unfreiwilligen, aber heilsamen Klausur in Landsberg auch in der Freiheit einen ge-

Geli Raubal

sicherten Bezirk zu schaffen. Er empfand in diesem Jahr deutlicher als in den Jahren des unsicheren Suchens die Möglichkeiten einer großen Karriere und handelte etwa wie ein Prälat, der in ein hohes Amt berufen wird, eine Art Familie braucht, aber doch keine Familie gründen darf. In dieser Situation, abgeschirmt gegen paranoide Ängste, abgegrenzt gegen die Kampfatmosphäre seiner politischen Laufbahn, präsentierte sich Hitler die erste große Liebe, die siebzehnjährige, auffallend hübsche Tochter Geli seiner Halbschwester.

Idyll auf dem Obersalzberg

Er war mit ihr etwa so nahe verwandt, wie seine Eltern miteinander verwandt gewesen waren, und sie war so jung, daß sie seine Tochter sein konnte. Angesichts dieser beinahe inzestuösen Intimität schwiegen die Erynnien, der Rastlose, stets Getriebene fand Frieden. Auf dem Obersalzberg, inmitten der Alpenlandschaft, in der komfortablen Villa, die ein Hamburger Kaufmann dort gebaut hatte, wurden die beiden miteinander vertraut. Hitler arbeitete an der Vollendung des ersten Teils seines Buches. Geli Raubal diente ihm dabei und beim Diktat seiner Zeitungsaufsätze als Schreibkraft, Pater Bernhard Stempfle, der in Miesbach ein kleines antisemitisches Blättchen redigierte, überarbeitete das Manuskript und schrieb es, ehe es in Satz ging, teilweise um.

In dieser ersten Zeit wirkt die Beziehung zwischen Hitler und seiner Nichte beinahe idyllisch. Er war nahe an Österreich, aber zugleich in Deutschland; er betätigte sich politisch, führte aber zugleich schon beinahe jenes Leben, das er sich in den Hungerjahren gewünscht hatte. Seit den Nächten in dem Wiener Männerheim in der Meldemannstraße, das noch heute täglich im Polizeibericht auftaucht, war noch nicht viel mehr als ein Jahrzehnt verflossen, und während die stolze Donaumonarchie zerfallen war, Wien nur noch als Wasserkopf in einer kaum lebensfähigen Miniaturrepublik lebte, hatte der Postkartenmaler und Querulant Hitler es erreicht, daß sich das große Deutschland mit seiner Person beschäftigte. Und nach all diesen Wandlungen war er nun auch nicht mehr einsam; weibliche Fürsorge umgab ihn, von der Halbschwester her mit mütterlichem Charakter, im Beisammensein mit der hübschen vollentwickelten Siebzehnjährigen als erotische Atmosphäre.

Geli wird sich dem berühmten und gefürchteten, zu Ausbrüchen neigenden und dann wieder leidenschaftlich-zärtlichen Onkel kaum lange verweigert haben. Über die Art der Intimität, die Hitler und Geli Raubal verband, hat insbesondere Konrad Heiden Erwägungen angestellt und Vermutungen geäußert, ein Bemühen, das durch das tragische Ende dieser Beziehung, durch Gelis Selbstmord, eine gewisse Rechtfertigung erfährt. Aber es ist nicht einzusehen, warum Hitler, der damals im besten Mannesalter stand und noch nicht viel mit Frauen erlebt hatte, schon zu jenen perversen Praktiken gelangt sein sollte, die das Mädchen später angeblich in den Tod trieben.

Gelis Selbstmord

Wahrscheinlicher ist, daß das Unheil begann, als Hitler und Geli den gesicherten Bezirk des Obersalzbergs verließen. In den innerparteilichen Auseinandersetzungen, die Hitler damals vor allem gegen das norddeutsche Lager auszufechten hatte, war ihm nicht nur vorgeworfen worden, daß er für seine privaten Bedürfnisse zuviel Geld aus der Parteikasse nehme, sondern auch, daß er sich zu oft und zu lange auf dem Obersalzberg, also fern von München aufhalte. Er übersiedelte nach München, in die Prinzregentenstraße. Für Geli Raubal war das zweifellos eine sehr anregende Veränderung. Nun konnte man daran denken, ihre angenehme Stimme ausbilden zu lassen, und sie genoß es auch sichtlich, mit einem Mann, den alle kannten, in die Münchener Lokale zu gehen.

Für Hitler aber war die junge und anziehende Geliebte damit gefährdet. Er sah die Männerblicke auf ihr ruhen, er spürte wieder den ihn umlauernden Haß, und seine Reaktion war Eifersucht. Was in dem Mädchen als natürliche Lebensfreude, als Freude an München erwachte, weckte sein Mißtrauen, und als er gar entdeckte, daß sein eigener Chauffeur Geli nachstellte, kam es zu heftigen Szenen, möglicherweise auch Züchtigungen.

In den Morgenstunden des 18. September 1931, sechs Jahre, nachdem die Beziehung zu Hitler begonnen hatte, fand man Geli Raubal in der Wohnung in der Prinzregentenstraße tot auf. Nach dem Leichenbefund, den zu beeinflussen Hitler damals noch keine Möglichkeit hatte, war es Selbstmord durch Erschießen; Hitler selbst war zu dieser Zeit nicht in München, sondern unterwegs nach Hamburg.

»In welchem Grade Hitler auch immer für Gelis Tod verantwortlich war... er brach, erschüttert über diesen Verlust, zusammen. Wochenlang war er untröstlich, weigerte er sich, andere Menschen zu sehen, und sprach davon, sich selber das Leben zu nehmen. Einigen Berichten zufolge stammt seine Weigerung, Fleisch zu essen, aus jener kritischen Zeit. Für den Rest seines Lebens konnte er nie von Geli sprechen, ohne daß ihm Tränen in die Augen traten; wie er einigen Menschen gegenüber geäußert hat, war sie die einzige Frau, die er jemals geliebt hat« (Bullock, ähnlich Musmanno).

Am Grab Geli Raubals in Wien soll Hitler viele Stunden allein und oft in Tränen zugebracht haben, und unbestreitbar ist die Tatsache, daß bei dem großzügigen Umbau der einstigen Villa Wachenfeld ihr Zimmer genau so blieb, wie es war. Ob Hitler in Bayern oder in Berlin weilte, eine Photographie Geli Raubals hing immer in einem seiner Zimmer und wurde an ihrem Geburts- und an ihrem Todestag mit Blumen geschmückt.

Die verlorene Geliebte

Hitler hatte gewiß keine Veranlassung, gerade in diesem Punkt Komödie zu spielen; sicherlich war es ein echtes Gefühl, dem er den Ausbruch nicht verwehren konnte. Darum erleichtern diese zum Teil erst spät bekanntgewordenen Fakten die Beurteilung seines Verhältnisses zu dem schönen Mädchen. Die Beziehung war offensichtlich intensiv und hatte sich auch erfüllt; daß sich Geli all die Jahre hindurch Hitler verweigert hätte, ist nach dieser tiefen und langen Trauer auszuschließen. So trauert man nicht um ein begehrtes Objekt, sondern nur um die verlorene Geliebte.

Konrad Heiden ist insofern recht zu geben, als eine so starke Beziehung naturgemäß eine Abhängigkeit schafft. Sie war bei dem älteren Teil, der zudem ein Mann schwieriger Wesensart, spröde, unsicher und unstet war, zweifellos stärker als bei dem Mädchen, dem schon die Jugend den Anschluß an einen anderen Partner erleichtert hätte. Dazu kommt, daß der eifersüchtige Mensch in gewissem Sinn dem Objekt seiner Eifersucht unterworfen ist, und soweit mag auch die von Heiden, Bychowski, Krüger und anderen verfochtene Theorie stimmen, daß in Hitlers Beziehung zu den Frauen ein masochistischer Zug obwaltete, ein Unterworfensein, das er durch die bekannten Ausbrüche an Aktivität, rednerischem Elan und Radikalismus kompensierte.

Masochistische Züge

Hitlers enslavement to women, das in der amerikanischen Beschäftigung mit Adolf Hitlers Privatleben so oft wiederkehrende Schlagwort, verliert seine Bedeutung – wenn es je eine hatte – in dem Maße, als der Erfolg die Erinnerung an die Wiener Jahre distanziert und die Ressentiments glättet. Hitler als Reichskanzler, Hitler in Amt, Macht und Würden, das ist optisch oft ein recht zwiespältiger Eindruck, und schon die frühe Kritik des prophetischen Buches *Zwischenspiel Hitler* betonte, daß alles, was Mussolini selbstverständlich gelinge, die Pose, die große Phrase, der Gestus, bei Hitler ans Lächerliche streife. Mussolini war eben der Tribun, der Volksführer aus dem sozialistischen Nährboden der Demagogie; Hitler war demgegenüber auf die dämonischen, hypnotischen Kräfte angewiesen, die ihm aus seinem Wahn zuströmten. Das Volk als solches sah er nie.

Eines nämlich hatte sich nun geändert. Der auch im privaten Gespräch linkische, gehemmte und zu unberechenbaren Ausbrüchen neigende Mann vermochte sich nun zu entspannen. Der natürliche Charme des Österreichers brach in solchen Stunden durch, er konnte, wenn er wollte, ein liebenswürdiger Gastgeber sein und sich auch im Kreis von Frauen sichtlich wohl fühlen.

Diese Wandlung ermutigte einige Damen aus seinem Kreis, für Hitler eine Freundin oder gar eine Frau zu suchen, und Frau Magda Goebbels, die Hitler die leckersten Gemüseplatten zuzubereiten verstand, scheint hierin besonders aktiv gewesen zu sein. Andere Möglichkeiten eröffnete der Zufall, etwa, wenn Hitler auf einer Wahlreise nach Norddeutschland eine sehr junge Baronesse kennenlernte, eine Blondine mit tiefblauen Augen, die ihm gestattete, daß er ihre Hände streichle und seine Einladung nach München annahm. Jahre später befragt, warum sich die Beziehung denn nicht weiterentwickelt habe, antwortete sie: »Um nichts in der Welt würde ich einen so stümperhaften Despoten geheiratet haben.«

Inside Hitler Die hübsche Schwester von Hitlers altem Freund Hanfstaengl war einige Zeit im Gespräch, aber auch eine frische Münchenerin namens Ada Klein, die Chansonette Lola Epp und natürlich Schauspielerinnen, nicht so viele wie im Falle Goebbels, aber immerhin Leni Riefenstahl, eine Frau von unbestreitbarem Format, Renate Müller, die so tragisch endete, daß sich auch daran wieder weitreichende Vermutungen knüpften, und sogar eine ungarische Jüdin, die rassige Gitta Alpar. Zumindest behauptet Kurt Krüger in dem nie deutsch erschienenen, endlose analytische Gespräche mit Hitler reportierenden Buch *Inside Hitler,* daß sein Patient ihm gestanden habe, sich angesichts der für ihn verbotenen Liebe zu Gitta Alpar wie König Gunther zu fühlen, der die nackte Brunhilde vor sich sieht, aber den Zauberbann nicht durchbrechen kann.

Die beweisbare Wahrheit wirkt neben diesen zum Teil zweifellos faszinierenden Vermutungen überraschend schlicht, ja beinahe selbstverständlich. Es muß bald nach dem Tod Gelis gewesen sein, daß Hitler im Atelier des mit ihm befreundeten Photographen Heinrich Hoffmann zu Gast war und Hoffmann seine Assistentin über die Straße schickte, um aus einem nahen Gasthaus einen kleinen Imbiß für den Besuch zu holen. Diese Assistentin war Eva Braun, genannt Evi, ein junges Mädchen von jenen weichen, gefälligen Körperformen, die Hitler schon an Geli geliebt hatte. Nur war sich Eva Braun ihrer Schönheit bewußt; sie soll gelegentlich auch als Photomodell gearbeitet haben und behielt in all den Jahren, die sie fortan mit Hitler verbrachte, eine beinahe narzißtische Vorliebe für die Pflege ihrer Haut und ihres Körpers, die zu dem neogermanischen BDM-Kodex in krassem Widerspruch stand. Sie umgab sich mit Wohlgerüchen, Crèmes und anderen Kosmetika, und Hitler, der sonst allergisch gegen derlei war, ließ sich von ihr gelegentlich scherzhaft »beweihräuchern« und gutgelaunt ihre neuesten Duftkombinationen vorführen.

Eva Braun war eine Lehrerstochter, Kind rechtschaffener, vielleicht sogar ein wenig strenger Leute, die keineswegs glücklich waren, als sie eines Tages, auf einer Autofahrt nach Berchtesgaden, plötzlich ihre Tochter Evi aus einem von der SS eskortierten schweren Reisewagen steigen sahen. Als dann der inzwischen Reichskanzler gewordene Adolf Hitler aus dem nächsten Wagen stieg, faßte Lehrer Braun sich ein Herz, trat auf Hitler zu und sagte: »Ich bin Evas Vater.« Hitler antwortete, schnell gefaßt, aber etwas mysteriös: »Und wo ist Ihre Frau Gemahlin?« Es ist eines der köstlichsten Beispiele seiner Reaktionsfähigkeit. Offenbar erwartete er von Frau Braun mehr Begeisterung über die plötzliche Standeserhöhung der schönen Evi als von dem strengen Pädagogen.

Eva Braun

Ohne daß es je zu einer Aussprache mit den Eltern gekommen wäre, kam dann doch alles ins Lot. Zumindest Frau Braun begleitete Eva und die mit ihr lebende Schwester Gretl gelegentlich auf größeren Vergnügungsreisen und auf Fahrten durch Deutschland. Immerhin: Wie deutlich und wie wohltuend sticht dieses Verhalten kleiner und anständiger Leute von jenem aristokratischen Lieblingssport ab, den wir aus vergangenen Jahrhunderten kennen: dem Wettrennen herausgeputzter Töchter um die Gunst eines Monarchen, dem Wettkampf um möglichst schnellen Eintritt ins königliche Schlafzimmer und den mütterlichen Ratschlägen, die von einer Gourdan stammen könnten.

Aber auch Hitler unterscheidet sich in dieser Beziehung wohltuend von seinen hochgeborenen Vorgängern. Er affichiert Eva Braun ebensowenig wie Mussolini die schöne Clara Petacci, und dabei waren beide doch Frauen, die man gewiß nicht zu verstecken brauchte. Trotz Lebensborn, Ermunterung zum Kinderzeugen und antichristlicher Moralemanzipation hielt Hitler darauf, seinen Wählerinnen und Verehrerinnen als einsamer Heros, als asketische Lichtgestalt gegenübertreten zu können. Diese Haltung mimte er so konsequent, daß der hervorragende Journalist John Gunther in *Inside Europe* allen Ernstes die Meinung vertrat: »*It is quite possible that Hitler has never had anything to do with woman in his life.*«

Diese männliche Jeanne d'Arc aber hatte nun eine Gefährtin, ein strammes Mädchen, das die Berge liebte, hervorragend schwamm, gern tanzte, in Hitlers Abwesenheit in ihrer kleinen Münchener Villa Parties gab und bei der Auswahl ihrer Kleider guten Geschmack auch in Modedingen verriet. So jung sie war – sie zählte dreiundzwanzig Jahre weniger als Hitler und war bei ihrem Tod erst dreiunddreißig – so hätte sie doch sicherlich das Zeug zur *First Lady* gehabt. Schönheit, Charme, Natürlichkeit und Hausverstand befähigten sie dazu eher als manche andere, die sich »hohe Frau« titulieren und wie eine Fürstin umschmeicheln ließ.

Eva geht nach Berlin

Mehr als das, nämlich Mut, Liebe und Selbstverleugnung, bewies sie ganz ähnlich wie die Petacci in den letzten Wochen der Diktatur, als nichts mehr zu hoffen war und alle Einsichtigen wußten, daß Hitler in Berlin sterben werde. Eva Braun ging nicht in die Berge oder ins Ausland, sondern gegen alle Widerstände ihrer Freunde noch am 15. April 1945 ins hartbedrängte Berlin. Sie gesellte sich im Führerbunker unter der Reichskanzlei zu der sinistren Gesellschaft dieser letzten Tage, der ja auch einige Frauen angehörten: die unglückliche Diätköchin Manzialy, die in den Händen ihrer Vergewaltiger starb, oder Frau Traudl Junge, der im letzten Augenblick die Flucht in Männerkleidung gelang.

Speer, Trevor-Roper und andere haben in diese Handlung Geltungstrieb hineingedeutet und Eva Brauns unbefangenes Gebaren in dem Todesbunker als Ausfluß jener Mediokrität bezeichnet, der sie eben nicht entrinnen konnte. Wenn sie noch im April, als es ums Letzte ging, zwischen Meldegängern und Kurieren immer wieder einmal einen Friseur in den Bunker schmuggelte, so sei dies ein Beweis für ihre Beschränktheit, für das Nicht-anders-Können des Mädchens, das gut tanzte, gerne Sport trieb und offenbar auch von der Liebe sehr angetan war: »Sie hatte keine der schillernden Eigenschaften der konventionellen Tyrannenmätresse. Sie war weder eine Theodora noch eine Pompadour noch eine Lola Montez. Aber Hitler war ja auch kein typischer Tyrann. Hinter seinen leidenschaftlichen Wutausbrüchen, seinen ungeheuren Ambitionen, seinem unermeßlichen Selbstvertrauen stand nicht die nachsichtige Leichtlebigkeit eines Wüstlings, sondern vielmehr die billigen Neigungen und das konventionelle Häuslichkeitsideal des Kleinbürgers... Dieses beständige, wenn auch überdeckte Element in seinem Charakter wurde von Eva Braun angezogen...«

Heroische Mediokrität

Was aber hätte sie anderes tun sollen, da sie schon einmal nach Berlin gegangen war, als das, was ihr durch mehr als ein Dutzend Jahre den Platz an Hitlers Seite unangefochten gesichert hatte? Sie hatte in all diesen Jahren sich nicht für Politik interessiert, nie intrigiert, sich keinen auch nur einigermaßen ins Gewicht fallenden Vorteil verschafft. Es gibt Historiker, die finden, daß sie das »nur noch langweiliger macht«. Wenn das so ist, dann ist jede Mätresse langweilig, die wirklich liebt und nicht ihren eigenen Vorteil sucht, und am langweiligsten wären dann liebende Gattinnen wie etwa Jacqueline Kennedy...

Eva Braun tat im Bunker, einige hundert Meter von den Russen, im Artilleriefeuer und in der Atmosphäre des Untergangs das weiter, was sie auf dem Berghof jahrelang getan hatte. Sie sorgte für ein wenig Ruhe, für die kargen Entspannungsmöglichkeiten, sie tat die eigentliche Pflicht der Frau, von der sich die großen Mätressen der Vergangenheit so oft entfernt hatten. Sie hatte es leichter als die Petacci, weil Hitler unverheiratet war, aber auch sehr viel schwerer, weil sie nicht die Gefährtin eines normalen Mannes geworden war, sondern eine ohne Zweifel pathologische Existenz teilen mußte. Mit bloßer Langweiligkeit und Beschränktheit wäre die daraus zu erschließende, durch Jahre erbrachte Einfühlungsleistung nicht zu bewältigen gewesen, und waren es vielleicht auch nicht die Gaben eines scharfen Verstandes, die Eva Braun bei dieser ungeheuren Aufgabe zu Hilfe kamen, so waren es gewiß die weit selteneren geheimen Kräfte einer fraulichen Natur, die ihr eingaben, das Richtige zu tun und die Vielzahl möglicher Fehler zu vermeiden.

Es kann sein, daß sie Hitler zu sehr liebte, um ihn überleben zu wollen, und es ist möglich, daß sie außerstande gewesen wäre, ohne diese große und erfüllende Aufgabe weiterzuleben, die ihr Leben seit ihrem zwanzigsten Jahr geprägt hatte. Jedenfalls war der gemeinsame Tod, den sie gesucht hatte, keine bloße Zeremonie, kein Ersatz für die ein Leben lang verweigerte Legitimierung der Beziehung durch die Heirat. Denn auch als Eva Hitler, nach der Trauung im Bunker, ging sie ja nicht.

Am 30. April 1945

Die unbekannte Geliebte hatte ein allzu bekanntes Ende. Sie nahm Gift, Hitler nahm vermutlich ebenfalls Gift und erschoß sich gleich darauf. Die Leichen wurden weisungsgemäß mit Benzin übergossen und verbrannt. Es war am Nachmittag des 30. April, achtundvierzig Stunden nach dem Tod Mussolinis und der Clara Petacci.

Beide, Eva Braun wie die Petacci, hatten den kargen Raum auszufüllen versucht, der im Leben eines Diktators, eines Alleinherrschers und Führers einer weltanschaulich bevormundeten Nation, noch auszufüllen blieb und eine geheime Ergänzung dieser plakatierten Männlichkeit gebildet. Ihre Rolle war größer gewesen, ihre Funktion hatte länger gewährt als in den beinahe unbekannten Parallelfällen der Jolka Andrejewna, der Jewgenija Mowschina' oder der Anja Markowna, die als

Kometen die Laufbahn Josef Stalins kreuzen durften. Aber sie waren alle doch nie zu einer eigenen Bedeutung gelangt, sondern stets nur für ihren großen Mann und durch ihn wichtig gewesen.

»Die Historiker werden an ihr keine Freude haben«, sagte Speer von Eva Braun. Aber Diktatoren sind wie alle Gewaltherrscher nicht nur ein historisches, sondern auch ein psychologisches Problem, und zu seiner Aufhellung werden die Beziehungen zu diesen scheinbar so bedeutungslosen Frauen gewiß noch das Ihre beitragen. Dann erst wird sich herausstellen, daß diese scheinbare Bedeutungslosigkeit die natürliche Ergänzung einer überdimensionierten Existenz ist, und daß die Freundinnen der Diktatoren notwendigerweise anders leben mußten als jene Mätressen, die einem unterbeschäftigen Monarchen zur Seite standen. Der Alleinherrscher ist nämlich nicht nur zu einem Anachronismus geworden, sondern auch zu einer physischen Unmöglichkeit. Selbst die Verwaltung einzelner Ressorts wie etwa eines Rüstungsministeriums verlangt heute die intellektuellen und nervlichen Qualitäten eines Industriemanagers, und jene wenigen Männer, die sich eine Existenz über alldem anmaßten, die modernen Staaten in Krieg und Frieden allein zu führen versuchten, befinden sich in einer Lebenssituation, die dem Daseinsproblem etwa eines Ludwig XV. diametral entgegengesetzt ist.

Die Frauen an der Seite solcher Männer sehen sich der Aufgabe gegenüber, eine ungeheure Last zwar nicht gerade mitzutragen, aber doch zu versuchen, in lückenlosen Tagesprogrammen das nun einmal notwendige weibliche Element heilsam zur Geltung zu bringen. Königliche Frauen waren zu solch entsagungsvoller Existenz nie sehr geeignet, und selbst unsichtbare Kronen sind auf diesem Feld nicht zu ernten. Daß aber selbst in jenen Lebensläufen, die auf den ersten Blick der Frau keinen Raum gönnten, doch immer wieder Frauen auftauchten und ihre unpolitische, aber menschlich bedeutsame Rolle spielten, das ist ein später Beweis für die Unsterblichkeit der

Nur scheinbar bedeutungslos.

ungekrönten Geliebten. Sie haben sich schlichter gewandelt, sie befehlen nicht mehr, sondern dienen, sie ernten nicht, sondern opfern. Aber sie triumphierten schließlich doch – einfach dadurch, daß es sie gab.

ANHANG

Pietro Mazarini
1576–1654
Gemahlinnen
a) Ortensia Ruffalini b) Portio Orsini

| Jules (Giulio) Kardinal v. Mazarin 1602–1661 | Michel Kardinal und Erzbischof v. Aix 1607–1648 | Laure-Marguerite 1608–1685 Gemahl Girolamo Martinozzi | Hieronyma 1614–1656 Gemahl Lorenzo Mancini | Zwei weitere Töchter, von denen eine ins Kloster ging |

Anne-Marie 1639–1672 Gemahl Armand Prince de Conti

Laure 1640–1687 Gemahl Alfonso d'Este Hzg. von Modena

Maria v. Modena Gemahl Jakob II. Kg. v. Engld.

| Laure 1635–1657 Gemahl Hrzg. v. Mercœur | Michel-Paul 1636–1652 | Olympia 1639–1708 Gemahl Eugen v. Carignan-Savoyen, Graf von Soissons | Marie 1640–1715 Gemahl Lorenzo Onofrio Fürst Colonna, Connetabel v. Neapel | Philippe 1641–1707 Hzg. v. Nevers Gemahlin Diane de Thianges | Alphonse 1644–1699 | Hortense 1644–1658 Gemahl Armand Marquis de la Meilleraye, Hzg. v. Mazarin | Marie-Anne 1649–1714 Gemahl Maurice de La Tour, Hzg. v. Bouillon |

Prinz Eugen v. Savoyen 1663–1736 (Jüngster v. fünf Söhnen)

LUDWIG XIV. UND PHILIPP VON ORLÉANS
Heinrich IV. † 1610
G: Maria v. Medici

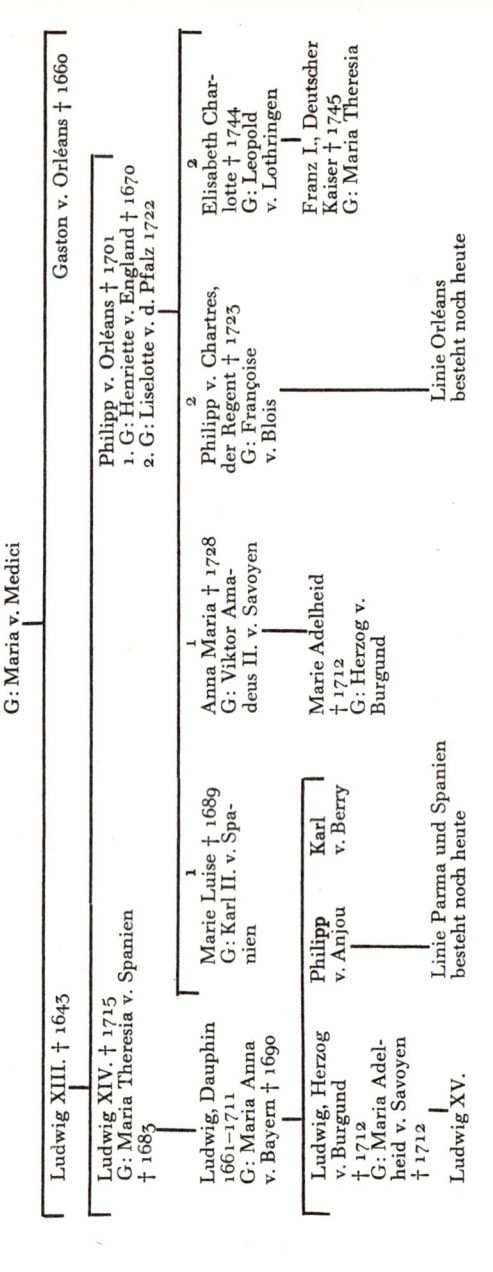

Ludwig XIII. † 1643

- Ludwig XIV. † 1715
  G: Maria Theresia v. Spanien † 1683
  - Ludwig, Dauphin 1661–1711
    G: Maria Anna v. Bayern † 1690
    - Marie Luise † 1689
      G: Karl II. v. Spanien (1)
    - Philipp v. Anjou
    - Karl v. Berry

    Linie Parma und Spanien besteht noch heute

    - Ludwig, Herzog v. Burgund † 1712
      G: Maria Adelheid v. Savoyen † 1712
      - Ludwig XV.

Gaston v. Orléans † 1660

- Philipp v. Orléans † 1701
  1. G: Henriette v. England † 1670
  2. G: Liselotte v. d. Pfalz 1722
  - Anna Maria † 1728 (1)
    G: Viktor Amadeus II. v. Savoyen
    - Marie Adelheid † 1712
      G: Herzog v. Burgund
  - Philipp v. Chartres, der Regent † 1723 (2)
    G: Françoise v. Blois

    Linie Orléans besteht noch heute
  - Elisabeth Charlotte † 1744 (2)
    G: Leopold v. Lothringen
    - Franz I., Deutscher Kaiser † 1745
      G: Maria Theresia

330

DIE KINDER LUDWIGS XIV.

Gattinnen: 1. Maria Theresia von Spanien † 1683, 6 Kinder
2. Françoise von Maintenon † 1719, keine Kinder
Mätressen: 3. Luise von La Vallière † 1702, 4 Kinder
4. Françoise von Montespan † 1705, 7 Kinder

1	3	4	4
Ludwig, Dauphin 1661–1710 G: Maria Anna v. Bayern † 1690	Maria Anna 1666–1690 G: Prinz v. Conti	Ludwig, Herzog v. Maine, geb. 1670 G: Luise Benedikta v. Condé	Françoise v. Blois geb. 1681 G: Philipp v. Chartres

Ludwig, Herzog v. Burgund 1682–1711 G: Maria Adelheid v. Savoyen † 1711

Ludwig v. d. Bretagne, geb. 1707 = Ludwig XV.

STUART – PFALZ – HANNOVER

Maria Stuart † 1587
G: Lord Darnley
|
Jakob I. † 1625

Elisabeth † 1662
G: Friedrich V. von der Pfalz

- Karl Ludwig v. d. Pfalz † 1860
- Sophie † 1714
  G: Ernst August v. Lüneburg † 1698
  |
  Georg Kurfürst v. Hannover u. König v. England † 1727

Liselotte † 1722
G: Philipp v. Orléans

Karl I. † 1649
G: Henriette von Frankreich † 1669

- Karl II. † 1685
- Jakob II. † 1701
  1. G: Anna Hyde † 1671
  2. G: Maria Beatrice v. Este † 1718

  Maria II. † 1694¹   Anna I. † 1714¹
  G: Wilhelm v. Oranien   G: Georg v. Dänemark

  Jakob Eduard² † 1766   Luise Marie² † 1712

  Karl Eduard † 1788   Heinrich † 1807, letzter Stuart

LÜNEBURG – CELLE – HANNOVER – England – Preußen

Georg von Lüneburg zu Calenberg † 1641
G: Anna Eleonore von Darmstadt

- Christian von Celle † 1665
- Georg Wilhelm von Celle † 1705
  G: Eleonore v. Olbreuze † 1726
  - Sophie Dorothee v. Celle † 1726, die Prinzessin v. Ahlden
    G: Georg v. Hannover und England
    - Georg II. v. England
- Johann Friedrich von Hannover † 1679
  G: Benedikte v. d. Pfalz
  - Amalie † 1742
    G: Kaiser Joseph I.
- Ernst August † 1698, Bischof v. Osnabrück, Kurfürst v. Hannover
  G: Sophie v. d. Pfalz
  - Georg I. v. England † 1727
    G: Sophie Dorothee v. Celle
    - Georg II. v. England
      - Sophie Dorothee † 1757
  - Sophie Charlotte † 1705
    G: Friedrich I. v. Preußen † 1713
    - Friedrich Wilhelm I. v. Preußen † 1740
      - Friedrich der Große

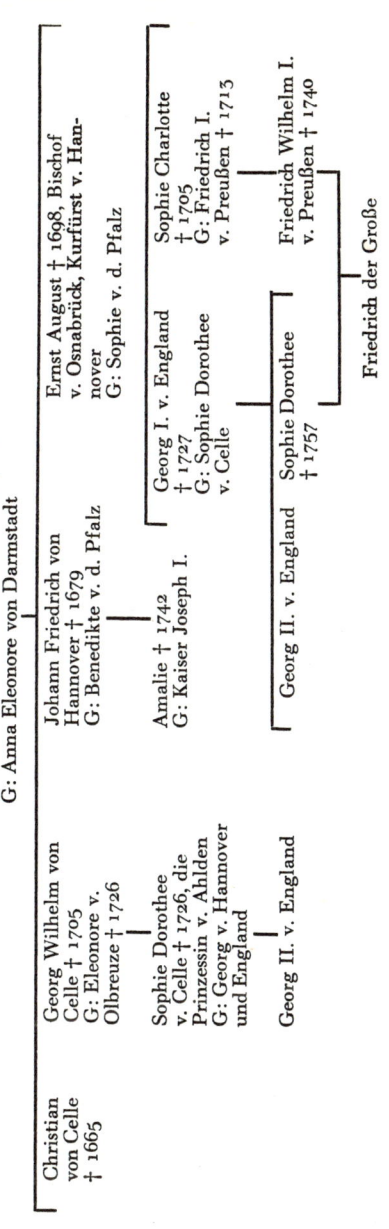

333

Nachbemerkung und Literaturverzeichnis

Wenn dieses Literaturverzeichnis in seinen Grundsätzen etwas vom Schema abweicht, so hat dies seinen Grund darin, daß die vorstehenden dreihundertzwanzig Seiten unser Thema keineswegs erschöpfen konnten. Wir fühlen uns also verpflichtet, auf weiterführende und ergänzende Literatur hinzuweisen, auch wenn es sich dabei naturgemäß vor allem um Einzelforschung handelt; Sammeldarstellungen über die berühmten Mätressen sind in den letzten Jahrzehnten nicht erschienen. Eine zweite Notwendigkeit, unsere Darstellung durch Literaturhinweise zu ergänzen, ergab sich aber auch aus der Unsicherheit, mit der selbst in der historischen Literatur der Begriff *Mätresse* gehandhabt wird. So bezeichnet zum Beispiel Carl Atzenbeck, der seiner Heldin durchaus positiv gegenübersteht, die Gräfin Lichtenau dennoch fortgesetzt als Kurtisane, und Semerau/Zeidler, die in ihrem Buch über berühmte Mätressen an Diane de Poitiers, an der Herzogin von Portsmouth und an der Gräfin von Rochlitz vorbeigehen, nehmen dafür Lady Hamilton unter die berühmten Mätressen auf, obwohl sie unserer Auffassung nach als Kurtisane zu behandeln wäre.

Da diese Übergänge nun einmal nicht wegzuleugnen sind und das Leben, auch wenn es Geschichte geworden ist, sich der Katalogisierung widersetzt, können wir nicht umhin, unter der ergänzenden Literatur zu diesem Buch auch das älteste Gewerbe anzuführen. Dort findet sich nämlich jene Lady Hamilton, die in diesem Buch vielleicht trotz allem vermißt wurde, dort findet sich aber auch ein eigenes Kapitel über die Kaiserreiche des ersten und des dritten Napoleon, da diese beiden Herrscher zwar oft und intensiv liebten, ihrer ganzen flüchtigen und ein wenig primitiven Art nach aber keine großen Mätressen neben sich duldeten. Weder die stille Gräfin Walewska noch die gebildete und temperamentvolle Gräfin Castiglione errangen nennenswerten Einfluß oder politisches Gewicht.

Im nachfolgenden Literaturverzeichnis findet sich darum neben einer Auswahl der für dieses Buch benützten Literatur eine Anzahl gut lesbarer Werke über einzelne Mätressen oder Herrscher. Hingegen haben wir darauf verzichtet, die zahlreichen konsultierten Memoirenwerke und Briefausgaben im einzelnen anzuführen und lieber dem einen oder anderen Titel der Sekundärliteratur einen kurzen Kommentar beigegeben.

ADLER Max (Hrsg) Die Briefe der Marquise von Pompadour. Dresden o.J. (1922)
APPLEBY John T.: Heinrich II., König von England. Stuttgart o.J. (1964)
ARCHENHOLZ Bogislav v.: Die verlassenen Schlösser. Ein Buch von den großen Familien des deutschen Ostens. Frankfurt/Berlin 1967
ARMBORST Georg: Genealogische Streifzüge durch die Weltgeschichte. Bern/München 1957
ATZENBECK Carl: Die deutsche Pompadour. Leben und Liebe der Gräfin Lichtenau. Leipzig 1925
BASSERMANN Lujo: Das älteste Gewerbe. Eine Kulturgeschichte. Düsseldorf 1965
BATUT Guy de la (Hrsg): Les amours des rois de France. (Bände über Franz I., Heinrich IV., Ludwig XV.) Paris 1929 ff.
BAYERN Adalbert Prinz von: Der Herzog und die Tänzerin. Neustadt an der Weinstraße 1966 (Ausgezeichnete und unterhaltsame Darstellung der Familienschicksale in der Pfalz-Zweibrücken-Linie des Hauses Wittelsbach)
BELLESORT André: La société française sous Napoléon III. Paris o.J. (1960)
BOEHN Max von: Deutschland im achtzehnten Jahrhundert. Berlin 1921; England im achtzehnten Jahrhundert. Berlin o.J.
BRETON Guy: Histoires d'amour de l'histoire de France. Paris 1956 ff. 10 Bde (Inzwischen auch als Taschenbücher, jedoch nur frz.)
BÜLAU Friedrich: Geheime Geschichten und rätselhafte Menschen.

Sammlung verborgener und vergessener Merkwürdigkeiten. Leipzig 1854 ff. 12 Bände

Bullock Alan: Hitler. Frankfurt/M. o.J. 2 Bde.

Bychowski Gustav: Diktatoren. Mit einem Vorwort von Alexander Mitscherlich. München 1965

Chledowski Casimir v.: Neapolitanische Kulturbilder. Berlin 1920

Diesbach Ghislain de: Die Geheimnisse des Gotha. Wien 1966 (Trotz der steifbeinigen Übersetzung lesenswerte und materialreiche Ergänzung unseres Stoffes)

Doscot Edouard (Hrsg): Mémoires d'Hortense et de Marie Mancini (mit wertvoller biogr. und bibliogr. Einleitung). Paris 1965

Dühren Eugen: Das Geschlechtsleben in England. 3. Aufl. Berlin 1920 Zwei Bände

Easterman A. L.: Carol, Hitler & Lupescu. London 1942

Emard P. und Fournier S.: Les années criminelles de Madame de Montespan. Paris 1938

Englisch Paul: Geschichte der erotischen Literatur. Photomechan. Nachdruck des Textteils. Berlin 1963

Erlanger Philippe: Le Régent. Paris 1938

Flake Otto: Große Damen des Barock. Berlin 1939 (Behandelt u.a. alle sieben Nichten Mazarins und interessante Verbindungen der Häuser Orléans, Montmorency, Stuart und Hohenzollern)

Georges-Roux: Mussolini. Paris 1960

Hackett Francis: Franz I. Berlin o.J. (Die beste neuere Biographie dieses oft mißverstandenen Königs)

Helbig G. v.: Russische Günstlinge. München 1917

Herold Christopher: Liebe in fünf Temperamenten. München 1964 (Blendende Essays über die Damen Tencin, Aissé, Staal, Lespinasse, Clairon und ihren Kreis)

Klotzsch Joh. Friedr. v.: Die Liebeszaubereien der Gräfin von Rochlitz. Hrsg. v. J. Jühling. Stuttgart 1914

Krüger Kurt: Inside Hitler. New York o.J.

Kürenberg J. v.: Carol II. und Madame Lupescu. Bonn 1952

Lanoux Armand: Amours 1900. Paris 1961

Macaulay Th. B.: Geschichte von England. Braunschweig 1852, Zehn Bände

Masson Frédéric: Napoléon et les femmes. Paris 1894 (zahlr. Neuauflagen)

Miller Thomas: Heinrich II. und die schöne Rosamunde. Leipzig 1843, Zwei Bände
Moreau Pierre: Amours romantiques. Paris 1963
Müller Erich: Deutsche Abenteurer. Berlin 1927
Musmanno: In zehn Tagen kommt der Tod. München 1950
Oppeln-Bronikowski Friedr. v.: Liebesgeschichten am preußischen Hofe. Berlin 1928
Peyramaure Michel: Eleonor. Würzburg 1960 (Gutfundierter Roman über Alienor von Aquitanien)
Podewils Hildegard v.: Bekannte – Unbekannte. Frauen am Rande der Geschichte. Dresden 1941
Ranke Leopold v.: Englische Geschichte. Hrsg. v. Willy Andreas. Wiesbaden 1957. Drei Bände
Rat Maurice: Dames et bourgeoises amoureuses ou galantes du XVIe siècle. Paris 1955
Aventurières et intrigantes du Grand Siècle. Paris 1957
La royale Montespan. Paris 1959
Les femmes de la Régence. Paris 1961
Renee Amedée: Les nièces de Mazarin. Paris 1856
Rival Paul: Maria Mancini. Paris 1938 (mehr romanhafte Darstellung als Biographie)
Ross Luise: Die Colonna. Leipzig 1912. Zwei Bände
Schreiber Hermann: Casanovas Reise durch das galante Jahrhundert. Graz 1964
Paris. Biographie einer Weltstadt. München 1967
Semerau-Zeidler: Die großen Mätressen. Wittenberg 1928
Spunda Franz: Clara Petacci. Roman. Berchtesgaden 1952
Stern Bernhard: Geschichte der öffentlichen Sittlichkeit in Rußland. Berlin 1908
Sternberg A. v.: Berühmte deutsche Frauen des achtzehnten Jahrhunderts. Leipzig 1848. Zwei Bände
Taillandier L. St. René: Heinrich IV. von Frankreich. München o.J.
Taube O. Frh. v. (Hrsg): Das Buch der Keyserlinge. Berlin 1944
Trevor-Roper H. R.: Hitlers letzte Tage. Frankfurt am Main/Berlin 1965
Vehse Eduard: Preußische Hofgeschichten. München o.J.
Bayerische Hofgeschichten. München 1922 (die in diesem Band gegebene Biographie der Lola Montez ist weitgehend irrig)

Wittram Reinhard: Peter I., Czar und Kaiser. Göttingen 1964. Zwei Bände

Young G. F.: Die Medici. Coburg 1946

Zeitschriften: Da in deutscher Sprache nicht eine einzige historische Zeitschrift zu nennen ist, die sich an ein breiteres Publikum wendet, kann nur auf die in praktischen Sammelbänden vorliegende *Histoire pour tous* hingewiesen werden, die Alain Decaux in Paris herausgibt.

ZEITTAFEL

1503–1513 Julius II. (Giuliano della Rovere) Papst. Unter ihm erreicht die Renaissance ihren Höhepunkt
1513–1521 Leo X. (Giovanni de'Medici) Papst. Zweiter Sohn Lorenzos des Prächtigen, verband die Politik des Kirchenstaates mit der von Florenz
1523–1534 Clemens VII. (Giulio de'Medici) Papst
1525 Bei Pavia Sieg Karls V. über Franz I. von Frankreich und Gefangennahme des frz. Königs
1544 Eine türkische Flotte bombardiert Nizza
1547 Tod Heinrichs VIII. von England und Franz I. von Frankreich
1547–1559 Heinrich II. König v. Frankreich (seit 1533 mit Katharina von Medici verheiratet)
1572 Nach zahlreichen ähnlichen Metzeleien in ganz Frankreich Bartholomäusnacht in Paris mit etwa dreitausend Toten
1589–1610 Heinrich IV. König von Frankreich. In erster Ehe mit Marguerite de Valois, in zweiter mit Maria v. Medici verheiratet, die nach Heinrichs Tod die Regentschaft für Ludwig XIII. übernimmt. Sie läßt sich von Leonora Galigai (verbrannt 1617) beherrschen.
1624 Der Kardinal Richelieu wird Premierminister
1643 Tod Ludwigs XIII. Anna (Anne d'Autriche) Regentin für Ludwig XIV., doch herrscht praktisch der Kardinal Mazarin (bis zu seinem Tod im Jahr 1661)
1661–1715 Alleinherrschaft Ludwigs XIV. Blütezeit des Absolutismus in Frankreich, prächtige Hofhaltung in Versailles

1662	König Karl II. von England aus dem Hause Stuart (1660-1685) verkauft Dünkirchen an Frankreich
1663	Geburtsjahr des Prinzen Eugen (Sohn der Olympia Mancini)
1670	Geburtsjahr Friedrich Augusts I. (Augusts d. Starken) von Sachsen (gestorben 1733)
1672	Geburtsjahr Peters d. Gr. (Zar von 1689-1725)
1685	Tod Karls II. von England. Sein Bruder Jakob II. wird König (bis 1688; lebt im Exil noch bis 1701)
1688	Tod Friedrich Wilhelms I., des Großen Kurfürsten. Friedrich III. (seit 1701 als König Friedrich I.) gibt Brandenburg-Preußen eine prächtige Hofhaltung
1697	August der Starke wird zum König von Polen gewählt
1701-1713	Spanischer Erbfolgekrieg
1702-1714	Königin Anna von England als letzte Herrscherin aus dem Hause Stuart weitgehend beherrscht von Marlborough und dessen Frau
1712	Geburtsjahr Friedrichs II. d. Gr. von Preußen. Peter I. heiratet seine Geliebte, die litauische Magd Katharina
1714	Georg I. aus dem Haus Hannover wird König von England
1715-1774	Ludwig XV. König von Frankreich, bis 1723 unter der Regentschaft des Hzgs. Philipp v. Orléans. Finanzsystem des Schotten John Law mit großem Bankrott
1723	Tod des Premierministers Kardinal Dubois
1726	Kardinal Fleury Premierminister v. Frankreich
1740	Tod Friedrich Wilhelms I. (des sog. Soldatenkönigs). Friedrich II. König bis 1786
1741-1762	Elisabeth, Tochter Peters d. Gr., Zarin von Rußland
1756-1763	Siebenjähriger Krieg Preußens gegen Österreich, Kursachsen, Frankreich und (zeitweise) Rußland
1762	Peter III. wird Zar, schließt sofort Frieden mit Preußen und rettet Friedrich II. vor der Niederlage. Nach der Abdankung Peters III., der bald darauf ermordet wird, Zarin Katharina II. d. Gr. (bis zu ihrem Tod 1796)
1770	Sturz des österreichfreundlichen Ministers Choiseul durch die Dubarry; Heirat des Dauphins (später Ludwig XVI.) mit Marie Antoinette

1774	Tod Ludwigs XV. Ludwig XVI. wird König bis 1792 (hingerichtet)
1786	Tod Friedrichs d. Gr. Friedrich Wilhelm II. wird König von Preußen bis 1797
1804–1814	Napoleon I. Kaiser von Frankreich
1825–1848	Ludwig I. König von Bayern (gestorben 1868 in Nizza)
1852–1870	Napoleon III. (Zweites Kaiserreich)
1866	Karl von Hohenzollern-Sigmaringen wird Fürst von Rumänien (Königskrönung 1881)
1883	Benito Mussolini in Predappio bei Forli geboren
1889	Adolf Hitler in Braunau am Inn geboren
1914	Tod Carols I. von Rumänien, Nachfolger Ferdinand I.
1930	Prinz Carol wird aus dem Exil zurückgerufen und als Carol II. König von Rumänien
1940	Flucht Carols II. aus Rumänien
1945	Mussolini ohne Gerichtsverfahren erschossen. Hitler begeht in Berlin Selbstmord

Register

Abel, Karl von 276 f.
Accoromboni, Vittoria 25
Ahlden, Prinzessin, s. Sophie Dorothee
d'Alembert, Jean 115
Alessandro I. Medici 33 ff.
Alfieri, Dino 305
Alienor von Aquitanien 55, 57 ff.
Alpar, Gitta 320
Andrejewna, Jolka 324
Anna Iwanowna 219 f.
Anna, Königin von England 80 f.
Anna von Österreich, Königin von Frankreich 66, 85, 98
d'Annunzio, Gabriele 302 f.
Antin, Herzog von 111
Antonescu, Ion 292 ff.
Aragonien, Anna von 53
Arlington, Herzog von 64
Audisio 311 f.
August der Starke 10, 168 ff., 177, 265
Averescu, Alexandru 295

Badoglio, Marschall 308
Bahr, Hermann 313
Balbi, Marcus 16
Balabanoff, Angelika 298, 300, 302
Balck, von 204
Barberina, s. Campanini, Barbara
Barrère, Camille 301
Beauclair, Charles, Herzog von Saint-Albans 78
Becket, Thomas 56
Bécu, Anne 156

Beichling, Hofrat 171 f.
Bergholz, Friedrich Wilhelm von 219
Bernard, Madame 255 f.
Bernis, Abbé de 130, 133
Berry, Herzogin von 118 f.
Biron von Kurland 219, 222
Bodenschatz (Superintendent) 197 f.
Boleyn, Anna 54
Borgia, Cesare 49
Bormann, Martin 308
Bourbon, Konnetabel de 42
Bourbon, Louis-Aimé de 150
Bracciano s. Orsini
Brantôme 42 ff.
Braun, Eva 312, 320 ff.
Braun, Gretl 321
Brinvilliers 108
Bristol, Lord 259
Broglie, Abbé de 137
Brümmer, Hofrat 224, 226
Buonaventuri, Piero 16, 18
Buontalenti, Bernardo 28
Bielinski, Casimir Ludwig Graf 191

Cachin, Marcel 301
Campan, Madame de 146, 148
Campanini, Barbara 266 ff., 278
Campredon, Jacques de 216
Capello, Bartolomeo 16, 18 ff.
Capello, Bianca 12, 16 ff.
Carol I. von Rumänien 288 ff.
Carol II. von Rumänien 287 ff.
Caroline von Ansbach 13

Carpzov, Benedikt 186
Casanova, Giacomo 116, 124, 143 ff., 148, 178, 231, 265
Caton la Borgnesse 87
Chaireddin Barbarossa 35 ff.
Chambrun, Louis-Charles Comte de 305
Chamfort, Sebastian Nicolas Roch, genannt 153
Choiseul, Herzog von 133, 153 f., 160 f.
Christian-Ulrich, Herzog von Württemberg-Öls 183 f.
Churchill, John, s. Marlborough
Churchill, Sarah 10
Ciano, Edda 299 ff.
Clarendon, Lordkanzler 64
Clemenceau, Georges 304 f.
Clemens VII. 32 ff.
Clemens XI. 192
Clifford, Rosamond 12, 54, 56 ff.
Clifford, Walter 56
Clouet, Jean 46
Cocceji, Samuel Frh. von 272 f.
Codreanu, Corneliu 292
Colbert, Jean Baptiste, Marquis de Seignelay 106
Colonna (Familie) 86
Colonna, Isabella 32 f.
Colonna, Lorenzo 93 ff.
Colonna, Prospero 29
Colonna, Vespasiano 29 ff.
Colonna, Vittoria 93
Consini, Concino 85
Corabœuf, Madeleine, s. Fontanges, Magda
Correr, Bernardino 16
Cosel, Gräfin Constantia 188
Crébillon-Père 125
Cromwell, Oliver 63

Dalser, Ida 229
Damiens, Robert F. 137
Daschkoff, Fürstin Katharina 81, 218
Davis, Mary 67
Deffand, Madame du 118
Dervineux (Tänzerin) 265
Deslys, Gaby 284
Destouches, 115

Diane de Poitiers, s. Poitiers
Diderot, Denis 116, 232
Dönhoff, Graf Bogislaus Ernst 192
Dönhoff, Gräfin Marie 191 ff.
Dönhoff, Gräfin Sophie 257
Dubarry, Guillaume 156
Dubarry, Jeanne Gräfin 152, 284, 296
Dubarry le Roué 154 f., 156
Dubois, Guillaume 119 ff.
Dufort de Cheverny 139
Duparc, Angélique (Schauspielerin) 190
Duvivier (Tänzerin) 267

Eduard VII. von England 284
Elena, Prinzessin von Griechenland 289
Elisabeth von Braunschweig 250
Emanuel II. von Portugal 284 f.
Encke, Elias 248
Encke, Wilhelmine 247 ff.
Epp, Lola 320
Ernst August von Hannover 236
d'Esparbés, Madame 153 f.
d'Este, Laure 86
d'Etioles, Leormand 126
Eugen von Savoyen 87
Evelyn, John 71, 74

Fair Rosamond, s. Clifford, Rosamond
Farnese, Kardinal 26
Fatime 187
Ferdinand I. von Rumänien 290
Fitzroy, Heinrich, Herzog von Grafton 65
Flemming, Jakob Heinrich Graf 190
Fontane, Theodor 59 ff.
Fontanges, Magda 303
Fontanges, Mlle. de 107, 110
Fontenelle, Bernard Le Bovier de 121
Franz I. von Frankreich 29, 39, 41 ff., 53
Friederike Louise von Hessen-Darmstadt 251 f.
Friedrich I. von Preußen 208, 246

Friedrich der Große 7, 116, 188, 227, 246 ff., 266, 278
Friedrich Wilhelm I. von Preußen 7, 188, 266
Friedrich Wilhelm II. von Preußen 246 ff.
Fürstenberg, Fürst Anton Egon 190, 194

Galigai, Leonora 85, 231 f.
Geoffrey (Bischof von Lincoln) 58
Georg I. von England 240 ff.
Georg II. von England 13, 246
Georg IV. von England 9
Georg Wilhelm von Celle 234, 242 ff.
Goebbels, Magda 320
Goethe, Johann Wolfgang von 196, 254
Goldoni, Carlo 265
Golizyn, Boris, Fürst 203, 215
Gontaut, Herzog von 130
Gonzaga, Giulia 28 ff., 51
Gonzaga, Lodovico 29
Gonzaga, Luigi, gen. Rodomonte 30 ff.
Gonzaga, Pirro 30
Gordon, Patrick 201
Görres, Joseph von 283
Goujon, Jean 46
Gourdan, Alexandrine 155, 321
Gozzi, Carlo 265
Grandseigne, Diane de 100
Griffo, Cornelia 16
Grumbkow, von, Minister 7
Guimard, Marie-Madeleine 265
Gumppenberg, Baron 282
Gudling, Nikolaus 186
Gwynn, Nell 12, 75, 296

Habsburg, Otto von 294
Hamilton, Graf Anthony 74
Hamilton, Lady Emma 257
Haugwitz, Christian August Graf von 260
Hausset, Madame du 132, 137
Haxthausen, Christian August von 168 f.
Heinrich, Prinz von Preußen 271

Heinrich II. von England 10, 55 ff., 62
Heinrich II. von Frankreich 44 ff.
Heinrich VIII. von England 31, 53 ff., 62, 307
Helbig, G. A. W. von 213
Henriette von England 72, 99 f., 107
Herold, Christopher 116
Hill, Abigail 81
Hitler, Adolf 275, 312 ff.
Hoffmann, Heinrich 320
Höfler, Constantin von 279
Hohenfels, Baron 275
Holbein, Franz von 261
Horthy, Nikolaus von 294
Howard, Catherine 54
Hoym, Adolph Magnus von 188
Hugo, Victor 42

Innozenz VIII. 120
Iserle von Chodau, Graf 186
Iserle von Chodau, Gräfin 184 f., 187

Jagemann, Henriette Karoline 280
Jakob I. von England 62
Jakob II. von England 10, 62, 79 f.
Jakob III. von England (gen. »der ältere Prätendent«) 80
Jennings, Sarah 80 f.
Joakim (Patriarch) 201
Johanna von Habsburg 22 ff.
Johann Georg II. von Sachsen 166
Johann Georg III. von Sachsen 165 f.
Johann Georg IV. von Sachsen 166 ff.
Joseph II. 273
Junge, Traudl 322

Karl I. von England 62
Karl II. von England 10, 62 ff., 96 f., 99, 265, 278
Karl V. 31, 48
Karl VII. von Frankreich 41
Karl XII. von Schweden 184
Karl Albert von Bayern 279

Karl Friedrich von Holstein-Gottorp 217, 220
Karl Theodor, Kurfürst von Bayern 273 ff.
Karoline, Königin von Neapel 257
Karoline von Braunschweig 9
Katharina I. von Rußland 208, 219
Katharina II. (d. Gr.) von Rußland 81, 220 ff., 253
Katharina von Portugal 66
Kaunitz, Wenzel Graf 139
Kennedy, Jacqueline 323
Keroualle, Louise de 65, 72 ff.
Keyserling, Georg Johann Frh. von 207 ff.
Keyserlingk, Diedrich 270
Klein, Ada 320
Kleve, Anna von 54
Knesebeck, Eleonore von dem 244 f.
Königsegg (Sächs. Diplomat) 209
Königsmarck, Aurora von 10, 176, 232
Königsmarck, Karl Johann von 176, 241
Königsmarck, Philipp Christoph Graf von 240 ff.

Lamberg, Gräfin, s. Iserle von Chodau
Lambrino, Jeanne-Marie Valentine (gen. Zizi) 288
La Reynie 108
Laroche-Ayen, Kardinal 160 ff.
Lauzun, Herzog von 153
La Vallière, Louise de 12, 99 ff., 104, 296
Lebel 141, 146 f., 154 f.
Lecouvreur, Adrienne 182
Lefort, François 200
Lehmann (Bankier) 183
Lenclos, Ninon de 232
Leopold I., deutscher Kaiser 171
Leopold II. von Belgien 284
Lichtenau, Gräfin, s. Encke, Wilhelmine
Lionne, Hugues de, Marquis de Berny 107
Liselotte von der Pfalz 85, 176
Loen, Johann Michael von 106

Lopuchin, Eudoxia 205
Loredano, Antonio 16
Louvois 106
Löwenhaupt, Gräfin 180, 183
Lubomirska, Fürstin Ursula Katharina 188
Ludewig, Joh. von 186
Ludwig I. von Bayern 275 ff.
Ludwig II. von Bayern 281
Ludwig VII. von Frankreich 57
Ludwig XII. von Frankreich 49
Ludwig XIII. von Frankreich 49, 85
Ludwig XIV. von Frankreich 63, 82, 84
Ludwig XV. von Frankreich 124 ff., 266 ff., 284
Ludwig XVI. von Frankreich 159 f.
Lupescu, Helene 287 ff.

Macaulay 70, 73
Mackenzie, Lord 267 ff.
Mailly, Marie-Anne de 127
Maintenon, Madame de 109
Mamulea, Dr. 295
Mancini, Hortense 66, 86 ff.
Mancini, Marie 66, 84, 116
Mancini, Olympia 66, 86 ff.
Mancini, Philippe, Herzog von Nevers 95 f., 116
Marelli, Camilla 23
Maria Stuart 62
Maria-Theresia (Frankreich) 89 ff., 99, 104, 158
Maria Theresia von Österreich 15, 139, 253
Marie Antoinette 158 f., 162
Marigny, Marquis de 135
Marivaux, Pierre Carlet de Chamblain de 121
Markowna, Anja 324
Marlborough, Herzog von 71, 80 f.
Martin V. 93
Mary, Königin von Rumänien 289
Max Emanuel von Bayern 279
Maximilian II., deutscher Kaiser 22
Matuschka, Gräfin 248 ff.
Mazarin, Kardinal 66, 84 ff., 120
Medici, Cosimo I. 21 ff.

Medici, Ferdinand, Kardinal 23
Medici, Francesco I. 20 ff.
Medici, Ippolito, Kardinal 32 ff., 50
Medici, Isabella dei 25
Medici, Katharina v. 49 ff.
Medici, Lorenzino 34
Menschikoff, Alexander Danilowitsch 206
Mercy d'Argenteau, Graf 157 f.
Mérode, Cléo de 284
Meysenbug, Clara Elisabeth, s. Platen, Gräfin
Meysenbug, Georg Philipp von 234 ff.
Meysenbug, Henriette von 234
Meysenbug, Malvida von 234
Mihiel, Andrea 16
Mocenigo, Pietro 15
Modena, Maria von 79
Molière 264
Moltke, Graf 239
Monaco (Fürstenhaus) 49
Monaco, Prinzessin von 154
Mondragon, Marchesa 20 f.
Monmouth, Herzog von 63, 65
Mons, Anna 12, 200 ff.
Mons, Johann George 199 f.
Mons, Matriona 200, 202, 204, 214 f., 217
Mons, Tilemann 199
Mons, William 214
Montespan et d'Antin, Marquis de 102 f., 105
Montespan, Françoise-Athenaïs Marquise de 95 f., 99 ff.
Montgomery, Gabriel 50
Montez, Lola 275, 323
Moritz von Sachsen 10, 182, 187
Mortemart, Marquis von 100
Mowschina, Jewgenija 324
Müller, Karl von 213
Müller, Renate 320
Mussolini, Alessandro 296 f.
Mussolini, Benito 292, 296, 319
Mussolini, Rachele 299 ff.

Napoleon I. 261, 297 f.
Naryschkin, Natalie 209

Neitschütz, Magdalene Sibylla von, s. Rochlitz, Gräfin
Nußbaumer (Leutnant) 281 f.

d'Olbreuze, Eleonore 233, 242 ff.
Oliphant von Ugglethred 60
O'Morphy, Louison 136, 143
l'Orme, Philibert de 47
Orlow, Grigory 228
Orselska, Gräfin Anna Karolina 187 f.
Orsini, Anna Maria, s. Trémoille
Orsini, Paolo, Herzog von Bracciano 232

Palmer, Barbara, Gräfin Castlemaine 64 ff.
Panin, Nikita 228
Pâris (Bankiers) 135
Parr, Catherine 54
Paul III. 37
Pavolini 309
Pearl, Cora 284
Pepys, Samuel 68, 76 f.
Pesne, Antoine 272
Petacci, Clara 305 ff., 322
Petacci, Francesco 306
Peter der Große 123, 195, 200 ff.
Peter III. von Rußland 218
Philipp von Orléans 112 ff.
Piombo, Sebastiano del 34
Pisseleu, Anne de 48
Pius V. 39
Platen, Clara Elisabeth Gräfin 234 ff.
Platen, Franz Ernst Baron von 238
Poitiers, Diane de 41 ff., 159
Poitiers, Jean de 42 f.
Pöllnitz, Karl Ludwig von 167 f., 180, 188 f., 231, 270
Pompadour, Jeanette Antonia Marquise de 123 ff., 150, 189, 253, 296, 323
Poniatowsky, Graf Stanislaus 222, 225 f.
Pons, Suzanne 232
Ponte, Lorenzo da 265
Primaticcio, Francesco 46

347

Radziwill (Familie) 191
Ranke, Leopold von 65
Rat, Maurice 102
Raubal, Angela 315
Raubal, Friedl 315
Raubal, Geli 315 ff.
Récamier, Madame de 116
Renard (Schauspielerin) 190
Richelieu, Kardinal 84, 120
Richelieu, Marschall 153, 156, 161
Riefenstahl, Leni 320
Rietz, Joh. Friedrich 253
Rochester, Earl of 67 ff.
Rochlitz, Gräfin Magdalene Sibylla 166, 185, 194, 260
Romans, Anne C. de 12, 113, 124, 142 ff., 152
Rutowski, Graf 187 f.

Sade, Marquis de 67, 69
Saint-Germain, Graf 231
Saltikow, Graf Peter 222, 225
Sand, George 182
Sanson, Charles Henri 163
Sapieha, Prinzessin 191
Sarfatti, Margherita 300 ff.
Scarron, Paul 109
Schenk, Freifrau von 274
Schulenburg, Melusine Ermingard von der 24 ff.
Schöning, von, Generalfeldmarschall 171
Schuwalow, Iwan I. 225
Sénac de Meilhan 135
Seiffarth (Schauspielerin) 273
Seymour, Johanna 54
Sixtus V. 26
Sophie Dorothea von Celle 177, 239 ff., 246
Sophie von der Pfalz 235
Sorel, Agnes 41
Soubise, Prinz von 264 f.

Speer, Albert 323, 325
Spener, Philip Jakob 165 f.
Stalin, Josef 324 f.
Streit (Bankier) 268, 278
Stuart, Charles (gen. »der jüngere Prätendent«) 80 f.
Stuart (Fürstenhaus) 61 ff.
Sylva, Carmen 288 ff.

Tencin, Claudine de 113 ff.
Tencin, Pierre de 116, 120
Terracina, Laura 38
Thomasius, Christian 186
Thümen, von, Generaladjutant 194
Toulouse, Graf von 111
Treitschke, Heinrich von
Trémoille, Anna Maria de la 232

Ulrike, Prinzessin von Preußen 271
d'Urfé, Marquise 148

Valdes, Juan de 38
Valentinois, Gräfin von 159
Valerio, Oberst, s. Audisio
Verneuil (Tänzerin) 273
Vestris d. Ä. 249
Vidal, Peire 60
Vogel (Scharfrichter) 175
Voisin 108
Voltaire 116, 179, 232
Voß, Julie von 257 ff., 260

Wales, Friedrich Ludwig, Prinz von 267
Walters, Lucy 10, 63, 65
Wilmot, John, s. Rochester
Wolseley, Robert 68
Woronzeff, Elisabeth 218, 220
Wycherley, William 64, 67

Inhaltsverzeichnis

Vorwort 9

I Giftmischerei und Liebe – ein medicäischer Auftakt . 15
Sklavenmarkt in Venedig · Bianca Capello · Ein Florentiner aus dem Orient · Flucht nach Florenz · Romantische Legende · Prinz Francesco · Porträt des Prinzen · Die Schwester des Kaisers · Bruderzwist im Hause Medici · Vorgetäuschte Schwangerschaft · Die vielen Morde · Gründung der Uffizien · Die Uhren des Papstes · Der Ring des Kardinals · Giulia Gonzaga · Ein reicher Junggeselle · Der Besitz der Colonna · Rodomonte stirbt · Neffen und Söhne · Ippolito Medici · Woher kam das Geld? · Piraten in Fondi · Das schönste Weib der Christenheit · Paul III. behält sein Öl · Pater Juan de Valdes · Chaireddins Brautfahrt · Die schöne Bionda · Diane de Poitiers · Rätsel um einen Opfergang · Das Zeugnis Brantômes · Geliebte zweier Könige · Henri hat es nicht vergessen · Leitbild eines Jahrhunderts · Schloß Chenonceau · Die Herzogin von Étampes · Ein Geschenk von 300 Millionen · Das Guckloch · Diane gibt ein Schauspiel · Tod der Schönsten

II Von Woodstock nach Whitehall 53
Heinrich VIII. · Fair Rosamond · Gehässige Grabschrift · Das Bad im Glyme · Die böse Königin · Tod Heinrichs II. · Schloß Woodstock · Alienor schlägt zu · Das Ende bei Fontane · Das Haus Stuart · Könige und Prätendenten · Englische Extreme · Karl II. · Abschied von Lucy Walters · Barbara Palmer · Zwei illegitime Stuarts · Frauen für Karl II. · John Wilmot, Earl of Rochester · Rochesters Streiche · Sade-Parallele · Sodom · Die Königin von Sodom · Der müde Graf · Louise de Kéroualle · Sehnsucht nach Versailles · Miss Stewart · Nell Gwynn · Vom Bordell auf die Bühne · Duell der Damen · Tod Karls II. · Die Zeit der häßlichen Mätressen · Porträt des Prätendenten · Sarah Jennings · Ersatz für Sarah

III Die große Zeit der Mätressen 83
Vergessenes Brouage · Familie Mazarini · Kardinal Mazarin ·

Wandlungen eines Königs · Marie Mancini · Sieben hübsche Nichten · Die falsche Türe · Die schöne Olympia · Königliche Brautschau · Exil Brouage · Eine reizlose Infantin · Der Kardinal als Heiratsvermittler · Nächte mit Olympia · La Belle et la Bête · Stürmische Hochzeit · Bruder Philippe · Flucht aus Rom · Drei Schwestern · Fazit einer Begegnung · Liebe und Stolz · Der Tod Mazarins · Der Clan Mortemart · Die Kindheit der Montespan · Eine rätselhafte Ehe · Mitgift auf dem Papier · Louise de La Vallière · Sieg durch Magie? · Der Marquis spielt nicht mit · Colbert contra Louvois · Die Giftmorde · Erzwungene Aussagen · Befohlene Flucht · Die schwarzen Messen · Mord an der Fontanges? · Das Ende der Montespan · Ein sympathischer Unhold · Die Mätresse der Régence · Claudine im Kloster · d'Alemberts seltsame Geburt · Inzest in besten Kreisen · Die Soupers des Regenten · Lebende Bilder · Abbé Dubois · Geschäft mit Hüten · Ein alter Spötter

IV Der vielgeliebte König 123

Die Pompadour · Prophezeiungen · Herkunft einer großen Mätresse · Bedeutung einer vornehmen Erziehung · Porträt der Pompadour · Königliche Indisposition · Versailler Indiskretionen · Der Geniestreich der Pompadour · Das Zeugnis des Abbés de Bernis · Ein schüchterner Monarch · Aphrodisische Diät · Jeanne wird Marquise · Das Geheimnis einer Bindung · Erinnerungen einer Kammerfrau · Der Hirschpark · Ein Serail und viele Gerüchte · Die Politik der Pompadour · Liebesbriefe am Hof Ludwigs XV. · Das Abenteuer der Madame P. · Ein König 3 Uhr morgens · Finanzierung des Liebeslebens · Die Romans · Casanova in Grenoble · Porträt der Romans · Das Horoskop · Die Regeln des galanten Spiels · Ein König mit Spezialbegabung · Die Prophezeiung erfüllt sich · Gedämpftes Glück in Passy · Der Abbé de Bourbon · Grausamkeiten gegen die Geliebte · Tod der Pompadour · Eine Dirne von der besseren Art · Madame d'Esparbés · Selbst eine Prinzessin von Monaco · Ein Mädchen mit vielen Namen · Frère Ange · Schwierigkeiten bei der Trauung · Das Geheimnis des Erfolgs · Überraschende Tafelbräuche · Die Pantoffeln der Dubarry · Der Tod des Vielgeliebten · Der Prozeß · Tod in der Dämmerung

V Sächsischer Liebeszauber 165

Süßes Leben in kleinen Residenzen · Glanz in Dresden · Eine Tochter aus gutem Haus · Pöllnitz über die Sächsinnen · Saladin der Vielseitige · Magdalene wird Gräfin · Amouröse Brunnenkur · Fürst zwischen zwei Frauen · Die gefährliche Pastete · Pocken in Dresden · Nächtlicher Leichenzug · Anklage wegen Zauberei · Aurora von Königsmarck · Camping in Pagenhosen · Die Königsmarcks · Porträt Auroras · Eine echte Aristokratin · La Saxe galante · Tage und Nächte von

Moritzburg · Heimliche Geburt in Goslar · Pröpstin in Quedlinburg · Legenden um Karl XII. · Bilanz einer Liaison · Gräfin Lamberg · 354 uneheliche Kinder · Gräfin Cosel · Zwiespaltiges Porträt · Die Lubomirska · Flemmings Ehen · Gräfin Marie Dönhoff · Feste in Warschau · Die Cosel in Kalisch · Polnische Rache · Kandaules in Dresden · Goethes Oheim · Haft in Stolpen · Der Cosel-Turm

VI Liebe am Zarenhof 199
Wanderung nach Osten · Ein Abenteurer aus Genf · Tod des Patriarchen · Die Töchter des Hauses Mons · Die Gelage des Zaren · Anna Mons · Anna verliert ihren Beschützer · Der Aufstieg Menschikoffs · Peters seltsame Leidenschaft · Georg Johann von Keyserling · Großfürstin Natalie · Die Entdeckung Katharinas · Anna und Keyserling · Gefährliche Provokationen · Porträt der Anna Mons · Mons de la Croix · Mons und die Zarin · Ende eines Günstlings · Grausiger Namenstag · Die Töchter des Grafen Woronzeff · Zarin Anna · Soldatenspiel in Oranienbaum · Ein wasserscheuer Großfürst · Katharinas Günstlinge · Unglück in der Liebe · Rohrstock-Pädagoge Brümmer · Graf Schuwalow · Eine Ratte am Galgen · Staatsstreich der Freundinnen · Panin und Orlow · Verbannung der Fürstin Daschkow

VII Die intriganten Gräfinnen 231
Intrige und Abenteuer · Ninon de Lenclos · Eleonore d'Olbreuze · Die Meysenbug · Erinnerung an den Karneval · Sophie von der Pfalz · Fürstliche Gewissensehe · Der Fürstbischof geht in die Falle · Ein Baron von Platen · Porträt der schönen Schwestern · Philipp Christoph Graf von Königsmarck · Das Spiel der Damen · Wer ist die Schönste? · Platen weigert sich · Das Rätsel Königsmarck · Die Prinzessin von Ahlden · Der große Enkel · Friedrich Wilhelm II. · Die schöne Wilhelmine · Eine unter tausend ... · Die Nichte des Alten Fritz · Fürchterliche Drohung · Ein Landhaus in Charlottenburg · Der Kriecher Rietz · Goethe über Rietz · Bei Madame Bernard · Wilhelmine arrondiert · Gräfin Lichtenau · Gräfin Sophie Dönhoff · 500 000 Taler ... · Tod Friedrich Wilhelms II. · Erpressung an der Lichtenau

VIII Tanz in die Weltgeschichte 263
Tanz und Gesellschaft · Widersprüche um Molière · Kunst und Liebe · Barbara Campanini · Der zähe Lord · Bankier Streit berichtet · Die eskortierte Schönheit · Der galante Preußenkönig · Un peu d'amour · Soupers mit der Barberina · Karl Theodor, der Undelikate · Die grausame Frau von Schenk · Altbayerisches Ungewitter · Lola Montez · Die entscheidende Audienz · Tanz und Eros · Lolas Vorzüge ... · ... und ihre Schwächen · Die Jagemann · Ein ungeschickter

351

Kandaules · Lola wird Gräfin Landsfeld · Die Leibgarde · Die Familie fehlte · Gaby Deslys

IX Die Freundinnen der Diktatoren (Ein Epilog) . . . 287
Helene Wolf-Lupescu · Prinz Carol · Zizi Lambrino · Ungelöste Rätsel · Bohèmeleben in Paris · Die rote Villa · Die rettenden Briefmarken · Die letzte der großen Mätressen · Gefährliche Mischung · Fragwürdige Vergleiche · Mussolini der Ältere · Bei den Salesianern · Angelika Balabanoff · Romancier Mussolini · Edda · Margherita Sarfatti · August 1914 · Alexandrinische Erbschaft · Pendelverkehr mit Istanbul · Magda Fontanges · War sie eine Agentin? · Clara Petacci · Porträt der Petacci · Kurzes Glück am Gardasee · Letzter Brief an Donna Rachele · Im Rathaus von Dongo · Machtrausch eines Buchhalters · Berliner Parallelen · Die Wiener Jahre · Hitler und das Thema 1 · Geli Raubal · Idyll auf dem Obersalzberg · Gelis Selbstmord · Die verlorene Geliebte · Masochistische Züge · Inside Hitler · Eva Braun · Eva geht nach Berlin · Heroische Mediokrität · Am 30. April 1945

Anhang:
Genealogische Übersichten 329
Literaturverzeichnis 335
Zeittafel 340
Register 343